21 世纪远程教育精品教材·法学系列

中国法制史（第二版）

赵晓耕　编著

中国人民大学出版社

·北京·

总　序

我们正处在教育史，尤其是高等教育史上的一个重大的转型期。在全球范围内，包括在我们中华大地，以校园课堂面授为特征的工业化社会的近代学校教育体制，正在向基于校园课堂面授的学校教育与基于信息通信技术的远程教育相互补充、相互整合的现代终身教育体制发展。一次性学校教育的理念已经被持续性终身学习的理念所替代。在高等教育领域，从 1088 年欧洲创立波洛尼亚（Bologna）大学以来，21 世纪以前的各国高等教育基本是沿着精英教育的路线发展的，这也包括自 19 世纪末创办京师大学堂以来我国高等教育短短一百多年的发展史。然而，自 20 世纪下半叶起，尤其在迈进 21 世纪时，以多媒体计算机和互联网为主要标志的电子信息通信技术正在引发教育界的一场深刻的革命。高等教育正在从精英教育走向大众化、普及化教育，学校教育体系正在向终身教育体系和学习型社会转变。在我国，党的十六大明确了全面建设小康社会的目标之一就是构建学习型社会，即要构建由国民教育体系和终身教育体系共同组成的有中国特色的现代教育体系。

教育史上的这次革命性转型绝不仅仅是科学技术进步推动的。诚然，以电子信息通信技术为主要代表的现代科学技术的进步，为实现从校园课堂面授向开放远程学习、从近代学校教育体制向现代终身教育体制和学习型社会的转型提供了物质技术基础。但是，教育形态演变的深层次原因在于人类社会经济发展和社会生活变革的需求。人类社会开始进入基于知识经济的信息社会，知识创新与传播及应用、人力资源开发与人才培养已经成为各国提高经济实力、综合国力和国际竞争力的关键和基础。而这些是仅仅依靠传统学校校园面授教育体制所无法满足的。此外，国际社会面临的能源、环境与生态危机，气候异常，数字鸿沟与文明冲突，对物种多样性与文化多样性的威胁等多重全球挑战，也只有依靠世界各国进一步深化教育改革与创新，促进人与自然的和谐发展才能得到解决。正因为如此，我国党和政府提出了“科教兴国”、“可持续发展”、“西部大开发”、“缩小数字鸿沟”以及“人与自然和谐发展”的“科学发展观”等基本国策。其中，对教育作为经济建设的重要战略地位和基础性、全局性、前瞻性产业的确认，对高等教育对于知识创新与传播及应用、人力资源开发与人才培养的重大意义的关注，以及对发展现代教育技术、现代远程教育和教育信息化并进而推动国民教育体系现代化，构建终身教育体系和学习型社会的决策更得到了教育界和全社会的共识。

在上述教育转型与变革时期，中国人民大学一直走在我国大学的前列。中国人民大学是一所以人文、社会科学和经济管理为主，兼有信息科学、环境科学等的综合性、研究型大学。长期以来，中国人民大学充分利用自身的教育资源优势，在办好全日制高等教育的同时，一直积极开展远程教育和继续教育。中国人民大学在我国首创函授高等教育。1952 年，校长吴玉章和成仿吾创办函授教育的报告得到了刘少奇的批复，并于 1953 年率先招生授课，为新建的共和国培养了一大批急需的专门人才。在 20 世纪 90 年代末，中国人民大学成立了网络教育学院，成为我国首批现代远程教育试点高校之一。经过短短几年的探索和发展，中国人民大学网络教育学院创建的“网上人大”品牌，被远程教育界、媒体和社会誉为网络远程教育的“人大模式”，即“面向在职成人，利用网络学习资源和虚拟学习社区，支持分布式学习和协作学习的现代远程教育模式”。成立于 1955 年的中国人民大学出版社是新中国建立后最早成立的大学出版社之一，是教育部指定的全国高等学校文科教材出版中心。在过去的几年中，中国人民大学出版社与中国人民大学网络教育学院合作创作、设计、出版了国内第一套极富特色的“21 世纪远程教育精品教材”。这些凝聚了中国人民大学、北京大学、北京师范大学等北京知名高校学者教授、教育技术专家、软件工程师、教学设计师和编辑们广博才智的精品课程系列教材，以印刷版、光盘版和网络版立体化教材的范式探索构建全新的远程学习优质教育资源，实现先进的教育教学理念与现代信息通信技术的有效结合。这些教材已经被国内其他高校和众多网络教育学院所选用。中国人民大学出版社基于“出教材学术精品，育人文社科英才”理念的努力探索及其初步成果已经得到了我国远程教育界的广泛认同，是值得肯定的。

2005 年 4 月，我被邀请出席《中国远程教育》杂志与中国人民大学出版社联合主办的“远程教育教材的共建共享与一体化设计开发”研讨会并做主旨发言，会后受中国人民大学出版社的委托，为“21 世纪远程教育精品教材”撰写

"总序"，这是我的荣幸。近几年来，我一直关注包括中国人民大学网络教育学院在内的我国高校现代远程教育试点工程。这次更有机会全面了解和近距离接触中国人民大学出版社推出的"21世纪远程教育精品教材"及其编创人员。我想将我在上述研讨会上发言的主旨做进一步的发挥，并概括为若干原则作为我对包括中国人民大学出版社、中国人民大学网络教育学院在内的我国网络远程教育优质教育资源建设的期待和展望：

● 21世纪远程教育精品教材的教学内容要更加适应大众化高等教育面对在职成人、定位在应用型人才培养上的需要。

● 21世纪远程教育精品教材的教学设计要更加适应地域分散、特征多样的远程学生自主学习的需要，培养适应学习型社会的终身学习者。

● 在我国网络教学环境渐趋完善之前，印刷教材及其配套教学光盘依然是远程教材的主体，是多种媒体教材的基础和纽带，其教学设计应该给予充分的重视。要在印刷教材的显要部位对课程教学目标和要求做明确、具体、可操作的陈述，要清晰地指导远程学生如何利用多种媒体教材进行自主学习和协作学习。

● 应组织相关人员对多种媒体的远程教材进行一体化设计和开发，要注重发挥多种媒体教材各自独特的教学功能，实现优势互补。要特别注重对学生学习活动、教学交互、学习评价及其反馈的设计和实现。

● 要将对多种媒体远程教材的创作纳入对整个远程教育课程教学系统的一体化设计和开发中，以便使优质的教材资源在优化的教学系统、平台和环境中，在有效的教学模式、学习策略和学习支助服务的支撑下获得最佳的学习成效。

● 要充分发挥现代远程教育工程试点高校各自的学科资源优势，积极探索网络远程教育优质教材资源共建共享的机制和途径。

中华人民共和国教育部远程教育专家顾问

丁兴富

第二版前言

中国法制史是法学学科的基础课程，以研究中国历史上存在过的法律文化为主要内容。通过对历史上的法律思想、制度、司法及其相关社会基础的分析，来探究法律文化产生发展的一般规律，从而为全面深入地认识和正确评价现实的法律制度提供理论上的帮助，达到服务于现实法制完善的目的。

中国法制史的内容丰富，涵盖了几千年的传统法律文化主要的发展变化过程，对于正确认识和理解法律理论、法律思想、法律制度的来龙去脉，是不无裨益的。我们应该按照马克思主义的基本原理，认识到法律制度作为社会上层建筑的重要组成部分，是由当时所处的社会物质生活条件决定的，是一定的现实社会关系的反映。法律制度的产生、发展，法律制度的特色的形成，都与当时的政治、经济、文化、风俗传统等社会条件密不可分。这些社会因素是形成中国传统法律制度特色的内在原因。

了解中国古代社会的政治、经济、文化的发展和演变，是更好地了解中国传统法律制度的基础。同时，系统地分析研究法律制度与其他文化现象之间的关系，总结历史的经验，进而完善今天的法律和社会，正是中国法制史学的重大意义所在。在学习中，要求学生全面掌握讲授的相关内容，在理解的基础上，达到前后系统记忆与对比分析；并应具备大学一般古汉语水平，能够分析相关法律史料与案例，注重结合现实法律问题进行思考。

无论你具有什么样的知识背景，你都能够接受中国法制史的知识，因为，每个人都生活在从昨天到今天的社会历史过程中，每一个人都与现实的法治分不开。当你学习中国法制史之后，知道怎样用中国法制史的理论和方法看待这些社会法律现象之后，你会发现法治现实背后的东西，看问题会更深刻、更全面、更有理论背景。当然，由于个人理论水平和方法掌握与运用的差异会形成不同的认识程度，但是，它不影响你的知识增长。知识的使用是需要积累的，中国法制史教给你一种思考法律问题的方法，给了你一种看待法律问题的视角，这就是你的收获。

本书修订后仍然保持了原书的结构，分为导论与十二章，依次是：第一章：习惯法时代——夏商两代中国传统法律的产生；第二章：中国传统法律文化的奠基时期——西周的礼法制度；第三章：缘法而治时代——春秋战国时期成文法的公布与法典化；第四章：缘法而治时代的终结——秦代的“治道运行，皆有法式”；第五章：法律之儒家化——两汉的法律发展；第六章：儒家思想的法律化——三国两晋南北朝时期的法律制度；第七章：礼法结合之完成——隋唐法制与中华法系；第八章：礼法合一的发展与变化——宋、辽、金、元时期的法制；第九章：从德主刑辅到明刑弼教——明代法律制度的发展；第十章：“参以国制”与“详译明律”——清代法律制度的发展变革；第十一章：中华法系的近代化——清末法律制度的变革；第十二章：共和国体与专制制度——中华民国时期的法律制度。

为方便读者学习，本书每章设有“学习目标”、“本章小结”、“相关案例”、“关键概念”和“思考题”诸栏目，有助于读者提纲挈领，加强理解。愿本书对学习中国法制史的人们有所帮助。

作者

于中国人民大学静园寓所

2010 年 1 月

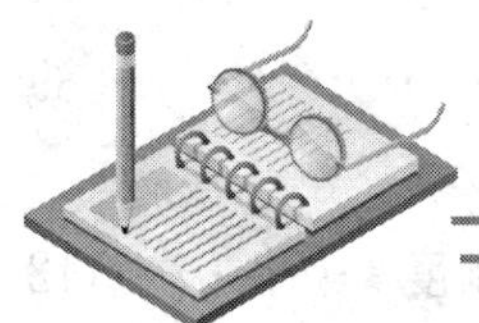

目　录

导 论

法律制度是一个国家、一个社会在一定时期内的物质生活条件与社会生活的综合反映。法律制度集中反映着一个民族、一个社会的基本价值观念，反映着当时人们对于自然、社会和人与人关系的思索与选择。在具体的法律制度、法律条文背后，有着复杂的社会思想因素。在人类历史上，自国家形成以来，不同时代、不同地域、不同民族所建立的国家、政权在自身的存续和发展过程中，都曾自觉或不自觉地把各自的民族精神、价值观念融入到法律制度之中，从而形成了人类社会丰富多彩的法律文化体系。这些不同的法律文化体系，是人类历史文化的重要组成部分，也是后人回顾、了解不同历史文化、吸收并继承前人智慧的重要途径。

历史不仅仅是过去了的故事，当我们重拾某段历史的时候，不论我们是自觉还是不自觉，其实都是因为这段历史与我们所生活的现实发生了这样或那样的联系。中国古人在叙述历史的经验中有一个很好的原则："本朝人不著本朝史"，为的是免于个人情感、恩怨对"持中为史"原则的伤害。而另一方面，由于传统学术的政治化，使得历史成为一种与现实政治利害无关的标志。俗语谓：这已成为历史了。意味着对现实已无能为力了。其实这不过是现实统治者的主观愿望而已。从哲学的角度分析，这亦是一种历史对现实的影响。

中国是世界上著名的文明古国。中华文明在人类文明史上也一直占有非常重要的位置。如果以国家的形成作为文明起步的标志的话，中国古代的国家文明可以追溯到公元前 21 世纪的夏代。20 世纪的考古学、历史学资料都已经充分证明，距今四千多年的夏代已经是国家的既定形态。也就是说，到公元前 21 世纪夏朝建立时，中国已经正式形成了国家。在此之前，当然还有国家发育、形成的漫长过程。20 世纪 80 年代中期在辽宁西部发现的牛河梁红山文化遗址则进一步证明，在距今六千多年前，中华大地上已经出现了国家文明的雏形。因此，中国有六千年的文明史的说法，已经逐渐为世人所接受。

从世界历史上看，中国传统文化不仅历史悠久、博大精深，而且其发展演变一直没有中断。这正是中华文化所具有的突出特点和优点之一。在人类历史上，古巴比伦人、古埃及人和古印度人都曾创造过辉煌而显赫的古代文明，但后来都遭受到外来文化的侵略，国家多次被灭亡，原来的古老文化也都未能完整、独立地保存下来。唯有在中华大地上孕育生长的中国传统法律文化，数千年来一直薪火相传，连绵不绝。从唐尧虞舜的传说时代，到夏、商、周、秦、汉、唐、宋、元、明、清，在几千年的发展过程中，中国传统法律文化一直保持着发展的连续性和主体的纯一性，成为东方法律文化的代表，与西方法律文化并存于世。

以公元前 21 世纪夏王朝的建立为起点，经过夏、商、西周三代，不成文的习惯法居于主导地位，到春秋中叶，随着公开、成文的制定法出现，具有成文法系基本特征的中国封建法律制度开始形成。经过此后几千年的积累，中国古代的法律体制，也就是我们通常所谓的“中国传统法律制度”，从相对粗略和幼稚的简单法条，发展成了体系完整、内容全面、风格特异、义理精深的庞大的法律体系。就立法而言，自秦汉至明清数千年间，各朝各代，各主要政权在其建立之初几乎无一例外地都要制定一部大而全的基本法典，以为国家法制的基础，并作为“祖宗成宪”垂范后世。除以律为主的基本法典以外，历史上还先后出现过令、科、比、格、式、典、敕、例、指挥、故事等名目繁多的法律形式，作为成文法典的补充，全面调节和规范各方面的社会关系。与历史上西方的法律文化相映成辉，中国古代在长期司法实践中逐渐形成和发展起来的司法体制也极富特色。在夏商以后，伴随着古代的诉讼体制的发展，一套从中央到地方、基层的完整司法体制，以及包括会审制度、调解制度、原情断罪等一系列极具中国古代特色的诉讼方式在内的各种审判制度逐渐建立并不断完善。从整体上观察，在中国帝制时期，传统立法技术、司法体制，国家统治阶层运用法律的手段以及整体法制水平，都达到了相当高的程度。特别应该指出的是，在长期发展演变过程中，由于儒家学说的影响、官方的强有力的引导等许多因素的交互作用，一系列带有浓郁农业社会特色的独特价值观念和伦理道德规范被直接传导至法律制度之中，由此形成了一系列具有中国古代特色的法律制度、法律规范，塑造了中国古代法律的“伦理法”性格。从公元 1840 年以后，由于中国内外环境的变化，中国古代法律制度所依附的社会基础逐渐崩溃，中国的法律制度开始由古代封建法向近现代法律文明艰难地转变。

从历史上看，夏商以后的四千多年中，中国的法律制度由简略的习惯法，发展成为富有哲理的鸿篇巨制，由充满浓郁古代特色的早期法制，发展到近现代世界通行的法律模式，其间的递嬗演变，当然不能用朝代的更替、政权的变更来简单地解释。而研究中国法制的历史变迁，从法律的角度去理解、阐释我们祖先留下的精神财富，正是法制史学科的基本任务。

二 中国法制史的概念与研究范围

（一）中国法制史的概念

所谓“中国法制史”，一般有两层含义：一是作为历史概念使用，一是作为学科概念使用。作为历史概念，“中国法制史”指的是中国法律制度发展的历史本身，是一种历史存在。在这个意义上，“中国法制史”指的是过去时空中存在的，对今天有着种种影响的历史文化现象。作为一个学科概念，“中国法制史”则是指研究中国历史上法律制度、法律文化，传播法制史知识的现代法学中的专门学科，即“中国法制史学”。中国法制史是法学领域中的重要基础学科。中国法制史学注重运用法学的理论方法研究中国历史上的法律文化现象，作为社会科学领域中的一个分支，因其研究对象的特殊性，使得该学科具有历史学与法学的双重难度，其特点在于中国法制史学是同时带有法学与历史学双重特性的交叉学科。

（二）中国法制史的研究范围

从总体上看，中国法制史是一门以法律制度的发展演变为主线，综合研究中国历史上各主要王朝的法律制度及法律文化的学科。中国法制史研究的是中国历史上的法律制度、法律文化，在这一点上其与外国法制史相区别。中国法制史的研究以法律制度为主线，这与集中研究中国历史上各学术流派、各重要思想家的法律思想的中国法律思想史学科相区别。

中国法制史学科的研究范围可以从时间、地域与内容几个角度加以说明。从时间、地域角度来说，中国法制史研究范围所及应该包括自中国历史上国家和法的形成，至研究者所处的年代这一期间，在中国地域内出现的各种类型的法律制度；从内容角度来说，中国法制史的研究对象应该包括以下几个方面：

第一，中国各个历史时期的立法活动、立法成果，包括立法体制、立法活动及其社会背景、立法根据、立法技术以及由立法而产生的各种形式的法律规范。一些非经国家机关正式制定、而在司法实践中起规范与调节作用的习惯、判例，以及调节家族内部关系、乡里关系的所谓“家法族规”、乡规民约等特殊形式的社会规范。

第二，中国各个历史时期的司法状况，包括各种类型政权的司法机关、司法体制、诉讼制度、诉讼原则、狱政管理、具体的司法活动，以及与司法密切相关的司法设施，如公堂、监狱等等。历史上司法活动中所产生的有典型意义和重要影响的案例，也应是研究的重要资料。

第三，中国各个时期内各种类型政权的宏观法制状况，包括宏观立法情况、立法与司法的联系、法律的执行情况、法制的整体社会效益等等。

第四，与各个时期法律制度产生过相互重要影响的哲学思想、政治法律思想和学说。在法律制度史的研究中，是无法脱离开思想因素的。特别是一些与具体法律制度的形成、发展、演变密切相关的思想因素，也是着重研究探讨的问题。

第五，中国各个历史时期社会各个阶层的价值观念、风俗习惯以及宗教等文化传统。这些内容是全面、深入地研究和了解历史上法律制度所不能回避的问题。

随着学科学术研究进一步向纵深发展，进入20世纪90年代以后，中国法制史研究的触角不断扩展，许多前人尚未涉及的领域和问题，均受到研究者的关注。而近年来，法制史研究的焦点逐渐集中到以下几个方面：

（1）对传统法律文化及比较法律文化的综合研究；

（2）对珍稀法律史料的挖掘与整理；

（3）对法制史专题进行更深入、细致的研究；

（4）对各个政权中后期法制状况的研究；

（5）对历史上少数民族政权、少数民族地区法制状况的研究。

■ 中国法律制度发展的不同历史阶段

（一）奴隶制法制时期

中国奴隶制时代的法律制度，一般是指夏、商、西周及春秋时期的法制，也就是通常所说的早期法制。在时间上包括自公元前21世纪到公元前476年这一历史阶段。中国早期法制的突出特点，是以习惯法为基本形态，法律是不公开、不成文的。

在中国早期法制中，夏、商是传统法律的萌芽时期。自公元前21世纪夏启建立夏代开始，夏王朝前后存在约五百年时间。在此期间，中国早期习惯法开始向成文法演变，其中的刑罚制度、监狱制度都有了一定的发展。商取代夏以后也维持了将近五百年。在继承夏代法制经验基础上，商代在罪名、刑罚以及司法诉讼制度等方面取得了长足进展。20世纪初出土的甲骨文资料证明，商代的刑法及诉讼体制已经比较完备。

中国早期法制的鼎盛时期是在西周。在中国历史上，西周是一个十分重要的历史阶段。在西周政权存续的五个多世纪里，中国传统的统治方式、治国策略以及一些基本的政治制度已经初步形成，作为传统文化基石的哲学思想、伦理道德观念等思想文化因素也都在此时发端。从法律上看，西周法制的形式和内容都达到了早期法制的顶峰。在西周时期所形成的"以德配天、明德慎罚"的法制指导思想、"老幼犯罪减免刑罚"、"区分故意和过失"等法律原则，以及"刑罚世轻世重"的刑事政策，这些都是具有当时世界最高水平的法律制度，对中国后世的法制也产生了重要的影响。所以，西周法律制度是中国法制史学习的重点之一。

（二）封建帝制法制时期

1. 初建时期（战国、秦、汉）的法律制度

在时间上包括自公元前 475 年至公元 220 年期间的法律制度。从春秋以后，中国开始有了向全社会公布的成文法，从此，中国的法律开始过渡到以成文法为主体的状态。我们通常所说的"传统法律文化"、"传统法律制度"，其主体就是在这一时期形成、发展和成熟的。我们可以把这一漫长的历史时期划分为以下几个发展阶段：

（1）战国时期。这是由早期习惯法向成文法转变的重要阶段。战国时期处在中国历史上第一次大动荡、大变革时代的后半期。而社会变革的许多重要成果，中国的许多思想文化精华都出自这个时期。在法制方面主要表现为以成文法为主体的新的法律体制开始在更大的范围内、以更成熟的形式建立起来。其中，战国初年魏国李悝制定的《法经》，就是战国时期法制变革的代表性成果。另外，在整个中国古代社会中，影响最大的两大学术流派儒家和法家的主要政治法律思想，也都在这一时期内成熟并在政治舞台上发挥广泛的影响。

（2）秦汉时期。这是中国古代成文法法律体系全面确立时期。时间上包括自公元前 221 年至公元 220 年这段历史时期。公元前 221 年，秦始皇统一中国，建立了中国历史上第一个以中央集权为特征的统一的专制王朝，确立了以后几千年中中国传统的政治格局和政治模式。在指导思想上，秦代奉行的是法家学派的"法治"、"重刑"等理论，而且在实践上贯彻得比较彻底，秦代的法律制度很自然带有明显的法家色彩。在中国历史上，战国时代和秦代是法家学派最活跃的时期，所以，秦代法制特色是极为鲜明的。

在两汉（西汉、东汉）时期，中国古代法制在秦代法制的基础上进一步发展。前期是指在汉武帝"罢黜百家，独尊儒术"以前，主要是"汉承秦制"，就是在秦代留下的法律框架内进行局部改造，形成了一套与秦代法制有根本差别的法律体制；后期则是指在汉武帝"罢黜百家，独尊儒术"以后，在指导思想

上接受儒家的理论，使儒学成为官方的、正统的政治理论。经过“儒家化”以后的法律制度，在许多方面不同于秦代及汉初的法家化的法律。而且，汉代以后的中国古代法律，都是沿着汉代儒家化的方向逐步发展的。所以，汉代法制在中国法制史上也具有重要地位。

2. 发展时期（三国、两晋、南北朝）的法律制度

三国两晋南北朝时期，在时间上包括自公元221年曹魏立国到公元581年隋文帝结束南北分裂、重新统一中国这段历史时期。在这段时间里，虽然政权更替，局势动荡，但法律制度仍然得到了巨大的发展。首先，随着两汉律学的发展，立法技术不断提高，法律理论也有明显发展。其次，具体法律制度设计上使儒家经典原则的法律化得到加强。一些重要的制度，比如“八议”、“服制定罪”、“官当”、“重罪十条”等已经成为成熟的制度。这一时期法制的发展与进步，为隋唐之际中国古代法制走向成熟奠定了重要基础。

3. 成熟时期（隋、唐）的法律制度

隋唐时期，是中国传统法制的成熟、定型阶段。在时间上包括从公元581年隋代建立到公元960年宋代建立以前。这个时期的法律制度由于有几千年的立法、司法经验作基础，立法技术进一步提高，以《唐律疏议》为代表的优秀法典相继问世。在法律内容上，以《唐律疏议》的制定完成为标志，中国古代道德与法律的融合过程，也就是通常所说的“礼法结合”的过程基本完成，儒家学派的一些基本主张被精巧地纳入成文法典之中，中国传统社会的“法律道德化，道德法律化”的特征，在隋唐法律中得到了充分的体现。同时，经过几千年的实践探索，中国古代的司法体制、诉讼制度也在此时达到了很高的水平。

特别应当指出的是，以《唐律疏议》为代表的唐代法制，达到了中国古代传统法制的最高水平。《唐律疏议》成为中国古代法制、中华法系的代表作，在中国法制史和世界法制史上均具有重要地位。所以，唐代法制、《唐律疏议》也成为学习中国法制史的重要部分。

4. 变化时期（宋、元、明、清）的法律制度

宋元明清时期，在时间上包括自公元960年北宋建立到公元1840年鸦片战争以前这段历史时期。在宋代以后，中国的传统社会结构包括法律制度，在隋唐时期所确立的基本框架内，出现了较大的发展与变化。王朝法制的基本精神、主体框架，仍然由《宋刑统》、《大明律》、《大清律》等基本法典确定，但是敕、条例等法律形式，在司法实践中却发挥着实际而具体的调节作用。在君主专制中央集权的帝制社会后期，“律”规定着大原则，而“敕”、“例”则从各方面进行补充和小幅度的修正。作为大原则的“律”相对稳定，较少修改，而起实际

作用的附属立法，则因时因地频繁修订。这种立法上的变化说明在经过了几千年的积累以后，到中国君主专制中央集权的帝制社会后期，统治者已经能够更加娴熟地运用各种法律手段来调节社会。同时，随着皇权不断强化，中国传统法制的重心也开始向维护皇权、加强专制的方向倾斜。宋代的编敕、明代的廷杖和特务统治、明清之际盛行的“文字狱”等，都是这方面的具体反映。此外，元代和清代的民族歧视性的和适用于少数民族地区的法律，也是这一时期法律制度的一个特点。

（三）近代法制时期

分为清末法律制度、中华民国南京临时政府法律制度、民国北京政府法律制度和南京国民政府法律制度及革命根据地法律制度五个部分。

从公元1840年鸦片战争以后，中国社会开始遭受西方列强的一连串的侵略和欺凌。在内忧外患之中，中国社会也开始了艰难的转变。从法律上看，这种转变的突出特征是，存在了数千年的中国传统法律体制、法律观念开始瓦解，而近现代意义上的法律制度开始在中国土地上艰难地生长。一般来说，中国近现代的法制变迁，大致也可以分为以下几个阶段：

1. 清末变法修律

在中国，习惯上把1840年鸦片战争至1911年清代灭亡这段时间称为“清末”。在1840年以后，特别是在清政府存在的最后10年即1901年至1911年中，清政府被迫进行了范围广泛的法律改革，大量引进了西方近现代法律学说与法律制度，对清代原有法律进行了一定程度上的改造。从此中国的法制踏上了近代化之路。

2. 南京临时政府时期

1911年10月，中国爆发了著名的辛亥革命，1912年1月1日，中华民国南京临时政府宣告成立。在以孙中山为核心的革命党人的领导下，南京临时政府在很短的时间内进行了一系列立法活动，初步奠定了民国时期法制的基础。

3. 民国北京政府时期

1912年3月，袁世凯继任民国大总统，在北京建立了由北洋军阀控制的民国北京政府，人们习惯上称为“北洋政府”。为应付各种需要，北洋政府在承继清末编订的法律草案基础上，也曾进行一系列的立法活动。这些立法，在客观上为以后南京国民政府的法制建设提供了一定的有利条件。

4. 南京国民政府时期

从1927年到1949年，是国民党建立的南京国民政府统治时期。南京国民政府建立以后，进行了广泛的立法活动，颁布了大量的法律、法令以及判例解释例，形成了“六法体系”。

5. 新民主主义的法制建设时期

在通常的中国法制史体系中，1921 年以后中国共产党在各个革命根据地所创建的法律制度，也是民国时期法律制度的重要组成部分。

■ 中国法制史学科的研究方法与发展状况

历史是常新的，因为每一代人对自己所处的社会和自己的过去了的那段历史的认识均在不断地深入与完善之中。正是在这一过程中，我们特别应留意：历史的真实，不一定能使我们认识到“真实的历史”。但是历史又绝不是不可认识的，随着人们认识能力的不断进步，我们总是在不断接近着“真实的历史”。

（一）科学的研究方法

中国法制史学是一门带有历史学与法学双重特点的交叉学科，这一特性决定了法制史学的学习与研究都有双重的难度和要求。作为中国现代社会科学的一个分支，中国法制史的学习与研究，首先要坚持的是以马克思主义的科学理论作为指导。

近两个世纪的科学研究和社会实践都已经充分证明，辩证唯物主义和历史唯物主义是马克思主义经典作家总结人类理性思维的一切优秀文化成果而得出的科学认识论和方法论，这种科学的理论为我们研究社会问题和历史问题提供了良好的科学理论和方法。马克思在著名的《〈政治经济学批判〉序言》中对历史唯物主义基本原理作了精辟的论述：生产关系的总和构成社会的经济结构，即有法律的和政治的上层建筑竖立其上并有一定的社会意识形式与之相适应的现实基础。物质生活的生产方式制约着整个社会生活、政治生活和精神生活的过程。不是人们的意识决定人们的存在，相反，是人们的社会存在决定人们的意识。这一基本原理科学地说明了人类社会和历史发展根源与社会物质生活条件等基本因素的变革，说明了法律制度作为社会的上层建筑，其存在、发展，其表现形式和特点，都是由当时的社会物质生活条件所决定的。

1949 年中华人民共和国成立以后，从事中国法制史教学研究者将马克思主义的基本原理运用到法制史研究中，实现了学科发展史上的革命性变革。由此，中国法制史的科学研究摆脱了以往唯心主义研究方法的羁绊，解决了一系列用其他理论和方法不能科学解释的问题，使中国法制史学成为一门有科学理论基础的真正的科学。

研究历史上的法律制度，应该把法律制度作为一种社会现象置于当时的社会环境之中，本着实事求是的精神，以严谨科学的态度去挖掘、整理、分析、研究，从而揭示历史上存在过的法律制度的本来面目，揭示其产生、发展、演变的历史根源和规律。因此，在学习与研究中国法制史过程中，应该坚持正面研究与比较研究相结合，通史研究与专史、专题研究相结合，同时坚持解放思想，不断采用新的科学方法和现代科技手段，达成法制史学科科学研究的目的。

（二）学科的发展状况

在中国，我们一直有尊崇历史、研究历史的好传统。从历史中总结、领悟治乱兴衰之道，进而体会社会和人生，是中国古代最尊崇的学问。所以在中国古代，历史学是一种包含政治理论、人际伦理和学术思想等等许多内容的指导性学术。研究前代法制，总结前朝的政治、法制的得与失，也是每个王朝建立以后的一项重要工作。所以，研究法制历史在中国也是有悠久的历史和渊源的。

从西周穆王的“作吕刑”，春秋时期子产“铸刑书”、晋国“铸刑鼎”，到战国李悝著《法经》，汉代萧何“制律令”，都是在总结前人法制经验的基础上完成的。东汉班固修《汉书》，首次专设“刑法志”，集中总结一代法制的沿革变迁。此后，二十四史中，都有专门的“刑法（罚）志”部分，成为官修史书中保存前代法制史料最为集中者。隋唐以后，各朝均设有国史馆或翰林院，组成官方的史学研究、编写机构，系统地研究前代的典章制度，并记述本朝的政治、法制活动。唐宋明清几部重要的官修类书，如《艺文类聚》、《太平御览》、《册府元龟》、《古今图书集成》、《永乐大典》、《四库全书》等鸿篇巨制中，都有刑法或刑罚制度一目。历代官方正史中积累了中国法制发展的正面史料。除官方组织的研究活动以外，清代以前士大夫个人将研究的兴趣一度集中在前人法制之上的，也是大有人在。从滔滔雄辩的先秦诸子，到“务在深文”的汉代刀笔吏；从以诗赋见长的白居易、范仲淹，到南宋理学大师朱熹，都留下了不少对法律、法制的评价和见解。至于邓析以降，像汉代郑玄、马融、郭氏家族，魏晋时期的张斐、杜预和宋元时期的王健、郑汝翼等个人或家族从事传统律学研究的，更是代有其人。从宏观上，如果说在明代以前，法制史的研究仍属于历史学的附庸的话，那么从清代开始，专门从事法制史的研究者已经出现。清人沈之奇的《大清律辑注》、吴坛的《大清律例通考》、薛允升的《唐明律合编》、郝懿行的《补宋书刑法志》和沈家本的《汉律摭遗》等著作说明，在清代以后对于历史上法律制度的研究已有专业化的趋向。特别是在清代末年，修律大臣沈家本，第一次全面而系统地对中国自传说中的唐虞时代直至明代几千年间的立法、司法各个方面进行了研究和总结。沈氏对中国法制史的全面系统的研究，是对近代学科形成以前的中国法制史研究的最后总结。所以，在中国法制史科学发展史上，沈家本毫无疑问是一个承前启后的重要先驱者。

从整体上看，在清末沈家本以前，法制史的研究作为传统历史学的一个组成部分，在几千年中伴随着古代法制的发展而不断积累，为后人留下了极为丰富的历史资料，其功绩和作用十分明显。

20世纪的最初20年，是中国社会新旧交替、脱胎换骨的重要历史时期。在当时所谓“欧风美雨”的环境下，中国传统的学术理论、结构和研究方法都在西学东渐的潮流中悄悄发生着变化。特别是1919年爆发的五四运动，一方面在“民主”的旗帜下对中国传统的政治制度和社会观念作出了全面的否定，另一方面则在“科学”的旗号下对中国数千年相传的学术体系、学术思想进行了彻底的清算。以此为契机，西方社会的学科分类方法、科学研究体系和研究方法不断传入中国，促使中国开始了教育和文化的现代化适应过程。包括中国法制史学在内的一些现代社会科学，正是在这种文化的洪流中形成、产生和发展的。

在中国法制史学科发展史上，1900—1949年近半个世纪中，中国法制史研究的成绩和贡献都是很突出的。首先，这个时期法制史学者们初步建立了比较完整的学科体系，大致形成了中国法制史的研究范围，确定了主要的研究对象。其次，对本学科的一些重要理论问题进行了比较深入的探讨，例如关于中国古代法律的特征，中国古代文化与古代法律的关系，中华法系的形成、特征，中国法制的起源等理论性问题，在学术研究中都有涉及。再次，积累、整理了大量的法制史研究资料。这一时期的法制史研究成果，普遍以史料丰富见长，有的著作甚至是专门的史料汇辑。应该说，程树德、丘汉平等前辈学者对于中国法制史资料的收集、整理、鉴别和运用，对于今天的法制史研究仍有重要的借鉴和使用价值。

1949年以来，社会文化领域各个层次都发生了深刻的社会变革。在学术思想领域，随着马克思列宁主义理论成为国家上层建筑中的指导思想，一种全新的学术体系在此后的时期里迅速建立。从1949年到1966年以前的17年间，以马克思列宁主义为指导的中国法制史教学和科学研究从无到有，并逐渐走向深入。经过十多年的努力，基本上搭建起了一种全新的学科体系和框架，并在学科名称、体系以及研究范围等一些基本问题上进行了有价值的探索。

1978年以来的30年，是中国社会又一次深刻的巨变时期。在此期间，中国法制史教学与科研得以在各高等院校法学专业恢复，并得到迅速发展。

在过去30年中，全国法制史研究者在这一领域中辛勤耕耘，潜心研究，取得了丰硕的研究成果。据粗略的统计，多年来中国法制史学界共出版学术专著和教材200余部，发表学术论文数千篇。研究的触角，涉及中国历史上各个时期、各个方面的法律制度及相关的各种文化现象、思想因素。就研究的广度、深度、质量、水平而言，改革开放的30年是中国法制史学科历史上最好的时期。特别是在这30年中，逐渐形成了一支稳定的和高素质的法制史研究和教学队伍，为学科的进一步发展提供了重要的保障。

法律作为一种历史现象，法学作为一门有着悠久历史的学科，千百年来，人们通过对它的不断解说与设计，来满足人们对所处现实世界中利益关系的调整。我们不得不承认一个现实：法律这套人为的，为人而存在的规范系统，无论是用其对物质利益进行分配，还是用其对精神追求提供依据，无论是将其视为一种信仰，还是将其比作一种工具，至今都不过是人们千百年来寻求到的一种“最不坏的规则系统”。

第一章

习惯法时代——夏商两代中国传统法律的产生

［学习目标］

通过本章学习，应掌握在夏商两代，随着传统习惯法向成文法的发展，中国早期的法律形态和法律制度开始形成。表现在政治和法律方面，有记载的立法活动日益频繁，法律指导思想强调“天讨天罚”，形成了早期的刑罚制度，提出了“刑起于兵”的法律产生理论，使其时的法律制度有所发展，特别是商代时期法律制度的发展，为后世奠定了基础。其中法律内容方面的一些罪名、法律原则、司法体制，均是应掌握的重要内容。

第一节　夏代法律的形成

习惯法是人类社会最早的法的存在形态，人类社会在漫长的发展过程中，逐渐产生了不少习惯，进而形成为习惯法，调整社会关系，维持社会秩序，促进社会发展。

漫长的原始社会，最初，由于生产力的极端低下，人们只能直接为了满足自身的消费而生产，无所谓分工，也无所谓交换。

这种原始类型的合作生产或集体生产显然是单个人的力量太小的结果，而不是生产资料公有化的结果。

以后，随着生产力的发展，开始出现社会大分工，产品开始有了剩余，偶尔的交换也发展到了经常的程度。这样：

> 各不同部落的成员之间进行交换以及它作为一种经常制度来发展和巩固的一切条件都具备了。

特别是随着私有财产的出现，个人之间的交换代替了以氏族首领为代表所进行的交换并逐渐占了优势，成为交换的主要形式。这种日益广泛的人与人之间的产品交换行为以及相关的产品生产、所有、消费行为，由于经年累月重复进行，因而逐渐形成了一定的规则。此即习惯法的最初渊源。

中国最早的法也是习惯法。其时：

> 少者使长，长者畏壮，有力者贤，暴傲者尊。①
> 智者诈愚，强者凌弱。②
> 以强胜弱，以众暴寡。③

继之，相争与互残日烈。故传说黄帝（约公元前 26 世纪）初作礼，肇置范限，互相约束。及虞舜时代（约公元前 23 世纪末至前 22 世纪中），始有“犯罪”，为了惩治，肇创原“刑”，史称“象以典刑”。这种礼、刑即为最初的习惯法。所谓：

> 礼从宜，使从俗。
>
> 夫礼者，所以定亲疏，决嫌疑，别异同，明是非也。……道德仁义，非礼不成；教训习俗，非礼不备；分争辩讼，非礼不决；君臣上下，父子兄弟，非礼不定；宦学事师，非礼不亲；班朝治军，莅官行法，非礼威严不行；祷祠祭祀，供给鬼神，非礼不诚不庄。④

礼在中国传统社会是主要的社会规范，在社会生活中发挥着重要作用。随着社会形态的发展，礼的习惯法性质日渐淡薄，国家制定法色彩愈益浓厚。

---

① 《吕氏春秋·恃君览》，上海，上海古籍出版社，1986。
② 《管子·君臣下》，《二十二子》，上海，上海古籍出版社，1986。
③ 《商君书·画策》，北京，中华书局，1954。
④ 《礼记·曲礼上》，《十三经注疏》，北京，中华书局，1980 年点校本。

一、夏代的习惯法——“礼”、“刑”法律结构的萌芽

夏代约处于由部落联盟而国家、由习惯法而礼仪刑杀这一历史时期①，当然应当说明，无论夏代还是其时的萌芽法律状态，由于年代久远，加之缺乏系统的文字记载，至今考古学界发现的夏代文化的物证还很少，许多判断还只是逻辑上的推论。但另一方面这种逻辑的推论并非毫无价值。以商周两代而论，地下的考古新发现证实了许多古文献记载和后人依据这些记载所进行的某种推论的真实性。这里用得着胡适先生的一句名言，就是大胆假设、小心求证。

（一）远古的习惯——习惯法——法律的最初萌芽

从远古神话记载的深层含义中，我们可大致得到与华夏民族形成过程相伴的国家与法律的最初萌芽和初创的一些原则制度。②

---

① 按照马克思主义法学的观点，法是随着国家的产生而出现的一种社会历史现象。即随着由母系社会而父系社会、由父系社会而部落联盟、由部落联盟而国家。这一进程中，与此相应的法律的形成，则大致经历了如下演进过程：即由氏族习俗而习惯法（此处法指常规）；由习惯法而礼仪刑杀；由礼仪刑杀而法（一般意义上的法）。

② 从远古神话中我们如何来解释法的起源呢？这就需要我们去挖掘这些神话中的深层含义。图腾制（totem）是与氏族社会相伴的。一方面氏族建筑于血缘关系之上，形成的依血缘追宗溯祖的传统观念十分浓厚；另一方面由于对自然界和人本身认识的局限，随之对外界的变化及生死等产生一种无以名状的畏惧和崇拜的混合心理，将这一观念依托于某种自然现象（如风、雷、水、火、土、日、月等）和动植物（如鸟、蛇、熊、虎、桑、桂等）及山川江河作为本氏族的始祖——庇护神——图腾，而加以顶礼膜拜并世代相传。这种现象在中国的缺乏系统性和故事性的远古神话中有着众多的记载。

我们自称炎黄子孙，那么我们这二位祖先究竟是什么样子呢？从古代典籍分析，炎黄中的炎字指炎帝族团，这是一个主要活动区域在今日中原即河南伊洛平原一带的氏族。这是一个崇拜火的氏族，以斧斤为族徽，山东大汶口新石器遗物中一组陶祭器上饰有族徽性的符号，图形（图腾）是斧斤：辛，甲骨文为，取象于斧斤析木，辛（薪）能得火。以炎帝——燧人——祝融为始祖神。故炎帝又号高辛氏。而辛字古音读尧（见《说文》），由此可知，所谓炎帝高辛氏，其实即赫赫有名的“帝尧”。故《尚书》始于《尧典》并非偶然。炎帝又号神农氏，古神话研究者认为神农——后稷——炎帝是同一人。传说炎帝“人身牛首”正暗示了他与牛耕的关系，可知炎帝族是一个以农业为主要活动的族团。该族团起源于“姜水”故姓姜，而周人始祖称姜原，均以姜为姓，可知周人是炎帝族的直系后裔。我们的另一位祖先黄帝，是发端于山东曲阜一带的又一氏族集团。据古书记载，黄帝族团是一个崇拜太阳的氏族，在传说中，黄帝具有人面蛇身的形象，以龙为象征（即图腾）。别名高阳氏（马王帛书《十六经》中黄帝别名高阳。《史记·天官书》载：“轩辕（黄帝名）黄龙体”。《山海经·海外西经》载：黄帝“人面蛇身”。又希腊神话中有 Minotaur，牛头人身，食人肉，养于克里特迷宫中）。据研究古代神话的学者分析，认为传说中的伏羲——太昊——高阳——帝俊——帝喾——黄帝是一个人（或说神），即太阳神的变名。而帝喾名俊，即有虞氏舜。相传舜子商均封于商，遂称商朝。而商人认为的始祖契也是帝喾的后裔。这一氏族以凤鸟作太阳的象征（即本族的族徽）。

姬姓男子世代娶姜姓女子。这一点说明了古代传说中的美女为什么多名叫“孟姜”。正是通过这种世为婚姻的关系，这两个族团不仅在血缘上，而且在宗教、心理和文化上，都发生了全面的融合。在这一融合过程中黄帝诛杀蚩尤于涿鹿的古代传说有着特别重要的意义。相传炎帝族团初似强盛于黄帝族团（黄帝号少昊，国称“少典”）。北上的南方苗黎蛮人首领蚩尤，曾称臣于炎帝。炎帝从初建的都城河南的陈（太昊之墟）来到黄帝族故乡曲阜。黄帝因敌不过炎帝与蚩尤的联军，被迫迁避（《帝王世纪》载：“炎帝自陈迁都于曲阜”。《汉书》载：“蚩尤判父，黄帝涉江”。黄帝族本是“迁徙往来无常处”，是《史记》所说的“时播百谷草木，淳化鸟兽”的游牧民族）。后来蚩尤叛逐炎帝，自己占据了曲阜，可能还自立为新的“炎帝”。炎帝只得反求助于黄帝。在涿鹿，黄帝终于战胜蚩尤，因此被尊为炎黄二族的共同领袖——“大帝”。

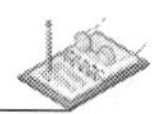

古书上说："太古之时，烝黎初载，未有上下，而自顺序，天未事焉，君未设焉"①。成书于西汉的《淮南子·汜论训》也说："神农无制令而民从"。"刑政不用而治，甲兵不起而王"②。

另据神话所载，上古帝王唐尧、虞舜的出生，均是母受异象而怀胎产子，其深层含义恰恰是我们所认为的只知其母不知其父的母系社会。③ 由尧舜到禹，古代神话也为我们提供了重要的信息。禹的出生，甚至禹父鲧的出生，被写作"颛顼产鲧，鲧产文命（禹）"。这实际上是父系社会的一种影射。相传禹治水三过家门而不入，其家即指"大妇"之处，这种现象在母系社会一般是不会发生的。

早在炎黄之初，氏族部落间为生存与发展就经常大打出手。而在这些氏族部落争斗的记载中就蕴涵着中国古代法的最初记载及其端倪。所谓："黄帝设五法，布之天下"④；"黄帝治天下……，法令明而不暗"⑤；"置法而不变，使民安其法者也"⑥。

相传黄帝制《李法》："壁垒已定，穿窬不繇（由）路，是谓奸人，奸人者杀。"⑦

另外，包括《尚书》中《尧典》、《舜典》及《夏书》中的记载多属此类。特别是有关皋陶作刑的记载已被后人多方论证，多是后世附会的内容。如所谓："帝舜……三年命皋陶作刑"⑧；"昏（劫掠）、墨（贪赃）、贼（杀人不忌），杀。皋陶之刑也"⑨。

这些虽不免是"史官文化"附会的结果，但视其为前商不久的年代的刑杀律法也许是可信的。⑩

到了"舜荐禹于天，为嗣"、"禹遂即天子位"的时候，也就是大约公元前21世纪前后，至禹子启成为夏族之王，我们把这之后的约五六百年叫做夏代。

---

① （东汉）王符：《潜夫论·班禄》，《汉魏丛书》，长春，吉林大学出版社，1992。

② 《商君书·画策》。

③ 参见《太平御览·皇王》卷八十、卷八十二。但这里需说明，母系社会与母权制是不同的。马克思的《摩尔根〈古代社会〉一书摘要》说：在那个时常为本氏族生存而发生血族复仇的年代，男子做酋长更符合实际。这就解释了一个关键的问题，即尧、舜禅让并不是原始民主的表现，并不是他们不想传子，而是因为父与子分属不同的母系，即不同的氏族。

④ 《史记·五帝本纪》。

⑤ 《淮南子·汜论训》，《二十二子》，上海，上海古籍出版社，1986。

⑥ 《管子·任法》。

⑦ 《汉书·胡建传》。

⑧ 《竹书纪年》。

⑨ 《左传·昭公十四年》。

⑩ 这里所举一例，即可说明在引用上古史料时应慎之又慎，切忌以词句视为确史。

一般认为中国古代法律都渊源于这一时期。

（二）“礼”与“刑”的起源及其刑罚制度

1.“家天下”的确立

自夏禹至桀，历十四世，十七王。相传禹因治水有功，博得了众部落首领的拥戴，推举为“夏后氏”①，成为最高君长②，曾建都阳城（河南登封）。按传统的“禅让制”，禹死之后王位本应由东夷的伯益继承，禹却精心安排将王位传给了儿子启。启用武力将伯益赶跑。史书上说：

> 朝觐讼狱者，不之益而之启。
>
> 讴歌者，不讴歌益而讴歌启。③

于是夏启宣布自己是夏的第二代王。至此，氏族部落联盟的盟主已蜕变成一个阶级社会中的国王。从此开始了“王天下者，皆出于一家，……惟此一族亡人，可以受天命，作天子”④ 的“家天下”制度。虽然其间发生了有扈氏反对、太康失国、少康中兴等历史反复，但结果，世袭制使人们最初是容忍，后来是要求，最后便僭取这种世袭制了；世袭王权和世袭贵族的基础奠定下来了。⑤

2.礼与原始宗教

礼和原始宗教是分不开的，是人类最初对于自然现象和生命起源无法解释而产生的恐惧和敬畏心理的反映。因这种“事神致福”的祭祀，遂产生一定的礼节仪式及必要的禁忌⑥，这就是礼⑦的产生。《左传》这部书中说：“国之大事，在祀与戎”。

戎指部落间的战争。在战争中形成的共同管理的惯例与讨伐异族部落的杀戮手段，形成了最初的刑⑧，故“刑”字从“刀”。古人认为以兵讨伐，即为用大刑。所谓“大刑用甲兵”。师旅的纪律也是促成上述内容法律化的一个因素。于是刑始于兵、兵狱同制的观点遂成为中国古代法律起源的一个概括。古时的

---

① 皇后的“后”字即由此而来。

② 有一次禹在会稽（浙江绍兴）盟会诸侯，防风氏迟到，被禹杀死（《国语·鲁语》），反映了禹同各部落首领的不平等地位，而“后至者斩”也成为一条传统的军法。

③ 《孟子·万章上》。另《竹书纪年》载：“益干启位，启杀益。”《十三经注疏》，北京，中华书局，1980年点校本。

④ 夏曾佑：《中国古代史》，北京，三联书店，1955。

⑤ 参见恩格斯：《家庭、私有制和国家的起源》，北京，人民出版社，1954。

⑥ 由此说到“男女有别”，说到“社”，说到“国子监”的建制等。

⑦ 礼：从“示”，从“醴”。豆是古时盛酒肉的器皿。

⑧ 《说文解字》：侀，“刭”也，杀戮之谓。罪，捕鱼的竹网。

司法官称“士、师、司寇”等军官名也可作为证明。

这种礼仪刑杀，从某种意义上讲，恰似礼是法律规范的假定、处理部分，刑是法律规范的制裁部分。其时“礼”已成为人们日常生活中共同遵行的行为规则，它不仅靠舆论和人们内心的信念去自觉遵守，也有强制力的保证，这种强制力就是刑。即古人所谓的“出礼则入于刑”的关系。但这时的“礼”和“刑”从法律规范的角度讲，彼此并没有形成严谨明确的联系。即礼只能讲某种行为非礼，并没有接着指明对这种非礼给予什么样的惩罚；而刑则只是作为一般罚罪的手段。所以说当时并不存在我们今天严格意义上的法律。而是具备了法律的基本成分。我们之所以说当时的礼与刑都有法律的性质，原因就在这里。这种状况导致了两种结果：其一，这种违法（礼）与惩罚（刑）之间缺少明确联系的状况，便于统治者“临事制刑，不豫设法”①；其二，使罚罪的手段无从发展，更难有性质上的变化。前一结果至春秋才有较大突破，而后一结果则一直影响到清末。

夏代的法律记载

古书上说：“夏有乱政，而作禹刑”②。

《隋书·经籍志》更说：“夏后氏正刑有五，科条三千”；“大辟二百，膑辟三百，宫辟五百，劓墨各千”③。

在启伐有扈氏时，曾宣布了这样一条“军法”：

> 左不攻于左，汝不恭命；右不攻于右，汝不恭命；御非其马之正，汝不恭命。用命，赏于祖；弗用命，戮于社，予则孥戮汝。④

据说夏时，还奉行这样一条用刑的原则，即：“与其杀不辜，宁失不经”。

---

① 《左传·昭公六年》载：“先王议事以制，不为刑辟”。《十三经注疏》，北京，中华书局，1980年点校本。

② 《左传·昭公六年》。

③ 以往人们认为“百”、“千”之数不足信，可总还有一些。其时他们仍是把“刑”作为今天意义上的“法”（法条）来理解的。而按我们上述的分析，则应换个角度来看这些“百”、“千”的数字意义，我们应把它们理解为历代所累积起来的“判例”，而且是一些比较成型通用的“判例”，或许进言之，可称其为中国的“判例法”一类的东西。至于是否分为五种，即五刑，则大可怀疑。不过其中与大辟类似的杀戮之刑，或可认为是确实的。

④ 见《尚书·甘誓》：古时车战，每车配备甲士三人，其中甲士一居左，主射；一居右，主刺；一居中，主执驭。这条“军法”是要求甲士在各自岗位上要努力杀敌，报效夏王，任务完成好的，在先祖神位前给予奖赏（以法奖励，此中国法特色之一）。相反对不行王命者，则在土神主前惩罚，不仅本人被杀戮（大辟）、妻、子也沦为奴隶。《十三经注疏》，北京，中华书局，1980年点校本。

这是说司法官宁可承担失职的责任，也不要错杀无罪之人，体现了“罪疑惟轻”的精神。而《尚书·舜典》中“眚灾肆赦，怙终贼刑”[①] 一句，据蔡枢衡先生的多方考证，一般认为这一记载是可信的[②]。这些成为后世标榜“慎刑”的渊源。

据《竹书纪年》载：“夏帝芬三十六年，作圜土”。

《释名·释宫室》解释说：“狱又谓之圜土，筑其表墙，其形圜也”。

这大概是中国古代监狱之初。从商周的一些记载中，还可看到有关保护山林水产的规定[③]及“不孝罪”[④] 和赎刑[⑤]的规定。甚至有“自虞夏时，贡赋备矣”[⑥] 的说法，但因史料无多，已不可深考。

按司马迁在《史记》中的说法，到孔甲这一代以后，诸侯争战频繁。夏桀时，不修德政，穷兵黩武，残害百姓，使天下的民众到了不堪忍受的地步[⑦]，发出“时日曷丧，予及汝皆亡”[⑧] 的呼声。最后在东方以汤为首的商人打击下灭亡了。《吕氏春秋·先识览》记述说：“夏太史令终古出其图法，执而泣之……出奔于商”。

这或许也证明其时已有见诸文字、比较常规的法律条文，即已出现成文的习惯法。

第二节　商代的法律——由成文习惯法向国家制定法的转变

■ 商代文化的特点及对法律的影响

商人始祖契[⑨]（音谢），约是和夏禹、周弃同时代的人物。到第三代相土时期，商已扩展到济水黄河之间，成为一个“邦畿千里”[⑩] 的大国和当时世界上极

---

① 眚，指过失；终，指一贯。

② 参见蔡枢衡：《中国刑法史》，南宁，广西人民出版社，1983。

③ 《逸周书》载：禹时规定“春三月山林不登斧，以成草木之长。入夏三月川泽不网罟，以成鱼鳖之长”。

④ 《孝经·五刑章》载：“五刑之属三千，而罪莫大于不孝”。《十三经注疏》，北京，中华书局，1980年点校本。

⑤ 《尚书·吕刑》有“训夏赎刑”的说法。《十三经注疏》，北京，中华书局，1980年点校本。

⑥ 《史记·夏本纪》。

⑦ 《史记·夏本纪》载：“自孔甲以来，而诸侯多衅夏，桀不务德而武伤百姓，百姓弗堪”。

⑧ 《尚书·汤誓》载：因夏人尚日神，夏王以“太阳神”自居，故有此说。

⑨ 《史记·殷本纪》载：“殷契，母曰简狄，有娀氏之女，为帝喾次妃。”“因孕生契。契长，而佐禹治水有功，帝舜乃命契……封于商，赐姓子氏”。

⑩ 《诗经·商颂》载：“相土烈烈，海外有截”，“殷土茫茫”。《十三经注疏》，北京，中华书局，1980年点校本。

文明的国家。青铜器和甲骨文就是当时文明的结晶。青铜器铭文和甲骨卜辞使商代历史令人咸相无疑。特别是对其时法律方面的刑名、罪名、刑罚手段，监狱等，与《尚书》《礼记》等古籍记载的内容多有印证。如果说我们在讲述夏代法律时多属猜测，那么在谈到商代法律时，我们就有了许多的物证了。

商人进入中原约在成汤之时，都于亳并从这里开始了灭夏的战争。约公元前16世纪，成汤趁夏后癸（桀）天怒人怨，在鸣条打败了督师的夏桀。也就是《史记·夏本纪》说的："桀走鸣条，遂放而死"。

成汤建立的商王国，使周围的小国都望而归附[①]。在商的西方还有一个"方百里"的小部族，叫周。周族大概是夏人的一支。商灭夏后，夏人留于商人统治下的居于杞，逃到西北去的就叫周。这也就是后来灭商的周。

夏桀、成汤之时，两族势均力敌。至于文化，似乎商人要高于夏人。《尚书·多士》说："惟殷先人有册有典"。

即是说只有商人才有典册，即成文的习惯法。这就使商人在对异族夏人进行统治时，并没有感到后来周灭商，周人对商人进行统治所面临的困难[②]。我们有理由说，在三千年来的中国社会中，一直起着很大作用的宗法制度是周族带来的，而不是殷人传给周族，或遗留给后代的。这在商代的许多史实中可以得到印证。如商代王族不问性别，祭直系先王时必兼祭配偶。并且与周人祭祀必由宗主亲自主持不同，在商代有不少祭礼是商王叫人代行的。如果说兼祭配偶可能是母系社会传统的遗留，那么代行祭祀确是有违宗法制度的。此外，商代并没有基于宗法制度而形成的"父母存，儿女不有私财"的"同财共居"之制。正因如此，后世儒者才谴责商人是"殷人贵富"、"胜而无耻"[③]，即是说殷人只认钱财。

从商周两代妇女的地位看，更说明在商代并不存在"女子无才便是德"这种宗法制度下的女性观念。在甲骨卜辞中有许多描写王妃领兵督战，祭祀祖先，整理卜辞归档的故事。而且她们和男性贵族一样，有私属的财产[④]。尤为突出的是，商代绝大部分时间不行"封建"。王国维认为：

---

① 《诗经·商颂·殷武》载："昔有成汤，自彼氐、羌，莫敢不来享，莫敢不来王"。

② 即是说，周灭商是以一个僻处西方的百里小国，对邦畿千里的大国商进行统治，是以一个落后的小邦周对比自己有很高文明程度的大帝国的统治。这就使周人很伤脑筋，如何以自己微弱的力量来有效地统治广大的异族呢？周人找到了一个既熟悉又可靠的方法，就是"封诸侯，建同姓"的封建制度，以维系传统的血缘关系来巩固对商人的统治，从而形成了"亲贵合一"、"国家不分"、以大宗率小宗的一整套宗法制度。而据说创立这套制度的正是周公，所以自周以降历代都把此人奉若神明。

③ 《礼记·祭仪》，《礼记·表记》。

④ 方法敛编《库方二氏藏甲骨卜辞》一书中引："贞：王勿妇好伐土方"；刘鹗编《铁云藏龟》中引："贞御妇妍于母庚"。转引自《李亚农史论集·殷代社会生活》，上海，上海人民出版社，1962。

商人兄弟相及，凡一帝之子，无嫡庶长幼，皆为未来之储贰，故自开国之初，已无封建之事，矧在后世。①

据甲骨卜辞记载，商王武丁时，其子五十多人，多无爵位。

作为宗法制度下的“同姓不婚”之制在商代也是无法维持的。《史记·殷本纪》中记载：

自成汤以来，采于书诗，契为子姓，其后分封，以国为姓；有殷氏、来氏、宋氏、空桐氏、稚氏、北殷氏、目夷氏。②

即是说同一血统之人因居住地域不同而有不同的姓，反之不同血统的人因居住地域相同，可能用同一姓氏。这就使亲贵合一成为不可能。商王也就没有宗主之亲，这也就是《礼记·表记》中所说的“尊而不亲”的意思。由此可以推论商人或许没有大宗小宗③的制度。由于商人以国为姓，虽同其血统者，亦异其姓，数代之后，谁也弄不清楚谁与谁是同宗或不同宗了，在这种情况下，同姓不婚是无从遵守的。王国维最先看到了这一点，他说：

……六世亲属竭矣。……周道然也。然出商人六世以后或可通婚？④

综上所述，在商代社会中要想提出周代那一套封建宗法制度是困难的。诚然商末已有嫡长继承，但宗法制度及其相关的各项制度和观念也就是影响于后世几千年的那套东西，则是始于周，而非始于商。

■ 商代的法律记载

古书上说：“商有乱政，而作汤刑”⑤。

到成汤的孙子太甲时又说：“不遵汤法，乱德”。至商中期祖甲时又有：祖甲二十四年“重作汤刑”的记载⑥。可知《汤刑》是终商之世适用的法律。但已

---

① 王国维：《观堂林集·殷周制度论》，北京，中华书局，1959年影印本。

② “以国为姓”已被甲骨卜辞所证明。参见罗振玉：《殷墟书契前编》（七·二九）；《殷墟书契后编》（上·一七·六）；唐兰编：《天壤阁甲骨文存》（九）。转引自《李亚农史论集·殷代社会生活》。

③ 甲骨卜辞中，大宗即大祖庙（直系先王），小宗即小祖庙（旁系先王）。

④ 王国维：《观堂林集·殷周制度论》。

⑤ 《左传·昭公六年》。

⑥ 《竹书纪年》。

往说《汤刑》是商代法律的总称是值得商榷的。甲骨卜辞中有："王又作辟"[①]。《尚书·康诰》说："罚蔽殷彝"。王国维认为"辟"、"彝"均商法。这与夏时作为单纯罚罪手段的"刑"相比已进了一步。断罪定罚有"彝"作标准[②]。商代的法律总称应是"彝"或"辟"，或说是司马迁所谓的"汤法"。

据甲骨卜辞和文献记载，商代的"彝"、"辟"（即商代法律），现今大致可以确定的有这样几方面的内容：

其一，商代继承夏代的"天罚"思想和军法内容。夏代曾有夏启伐有扈氏时所发布的军法《甘誓》[③]。在成汤伐夏桀时，也同样发布了"誓"这种形式的军法，这就是《尚书·汤誓》[④]。"天罚"思想也为后世历代承袭，所谓："天讨有罪，五刑五用哉"[⑤]。

一方面增加了司法镇压的威慑力量，另一方面也起到了慎刑等积极的影响[⑥]。

其二，刑法罪名与刑罚制度的继承。荀子曾言："刑名从商"。

近代有人说商代"刑名法例最具"。杨鸿烈也同此说[⑦]。这不免夸大，但商代刑法比夏代完备也确属实。《礼记·王制》载："刑者……一成而不可变"[⑧]。

说明商代法律形成了一定的"常法"，也即前述的"彝"。由此推断当时或许存在着不公开的刑书。参较《史记》等其他典籍，可知商代有以下几类罪名和刑名：一是"析言破律，乱名改作"，这即后来的违制罪；此外则是左道乱政罪，淫声淫风罪；和"行伪而坚，言伪开辩"的诈伪罪，妖言惑众罪；及其他文献所载的不孝罪[⑨]，不敬罪等八大罪名。二是刑名多沿袭夏代，孔子说："殷因于夏礼，所损益，可知也"[⑩]。《汉书·刑法志》也说："禹承尧舜之后自以德

---

① 郭沫若编：《殷契粹编》487片，见《郭沫若全集·考古编》，北京，人民出版社，1986。

② 即从法律规范角度看"彝"已是既有假定、处理，又有制裁的完整法律条文了。表明商代的"辟"、"彝"与"刑"不同。甲骨卜辞中已将其有所区别，如"兹人井（刑）不"。当然也有混同之处，如"贞：王闻不惟辟"，这可以认为《汤刑》寓于"彝"、"辟"之中，是其一部分。

③ 《易·师卦第七》载："师出以律"。《十三经注疏》，北京，中华书局，1980年点校本。

④ 其中说："尔不从誓言，予则孥戮汝，罔有攸（所）赦"。惩罚的理由或说执行上述法律的理论依据，与夏启一样也是宣扬执行"天罚"。所谓："有夏多罪，天命殛之……夏氏有罪，予畏上帝，不敢不正……尔尚辅予一人致天之罚"。

⑤ 《尚书·皋陶谟》。

⑥ 即是天罚，如滥罚无罪，就会天怒人怨，从而有慎刑的作用。

⑦ 参见杨鸿烈：《中国法律发达史》，上海，商务印书馆，1933。

⑧ 《礼记·王制》载："刑者，侀也，侀者，成也，一成而不可变。故君子尽心焉。析言破律，乱名改作，执左道以乱政，杀；作淫声，异服奇技奇器以疑众，杀；行伪而坚，言伪而辩，学非而博，顺非而泽，以疑众，杀；假于鬼神，时日卜筮，以疑众，杀。此四诛者，不以听。凡执禁以齐众，不赦过"。

⑨ 《吕氏春秋·孝行览》载："刑三百，罪莫重于不孝"，"商汤所制法也"。

⑩ 《论语·为政》，《十三经注疏》，北京，中华书局，1980年点校本。

衰，而制肉刑，汤武顺而行之”。“夏后氏王天下也，则五刑之属三千，殷因于夏，有所损益”①。

甲骨卜辞中有墨、劓、刖、大辟四刑的文字②。

商代刑罚手段的残酷是著名的。《韩非子·内储说上》记载：“殷之法，弃灰于公道者，断其手”。

《尚书·盘庚》也有“劓殄之无遗骨”的记载。《尚书·泰誓》则有“罪人以族”的规定。特别是到商末代帝王纣时，文献记载其时商王“乃重刑辟，有炮烙之法”，“醢九侯”、“脯鄂侯”“剖比干观其心”等等③。其野蛮程度是罕见的。

其三，司法方面的主要内容。

见于甲骨卜辞有“[illegible]”字（象征梏犯人两手）和“[illegible]”字（象征戴刑具投入监狱）。其时监狱又叫“羑里”（有人认为此是地名，非监狱，其时监狱仍是圜土，并已开始利用囚犯劳动）。据说商王之下统管司法的官员是司寇，下设正、史、贞卜等参与司法。在地方上分畿内畿外，内官称多田、亚、仕；外官称士，蒙士。行三级三审④。

总之，商代法律已提供给我们许多确实的东西。特别是告诉我们在文化传统上，商周并不是一种承继关系，而是一种改造创新的关系，诚如周人自称的“周虽旧邦，其命唯新”。商代末年，西部边陲的周族在武王率领下，趁商帝辛（纣）出征夷方之际，进攻中原取而代之。商帝国这个在征战中建立的王朝，也毁灭于这种征战。

相关案例

“大战于甘，乃召六卿。王曰：‘嗟！六事之人，予誓告汝。有扈氏威侮五

---

① 《晋书·刑法志》。

② 墨刑，后世称黥刑，“凿其额，涅其墨”，《历代刑法考》说墨刑“盖作死刑也，臣下刑墨，此商有肉刑之证”；甲骨卜辞上的“[illegible]”字即劓刑；《尚书·泰誓》中的“斮朝涉之胫”的“斮胫”可与甲骨卜辞上的“[illegible]”字相印证；至于大辟即死刑，文献和考古遗存可资证明的就有：杀、戮、镏诛、醢、脯、焚、剖心、炮烙、刳剔、杵捣、孥戮、族等等。

③ 《史记·殷本纪》。

④ 《礼记·王制》载：“成狱辞，史以狱成告于正，正听之；正以狱成告于大司寇，大司寇听于棘木之下；大司寇以狱之成告于王，王命三公参听之；三公以狱之成告于王，王三宥然后制刑”。可惜这些内容尚未得到证实。此外，关于“有旨无简不听”，“附从轻、赦从重”、“凡作刑罚，轻无赦”，刑者不分贵族平民皆弃市，“公家不畜，大夫弗养”等司法原则，都有待于进一步的证实。目前还只能留此备考。至于《尚书·伊训》与《史记》中有关“官刑”（有人说是类似行政法），则更是有待深究的问题了。

刑，怠弃三正，天用剿绝其命。今予惟恭行天之罚。左不攻于左，汝不恭命；右不攻于右，汝不恭命；御非其马之正，汝不恭命。用命，赏于祖；弗用命，戮于社。予则孥戮汝。'"

（《尚书·甘誓》）

［参考译文］　夏启在征伐有扈氏大战于甘，而发布的《甘誓》中的规定。古时车战，每车配备甲士三人，其中甲士一居左，主射；一居右，主刺；一居中，主执驭。这条"军法"是要求甲士在各自岗位上要努力杀敌，报效夏王，任务完成好的，在先祖神位前给予奖赏（依法奖励）。相反对不行王命者，则在土神主前惩罚，不仅本人被杀戮（大辟），妻、子也沦为奴隶。

"乃有不吉不迪、颠越不恭、暂遇奸宄，我乃劓殄灭之，无遗育，无俾易种于兹新邑。"

（《尚书·盘庚中》）

［参考译文］　商王盘庚在迁都时严厉规定："乃有不吉不迪，颠越不恭，暂遇奸宄，我乃劓殄灭之，无遗育"。即对不正、不善者，违命不敬者，以及奸诈和内外作乱者，作为反抗国家统治的重罪，结合肉刑（割鼻）与族刑（殄灭），全部处以死刑，以此维护王朝的统治。

本章小结

中国法律起源于文献记载中的第一个奴隶制王朝夏。夏代法律以"天讨"、"天罚"的神权法思想为指导，《禹刑》是记载关于夏代的刑法，其内容散见于先秦文献中。《尚书·甘誓》中保留了最早的军法。夏代的罪名有"昏"、"墨"、"贼"和"威侮五行"、"怠弃三正"，以死刑为主。夏代的监狱称为"夏台"。神权法思想到商代发展到了顶峰，"刑"、王命和单行法规为其主要法律形式，"刑名从商"表明商代的刑法已有相当规模的发展，甲骨文及先秦文献中都可见其刑名；商代的土地为商王所有，一般财产实行家长支配；贵族的婚姻形式实为一夫多妻制；早期兄终弟及与父死子继并行，后期出现了嫡长子继承的现象。商王握有最高司法审判权，其下有辅佐商王的司法审判职官，卜者也参加审判。其审判活动有浓厚的宗教色彩；文献及考古发掘证实商代已有监狱。

关键概念

《禹刑》　　《汤刑》　　"弃灰之法"　　不吉不迪　　颠越不恭

暂遇奸宄	不孝	炮烙	昏	墨
贼	醢	脯	劓殄	五刑
圜土				

思考题

1. 简述中国国家和法的起源及其依据。
2. 中国古代“刑”、“法”、“律”字的含义是什么？
3. 简述夏商的神权法思想及其发展。
4. 夏代刑法的主要内容是什么？
5. 简述商代刑法的主要内容。
6. 简述商代民事、婚姻和继承制度的主要内容。

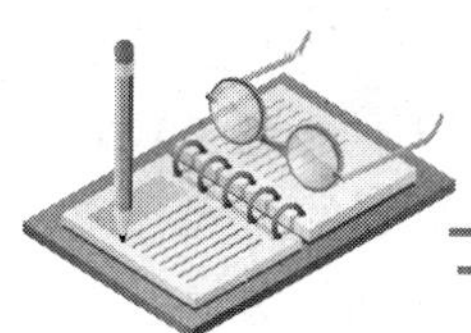

第二章

中国传统法律文化的奠基时期——西周的礼法制度

［学习目标］

通过本章学习，应理解在西周时期，随着宗法封建体制的形成发展，王权对立法、司法的控制日益成熟，表现在政治和法律方面，法律指导思想强调“以德配天”、“明德慎罚”，使礼法制度有了新的发展，特别是此时期法律内容的变化，为春秋战国时代成文法的公布与法典化奠定了基础。其中法律内容方面的一些罪名、法律原则、司法体制，均是应掌握的本章重点内容。

地处古代中原西陲的人数不多的质朴民族——“小邦周”及其新兴统治集团，通过在牧野一役的军事胜利，攫取了文化先进的中原地区的控制权，随之立即面临着多方面的挑战。其中以宗教文化方面的压力最为突出。这关系到周人发动的“殪商”战争是否正义，周人的新统治秩序是否合理的根本问题。为应付这一压力，周初统治者们做了许多工作，其结果是周的“史官文化”战胜了商的“重巫文化”以及两种文化的最终融会。

我们知道，殷代重巫文化和世界各国古代文化比较接近，对宗教倾心关注，有着古老的神权统治的传统。据甲骨文记载：为了耳鸣这类小事，殷王就可以用上158只羊，来祭祀神明，乞求平安。而周人，每次正式的祭祀仪式仅仅是牺牲一头牛（“太牢”）或一只羊（“少牢”）。这巨大的悬殊显示殷周两族在宗教文化上的巨大差别。周民族在太王迁徙岐山之前，还是一个经济、文化落后，过着原始质朴生活的部落集团，而同时代的殷人已经享有较高级的宗教和烦琐的仪式了。周人惯于在艰苦而坎坷的逆境中奋斗不息，因而养成注重实际的思想习惯[①]。从现有资料看，他们入主中原之前，文化较低，宗教观念也相对薄弱。

但是，在宗教意识控制人们思想和行为的时代，人类的一切文化表现和社会组织、生活方式、艺术、世界观、观察自然现象的眼光、力图征服环境的巫术活动等等，都与宗教意识、宗教活动发生着有机的联系。此时的法律不过是这整个宗教文化中的一部分，是宗教活动的调节器和附属品。这从我们见到的商代有关法律内容的来源上，多是“卜辞”和祭器上的铭文这一点上也可得到证明。

第一节　西周的礼法文化

随着周人取代殷人，这个信奉“天”的西方部落集团，与信奉“帝”的东方大国，在传统宗教信仰和文化系统上都不相同。与“帝”的观念相比，“天”的观念更朴素，更少人格意味，更接近自然。在这种文化中与周代法律关系密切的就是政治思想上的“以德配天”说和政治组织上的宗法制度。此两者成为周代法律制度的灵魂。在这一灵魂下所形成的周代法律制度又成为以后历代封建法制尊奉的圭臬。

■ 殷周之际思想文化上的巨变及其影响

殷周之际文化的更迭波及各个领域，十分复杂，我们仅就其与法律关系密切的两个问题进行论述。

（一）“以德配天”说及其对法律思想的影响

1. 天命观的产生与发展阶段

在这一阶段中的“天命”还是实指的，只是禀受天命的人物换了——殷王“让位”给了周王。与此相一致的是：继承的首要原则也变了——血统继承让位给道德继承。[②]

周初，成王（一说周公）对他弟弟康叔告诫说：我们周人的德行上达天庭上

---

① 前已述及，周人是夏人的一支，商灭夏后西迁的一部分，周人早在武丁时就被臣服并受封为周侯。商末，周文王受命为王，成为西部各部落的首领，商帝乙、帝辛时称周方伯。周人以农业为主，商业不发达，重农贱商源自周人的思想。

② 可以想见，作为新兴统治民族，周人为巩固政权，必须夺占宗教文化即意识形态的主导地位。首先，周人落后的经济和异样的宗教文化背景，使他们难于一下子接受殷人的鬼神体系和上帝观念；其次，殷人的宗教把上帝视为殷人的始祖，这是周统治者的自尊心难于认可的。但周人又不能完全抛弃，禁绝这一深有影响的、现成的宗教文化体系。因此，只能在其基础上改造而后利用，结果是最终形成了原始的天命观——这是殷人旧有的重巫文化向新的史官文化的过渡形态。其时的天命观与旧有宗教关系密切，只是到了春秋以降，随时代思潮的演变，这一天命观才日趋理性化、哲学化。

帝，上帝赐福给我们，天命我们打败殷人并开始接受这个天命。在这段话里，从“上帝”到“天”再到“天命”，显示了一个由先而后，从远及近的过程。“上帝”是殷人的宗教观念，“天”和“天命”则是周人的固有观念，周人将其楔入殷人的固有宗教，融成一个新的信仰，意图从宗教理论上论证周王代替殷王的合理性，并编造了上面这一通神话来渲染。这一意向在后来的《尚书·召诰》中十分清楚：

> 皇天上帝（这一混合称呼显示殷周宗教正在融合），改厥（指皇天上帝）元子（即嫡长子）。兹大国殷之命，惟王受命。

在这里周人借用殷人的宗教神话体系的术语，剥夺了这个殷王以“上帝天子”自居的“天赋权利”，宣布了新的道德继承而非血统继承的法则。这一法则就是原始的天命观。从此，殷人的“上帝”变得空洞、遥远了；周人的“天命”取代了前者在上层文化中的切实位置。宗教色彩较浓的“上帝”观念被政治伦理意味更多的“天命”观念所取代。周族统治者有意识地改造利用殷人的固有宗教，开宗教政治化、神话历史化[①]——“史官文化”的先河。

2. 天命观的发展转变阶段

也就是“以德配天”思想的出现。此时，“天命”已转变为一个明显的人为假定，能否取得“天命”的关键，已经落实到了人的社会行为上。这一人为假定被保留，仅仅是出于周统治集团适时的冷静宣传的需要，与殷统治集团笃信宗教已有本质区别。从《尚书》中《酒诰》、《无逸》诸篇一再强调的警告来看，其意图在推翻殷王是“上帝元子”的血统神话，还其“人生”的本来面目，以便为殷周嬗替作出理论说明。从周初的几篇大诰来看，把伦理、政治内容注入旧有的宗教神话结构，以适应“周虽旧邦，其命维新”[②] 的历史使命感，是周初宗教文化的改革的基本倾向。他们在诏诰中千言万语，反复叮咛，中心意思只有一个：天命并不神秘；它就隐藏在政治行动者的道德[③]努力之中。而仰仗并不可靠的“高贵血统”恣意胡为，毫不顾及“天命”的殷统治集团，就被“天降丧”的严惩所毁灭。这一“殷鉴”使周统治集团从此不敢荒怠“上帝”的命令[④]。显然，这里的

① 有人认为正是这种政治伦理要求下的神话历史化过程，使上古史与其信其为史，不如视其为神话。由于殷周之际文化的巨变即史官文化的作用，才使许多远古神话被政治伦理化为上古史。

② 《诗经·大雅·文王》。

③ 甲骨文无“德”字，“德”字乃周人所作。初为“直”字，是周人的概念。

④ 《尚书·君奭》：“天降丧于殷……我亦不敢宁于上帝命”。

上帝已经悄悄伦理化了，已经从殷人祖神变成了周人的道德监护者。对此，周公一再强调：

> 王敬作所不可不敬德。[①]
>
> 无念尔祖，聿修厥德，永言配命，自求多福。[②]

认为：“天命靡常”[③]；“皇天无亲，惟德是辅”[④]。

指出殷人因“不敬厥德，乃早坠厥命”[⑤]。这种有德者受命，无德者坠命，要想保住天命，就必须敬德，即所谓“以德配天”说。

> 天不可信，我道惟宁王（武王）德延，天不庸释于文王受命。[⑥]

此句最能表现周初统治者的这种“以德配天”的新思想。在他们的心目中，“天”已经大打折扣了。他们侧重的是“德”，而不是“天”，着眼点是人事，而不是天命。远在三千多年以前，应该说这是一种很卓越的见解。从这种见解出发，周公提出了“明德慎罚”的主张[⑦]。认为“明德”就在“慎罚”之中。这样，就在中国法律史上第一次明确地把“德”与“刑”结合起来。从笃信上帝到“天不可信”；从专事鬼神到注重人事；从专讲刑杀到德刑结合，这不能不说是一个很大的进步。

殷周之际这种宗教文化上的巨变，使“人事”的因素得到比“神事”更大的重视。表现在社会礼仪方面，是注重人事和社会实践的“礼”的范畴，比注重神事的宗教祭仪受到更大的重视。而周初最重要的礼，即宗族之礼，也就是完备于西周的宗法制度。

（二）宗法制度的成因

在谈到商代法律时曾说到，“小邦周”对大国殷的统治，最伤脑筋的问题就是如何以自己微弱的力量来有效地统治广大的异族。周族统治者一方面在思想领域进行着“以德配天”的宗教性鼓吹，一方面在政治组织上推行封诸侯、建同姓的“封建”制度，目的在于用有血缘关系的诸侯们来“藩屏”周室。所

---

① 《尚书·召诰》。

②③ 《诗经·大雅·文王》。

④ 《左传·僖公五年》。

⑤ 《尚书·召诰》。

⑥ 《尚书·君奭》。

⑦ 周公在《康诰》中说，昔文王为政，能够崇尚德，慎用刑罚，“用可用，敬可敬，刑可刑”。

谓“封建亲戚，以藩屏周”①。为什么选择了这样一套制度呢？这是由以下几方面因素促成的。

（1）力量对比关系上的因素。周人以少数来统治众多的异族殷人，对一个血缘关系尚十分受到重视的时代和种族，他所信赖和熟悉的，就是用族人（亲戚）来进行巩固其统治的一切活动。采用的具体方式就是将周人旧有的氏族统治方式（族长、家长——族权、父权）适应社会上现有的为人们所接受的封建制度（商的封诸侯之制），即将氏族组织扩大成国家组织，形象点说就是把氏族组织的内容装进国家组织的形式之中。所以周人封诸侯，建同姓；前者是为了适应对国家的统治，后者是为了保证这一统治是周人的统治。这就导致了所谓的“国家不分”、“亲贵合一”。

（2）采取分封亲戚、维系血缘的宗法制度，也是基于商代中央王朝与属国政治上联系薄弱，诸方国对商臣叛无常这一历史教训。企图在政治上的臣属关系之外，再加上一个血缘上的亲戚关系，以此来巩固统治。这也是所以产生“天下一家”、“非我族类，其心必异”等传统观念的社会基础。

（3）嫡长子继承制的确立。这有两层含义：一是商末已行嫡长继承，成为其时国人所接受的君统法则；二是氏族制残余颇多的周人很早以来就尊行嫡长继承，也已成为族人视为当然的宗统法则。周初统治者遂将这一宗统与君统合二为一，将氏族色彩较浓的家法上升为国法。

（4）对任何统治者来说，他既不能用自己不熟悉的方式进行统治，也不能脱离现实进行统治。特别是对文化落后的周族统治者来说，能否适应并不失时机地利用旧有文化和统治方式，关系到其统治能否继续和巩固。

正是基于上述几方面的因素，周初统治者们选择了这样一种封诸侯，建同姓，君统、宗统合一，国家合一，亲贵合一，嫡长继承的政治组织制度。而这也就是所谓宗法制度。所以叫宗法，就因为它来自处理家族（宗族）内部关系的家法，即宗法制度源于家族制度。这又可以顺便解释中国传统法律文化史上一个特有的现象，即家族法的经久不衰。因为所谓的国法不过是这类家族法的扩大。在这种宗法制度下，构成了这样一幅为后世帝王将相所梦寐的图画：

周王自称天子，是天下的大宗，其王位由嫡长子继承。周天子将王畿以外的土地分赐给他的叔伯或弟兄，成为诸侯。诸侯对周天子来说是小宗，而在其封地内则是大宗，爵位由嫡长子继承。诸侯再将自己受封的土地部分地分散给其余诸子，成为卿、大夫。卿、大夫对诸侯是小宗，在其采邑内又是大宗，爵位仍由嫡长子继承。这样层层分封，大宗率小宗，小宗率群弟，确立了诸侯对周王室在政治

① 《左传·僖公二十四年》。

上、宗族上的双重隶属关系，形成了一个宝塔式的奴隶主宗族统治网。周初在分封同姓子弟的同时，也分封异姓有功之臣，并通过与异姓诸侯联姻而成为亲戚，成为宗法上的甥舅关系，也是政治上的臣属关系和共主关系。周天子对诸侯有保护之责，诸侯则负有贡纳、服从裁判、服从军事调遣等拱卫周王室的义务。宗族成员依其血缘之远近，决定了他们在宗族中的亲和疏，决定了他们政治权力的大小和占有土地、臣民的多寡，从而形成了政治上、经济上的不平等地位。

随着上述宗法制度的完备，为调整贵族之间的等级秩序，周初统治者承袭和利用了夏商以来"事神致福"的"礼"①，赋予其以新的性质。在周公主持下将其系统化、规范化，使之成为法定的典章制度。大至国家制度、社会制度、社会生活，小至人们的日常生活言行、应对进退，无不受礼的约束。所谓"礼以体政，政以正民"，以此来保证"贱不妨贵，下不犯上"。"礼"被统治者视为"经国家、定社稷、序民人、利后嗣"② 的工具，认为：

> 安上治民，莫善于礼。③

周初统治者还继承了夏商以来的刑罚制度，所谓"刑名从商"，"周有乱政，而作九刑"④。在统治者看来：

> 为下无礼，则不免乎刑。⑤

礼和刑成为周代宗法制度下，统治者治理国家的主要手段和周代法律制度的渊源。

■ 西周时期的礼与法

（一）礼的规范性特点

以往认为礼不是法，刑才是法；或认为礼虽具有法的属性，但礼外尚有"独立"的法，即"刑"。其实这要具体来分析。就夏、商来说，现代意义上的法是没有的，只存在礼、刑结合的法。降及周代，礼的政治、伦理性质日渐浓厚，成为最重要的统治工具。刑也开始融入法的内容，而不再是某种刑罚手段的泛称。对周

---

① 《论语·为政》："殷因于夏礼，所损益，可知也；周因于殷礼，所损益，可知也"。

② 《左传·隐公七年》。

③ 《孝经·广要道章》。

④ 《左传·昭公六年》。

⑤ 《韩诗外传·卷三》。

代礼与法的相互关系我们可以分以下几点加以说明：

1. 礼是普遍适用的行为规范

在奴隶社会，礼的内容囊括社会的一切方面，礼是社会一切应为行为的规则，是普遍适用的行为规范。在社会文化传统的影响下，统治者所能够推行的，被统治者也能够接受的，只能是这种直接脱胎于祭祀活动仪式规定的礼的行为规范。[①] 宗法制的确立，要求各个等级有各个等级的礼，庶人也毫不例外，根本没有"礼不下庶人"的所谓"原则"。其时庶人与士、大夫、诸侯一样都受各自礼的约束。所谓"礼不下庶人"，是指朝聘、会盟、籍、享等贵族所行之礼，庶人无资格（也没条件）参与。以前将"礼不下庶人"作为周代的法律适用原则，是对《礼记·曲礼》原文的误解。[②]

2. 礼既具备道德规范的形式又具备法律规范的形式

礼的规范表现为相沿的习俗，是当时通行的伦理观念；它表现为"社会意志"，因而具有道德规范的表现形式。当然这些"社会意志"和表现形式都是经过统治者筛选的了。所以实质上他们只能是"统治者的意志"和统治思想的表现形式。因此，这种作为礼的表现形式的习惯，在很多情况下是由国家强制力来保证实行的，这就使其又具有法律规范的表现形式，是习惯法。

3. 礼（指整体功能而言）既符合道德规范的结构又符合法律规范的结构

礼虽然是为人们提供行为模式的正面规范，但礼治的传统要求是违礼要予以制裁。这种制裁既有舆论性的也有强制性的。虽然在具体的礼的规范中没有规定明确的违犯何礼要给予何种惩罚，但礼治的要求则是统治者根据他们对违礼行为的性质及其危害的认识，临时对其加以概括，列出罪状，而后说明执行何种刑罚。这即古书上所说的："出礼则入刑"，"临事制刑"。

据记载到西周中期穆王时，已有"明启刑书胥占"的事了，即内部掌握的"刑书"[③]。

4. 礼具有道德与法律的双重属性

礼在逻辑上可视为两部分：其一是规定人们行为规则的礼；其二是制裁违礼行为的方法即刑。原则上如前所述违礼即给予制裁；具体上，每一种礼的规范并

---

① 一方面表现了一种文化上的继承关系，另一方面是周人代殷的特殊历史条件所造成的。例如：父辈是虔诚信鬼神的，儿孙辈虽不必对鬼神如前辈一般真信，但对调整人们言行的规范亦不能抛弃，而这些规范的形式就是礼。

② 《礼记·曲礼》中"礼不下庶人"，原文是论述其时送殡等礼仪的一段文字的末一句话，与"刑不上大夫"不相干。原文是："国君抚式（轼），大夫下之；大夫抚式，士下之；礼不下庶人。刑不上大夫，刑人不在君侧"。何时何人始作"礼不下庶人，刑不上大夫"的今意之解，尚有待考证。

③ 《尚书·吕刑》。《吕刑》也许是周公制礼后第二次大的立法，也是由刑向法迈进的一次较大的进步。

未同某种制裁方法固定地联系在一起。违礼制裁的这种不确定性决定了不能笼统地说礼是道德规范还是法律规范。只有在具体事件中才能确定该条礼是何种属性，如果用舆论制裁方法来保证实行则为道德规范，如果用刑罚制裁方法保证实行则为法律规范。因此，同一条礼的规范在此种情况下是道德规范，在彼种情况下可能就是法律规范，道德规范与法律规范浑然一体。

（二）礼法（刑）关系

1. 西周时期[①]不存在独立于礼的法

其时，人们的认识水平有限，他们既不可能认识到社会规范中有我们今天所区分的道德规范与法律规范之别，也没有体会到区分二者的必要。统治者和被统治者都把当时的习惯作为唯一的行为规范，认为奉行这些习惯是天经地义；在礼之外，再没有什么法律规范。周初和夏商大体一致，“刑”仅仅是刑罚而没有法律的内容，它必须同礼的规范相结合，即用它来制裁违礼者，才能构成法律的规范。春秋以前，“法”并无法律的含义，而是常循之法式，也即习惯，从而也可以说是礼。而我们在商代讲到的“彝”实际上在周代也是礼而非成文法。

2. 法的独立

早在西周中期，奴隶主统治者就根据社会危害性的大小，把各种违礼行为大致分为“正于五刑”、“正于五罚”、“正于五过”，这就把礼的规范与刑罚方法相对固定地结合在一起，在礼法的分化道路上迈出了最初的一步。随着将某种违礼行为与刑罚手段的固定结合，构成最初法（今天意义上的）的规范，遂在礼中产生了法的萌芽。这种所谓“常刑”反映了成文法因素在礼的母体中的孕育过程。直到春秋末期，法的萌芽才完成了其量变的过程，开始冲出礼的母体束缚，以取得一种新的价值观念。当时的郑国铸刑书、晋国铸刑鼎，甚至像邓析的私造竹刑，均标志着法的独立。这些刑书、刑鼎把罪与刑固定地连在一起，罪刑法定[②]宣告了法脱离礼的独立。

第二节 西周的法律制度及其特点

讲西周法律首先应关注的就是《吕刑》，它是周穆王时吕国诸侯甫在任王朝司寇时，受命而作的一部“刑书”。在《尚书》中以一篇的形式而流传下来。主要

① 春秋后期例外，但总的讲，礼的主导作用很强，或说习惯的力量很强。正因如此，才有战国时期法家的兴盛和对重礼儒学的反动。

② 最初的法是“礼＋刑”，这就使古代法在今人看来有着浓厚的刑法色彩，当时刑即法，其外延大于今天的刑法。

记述了其时的法律原则和详尽的赎刑及一般司法制度。其次是先秦典籍中有关西周法律的内容。参酌后人的著述论说和现有考古学成果，我们对西周的法律制度，大致可作出如下的论述。

西周的刑法

周初统治者继承了夏商以来的法律内容，一再提到“司师兹殷罚有伦”、“罚蔽殷彝用其义刑义杀”。即承用殷的刑罚制度。这主要是在统治初期，针对殷遗民而制定的统治政策。

（一）刑法原则

随着宗法制度的确立，周统治者提出了一系列新的刑法原则。

首先，提出了“明德慎罚”的原则，所谓：“告汝德之说，于罚之行”①。

在此原则指导下遂有“刑新国用轻典”、“刑乱国用重典”的刑事政策。

其次，在刑法中初步划分了故意（非眚）和过失（眚），一贯（惟终）和偶犯（非终）的区别。在处刑上，故意和一贯，虽小罪也处重刑，所谓：“人有小罪，非眚，乃惟终……乃不可不杀”。过失和偶犯，虽有大罪亦可减刑，所谓：“乃有大罪，非终，乃惟眚灾……时乃不可杀”②。

此外，承认正当防卫的权利，“凡盗贼军，乡邑及家人杀之无罪”。提出“毁则为贼，掩贼为藏，贼贿为盗，盗器为奸”等定罪概念。

再次，确认了二罪俱发，轻重有权的原则，所谓：“上刑适轻，下服；下刑适重，上服”③。

最后，在司法经验的积累中，提出了刑罚根据形势变更而相应轻重的所谓“世轻世重”原则。

（二）刑名的变化

从刑罚手段上讲，周承袭夏商“五刑”体例④，此外尚有焚、辜、残等酷刑和鞭、扑、流、赎等刑罚，并增加了“杀君”、“群饮”⑤、“不悌”、“不睦”、“不友”、“不敬祖”等许多新的罪名。

刑法是镇压奴隶反抗的重要工具，所谓“用刑以治野人”，“禁暴”、“正邪”。周厉王时重罚取代“慎罚”，“国人议论”也要处死。他曾命“卫巫（卫国之巫）监谤”，“以告，则杀之”。结果是“道路以目”。这里须顺便说明一点，即法律针

①② 《尚书·康诰》。

③ 《尚书·吕刑》。

④ 一说死刑有五种：斩（腰斩），焚（烧死），辜（肢解），磔（五马分尸），磬（悬缢）。

⑤ 《尚书·酒诰》：非为饮酒，实为聚众可以造反。

对性问题。有人说周代法律是针对奴隶的（严格说是针对违礼的奴隶，即不安于做奴隶的奴隶），也有人说周代法律不是针对奴隶的，因为奴隶没有人的资格。显然后一种说法是要周人也按马克思的观点来认识奴隶的社会政治地位。其实当时的法律与其说主要是针对平民，毋宁说是针对奴隶，试想一个国家主要的统治工具——法律，针对的不是存在的最大的动乱因素——奴隶的反抗，而是仅仅针对少数平民（庶人）的违礼言行，这让人怎么能够理解呢？正因为刑主要是用来镇压奴隶反抗的，所以古人才有视被刑为奇耻大辱的观念。① 因受刑会使肢体面貌残缺，所以，一旦受刑，实际上就使其社会地位降到了与奴隶相等的境地。或许正是这一古老观念，使历代贤者虽都以为无法不治，却多耻言刑名。

刑的这种侮辱性观念，至今仍然存在，而在周代那种等级名分森严的历史环境中，想必是更加浓厚的。这从“刑不上大夫”一语及后人的注解中也可得到说明。所谓“刑不上大夫”，综合古今各家所释，都在说明两点：一是并非“刑罚”不及大夫；二是尽可能减免因刑而带来的侮辱性因素。对前一点，史书中有许多例子可以证明“刑”是“上”大夫的，不仅可“上”大夫，还可上诸侯乃至天子。周公旦曾杀兴兵作乱的武庚和管叔，放逐蔡叔。周夷王曾因纪侯之谮而烹齐哀公。周宣王时又因鲁国犯王兵，杀其君伯御。这都是严刑诛杀诸侯的例证。春秋时期，贵族间骨肉相残，大臣被诛杀的更是屡见不鲜，此外据说周代尚有适用于大夫的所谓“常刑”②。直到春秋时，有的国家还经常用“周有常刑”来责问其他一些国家的执政者。例如，鲁国季平子驱逐鲁昭公，晋国荀跞便警告说：

> 寡君使跞谓吾子，何故出君，有君不事，周有常刑，子其图之。③

对后一点其说不尽相同，但都在说明“刑不上大夫”是为了维护贵族们的面子。这包括：

> 命夫命妇，不躬坐狱讼。④
>
> 凡有爵者，与王之同族，奉而适甸师氏以待刑杀。⑤

---

① 古文“戮”、“辱”同义，参见《礼记·郊特牲》。当时楚为辱晋，令其大夫韩起、叔向任刑人（刽子手）职事。商鞅时劓太子师傅公子虔，他愧于见人，十年闭门不出。俗语谓“士可杀不可辱”。

② 《礼记·文王世子》：“大夫强，而君杀之，义也。”

③ 《左传·昭公三十年》。

④ 《周礼·秋官·小司寇》。

⑤ 《周礼·秋官·司寇》。

贵族还享有减、换刑罚的权利。如“赎刑”：“使人财而免其罪”[①]；“放逐”：“投诸四裔，以御魑魅”；“屏诸四夷不与中国同”（与后世流刑不同）；“赐死”：“故有赐死而无戮辱”，等等。春秋以降，赐死之制直至清末。此外，“凡王之同族，有罪不即市”，在朝廷或指定地点执行死刑，所谓“大夫尸诣朝”，以有别于一般人的死刑执行[②]。另据汉代人分析，“刑不上大夫”是说“黥劓之罪不及大夫”和公族（包括大夫在内的诸侯宗亲）有罪不处宫刑。即：

> 公族其有罪，则磬（缢）于甸人……公族无宫刑。[③]

至于《吕刑》中所说的“五刑之属三千”则大概是后人的揣测附会之辞，不足深信。

三　西周的民商事法规

（一）田宅钱债

主要见诸铭文和《周礼》等先秦典籍。至迟到周厉王时已有土地买卖的记载。如其时著名的铜器《鬲从盨》载：章氏用八邑与鬲从换田，良氏用五邑换田，结果顺利成交，既有券契，也有证人。在同一时期的《鬲攸从鼎》上也载：鬲攸从分田给攸卫牧，因未得报酬而生诉讼，结果使攸卫牧发誓说：如我未交租酬谢所分田邑，就诛杀我。讼事才算了结。在《曶鼎》中还记载着以五名奴隶换取“匹马束丝”的事。这些史实证实了《周礼》中所说的：“听取予（借贷）以书契”；“听买卖以质剂”[④]。“大市以质，小市以剂”[⑤]。“以质剂结信而止讼”[⑥]。

这也许是有文字记载的最早的有关契约立法的文献之一。对有关债权纠纷则规定：

> 听称责以傅别。[⑦]
>
> 凡以财狱讼者，正之以傅别约剂。[⑧]

---

① 《朱子大全·舜典象刑说》。赎刑详见《吕刑》，但非因疑致赎，赎是一种易刑宽宥方式，赎因罪定其标准。

② 《周礼·秋官·大司寇》：“凡杀人者踣诸市，肆之三日。刑盗于市，凡罪之丽于法者亦如之。”

③ 《礼记·文王世子》。

④ 《周礼·天官·小宰》。

⑤ 《周礼·地官·质人》。“质人（市场管理者）掌成市之货贿，……凡卖买者质剂焉。”郑玄注：“质剂者，为之券，藏之也。大市人民牛马之属，用长券（质）。小市兵器珍异之物，用短券（剂）。”债券的分券称别，合券称傅。债权、债务人分执左、右券，左为胜。

⑥ 《周礼·地官·司市》。

⑦ 《周礼·天官·小宰》。

⑧ 《周礼·秋官·士师》。

上述内容说明，在西周中后期土地私有和买卖已存在，并在一定范围的商品性交往中产生了质剂、傅别这种契约形式。

（二）婚姻继承

1．“父母之命，媒妁之言”

西周以降，传统婚姻制度渐次形成，有所谓“六礼”、“七出”、“三不去”之说。千百年来广为民间所传承。从那时起有关婚姻的律法日益完善。据史书上记载，婚姻关系的成立须有“父母之命，媒妁之言”，严禁“男子亲求，女子私许”。如《诗经》中说：

> 娶妻如之何？匪媒不得。

否则只能比同媵妾，所谓：

> 聘则为妻，奔则为妾。①

2．“上以事宗庙”、“下以利后嗣”

婚姻的首要目的是为了家族的延续，所以要“下以利后嗣”，即多子多福；而家族的兴旺，离不开祖先神灵的护佑，所以要“上以事宗庙”，即祭祀祖先。这中间唯独不见对婚姻当事人的关注，因为，只要能达成“上以事宗庙”、“下以利后嗣”这一传统婚姻对上与对下追求的目的，就是“美满”的婚姻，而夫妻本人的情感是次要的。因此，在中国古代产生了许多婚姻的爱情悲剧。典型的如后世宋代词人陆游与唐婉的悲欢离合。

家族要传承，遂使一夫一妻的形式得到严格的维护。因为只有一夫一妻，才能嫡庶有别，妻所生为嫡子，妾所生为庶子，在广续后嗣的要求下，子嗣不会像今天的计划生育那样只有一个独生子女。为免子嗣众多，嫡庶无别，导致宗族内等级名分的紊乱，所以在婚姻立法上要严格规定妻妾之别。但是，娶了一个妻子，很难达到广续后嗣的目的，如果妻子不育更成问题，为此，立法承认传统的纳妾制度作为补充，并盛行陪嫁的媵嫁制度。②

3．“六礼”、“七出”、“三不去”

婚姻关系如此重要，所以就形成了一套成婚的礼节，进而形成为法律。西周

---

① 《礼记·内则》。

② 何为媵嫁制度？如一些民歌中所谓的“带上你的妹妹，带上你的嫁妆”，即娶了姐姐，陪嫁个妹妹为妾。

以来的“六礼”就是这一规范的典型。“六礼”即：“纳彩”（媒人说亲，送雁作为初见之礼，古人以为雁有一种天性，一生只寻一次配偶，终生相随）；“问名”（询问女方名字生辰，归而占卜于家族宗庙）；“纳吉”（卜得吉兆，婚姻成定议）；“纳征”（又称纳币，由男方派人送礼仪给女方作为成婚的聘礼）；“请期”（与女方商量，预择一个吉利的结婚日期）和“亲迎”（亲自上门迎娶新娘）。

有结婚就不免有离婚，自古皆然。所以，自西周以来，传统立法中调整离婚的规范主要遵循“七出”所定的七个原则。即：

“不事舅姑”（指公婆，而公婆就是活着的宗庙、祖宗，所以，不能令公婆满意的婚姻是不能维系的，因为违背了婚姻对上的目的——“上以事宗庙”）；

“无子”（俗话说：不孝有三，无后为大，因为违背了婚姻对下的目的——“下以利后嗣”）；

“淫”（指淫乱行为，这倒是可能有子，但不知是谁的，对家族来说，绝难容忍）；

“妒”（指做妻子不从妇道，尤其指自己不能生育，又不能容忍夫纳妾以完成“下以利后嗣”的婚姻目的）；

“恶疾”（指不能性生活和有遗传及传染性的疾病，有碍生育，从而违背“下以利后嗣”的婚姻目的）；

“多言”（又称“口舌”，指俗称的“长舌妇”，因为，古代社会多是大家族合族共居，搬弄是非，有违家族和睦）；

“窃盗”（指家贼行为，特指私蓄钱财，违背“父母在，不蓄私财”的家族原则）。

以上维护夫权的“七出”，其中除窃盗一项涉及个人品德外，其余均与传统婚姻的目的和家族利益有关。个人利益服从家族利益，莫此为甚。久而久之，凡是夫妻离异，即使女方提出离婚，传统上也要向男方讨得一纸“休书”，以符合传统的观念。应说明的一点是，对广大百姓来说，“七出”并不十分重要，首先是经济的原因，使他们“出”不起。但作为一项传统思想中的原则，其在精神上的作用不可低估。

古人还制定了三条不得离婚的规则，即所谓“三不去”。一是“前贫贱，后富贵，不去”（指娶妻时贫穷，婚后家族富裕，已达到了传统婚姻的目的，故不得离异）；二是“与更三年丧”（妻子随夫已将公婆俸养终老，送葬服丧如仪，达到了“上以事宗庙”的目的，故不得离异）；三是“有所娶，无所归”（娶时妻子娘家有人，要休妻时，妻子娘家已无人，无处可去）。从中不难看出，传统婚姻制度下，不仅女方的利益为家族的、男方的族权、夫权所侵夺，就是男方的利益也同样为家族的、家长的族权、父权所侵夺。这些传统的婚姻制度与观念，至今仍以各种变换了的形式在现实社会中影响着我们。在现实的婚姻家庭纠纷的司法活动中，传统法律文化的影响显得更加突出。

西周将婚姻缔结视为“上以事宗庙”、“下以利后嗣”，事关宗族延续的大事，故以严格的礼制加以维护。其时与商最大的不同即“同姓不婚”之制，所谓：

> 娶妻不取同姓，故买妾不知其姓，则卜之。①

另一方面这也成为政治上联姻的手段，所谓：

> 取于异姓，所以附远厚别也。②

在继承关系上，行宗祧继承，不存在单纯的财产继承（此时“继承”一词多指涉身份传承，而不及财产），这也是周代大异于商代的一点。

■ 司法制度

在周代并没有什么司法制度，这是就概念而言，这里的司法制度只是一种方便理解上的借用。当时有类似的一套制度和原则，不妨叫做“司刑”制度或“司礼”制度。

（一）司法机关

首先，从机构上讲，其时官署与官员是同一物。即周天子是最高审判机关和审判官，按今天的权力概念，他不仅是最高行政权，也是最高立法权和审判权的享有者。他下面的贵族官员既是行政的，也是司法的。确切地说，在周人的观念中，无法理解我们今天常言的行政与司法之别。但他们自有一套设官分职的理论和方法。古今对比，我们遂说周代司法官通称作“秋官”③。

1. 中央司法机关

中央司法官称司寇④，也是天子之下的次高一级审判机关，分大司寇和小司寇。前者助天子掌全国司法，后者助前者“以五声听万民之狱讼”。其下属有士师、士等各类官员。

---

① 《礼记·曲礼》。该书还载：“父母存，不有私财”，常解释成家长制，个人无权利。而其根源是亚细亚生产方式下的财产共有制传统。即为保卫共有，驱除私有。因为私有必导致个人的独立，从而使部落整体地衰亡。进言之，其时有“共有”而非“公有”。《礼记·奔丧》载，父母亡，“兄弟同居”。《礼记·丧服小记》载：“同财而祭其祖祢为同居”。也有例外，《礼记·檀弓上》载：“其兄弟不同居者皆吊”。

② 《礼记·郊特牲》。

③ 依四时五行说而成。

④ 官称皆与军旅有关，法源于甲兵，故有此称。

2. 地方司法机关

地方上设士为一审司法官，也是初审机关，掌其辖区内狱讼。

据史书所载，一般审级分为地方和中央两级，重大案件及诸侯间诉讼由周天子裁决。宗族长对族内纷争有审判权，可进行裁判。奴隶间纠纷由奴隶主裁判。

（二）诉讼程序

1. 告诉的限制与“狱”、“讼”的分别

从诉讼程序上讲，大致为起诉、审理、判决、执行几个阶段。起诉一般由原告口头提出，但卑幼不能告尊长，所谓：“父子将狱，是无上下也”[①]。

民事诉讼交纳“束矢”（百为束），刑事诉讼交纳“钧金”（30斤铜）作为诉讼费。败诉方所交纳物没官。在审理阶段，须“两造（原、被告双方）俱备（到庭），师听五辞”[②]。但贵族可不到庭，由其下属或弟子代诉，即前面提到的“命夫命妇，不躬坐狱讼”。一般狱指刑事诉讼，讼指民事诉讼，但具体方法上无甚区别。

2. 诉讼原则

在判决中要遵行如下几条原则：

一是对贵族行“八辟”之制[③]；

二是行“三宥三刺”之制（又有“三宥三赦”之制）[④]；

三是“上下比罪”之制；

四是“读鞫”与“受中”之制。

这里面虽不能说全无后人附会的影子，但证诸其他史料出入也不很大。据说《周礼·秋官·朝士》中还规定有类似时效期限的规范，所谓：

> 凡士之治，有期日。国中一旬，郊二旬，野三旬，都三月，邦国期（音基、谓年）。期内之治听，期外不听。

对判决的执行，一般是死罪公开处决，并示众三日；肉刑则刑之于市，被刑之人服一定劳役。史载：

> 墨者使守门，劓者使守关，宫者使守内，刖者使守囿[⑤]，髡者使守积。[⑥]

---

① 《国语·周语》。

② 《尚书·吕刑》。

③ “八辟”指亲、故、贤、能、功、贵、勤、宾。

④ “三宥”指：因不识，过失，遗忘而犯罪者，应减刑。“三刺”是疑案不定，一刺群臣，二刺群吏，三刺万民而后定。如从疑则赦。“三赦”指幼弱、老耄、蠢愚者，犯罪从赦。

⑤ 见《中国大百科全书·法学卷》中的插图，有一青铜器上铸此形。北京，中国大百科全书出版社，1984。

⑥ 《周礼·秋官·掌戮》。

而贵族犯罪处刑，一般肉刑可听赎，即《吕刑》中规定的“五刑疑（拟）赦罚锾”之制。并强调在执行此原则时要“有旨无简不听”①。对必须执行的死刑亦不公开，而交掌郊野事务的官吏甸师氏，行刑于隐僻之所。也就是前面提到的“公族其有罪，则磬（缢）于甸人”。

（三）审判方式

1.“五声听狱讼”

在审判方法上，据说用“五声听狱讼”②。即辞、色、气、耳、目五听。虽不免主观臆断的色彩，但较夏商时盛行的神明裁判，终究是一种进步。此外，已注重证据的运用。像前述“傅别”、“质剂”等均视为诉讼的证据。同时传统的“盟诅”③ 发誓也仍在运用。

2.“路鼓”、“肺石”之制

在“明德慎罚”的总的思想指导下，据《周礼》记载，西周时还有所谓“路鼓”、“肺石”之制。“路鼓”设在王宫正门之外，凡庶民蒙冤无告者，可击鼓鸣冤。由太仆受诉，上奏天子④。“肺石”即赤色之石，取赤诚之意，立于外朝，凡有冤屈者，无论案情轻重，可立石三日直诉于天子。后世的直诉制度或许渊源于此。当然也可能是后世的类似制度被附会于其时。

（四）监狱制度

关于西周的监狱制度。周代监狱称囹圄，又叫圜土。已有较明确的监管制度，依犯人身份和罪行轻重而戴不同刑具，有梏、桎、拲等⑤。一般轻罪用梏，中罪用桎梏，重罪则并用。有爵者重罪只加桎，王族重罪加拲。并形成了分关分押制度。除将判五刑的囚犯分押在遂士、县士、乡士监狱外，另有圜土制度，主要关押不够处五刑的人犯。所谓“不入乎刑，则役之圜土”⑥。凡圜土中囚犯，人身财物不受损害，所谓“不亏体”、“不亏财”。穆王时还曾有“坐诸嘉石，役诸司空”⑦ 的规定。《周礼·秋官·司寇》中还记载：

> 以圜土聚教罢民。凡害人者，寘之圜土而施职事焉，以明刑耻之，其能改过反于中国（故乡），不齿三年。其不能改而出圜土者，杀。

---

① 限制天子滥刑，或不为敛财。

② 《周礼·秋官·小司寇》。

③ 《周礼·秋官·士师》。

④ 这是魏晋以降“登闻鼓”制度的源头呢？还是后世“登闻鼓”制度的附会？尚有待深究。

⑤ 梏（音固），加于颈，似后世枷；桎加于足；拲（音巩）加于手。

⑥ 《诗经·小雅·五日毛传》。

⑦ 即带枷坐于石上，在司空监督下服劳役。

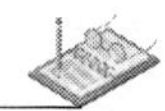

可见当时已有后世徒刑和劳教的萌芽。

西周法律制度的特点

从夏、商到西周，近一千三百年的漫长岁月，终于使中国古代法制由最初的萌芽，发展成有一定特点的古代法律制度。把上述三代以来的有关法律内容作一番归纳、提炼，我们可以得到下述的一些西周法律制度的特点。

（一）法律的表现形式多样

这又可区分为三种，即：

（1）王命：包括“诰”、“誓”、“训”等具体名称。

（2）礼：包括宗法制度及调整这一制度的具体规范。大到国家的朝、祭、聘、嘉、军、凶等礼，小到社会生活的婚、丧、冠、吉、乡、宾等礼。

（3）刑：常刑为墨、劓、剕、宫、大辟；此外还有流、扑、鞭、赎及非常刑的其他酷刑手段。

（二）西周的刑书与“刑不可知，则威不可测”

虽有刑书，但不布之于众。据说是基于两点，即是“临事制刑，不豫设法”①，以便于灵活用刑；与“刑不可知，则威不可测”②，得以形成一种无所不在的威慑。而其所以能够如此，是因为礼、刑的特点所致。

（三）“天讨有罪，五刑五用哉”

宣扬“天罚”的宗教神权思想，所谓“天讨有罪，五刑五用哉”，假借神意维系司法的公平。

（四）宗法制度

政治上国家合一、亲贵合一；法律上以宗法代国法，礼与刑成为其外在的和谐表现形式。构成了一个以“德”为主观指导，以“礼”为客观标准，以“刑”为维护手段的完美的社会统治结构。

（五）民商事法律相对不发达

传统观点认为原因有三：传统的宗法观念；现实商业的不发达；礼与刑的法律形成结构。对此在下文中将会进一步说明。

（六）公开维护贵族的特权地位

对一个源于家长制氏族传统的民族，对一个生活在宗法等级制度社会的人来说，接受不平等要比接受平等更容易，如同接受现实比接受理论容易一样。正因如此，恩格斯曾有一句名言来评价这种社会，即：不平等对当时的人们来说，要

① 《左传·昭公六年》，杜预注：“先王议事以制，不为刑辟。”

② 《左传·昭公六年》，孔颖达疏语。

比平等重要得多。

相关案例

“王曰：‘呜呼！封，敬明乃罚。人有小罪，非眚，乃惟终，自作不典，式尔，有厥罪小，乃不可不杀。乃有大罪，非终，乃惟眚灾，适尔，既道极厥辜，时乃不可杀。’”

（《尚书·康诰》）

［参考译文］ 周公曾指教即将统治殷商遗民的康叔说：“人有小罪，非眚，乃惟终……有厥罪小，乃不可不杀。乃有大罪，非终，乃惟眚灾……时乃不可杀。”其中，“眚”是指过失之意，“非眚”即是故意。“惟终”是指惯犯，“非终”则是指偶犯。周公的意思是：如果一个人犯罪虽小，当时是故意为之，而且是经常性的惯犯，其罪虽小，也不可不杀。若是有人犯了大罪，但属过失行为，而且偶然犯之，并非故意惯犯，这种人所犯罪虽大，也不能杀。从这些资料中可以看出，西周时期对故意犯罪、惯犯从重处罚，对过失犯罪和偶犯从轻处断，这已经是很清楚的政策了。这一原则也说明，西周时期在根据主观恶性来确定刑事责任等刑法理论上已经达到了相当高的水平。

本章小结

西周时期法律思想的发展有两点：一是“以德配天”的新君权神授说的产生，运用于法制方面就是要“明德慎罚”。这意味着传统神权思想的第一次动摇，为春秋战国时期神权思想的进一步衰落和儒家思想的产生提供了条件。二是以宗法等级为核心的“礼治”的完备，其基本原则就是“亲亲”、“尊尊”、“长长”、“男女有别”，其基本特征是“礼不下庶人，刑不上大夫”的“礼有差等”。西周的主要法律形式有：礼、刑、誓、诰、命等。刑与礼是西周法律的基本形式。刑有《九刑》、《吕刑》。礼的渊源是祭祀，其很多的规范实质上具有法律甚至国家根本大法的性质；礼“禁于将然”，而刑惩治“已然”，“出礼”则“入刑”，二者“相为表里”。西周的刑罚体系主要有“五刑”、“五罚”、“五过”，还有鞭刑、罚丝和流放。主要罪名有：不孝不友、杀人越货、群饮、贼、藏、盗、奸、诽谤、不从王命、违背誓言。主要刑法原则是：区分故意和过失、“罪人不孥”、“罔厉杀人”、罪疑从轻、同罪异罚、宽严适中。

西周时期所有权的主要内容是土地和奴隶，主要契约形式有：买卖契约（质

剂）、借贷契约（傅别）和租赁契约。媒氏是西周的婚姻管理机关，婚姻关系的缔结必须服从“父母之命”、“媒妁之言”，实行“同姓不婚”的原则，婚姻成立的程序为“六礼”，解除婚姻的条件为“七出”、“三不去”，实行嫡长子继承制。西周时期司法机关的特点是：周王掌握最高司法权，还未出现专职司法官；同时，已经形成了起诉、审理、判决的诉讼程序。“圜土”之制是文献记载的西周的监狱制度。

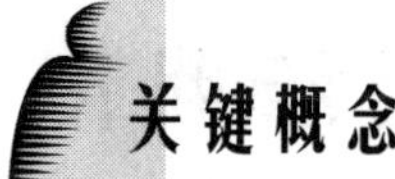

关键概念

以德配天	明德慎罚	礼治	《九刑》	《吕刑》	五刑
五罚	五过	眚	质剂	傅别	媒氏
六礼	七出	三不去	五听	同姓不婚	嫡长子继承
圜土					

思考题

1. 简述西周时期法律思想的发展概况。
2. 简述西周礼的性质、作用与礼刑关系。
3. 简述西周时期的主要法律形式。
4. 西周刑法的主要内容是什么？
5. 西周民事法律的主要内容是什么？
6. 简述西周的司法制度。

第三章

缘法而治时代——春秋战国时期成文法的公布与法典化

［学习目标］

通过本章学习应理解在春秋战国时期，随着宗法体制的破灭，旧有礼刑关系为新的成文法变化所取代。表现在政治和法律方面，法律指导思想由体现“百家争鸣”向主张法家的以法治国和政体上的君主集权制度转化，使传统法制有了新的发展，特别是此时期以秦简中法律为代表的秦律内容的发展变化，成为春秋战国时代成文法的公布与法典化的集大成者。其中的儒家、法家、“铸刑鼎”、邓析的竹刑、李悝的《法经》、商鞅变法、云梦秦简等内容，均是应掌握的本章重点。

公元前770年，周平王东迁洛邑，此后历史上称为东周，直到公元前221年秦始皇统一中国。东周前期（公元前770—前476年），由于与孔子删修的鲁国编年史《春秋》（公元前722—前481年）一书的年代大体相当，故将东周前期称为春秋。东周后期（公元前475—前221年），由于七大诸侯国连年战争，后人司马迁曾在《史记》中将其称作战国时期，遂史以为名。自周平王东迁，王室日渐衰微，在政治上已徒有天下共主的虚名。各诸侯国渐次坐大，以强欺弱，彼此吞并，宗族血缘关系被政治利害关系所淹没，宗法制度和相伴的礼、刑法制开始动摇崩溃了。旧有以礼、刑结合的法，因礼的崩溃，刑也失去了适用的准则，所以法律的变革已成为一个必然和可能的事情。为适应政治需要，学术思想流派日益增多，战国时除孔、墨显学之外，还有道、法、阴阳、名辩等家。甚至同一家之内也不断地再分化成小宗派，有“儒分为八，墨离为三”之说。各家都抱着“以其学易天下”的宗旨，而且他们确是“皆有所长，时有所用”。因此各国君主对各家是

"兼而礼之"。这种不主一家，允许彼此批判论难的状况，遂形成了百家争鸣，而这一局面又反过来大大促进了整个思想学术的活跃和繁荣。在这百家争鸣之世，儒法两家最受瞩目渐成显学，而尤以法家学说因缘际会，成为其时统治者富国强兵、争霸中原、一统天下的适时利器。在中国先秦法律发展历史上，"缘法而治"的时代到来了。

第一节　春秋时期的法制变化

■ 缘法而治时代的开始——春秋时期诸侯国成文法的变革

这时的周王朝已失去了"诸侯并列，王室独尊"的地位。旧有宗法制度下的土地所有关系，人身特权关系都开始瓦解。旧贵族没落了，新兴的社会势力开始试图在旧体制之外寻求新的出路，表现在私田的增加和远比公田经营的出色；士、庶、工、商等社会阶层获得了前所未有的发展机会。统治者为扩充领土、掠取财富，彼此战争。为应付这类巨变，他们无才不用，如当时闻名的管仲、宁戚、百里奚，虽来自罪隶、牧奴、乞丐，亦可执掌国政，周礼被无情地践踏了。连年的兼并战争，使各诸侯国财政紧张，遂有一系列赋税制度的改革。如公元前645年晋国"作爰田"、"作州兵"，为以后按军功赐田宅开了先例[①]。公元前594年鲁宣公行"初税亩"，四年后成公"作丘甲"，至哀公十二年又"用田赋"，这就从法律上明确了土地的私人所有权；公元前552年，楚国也实行"量入修赋"的政策；公元前538年，郑国也"作丘赋"；其时的齐国，则有管仲的"相地而衰征"的政策。这种"礼、乐、征、伐"不出自周天子，而出自诸侯，甚至卿、大夫的状况[②]，使周礼日愈成为一个可有可无，或可欣赏，绝不能实用的"古董"。旧有的那一套"王臣公，公臣大夫，大夫臣士"的井然有序，被自称侯、伯、王和"臣弑君，子弑父"的无法无天所取代。如《史记》所载：

> 春秋之中，弑君三十六，亡国五十二，诸侯奔走不得保其社稷者，不可胜数。[③]

诚所谓天下大乱了。

---

① 《左传·哀公二年》："克敌者，上大夫受县，下大夫受郡，士田十万，庶人工商遂，人臣隶圉免"。

② 《论语·季氏》："陪臣（卿、大夫之家臣）执国命"。

③ 春秋时期社会变革集中在田制、兵制和基层组织方面。法律的变革不过是上述变革在政治上的集中体现。

（一）旧有刑书的发展变化

春秋初期，各诸侯国基本上沿用西周的刑罚（或说法律）原则，但也根据变化对旧刑书作了修改。以晋国为例，由原有的“唐叔之法”，到文公四年（公元前633年）蒐（围猎）于被庐（地名）时加以修订，称“被庐之法”。十二年后赵宣子（盾）执政，在夷地举行军礼时（公元前621年）又修订“被庐之法”，“使行诸晋国，以为常法”，这就是所谓“夷蒐之法”①。到范宣子（士丐）执政时（公元前557—前531年）又作了进一步修改。“施于晋国，自始朝廷承用，未尝宣示下民”②。随着社会经济的发展，各诸侯国增加了一些以往没有的法律，如当时商品货币关系较发展的齐国，一改过去对工商业不课税的规定，开始制定了向商人征税和保护工商业的法律和国家不侵犯商人利益，商人不得向外迁徙的法令。郑国也向商人宣示：“尔无我叛，我无强贾”。

由于经济的发展（包括战争财富的掠夺），使旧有赎刑得到广泛的适用。想必这些法律内容在其时各诸侯国的刑书中有所体现。此外，由于争霸，各诸侯国签订的“盟约”，也有一定的法律效力③。

（二）诸侯国成文法的公布

春秋中后期，随着以后世地主经营方式在社会经济中强大起来的新兴势力的进一步发展，他们必然要求在政治上对其既得利益加以保护。而传统的旧贵族对礼、刑的垄断形成的这种随主观意愿可以有罪化无、无罪化有的特权，日益为他们所不满。这就导致了由旧的“刑不可知，则威不可测”的法不公开，向力求摆脱宗法束缚的旧贵族礼、刑垄断的法律公开化的转变。郑国子产“铸刑书”、晋国范宣子“铸刑鼎”④ 就是在这一成文法由不“宣示下民”到“布之于众”的转变过程中，两个十分典型的事例。

1. 铸刑书

公元前536年，郑国执政子产将郑国的法律条文铸在鼎上，向社会公布。这是中国历史上早期公布成文法的活动，史称“铸刑书”。当时“鼎”是国家权力的象征。把法律条文铸在鼎上，向社会公布，是为了强调国家法律的尊严，取信于民，同时有利于法律在全社会范围内得到贯彻执行。

---

① 《左传·文公六年》：“正法罪（依刑书罚罪），辟狱刑（辟：理也，清理案件），董逋逃（董：督也），由质要（契券，指处理民事纠纷以契券为证），治旧洿（指政体腐败）……”。

② 《左传·昭公二十九年》。

③ 如齐桓公称霸后，在葵丘（今河南兰考）曾与鲁、宋、卫、郑、许、曹诸国签订了“葵丘盟约”（公元前651年）。其中就有严格区分嫡庶，尊贤选士，勿擅杀大夫，不壅塞水源，荒年赈粮，不得阻止粮食流通，分封属下彼此通告，士不能世袭官职等内容。如《孟子·告子下》载：“诛不孝，无易庶子，无以妾为妻”，“取士必得，无专杀大夫”，“无曲防，无遏籴”，“无有封而不告”。

④ 参见《左传·昭公六年》、《左传·昭公二十九年》。

2. 竹刑

邓析是郑国的大夫，是一位与子产同时代的思想政治人物。他曾在郑国办私学传授法律知识，并经常帮助他人进行诉讼。公元前530年，邓析综合郑国内外的法律规范，编成刑书，刻在竹简上，称为“竹刑”。后来邓析因为政治纷争而被当政者杀害，但或谓“竹刑”仍在郑国流传并最终被官方接受，成为正式的法律。

3. 铸刑鼎

公元前513年，晋国赵鞅把范宣子所著刑书刻在鼎上，公布了晋国的成文法律。这是中国历史上又一次正式的公布成文法的活动，史称“铸刑鼎”。

随着法的公布，也就完成了从西周以来由礼与刑临时、具体结合而形成的“判例法”为主，向罪与刑明确规定、铸于铜器上的成文法（法典法）的过渡，从而成为中国古代法律发展史上重要的一页。也正是从此时起，我们才具有了数量可观的、与现代法的概念比较一致的中国古代法律。

与这一巨大变化同时产生的另一社会现象，是私人著述法律的出现。春秋战国时代有些政治、思想家，把他们自己的学说主张条文化，采用法典的形式，表述其政治法律观点。这些私著法典一经被统治者采纳，遂成为颁行的法律。如前述晋铸刑鼎，其鼎上所铸刑书一说即范宣子的私家著作。①

春秋时期公布成文法的历史意义

春秋时期的公布成文法活动是中国法律史上的一次划时代的变革。成文法的公布标志着代表旧贵族统治的法律体系已经瓦解，以封建社会关系为内容的成文法律体系开始走上中国法律历史舞台。

第一，公布成文法活动是对传统法律观念、传统法律制度以及传统社会秩序的一种否定。

在不成文法占主导地位的时代，少数上层贵族奉行“刑不可知，则威不可测”的信条，把法律的制定、解释和施行都当成自己的“禁脔”，以维护血缘贵族阶层所拥有的种种特权。成文法的公布，说明法律已经不再是少数人的私产，而成为全社会共知的公开调节器。由此，传统的社会结构也随之发生重大变化。

第二，公布成文法活动客观上为封建政治经济制度的进一步发展提供了条件。

在旧的法律体制之下，各种社会关系都被限制在狭小的宗法体制范围之内，

① 《左传》载，蔡史墨指斥范宣子“干上令，擅作刑器”。另一例是郑国大夫邓析的“竹刑”，杜预说：邓析“欲改郑所铸旧制，不受君命，而私造刑法”。结果是“郑驷颛杀邓析，而用其竹刑”（《左传·定公九年》），包括后来的《法经》及在诸子著作中留存下来的法典性篇章，如《墨子·号令》、《尉缭子·束伍令》等，是不乏其例的。

成文法律公布后，新兴地主阶级可以把改革的成果用法律的形式表现出来、固定下来。因此，各种新型的社会关系有了可靠的法律保证。

第三，成文法的公布，标志着法律观念和法律技术的进步。

在旧的法律体制下，法律不公开且不成文，无疑不利于法律观念的更新和法律理论的进步。公布成文法，将零散、不系统的法律规范变成相对系统和严谨的法律条文，对于法律理论、立法技术的发展有着特殊的意义，为战国及战国以后封建成文法的发展与完善积累了经验。

第四，成文法的公布导致了西周以血缘身份为标准的"属人法"向"属地法"的过渡。

一方面是因为宗法制度的崩溃，使旧有的礼、刑调整方式失去了适用的基础，另一方面掠夺兼并战争使"疆场之邑，一彼一此，何常之有"[①]，加之"贵货易土，土可贾焉"[②]，暴政使人民逃亡，天灾使民众迁徙，都使旧有的"属人法"失去价值。同时，统治者为在战争中维持国力增加税收，加强以地域来划分居民，从齐国管仲的家、轨、连、乡的行政组织，到郑国子产的"都鄙有章"，"庐井有伍"，再到晋国的县郡之制，都标志着"属地法"作用的重要。

以公布成文法为标志的春秋时期的法制变革，冲击了旧贵族政体，加强了各诸侯国君主的权威。在意识形态上由礼治向法治过渡，在政治制度上由贵族政治向封建官僚政治过渡。当然旧的意识和传统势力还顽固存在。即便像子产这样的人除了改革的一面，仍有保守的另一面，还坚持要"重礼"，要"举不逾等"；仍认为"直均，幼贱有罪"。前述的晋国"夷蒐之法"，仍强调要"本秩礼"。赵宣子的"作州兵"与战国的不论身份而只按军功赏赐的法律还有一段距离。如果说春秋时期的法制变革是"换药不换汤"，那么战国时期则是"既换药又换汤"了。

第二节　战国时期的法制变化

■ 缘法而治时代的形成——战国时期各诸侯国的变法及发展

春秋时期一百多个诸侯国，经过不断兼并到战国初年，见于文献的有十几国。其中有影响的大国即所谓后来的战国七雄：齐、楚、燕、韩、赵、魏、秦。七雄的争霸，使各诸侯国的君主都在想方设法巩固政权，增强国力完成霸业。各国

① 《左传·昭公元年》。

② 《左传·襄公九年》。

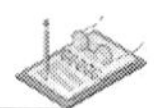

所推行的一系列变法措施，即是这一总的政治目的的一方面的活动。[①]

总之，整个战国时期，无论思想、文化、制度、观念，都在发生着一次历史性的巨变。各国国君为了富国强兵而争相礼贤下士，让他们“不任职而论国事”，从而形成了一个百家争鸣的局面，被视为中国历史上第一次文化高潮。对当时景况，《汉书·艺文志》说：

> 时君世主，好恶殊方，是以九家之术蜂出并作，各引一端，崇其所善。

在其时各诸侯国的改制变法中，对后世影响最为深远的是魏国李悝的《法经》和秦国商鞅的秦律。在指导思想上以法家理论为主，兼采儒、道、墨、术、势等各家之长。

（一）李悝和《法经》[②]

1. 李悝的变法主张与《法经》的具体内容

---

① 各国中以魏国进行变法为最早，开始于魏文侯时。文侯礼贤下士，任用李悝、吴起、西门豹等人。这些生于小贵族的士参与政治，标志着官僚政治取代贵族政治的开始。赵国在公仲连任相和武灵王时也进行了改革。齐国威王时任邹忌为相“谨修法律”（《史记·田敬仲完世家》），并设“稷下之学”，集各国学士讲学。其中赵国人慎到主张：“官不私亲，法不遗爱，……唯法所在”（《慎子·君臣》），十分强调“势”的作用。楚悼王时重用卫国人吴起，执行了“损有余，补不足”，“明法审令”，废世卿世禄等一系列政策。韩昭侯时原郑国人申不害为相，强调“术”的作用，也推行变法。秦在孝公时，商鞅为相，所进行的变法使秦奠定了一统中原的基础。地处北方的燕国，据载子之（？—公元前314年）时也从事了一些改革。

② 需要指出的是，以往认为《法经》是最早的封建性法典的观点，是不确切的。原因有以下四点：

其一，说《法经》是魏国法典，于史无据。史籍中既未说《法经》是魏国法典，也没讲李悝著《法经》是受王命起草法典。只是说《法经》是李悝所著。其他的推论未免是臆测。

其二，从《法经》名称看，乃私家著作之名。春秋战国时期，不仅有政治家、思想家将其主张法典化的事例，如郑大夫邓析作“竹刑”，晋范宣子著“刑书”等，已如前述。而且古人著书常有以经称者，经，常道也，古人认为凡义理之不可易者，皆谓之经。故古代著作时有以经名者，然未闻有以经名法典者。儒家著作有《易经》、《诗经》、《书经》；《墨子》篇目中有《经》；五行家有《四时五行经》；地理书有《山海经》；医书有《内经》、《外经》。李悝之书集诸国刑典大成，故自名《法经》，意即法之常道。

其三，魏国法典称律而不名《法经》。魏文侯师于李悝，采用李悝的改革主张，魏国的法典以《法经》为蓝本制定，且一直沿用下来，故《新论》称：“武侯以下守以为法矣”。正因为《法经》不是法典，而成为魏国制定法律的蓝本，故称：“守以为法”。但不能理解为《法经》即法典。另据云梦秦简，其中《为吏之道》末附有“魏户律”、“魏奔命律”两条律文。虽颁于《法经》后的安厘王二十五年，但据《新论》“武侯以下守（《法经》）以为法”的记述，可知魏国未重新颁布法典，据此可推定魏国法典始终名律而不名经或法经。

其四，从商鞅“受之以相秦”分析，正因为《法经》乃私家著述，为法家师承，所以才能“受之以相秦”。如《法经》是法典，也就不发生“传授”的问题了。另据三国时，尚有称秦律为《秦法经》者。正因《法经》乃私家著作，商鞅才能改法为律，使《法经》为秦律所本。故有《秦法经》之称。

由于《法经》是以法典体例出现的著作，又加上其成为魏国制定法律的蓝本，这是将其误解为魏国法典的主要原因。

李悝（约公元前455—前395年），又名李克，身世不详，相传曾受业于孔子门徒卜商（子夏）。魏文侯即位后，任李悝为相，锐意改革。其一，在经济上，他主张“尽地力之教，”“善平籴”[①]，以求“富国强兵”。其二，在政治上，他主张“为国之道”应“食有劳而禄有功，使有能而赏必行，罚必当”。向文侯建议废除“世卿世禄”制度，达到“夺淫民之禄，以来四方之仕”[②]，按“禄有功”的原则，奖励军功。其三，在法律方面，史书载：（李悝）“集诸国刑典，造《法经》六篇”。

其体例、原则多为后世所本，被视为后来法典的最初渊源。有历代之律皆以汉九章为宗的说法，而汉九章律又是远采《法经》的。《法经》原文已逸，据后人记述，其内容以刑法为主，分为六篇，即《盗》、《贼》[③]、《囚》、《捕》、《杂》、《具》。按《晋书·刑法志》的说法是：

> （李）悝撰次诸国法，著《法经》，以为王者之政，莫急于盗贼，故其律始于《盗贼》。盗贼须劾捕，故著《网捕》二篇，其轻狡、越城、博戏、借假不廉、淫侈、逾制，以为《杂律》一篇。又以《具律》具其加减，是故所著六篇而已，然皆罪名之制也。

就其内容又分为“正律”、“杂律”、“减律”三部分。前四篇总称正律，按《新论》所引：

> 正律略曰：杀人者诛，籍其家及其妻氏；杀二人及其母氏。大盗，戍为守卒，重则诛。窥宫者膑，拾遗者刖，曰萌盗心焉。

杂律即第五篇《杂》法，按《新论》所列：

> 其杂律略曰：夫有一妻二妾，其刑聝，夫有二妻则诛；妻有二夫则宫；曰淫禁。盗符者诛，籍其家；盗玺者诛，议论国法令者诛，籍其家及其妻氏；曰狡禁。越城，一人则诛，自十人以上夷其乡及族；曰城禁。博戏，罚金三币；太子博戏，则笞，不止，则特笞，不止，则更立；曰嬉禁。群相居，一日则问；三日、四日、五日则诛；曰徒禁。丞相受金，左右伏诛；犀首以下受金，则诛；金自镒以下，罚不诛也；曰金禁。大夫之家有侯物，自一以上者族。

---

① 《汉书·食货志》载，李悝认为：“籴甚贵伤民，甚贱伤农；民伤则离散，农伤则国贫”。

② 《说苑·理政》，《汉魏丛书》，长春，吉林大学出版社，1992。

③ 荀况曰：“窃货曰盗”，“害良曰贼”（《荀子·修身》）。

减律又称具律，即第六篇《具法》。“具”有备以适用的意思。按“具其加减”说，可能是据不同情节给予加、减刑。按以“减”名篇看，是据年龄（类似今责任能力）和情节给予减刑的规定。据《新论》所列：

其减律略云：罪人年十五以下，罪高三减，罪卑一减；年六十以上，小罪情减，大罪理减。

这可能是摘引了《具》法中两条减轻刑罚的规定，类似现今刑法总则有关量刑一般原则的规定。

2.《法经》内容的特点

一是以严刑维护私有财产及人身安全，此为立法宗旨。所谓“王者之政莫急于盗贼”。二是既有法家“一断于法”的思想体现，又有传统“礼”的等级色彩，显示出其时代的特性。如规定太子、丞相、将军违法均须受刑，但依各人身份不同，其刑罚也各不相同。三是体现了法家“用刑于将过”及“重刑轻罪”的思想。如“窥宫者膑”、“群相居五日则诛”等等，就是此类思想在立法上的典型表现，并且《法经》还开了以言论定罪及诛心的先河。所谓：“议论国法令者诛”；“拾遗者刖，曰萌盗心焉”。

上述特点，为后来的法家代表人物商鞅、韩非所发扬。如商鞅，史载：《法经》“卫鞅受之，入相于秦”、“改法为律”。韩非则将“重刑轻罪”理论发展成“以刑去刑”的思想，成为后世统治者推行峻法的理论根据。

（二）商鞅变法

1.“改法为律”的意义

由夏、商、周的“礼”、“刑”到“春秋”末期战国中期的法和其后的改法为律，不仅仅是字词、称呼上的变化，而是由“刑”而“法”而“律”所代表的古代法律性质和内涵上的变化。法字的出现，是对“礼有差等”、“临事制刑”的宗法“礼”、“刑”制度的一个否定，是随着“事断于法”、“以法为治”的法家学说的兴起而被广泛使用的。所以法字包含了礼字和刑字的内涵。成文法的公布，使法字的“公平”、“正直”本义之外[①]，又有划一、标准、尺度、定名分等意义。如《管子·七法》说，法者“尺寸也，绳墨也，规矩也，衡石也，斗斛也，角量也”。

商鞅更明确地说：“法者，国之权衡也”[②]。

他和慎到还把法与财产相联系。认为：“定赏分财必由法”；（法令）“所以定

① 古法字作“灋”，从“水”，从“廌”，从“去”。

② 《商君书·修权》。

名分也”[①]。

其时，许多诸侯国的新法律，不再叫“刑”而名“法”了。如晋国的“被庐之法”，楚国的“茅门之法”，齐国的“七法”等等。古代法、律二字常不连用。“律”出于战国，晚于“法”。明代的邱浚说：“三代未有律之名”[②]。

春秋以降，真正使律取代法，成为古代法律主体代名称的，始于商鞅的改法为律。由法而律的变化，意味着法律内涵的进一步增加，即在已有内涵的前提下，又加进了规范划一（一律）和普遍适用（一律）的含义。也就是《说文》中所言：

> 律，均布也。

段玉裁的注解：

> 律者，所以范天下之不一而归于一。

据古义，法律二字相比，律更强调适用的普遍性和执行的准确性，而这恰是当时政治上推行以“法治”替代“礼治”所需要的法律表现形式。自秦以后直到清末，历代均以律作为法律的基本内容。

2. 变法的具体内容

秦是战国初期后起的国家。秦简公七年（公元前 408 年）行“初租禾”，这从经济上进行了一次较大的革命。献公时废从死制度，确立户口制度，开放市场，修建都城。这些都为孝公时商鞅的变法奠定了基础。

商鞅在变法中贯彻了“明法重刑”、“刑无等级”的法治思想。“明法”使百姓吏官都知法，改变旧的“临事制刑”的罪刑擅断传统，使“吏不敢以非法遇民，民不敢犯法以干法官也”[③]。其时有老幼妇孺皆知“商君之法”的说法。“重刑”，则是为了在社会上造成一种威慑气氛，使人们时常考虑其行为是否合法，并且增加了“相坐之法”、“三夷之诛”和“凿颠、抽胁、镬烹、车裂”等酷刑。“重刑”的具体表现是轻罪重罚，认为重刑加诸于轻罪，轻罪不会产生，则重罪更不会出现[④]，以此来达到“以刑去刑”的目的。在强调“重刑”的同时，主张“厚赏”，如奖励耕战、告奸等。另一个重要特点是“刑无等级”。即：

---

① 《慎子·威德》、《商君书·定分》。

② （明）丘浚：《大学衍义补》，《四库全书》本。

③ 《商君书·定分》。

④ 《商君书·画策》载：商君之法“为奸邪、盗贼者，死刑”。《盐铁论·刑德》载：“盗马者死，盗牛者加。……盗伤与杀同罪。”《汉书·刑法志》载：“弃灰于道者，黥”。

自卿相、将军以至大夫、庶人，有不从王令、犯国禁、乱上制者，罪死不赦。

商鞅为取信于民“徙木为信”。对犯法的太傅、太师也分处劓、黥之刑。他认为：

法之不行，自上犯之。
苟可以强国，不法其故。

这些思想至今仍有其光彩。

变法主要是：孝公三年（公元前359年）的奖励耕战、废除世卿世禄；孝公十二年的“废井田开阡陌”、“行县制”等诸项内容。这两次变法的内容归纳起来，主要有如下三点：

其一，行《垦草令》和《为田开阡陌令》并行授田制。所谓秦“用商鞅之法，改帝王之制，除井田，民得买卖”①。

其二，奖励耕战，商鞅承李悝“尽地力之教”，“食有劳而禄有功”的思想，立法律规定：因耕织多产粮、帛的，可免本身徭役；从事商业、贪图末利或游手好闲，怠惰而贫穷的，连同妻、子没官为奴；可以余粮买官爵；一户两子，到一定年龄必分家立户，否则倍其赋税；斩敌一首得爵位一级（或代五十石俸禄的官）。投降者，诛其身、没其家；禁私斗。

其三，取消贵族特权，如规定：

宗室非有军功论，不得为属籍。
有功者显荣，无功者虽富无所芬华。

但同时仍以法律规定：

明尊卑、爵秩等级、各以差次名田宅、臣妾、衣服以家次。②

商鞅的法律改革，在深度和广度上超过了其他诸侯国。新法律制度奠定了以后秦律的发展基础。虽然孝公死（公元前338年），商鞅被诬陷而遭车裂，但正如韩非所言：

① 《汉书·食货志》。
② 《史记·商君列传》。

及孝公、商君死，惠王即位，秦法未败也。[①]

■ 战国秦的法律

（一）秦简与秦律

商鞅变法后至秦始皇二十六年（公元前221年）统一前这一百多年来秦律的主要内容，因秦简的发现而有了突出的研究进展。

我们知道，战国时期“邦无定交，士无定主”，王夫之称为“古今一大变革之会”。战国七雄之一的秦国，经商鞅变法后，国力日盛，远交近攻，开始了它统一中原的历程。在这一过程中，秦律有哪些变化和发展呢？

秦律早已散佚。师承其精神实质的历代法典制定者，惧于“暴秦酷法”的恶名，对秦律细节往往讳莫如深，避而不谈，致使人们千百年来无以窥见秦律全貌。直到1975年12月湖北云梦县睡虎地秦墓竹简（简称《秦简》）出土后，这种情况才有所改观。《秦简》共1 155支（另有残片80片），主要是墓主喜（昭王四十五年至始皇三十年）抄录的法律和司法文书，记载了从商鞅变法到统一六国后（公元前359—前217年）百多年间的部分秦律，约4万字。它是已发现的最古老翔实的秦律文献。由于墓葬时是在秦始皇统一中原后的第五年即始皇三十年（公元前217年），应可得出《秦简》中的法律文书主要制定于战国时期的结论。[②]

（二）秦简中的法律内容

经过专家的整理，秦墓竹简中的法律内容被归纳为《语书》、《秦律十八种》、

---

① 《韩非子·定法》，《二十二子》，上海，上海古籍出版社，1986。

② 睡虎地秦墓竹简中的法律文件，至少包括商鞅变法以后至秦始皇三十年这段时间内秦国法律制度的主要内容。在实际上，这个时期正是秦法制发展的高峰期，秦代法制的风格和特点此时已形成。因此，虽然睡虎地秦墓竹简所反映的并不是秦法制的全部内容，但从中我们仍可以看出其大体轮廓、主要内容及其风格特点来。

以往将《秦简》中的法律用来说明秦代的法律制度，严格讲来这是不妥的。当然，任何国家法律制度的发展和完备，都有其历史渊源，都经历了一定的发展过程。战国时秦国的法律是魏国《法经》等关东诸国法律与秦国原有法律结合的产物，而秦代的法律又是对秦国法律的直接继承。在秦代原有材料很少的条件下，研究其法律制度中某一方面问题，以《秦简》内容来说明，在绝大多数情况下亦无不妥，往往事实上也只能如此。但是如将《秦简》反映的历史时期作为“秦代”的状况介绍，就难免混淆历史时代，使人产生模糊认识或错觉，以为秦律是由秦始皇为首的秦代统治者制定的。秦代从始皇二十六年建立，至二世三年（公元前207年）灭亡，共历15年。在统一后（即秦代）的短短十多年中，始皇在法律方面固然也做了不少事，对此，司马迁在《史记·秦始皇本纪》中有多处记载，但他主要的业绩是随统一战争的胜利将秦国已有的法制推向全国。至于立法方面，主要增加的是维护专制主义中央集权的有关措施和刑事方面对百姓的高压手段。从某种意义上说始皇（尤其后期）是破坏了秦原有的法制。这也是秦代速亡的重要原因。有人说正是这位崇尚法家理论的皇帝，最终断送了这一学派的意识形态上的统治地位。

基于上述，应将《秦简》中反映的秦律归入战国时期，以纠正和避免以往教材或文章中给读者可能造成的误解。

《效律》、《秦律杂抄》、《法律答问》、《封诊式》、《为吏之道》等若干部分。这些法律文件依其性质大致可分为三类：

1. 法律条文

其中以《秦律十八种》为代表，囊括了秦国近30种法规的部分内容。从《秦律十八种》中即可以看出秦代法律规范涉及范围非常广泛，如有关行政组织、官吏选择方面的《置吏律》、《除吏律》等10余种，有关经济管理方面的《田律》、《仓律》、《厩苑律》、《工律》、《金布律》、《关市律》等11种，还有军事法规等其他内容。

2. 法律解释

即《法律答问》。《法律答问》是秦墓竹简中的骨干部分之一，它以问答的形式解释了法律适用、定罪量刑等许多基本理论和制度。从这些法律解释中可以看出秦代刑法中关于罪与非罪、罪轻与罪重之间的一系列界限和原则。秦代法律制度的许多内容都可以在《法律答问》中寻见其踪影。

3. 有关诉讼制度的规则

其中以《封诊式》为代表。《封诊式》以案例的形式反映了秦代司法诉讼程序、司法原则以及文书程式等方面的具体规则和要求，特别是其中关于现场勘验、法医检验等方面的具体记述极为详细，是研究中国古代司法诉讼程序、现场勘验、法医检验等问题的重要史料。

秦自孝公开始，历代国君都崇尚信奉法家学说。秦的日益强大，使法家学说不仅在理论上，而且在实践中取得了空前绝后的地位。秦王政（即始皇帝）更是个法家学说的崇拜者，对后来法家的集大成者韩非的著述十分赞赏①，特别是他的“以君为本位”，“法”、“术”、“势”相结合的“法治”理论，成为当时及统一后终秦之世的法制指导思想。

相关案例

仓扁（漏）歺（朽）禾粟，及积禾粟而败之，其不可食者不盈百石以下，谇官啬夫；百石以上到千石，赀官啬夫一甲；过千石以上，赀官啬夫二甲；令官啬夫、冗吏共赏（偿）败禾粟。禾粟虽败而尚可食殹（也），程之，以其秏（耗）石数论负之。

（《秦简·秦律十八种·效》）

---

① 《史记·老子韩非列传》：“秦王见《孤愤》、《五蠹》之书，曰：‘嗟呼，寡人得见此人，与之游，死不恨矣。’”

［参考译文］ 粮仓漏雨而烂坏了粮食，以及堆积粮食而腐败了，不能食用的粮数不满百石，斥责其官府的啬夫；一百石以上到一千石，罚官府的啬夫一甲；超过一千石以上，罚官府的啬夫二甲，都要令该官府啬夫和众吏一起赔偿败坏的粮食。粮虽败坏然而还可食用的，应加估量，根据所损耗的石数判令赔偿。

士五（伍）甲盗，以得时直（值）臧（赃），臧（赃）直（值）过六百六十，吏弗直（值），其狱鞫乃直（值）臧（赃），臧（赃）直（值）百一十，以论耐，问甲及吏可（何）论？甲当黥为城旦；吏为失刑罪，或端为，为不宜。

（《秦简·法律答问》）

［参考译文］ 士伍甲盗窃，如在捕获时估其赃物价值，所值应超过六百六十钱，但吏当时没有估价，到审讯时才估，赃值一百一十钱，因而判处耐刑，问甲和吏如何论处？甲应黥为城旦；吏以用刑不当论罪，如系故意这样做的，以不公论罪。

爰书：某里士五（伍）甲诣男子乙、女子丙，告曰："乙、丙相与奸，自昼见某所，捕校上来诣之。"

（《秦简·封诊式·奸》）

［参考译文］ 爰书：某里士伍甲送来男子乙、女子丙，报告说："乙、丙通奸，昨日白昼在某处被发现，将两人捕获并加木械，送到。"

本章小结

春秋初期，各诸侯国基本上沿袭西周的法律。但是，春秋晚期，随着社会制度的变迁，法律制度也发生了重大变革：首先在郑、晋两国出现了成文法并引起争论。之所以引起争论就是因为成文法是一种新生事物，其内容和形式都与传统不符。郑晋两国在封建化的道路上先迈了一步，因而成文法在这两国出现。这一事件的发生，标志着"刑不可知，则威不可测"的秘密法状态的结束，从此中国进入了成文法时代。战国时期，各诸侯国纷纷变法改革，颁布法律，以法律的形式将封建制度固定化，封建制法律制度形成。《法经》是成文法过程的结晶，也成为了中国古代第一部比较系统的封建法典，对后来的封建法典产生了深远的影响。商鞅在秦国主持变法，以《法经》为基础制定了秦律，为秦国统一天下和封建政治法律制度在全国的推行奠定了基础。

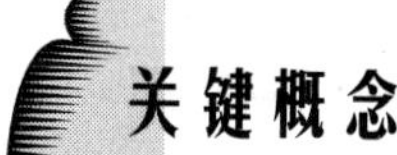

关键概念

“礼崩乐坏”	儒家	法家	“铸刑鼎”	子产	邓析
竹刑	《法经》	商鞅	云梦秦简	秦律	封诊式

思考题

1. 简述春秋时期郑国、晋国“铸刑书（鼎)”。
2. 简述春秋时期公布成文法及其历史意义。
3. 简述战国时期法律制度的变化及其成因。
4. 简述《法经》的结构、主要内容与历史地位。
5. 简述商鞅变法的主要内容及其影响。
6. 简述秦简与秦律。

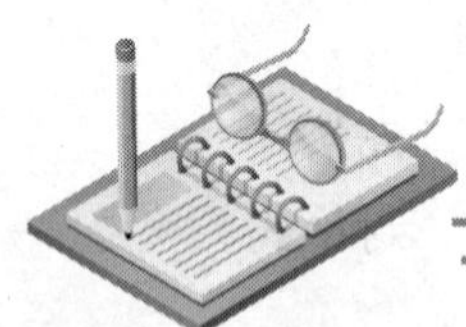

第四章

缘法而治时代的终结——秦代的“治道运行，皆有法式”

［学习目标］

通过本章学习应理解在秦统一后，随着皇帝制度和中央集权体制的形成，秦律有了进一步的发展。表现在政治和法律方面，法律指导思想由法家的“以法治国”向司法实践中的“一任刑罚”转化，使秦代法制走向极端。特别是在这短短的15年中以秦简中的法律为主干，在刑罚、罪名、法律适用原则诸方面均有进一步的发展。在司法体制方面也为后世奠定了基础。上述内容均是应掌握的本章重点。

秦始皇二十六年（公元前221年），秦国军队在大将王贲率领下进入不战而降的齐国都城临淄，标志着诸侯割据称雄250多年的战国时代的结束。在中国土地上出现了一个空前的、统一的、中央集权的君主专制王朝——秦帝国。

统一之初，秦统治者充分运用法律的权威，统一战国时期各国法律条文不尽相同的规定，在原有秦国法律基础上，重加修订，颁行全国。划天下为36个郡，建立了以皇帝为首的“海内为郡县，法令由一统”① 的专制主义中央集权的政治制度。皇帝诏令成为具有最高法律效力的法律规范和最基本的法律渊源。法治原则成为立法、司法的理论基础。以严密的法条，加强对统一后社会的专制主义统治。从人到牛马，从生产到生活，从行动到思想，强制全国人民无条件遵守帝国

① 《史记·秦始皇本纪》。秦初行封国还是郡县制，颇有争议，李斯以周为鉴，深论封国有害无利，使秦始皇决心行郡县，客观上巩固了统一和中央集权。后世对此仍时有争议，“郡国论”的文章不绝于史，成为政治学研究的绝好史料。

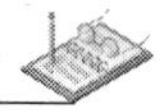

新的法律，统治者认为：“端平法度，万物之纪”①。

第一节　法制指导思想与立法

一　缘法而治的前提——法家的法治指导思想

自商鞅变法以来，法家的政治理论和法律思想一直在秦国的实际政治和法制建设中起着重要的指导作用。商鞅变法的成功和秦国的迅速繁荣，更加巩固了法家理论在秦国上层建筑中的地位。无论是在统一前还是在统一后，法家的法治主张和重刑策略都是秦统治者基本的法制指导思想。在长期的政治实践中，秦统治者把法家的理论运用到实际政治中，形成了一系列法制建设的指导性方针。

（一）法自君出，君主独断

“法自君出，君主独断”，这是传统法家思想中尊君主张的核心内容。秦始皇吞并六国、统一中国以后，在全国范围内推行郡县制，建立了高度集权的君主专制政权。与这种政治体制相适应，秦始皇把国家的立法、行政、司法大权都集中到自己手中，形成了“天下之事无大小皆决于上”的政治局面，使皇帝处于绝对专制的至尊地位。据史籍记载，初并天下，秦王政“自以为德兼三皇，功过五帝”②，遂更名号叫“皇帝”，并以“朕”自称：

> 朕为始皇帝，后世以计数，二世、三世至于万世，传之无穷。③

在出巡祭泰山的刻石中，开始就说：

> 皇帝临位，作制明法，臣下修饬。④

明确宣布立法权在皇帝，臣下责在执行⑤。这和“若欲有学法令，以吏为师”的主旨是一致的，都是意在法制的统一。同时，他还“昼断狱”、“夜理书”，把行

① 《史记·秦始皇本纪》。

② （清）吴乘权等辑，施意周点校：《纲鉴易知录后秦纪·始皇帝》，北京，中华书局，1960。“三皇”、“五帝”的“三”、“五”之数尤定说，古人视“三”、“五”为神秘数字，与其时哲学、美学、宗教有关，如“一生二，二生三，三生万物”，“五行五帝”之说等。

③④ 《史记·秦始皇本纪》。

⑤ 所谓“天下之事无大小皆决于上”。遇重大国事，皇帝召群臣商讨，但臣等意见仅供皇帝参考，决定权仍在皇帝。这种独裁作为制度沿袭到1911年，作为习惯和一种观念意识则至今仍有。

政司法权都控制在自己手中。因此，维护皇帝至高无上的权威是秦代立法、司法的首要原则。

（二）以法为本，“乐以刑杀为威”[①]

“法治”和“重刑”是法家思想中的基本法律主张。这两大原则从商鞅变法开始即帮助秦国从贫弱到富强进而称霸天下。秦始皇统一全国以后，进一步把法家“重刑轻罪”的理论在秦代作为基本策略推行全国，并走向极端。始皇三十四年（公元前 217 年），在丞相李斯主持下，“明法度，定律令”[②]，对秦律加以修订补充，用各种法律、法令来规范政治、军事、经济以及社会生活的各个方面。长期的法治使法律、法令在秦代社会中具有广泛的权威性，成为全社会的最高准则。在“以法为本”、推崇法律的同时，秦统治者也把“重刑”的原则广泛地运用到司法实践之中，对全社会实行空前严酷的刑罚统治。从历史上看，秦王朝刑罚种类之繁多，行刑方法之残酷，处罚范围之广泛，是空前的。“法治”与“重刑”构成了秦王朝法律制度的基本特色。秦二世时，赵高等进一步“更为法律”，史载：

秦法繁于秋荼，而网密于凝脂。[③]

国内已是“赭衣塞路、囹圄成市”[④]。此外，始皇至死也未曾大赦一次，也反映了他唯法为治的精神。

（三）治道运行，皆有法式

与实行“法治”的要求相一致，秦王朝统治者在长期政治实践中极为注重立法工作，立法的范围随着社会调整的实际需要不断扩大，法律规范也越来越细密。

秦始皇在泰山刻石上说：

治道运行，诸产得宜，皆有法式。[⑤]

即体现了秦统治者广泛立法的指导思想。从现存的历史资料上看，秦代的法律包括刑事、民事、行政、经济、诉讼各个大类，内容涉及军事、外交、社会治安、商业、金融、手工业、农业、司法诉讼等各个领域。“皆有法式”是“法治”

① 《史记·秦始皇本纪》。

② 《史记·李斯列传》。

③ （汉）桓宽：《盐铁论》，《诸子集成》，北京，中华书局，1954。

④ 《汉书·刑法志》。

⑤ 《史记·秦始皇本纪》。

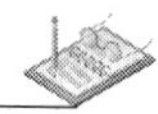

原则的必然要求，也是秦代法制建设的重要指导方针。

（四）统一法律、法令，注重法律宣传

秦始皇统一天下之后，为适应大一统的需要，在全国范围内实行政治、经济、思想文化的一体化政策。在法制建设方面，把原来通行于秦国及新颁行的法令推行于统一后的全国。为在社会上强化政治上的统一和经济文化上的发展，遂有：

> 一法度衡石丈尺，车同轨，书同文字。①

使战国以降紊杂不一的货币、度量衡、车轨和文字得到了统一，并进而“堕坏城郭，决通川防，夷去险阻”②。这对以后近千年古代中国文化一直先进于世界各国有着深远的影响。

但另一方面，始皇为加强思想领域的专制，颁有《挟书律》，并下令：除史官所记及医药、卜筮、种树等书以外，各诸侯国官书及民间藏书，一律交郡守、尉处焚毁。对大批指责非议当时制度与法律政策的儒士大加杀戮，严厉打击一切有损于国家法令威信的思想和言论。律定：

> 有敢偶语诗书者，弃市。以古非今者，族。③

为此不惜采取极端手段，历史上的“焚书坑儒”即肇端于此。无可否认，这也许是其时政治上的一种必要措施，但也是对文化的一次最严重的摧残。韩非“以法为教”的思想和秦代文化思想领域的“统购统销”政策，使百家争鸣的局面就此完结。这一历史事件的灾难性后果，不仅仅是毁灭了先秦以来大量的文献典籍，更为惨重的是断送了自春秋以降“蓬蓬勃勃的自由思索的那种精神”④。

另一方面鼓励全体臣民学法、知法，规定为官吏者必须“明习法令”，

> 凡良吏，明法律令……，恶吏，不明法律令。⑤

同时要求民众学习法律应“以吏为师”，此即后世“学在官府”的渊源之一。这样既能保证国家法令的权威性和严肃性，又能加速法律、法令的传播，使法律、

①②③ 《史记·秦始皇本纪》。

④ 郭沫若：《十批判书》，北京，东方出版社，1996。

⑤ 《秦简·语书》，北京，文物出版社，1978。

法令能在更广的范围、更深的层次上得以贯彻和施行。

（五）“父慈子孝，政之本也”

在秦代法制指导思想中，法治思想与等级思想是并行不悖的。法治理论所宣扬的“一断于法”，“刑无等级”是为“事皆决于上”，“君鬼（怀）臣忠”服务的。在这里法家的法治与我们今天所理解的源于西方的法律面前人人平等的概念毫无共同之处。特别是后来法家思想的集大成者韩非，更是“君权至上”思想的奠基者。法家与后来儒家的区别，并不在于是否强调等级名分，而在于以什么样的观念和方式来调整社会各等级名分间的关系。显然法家的观念和方式就是“君权至上”，“事断于法”。法律在法家的眼里充其量不过是君王手中的一种统治工具，所谓“法”、“术”、“势”，“法”不过仅居其一。这同西方法律高于一切的观念是不能混淆的。正因如此，所以韩非曾言：

> 臣事君，子事父，妻事夫，三者顺则天下治；三者逆则天下乱。此天下之常道也。①

也正是韩非的这些“法、术、势”和“君、臣、父、子”思想使秦始皇更为欣赏，而有悔未谋面的慨叹。特别是在大统一之初的历史条件下，法家的理论有其不可否认的现实意义，更无须说这一理论给秦国和后来的秦代统治者获得的历史功绩所形成的思想情感上的影响了。所以在《秦简·为吏之道》中，遂以法律的形式规定：

> 父慈子孝，政之本也。

这在以家为本位而放大形成的国度里，“父慈”与“君鬼（怀）”是相通的，“子孝”与“臣忠”是一致的。尽管秦统治者专尊法家，但自周以降的“德”、“刑”二柄的统治方术，仍被继承和运用。只是在以后帝制政治的发展中，下对上的“忠”、“孝”多加以法制化，而上对下的义务仅仅游离于道德之间。

二、缘法而治的基础——立法及法律形式

（一）从战国秦到统一的秦代法律

秦王朝是在秦国的基础上发展起来的，秦代的各项法律制度相当大程度上渊源于秦国发展过程中所创立的体制。秦代法律制度的许多内容也都来源于商鞅变

---

① 《韩非子·忠孝》。

法期间以及商鞅变法以后至统一以前所确立的制度。因此，有秦一代的立法从内容上大致可以划分为两个部分：

第一部分包括进入战国时期以后，特别是商鞅变法以后至公元前 221 年秦统一帝国政权的建立。在这一阶段，秦代法律制度的总体风格和主要框架已基本形成。特别是商鞅变法时期所确立的一系列法律制度在统一以后仍得以继续施行。

第二部分立法在时间上包括秦始皇统一六国以后，颁布的一系列新的法律、法令。主要有关于皇帝尊号的法令，关于“制”、“诏”的法令，关于除谥号的法令，关于实行郡县制的法令，关于统一车轨、文字、度量衡的法令，关于“尚农除末”的法律①，关于焚诗书的法令，等等。从目前掌握的历史资料看，秦统一以后主要是颁布各种单行法律、法令，立法活动频繁，但没有制定一部大而全的法典。

（二）秦代的法律形式

从有关秦代法律制度的历史资料分析，秦代的法律形式也是多种多样。各种层次的法律规范构成了一个严密的法网，控制着整个社会。其法律形式主要有：

1. 律

是经过一定立法程序制定的系统性法律文件。这些以“律”为名的法律规范大都偏重于社会生活中的某一方面，属于单行法规，与后世大而全的法典如《大明律》、《大清律》有所不同。

---

① 即“崇尚农业，禁除末业”的“重农抑商”政策。这个由原始农业较发达的周人在商末历史条件下提出的思想，在自然经济为基础的历代专制集权统治者中，得到了始终如一的贯彻。其原因亦是出于政治的稳定考虑，因为“商业是引起一切社会变化的启点”。这方面的立法主要有：

第一，“使黔首自实田”。统一之初就颁布了“使黔首（秦称百姓之谓）自实田”的法令。“任民所耕，不计多少”。这是继商鞅变法“改帝王之制，除井田，民得买卖”之后的又一次变革。“黔首”一名之变，使大部分奴隶成为农民。史载这一法令使天下“大酺（欢腾）”（《史记·秦始皇本纪》二十六年条）。

第二，注重农田水利。“国之所兴者，农战也”。这一经历使统治者倍加重视对农业的管理，这从法律规定的细密程度上可得到说明。秦律规定凡怠工“不田作”者，庶民降为奴，奴隶受惩罚。在农田水利方面，律定：“春二月，毋敢……雍（壅）堤水”。即筑堤堵水道。秦代兴修的岷江水利工程、“郑国渠”、“灵渠”等，也说明了统治者对农业的关注。

第三，种子保管和播种。在种子保管和播种方面，律定尤为详细。如：“县遗麦以为种者，用者淆禾以藏之”。即为县所留麦种，要依法像贮谷那样保存。又：“种：稻、麻亩用二斗大半斗；禾麦亩一斗；米、黍、荞大半斗；叔（菽）亩半斗。利田畴，其有不尽此数者，可也”（参见《秦简·田律》、《秦简·厩苑律》、《秦简·仓律》）。

第四，耕牛的饲养与繁殖。由于“秦以牛耕”（《战国策·秦策》），法律规定耕牛的饲养与繁殖，并将其与考课管理官员相连。汉初桓宽曾指出：秦律“盗马者死，盗牛者加，所以重本而绝轻疾之资也”。（《盐铁论·刑法》）

上述法律对促进秦代经济的发展起到了积极的作用。史称：“关中之地，天下三分之一，……然量共富，十居其六”（《史记·货殖列传》）。

2. 制与诏

制、诏是皇帝针对具体问题发布的带有规范性质的命令。秦始皇统一全国以后，即下令议帝号，规定封建帝王的一系列专制称谓，如皇帝自称为“朕”，皇帝的印信称为“玺”，等等，其中规定皇帝的“命”称为“制”，“令”称为“诏”。自此以后以“制”、“诏”为名的皇帝的命令即成为封建时代具有最高法律效力的法律规范。制与诏是皇帝根据当时具体情况而发布的，范围极为广泛。与律有所不同的是，制、诏有较大的灵活性，但比律要分散。

3. 程

程是关于劳动定额等确定额度的法规。湖北云梦睡虎地秦墓竹简中的《工人程》即属此类。从历史资料分析，“程”大都是属于统计、审计等确定某种数额的规则。

4. 课

课是关于工作人员考核标准的法规。湖北云梦睡虎地秦墓竹简中即有《牛羊课》，是关于考核牛马饲养人员工作情况的单行法规。

5. 式

式是关于国家机关在某些专门工作中的程序、原则及有关公文程式的法律文件。湖北云梦睡虎地秦墓竹简中即有《封诊式》，是关于司法程序、要求以及诉讼文书的程式等诉讼问题的法律规范。

6. 法律答问

法律答问是指秦代官府针对司法施行中各级官吏对法律条文的疑问所作的法律解释。秦代奉行法家的法治主张，法律、法令具有很高的权威性。秦统治者要求全民都知法、守法，而且规定民众学习法律应该“以吏为师”，各级官吏也有向全社会宣传、解释法律的责任。各级官吏所作出的法律解释，是对现行法令的阐释或补充。所以这种解释就必须是统一的。在秦代司法实践中，这些法律答问同正式的法律、法令具有同等的法律效力。睡虎地秦墓竹简中即有《法律答问》，是关于法律内容、法律适用等方面的法律性解释。从这一部分法律答问中可以看出，在秦代，以问答形式出现的法律解释是对国家法律、法令的很好补充，对于法律的正确适用有着重要作用。

除此而外，秦代在司法中还广泛采用“廷行事”作为判案根据。所谓“廷行事”即是判案成例。从睡虎地秦墓竹简中的《法律答问》以及其他历史资料看，“廷行事”常常被作为定罪量刑的重要依据。“廷行事”的存在说明秦代存在并适用判例，这种判例的存在也可以在一定程度上弥补法律条文的疏漏与不足，利于进一步完善秦王朝的严密法网，加强对社会的控制。

第二节 秦代法律的内容与特点

一、缘法而治的具体化——刑事法律的完善

“皆有法式”与“轻罪重刑”是秦代法律制度的基本原则和特点。自商鞅变法以后，秦统治者都把法家的“重刑”主张作为控制社会的基本策略，用严密的法网、严酷的刑罚来推行自己的政治措施。秦代法律制度也以刑法最为发达。在长期的重法、重刑的司法实践中，秦统治者逐步积累了丰富的用刑经验，形成了种类繁多、较为系统的刑罚体系和相对完善的定罪量刑原则，使秦代的刑法理论、原则与制度都在前朝的基础上有了进一步的发展。

（一）秦代的刑罚种类

从秦墓竹简以及其他史料文物中可以看到，秦代施用的刑罚方法种类很多，大致分为：

1. 生命刑

生命刑是剥夺受刑人（连坐时甚至包括亲属）生命的刑罚，在秦刑罚体系中为最重的刑罚。主要有以下几种：（1）绞刑；（2）枭首；（3）腰斩；（4）磔；（5）车裂；（6）戮刑；（7）弃市；（8）族刑；（9）具五刑。此外，见于史籍记载的还有镬烹、凿顶、抽胁、剖腹等的处死方法。

2. 身体刑

是指损害受刑人身体器官或使受刑人身体痛苦的刑罚，包括残害肢体器官的肉刑与施加痛苦的笞杖刑等。秦代是在旧制度废墟上建立起来的专制政权，其刑罚体系既承袭了以前刑罚制度的一些内容，又有自己的发展。从历史资料分析，秦代的身体刑主要有以下几种：（1）黥刑；（2）劓刑；（3）斩左趾；（4）宫刑；（5）髡刑；（6）耐；（7）完；（8）笞。

值得注意的是，秦代的身体刑除保留了商周以来的侮辱性质外，还往往与劳役刑结合使用，特别是髡、耐刑一般都配以徒刑。在睡虎地秦墓竹简中经常可以看到“黥为城旦”、“劓为城旦”、“髡钳为城旦”、“耐为鬼薪”的记载，这是秦代身体刑的特点。

3. 徒刑

徒刑是限制犯罪人自由并强制其服劳役的刑罚。徒刑在商周之际即已出现，至秦代时使用范围更加广泛，其地位也逐渐上升，已成为秦代刑罚体系中的主体刑种之一。从秦简及其他历史资料看，秦代的徒刑有：城旦舂、鬼薪白粲、隶臣妾、司寇、候和赀戍等。

4. 流刑

是将犯罪人流放到边远地区的刑罚，在商周之际已有流刑。秦代流刑主要有三种：迁、谪和逐。

5. 财产刑

是强制犯罪人向国家交纳一定数目的财物的刑罚。秦代的财产刑一般适用于较轻微的犯罪，或作为一种对特殊身份者的优待。从现存的资料看，秦代的财产刑主要是赀刑。赀即罚，具体有赀甲、赀盾、赀布等，有时也能见到赀徭役的例子。除赀刑外，秦代还使用赎刑。赎刑是判令犯罪人缴纳一定数目财物以赎免原判刑罚的制度。在睡虎地秦墓竹简中即可以看到秦代使用赎刑的例证。

6. 身份刑

是指剥夺犯罪人某些政治权利或降低其社会地位的刑罚。秦王朝作为专制政权，虽然在历史上打破了旧的宗法式的社会等级结构，但又重新建立了新的等级秩序。从现存的历史资料看，秦代的身份刑主要有以下四种：(1) 夺爵；(2) 废；(3) 收孥；(4) 籍门。

(二) 定罪量刑的主要原则

在继承前代法律文化成果的同时，秦代进一步发展了中国古代的刑法理论与制度。在定罪量刑原则方面，除了继承商周以来所形成的如区分故意、过失定罪等原则以外，秦代在长期法律实践中也进一步总结经验，使秦代定罪量刑的一些抽象原则内容更加丰富，具有更强的理论性和概括性。从睡虎地秦墓竹简所提供的资料分析，秦代在定罪量刑时，已注意到以下原则：

1. 确定刑事责任能力

秦墓竹简《法律答问》中有数个案例，都是以身高来判断行为人是否成年、是否应该给予刑罚处罚。一般以男子身高六尺五寸、女子身高六尺二寸为成年标志，不足这个标准的未成年人一般不加刑罚处罚。同时，秦朝也注意到了心智不健全者的刑事责任问题。

2. 以有无犯罪意识作为构成犯罪的要素

秦墓竹简《法律答问》中许多案例都是以“知其为盗”、“知其为赃”来决定处刑与否和量刑轻重的。说明其时已将有无犯罪意识作为定罪量刑的重要依据。

3. 按照犯罪客观后果量刑

在秦朝，由于深受法家思想的影响，定罪量刑非常注重犯罪的客观后果，主观动机则较少考虑。所以，犯罪所造成的客观危害后果的大小是决定刑罚轻重的重要因素。特别是在侵犯财产案件中，赃额分若干等级，刑罚轻重依次各有不同。

4．共同犯罪加重处罚

共同犯罪、集团犯罪一直是秦代刑法打击的重点。按秦律的规定，个人盗窃，赃满六百六十钱者黥为城旦。但若是五人共盗，赃值一钱者，也要黥劓为城旦。很明显，秦代对共同犯罪、集团犯罪的处罚大大重于个人单独犯罪。

5．累犯加重处罚

根据秦墓竹简中相关法律文件分析，秦代对于累犯、惯犯都加重处罚，并形成了相应的数罪并罚制度。

在秦代法律文献中，还可以看出，除上述定罪量刑原则外，秦代还存在诬告反坐、教唆犯加重、消除犯罪后果减免以及连坐等制度。这些制度和原则充分说明，秦代刑法理论与具体制度已达到了很高的水平。

■ 缘法而治的实践环节——司法审判及监察制度

关于司法制度，李悝《法经》著有《囚》法一篇，秦据此而定有《囚律》，其具体内容已无从详考。据《秦简》和古籍史料，对秦代的司法制度可以作如下几方面的描述：

（一）皇帝拥有最高司法权

所谓“天下之事无小大，皆决于上”[①]。一方面表现为秦代建立了一整套皇帝控制下的司法机关体系，对一切重大案件，皇帝有最后决定权，并可派丞相、御史受命问案。另一方面表现为皇帝直接审案。史书中载始皇“躬操文墨，昼断狱，夜理书。自呈决事，日县石之一”[②]。

（二）中央与地方的司法机关

1．中央司法机关廷尉

秦代统一了战国时各诸侯国中央最高司法官（也即最高司法机构）的名称，沿用秦国旧称廷尉[③]，属九卿之一[④]。廷尉负责全国法律、法令及司法事务，直接向皇帝负责，并负责审理皇帝交办的案件和地方上报的疑难案件。廷尉是皇帝之下的最高司法机构和司法长官，作为最高法律官员，廷尉在秦代法律工作中起着相当重要的作用。所以叫“廷尉”历来有两种解释：一种说法是：

> 听狱必质诸朝廷，与众共之，……故称廷尉。

---

① 《史记·秦始皇本纪》。

② 《史记·秦始皇本纪》，按服虔注：“石，百二十斤”，约合现在60斤。秦简一般长约尺二，合现在23～28厘米，每简30～40字。

③ 《史记·李斯列传》：战国齐称大理，楚称廷理。

④ 秦代中央机关由“三公”、“九卿”组成。

另一种说法是：

> 廷，平也，治狱贵平，故以为号。

廷尉下设正和左右监等属官。[①] 但凡重大案件均须皇帝最后裁决方可定案。

2. 地方司法机关

在地方，郡、县、乡、亭各级行政机关都设有相应的专职或兼职司法官员，处理本地区范围内的司法事务。郡有专任司法官员“决曹掾”，但案件的裁决由郡守决定。另有监御使为郡一级监察官。县令（长）负责辖境内的司法审判事宜。郡、县长官对自行管辖的一般案件，皆可作最终裁决。有疑难的才上报中央廷尉。

地方司法由属于行政性的郡守、县令（长）兼理。[②] 县以下设丞，主管文书、仓储、司法事务，再下的乡设有“秩”或“啬夫”，掌诉讼和赋税。史载秦范阳县令在任十年中，审判案件：

> 杀人之父，孤人之子，断人之足，黥人之首，不可胜数。[③]

证明秦代郡县长官兼有司法审判及刑杀之权。

由于秦代要求国家各级官吏都要知法、学法、宣传法律，因此凡国家官吏都有宣传、执行法律、法令的职责，即使是最基层的里正、求盗等小吏，也可以处理轻微的民事、刑事案件。

（三）诉讼程式

1. “劾”

《秦简·封诊式》是官方治狱程式。秦代诉讼可由当事人起诉，即所谓“劾”。秦律中“辞者辞廷”即指原告直接向郡守提出控告。但多数由基层里典官（里正）向县主官或啬夫提起公诉。

2. “公室告”和“非公室告”

秦律据犯罪性质及诉讼当事人身份，分为“公室告”和“非公室告”两类。“公室告”与“非公室告”是以控告者与被控告者的身份关系及侵害行为的性质为标准划分的，是秦代国家利益至上、父权家长制等原则在诉讼权利规定上的反映。律定：

---

① 廷尉的主要职责有二：一是负责“诏狱”，即皇帝亲自交办的案件；二是审理地方上报的疑难案件和对重大案件复审。

② 《秦简·语书》即南郡守腾发布的要各县长令严于执法、公正断案的指令。

③ 《史记·张耳陈余列传》。

> 贼杀伤、盗它人为“公室告”；子盗父母，父母擅杀、刑、髡子及奴妾，不为“公室告”。
>
> “子告父母，臣妾告主，非公室告，勿听。”可（何）谓“非公室告”？主擅杀、刑、髡其子、臣妾，是谓“非公室告”，勿听。而行告，告者罪。告者罪已行，它人又袭其告之，亦不当听。[①]

从这两条解释来看，所谓“公室告”是指“贼杀伤、盗他人”等危害社会和国家利益的犯罪，对于此类犯罪任何人都有权利并且有义务向官府提出控诉；所谓“非公室告”是指父母控告子女盗窃自己的财产，以及子女控告父母、奴妾控告主人肆意加诸自己各种刑罚。由于这种家庭范围内的侵害行为对国家利益不构成直接重大威胁，因此秦代法律规定对于“非公室告”犯罪，子女、父母、奴妾不得相互为告。对于这两类告诉，只有“公室告”官府才予受理；凡属“非公室告”，即使告到官府，官府也不予受理，若当事人坚持告发，则告者有罪；若是他人接替告发，也不能受理。这种当事人自行呈诉中的公室告与非公室告之别，反映了秦代法律打击的重点和主奴、长幼间公开不平等的法律地位。但诉讼中无“父子相隐”之律。“非公室告”也非“不孝”之罪。甚至许妻在某些情况下杀夫，如“夫为寄豭，杀之无罪”[②]。

此外，对控告不实（“告不审”）或故意诬陷，则“以所辟罪之”。《秦简·法律答问》载：“甲诬乙通一钱，黥城旦罪”。“甲盗羊，乙知。即端告曰盗牛”为“告盗加赃”，从重处罚。

例如告盗加赃十钱，被判处“赀二甲”。

秦律还禁止诬告，秦代实行反坐原则，同时对于轻罪重告也予以处罚。

秦律还规定，在通常情况下，也不受理对已死亡被告的控告。对于被告人已死亡的案件，司法机关也不再受理。秦简《法律答问》云：

> 甲杀人，不觉，今甲病死已葬，人乃后告甲，甲杀人审，问甲当论及收不当？告不听。[③]

（四）审判制度

从《秦简·封诊式》中记述的大量案件中分析，秦代审理案件已形成了比较

① 《秦简·法律答问》。
② 《史记·秦始皇本纪》。
③ 《秦简·法律答问》。

系统和完善的审讯制度。主要分为：现场勘察和检验、拷讯、爰书和乞鞫几个阶段。

1. 注重证据和现场勘验

秦代在审判中已开始注重证据和现场勘验。以《封诊式》为例，其中就有关于“贼死”（他杀）、“经死”（自缢）、“穴盗”（挖没行窃）、“出子”（小产）、“疠”（麻风病）等等案件勘验式例。并以“爰书”详细记录。如“贼死”的勘验，“爰书”中就详细记载了出事地点、被害人年龄、肤色、身长、发长、受伤部位、伤口长、宽等细节特征，凶器类别的推断，死者衣着血污情况，尸体周围遗物及痕迹等，并记述了向求盗亭卒和附近居民对有关该情况的讯问，等等。表现了执法者重视证据的态度和司法实践方面的丰富经验，以及在生理学、法医学上所达到的相当高的水平。这比周代“以五声听狱讼”，是一个历史性的巨大进步。

2. 口供是定罪判刑的重要依据

秦律在适用中，还遵循着一条原则，即犯罪人的口供是定罪判刑的重要依据。秦代不仅对口供尤为注重，而且提出了“毋笞掠而得人情为上；笞掠为下；有恐为败”的刑讯原则。法律规定，只有在被告的口供前后矛盾，多次翻供，拒不服罪的情况下，才可依法刑讯，且须在爰书中记录拷打的原因[①]。当然在实践中又当别论。我们知道的丞相李斯，下狱后也是不胜刑讯之苦，被迫诬服，这即是酷刑逼供的明证，也说明即使是“欲加之罪”，犯人的“口供”也是十分必要的，对“口供”的重视亦可见一斑。当然这样的重视和如此的口供，是很值得后人深省的。此类“依法办事”的状况即或今日，也不能说全无踪影。而这已不仅仅是关乎法律的问题了。

此外，秦代可据官职爵位减刑；无爵位的王族子孙亦享有用金赎刑等种种优待。

（五）法官责任

始皇后期“专任狱吏”，史载：

> 繁刑严诛，吏治刻深。[②]

秦律规定：每满一年要向中央主管法律的官员核对刑律。所谓“岁仇辟律于御史”。已废律令不得继续行用，“行者有罪”。对辖区内犯罪不能及时发现，为“不胜任”；知情而不敢论处为“不廉”；处刑不当，失轻重为“失刑”；故意轻重

---

① 《秦简·法律答问》。

② 《史记·秦始皇本纪》。

人罪为“不直”；应罪不罪或故意开脱使犯人不够犯罪标准，为“纵囚”。凡此均视为“大罪”，要“致以律”。始皇三十四年（公元前214年）曾规定：

> 适治狱吏不直者，筑长城及南越地。[①]

在前述《秦简·语书》中规定：“凡良吏，明法律令”，“恶吏，不明法律令”。

执法官吏违法从重论处。此外，官吏断狱时，也可以“廷行事”即判案成例为依据。虽然条文上对执法官吏多所限制督责，但实际情况则多是“狱官主断，生杀自恣”[②]。

（六）监察制度

监察制度是中国传统政治体制中的一个重要环节。御史源于周时的史官，是为天子掌管文书档案的官员。由春秋、战国时期的“掌赞书而援法令”，进而负有某种非专任和经常的监察责任，并渐渐形成机构和一套制度。到汉代发展成古代中国特有的监察制度。从渊源关系上讲，秦代可说是古代监察制度的发端。原秦国时已有御史之职，行使监察职能发端于战国末期[③]。统一六国后秦代在中央设立御史府，以御史大夫为该府长官，掌监察，其位略次于丞相。有权监视百官，并随时向皇帝禀奏、进谏，参与机要。时人谓：秦始皇“专任狱吏，狱吏得亲幸”，专事告密的御史大夫当然最为皇帝宠信。

随着中央集权政治体制在全国的建立，为加强中央对地方、皇帝对百官的全面控制，给御史大夫以三公之位，加重其职权，对全国实行自上而下的监督考察，并向地方派出监御史，对地方实行监察。秦代监察制度虽属初创，尚不完善，但为汉代以后监察制度的进一步发展奠定了重要基础。

秦代，从始皇二十六年建立，到二世三年败亡，共历15年。在这短短的15年里，统治者任法专刑，以为天下统一，可以“意得欲从”而“臣畜天下”了，始皇末年更是“重以贪暴之吏，刑戮妄加”。加之征伐徭役，赋敛无度，使百姓发出“阿房、阿房，亡始皇”的怨怒之声。及至二世：

> 行督责益严，税民深者为明吏……杀人众者为忠臣。[④]

---

① 《史记·秦始皇本纪》。

② 《汉书·晁错传》。

③ 据《史记》，秦代已有御史之设，但详情尚待考证。如按官制发展上的“汉承秦制”这一公论来推断，秦代御史职官的设置，当是中央设御史大夫，下设御史中丞二人。负责执掌图籍兼纠察，并受命巡视政事和司法审判。

④ 《史记·秦始皇本纪》。

致使“刑者相伴于道，而死人日积于市”。终于导致“天下愁怨，溃而叛之”①。在陈胜、吴广的反叛带动下，迅速灭亡了。

对秦代法律的历史评价

（一）秦代法律在中国法律史上占有重要地位

其一，它是中国古代法制史上的一个重要里程碑。秦代是中国历史上第一个创立全国统一的君主专制的中央集权法律制度的王朝，制定并执行了全国统一的法律、法令、规章、制度。

其二，它对全国统一局面的形成和巩固、社会秩序的建立与稳定、经济基础的巩固与发展、生产的发展与社会的进步，都起到了积极的作用。它对以后法制的发展，承前启后，影响深远。

（二）秦代法律集中反映了新兴地主阶级专政和初建时期法律的特点

秦王朝专任刑法，把专制的政治、经济、文化统治推向了极端。《汉书·食货志》载：秦代各种赋税超过古代 20 倍，人民负担的力役超过古代 30 倍。秦代统治者“繁法酷刑”，造成“劓鼻盈累，断足盈车”，“赭衣塞路，囹圄成市”，使商鞅变法以来所形成的法律秩序遭到严重破坏，从而激化了矛盾，加速了秦王朝的崩溃，造成二世而亡的结局。

（三）秦代法律制度盛衰成败的历史具有研究思考、批判借鉴的价值

对秦代的法律特点，或可归纳为如下几点：一是秦律以法家思想理论为指导，但并不是和礼格格不入的；二是秦律条文繁杂，不系统，有些界限不清、重复甚至彼此矛盾；三是秦律要求各级官吏严格执法，如果说周代的“临事议制”，造就了一批善于思考和立法的司法官，秦的“事断于法”、“皆有法式”则培养了一批博闻强记、长于操作的执法工匠；四是秦律中的刑罚以残酷、繁苛而著称。

相关案例

古者天下散乱，莫能相一，是以诸侯并作，语皆道古以害今，饰虚言以乱实，人善其所私学，以非上所建立。今陛下并有天下，辨白黑而定一尊；而私学乃相与非法教之制，闻令下，即各以其私学议之，入则心非，出则巷议，非主以为名，

① 《汉书·刑法志》。

异趣以为高，率群下以造谤，如此不禁，则主势降乎上，党与成乎下，禁之便。臣请诸有文学诗书百家语者，蠲除去之。令到满三十日弗去，黥为城旦。所不去者，医药卜筮种树之书，若有欲学者，以吏为师。

（《史记·李斯列传》）

本章小结

秦代是中国历史上第一个君主专制的中央集权封建制度的王朝，制定并执行了全国统一的法律、法令、规章、制度。它对多民族统一国家的形成和巩固、社会秩序的建立与稳定、经济基础的巩固与发展、生产的发展与社会的进步，都起到了积极的作用。它对以后法制的发展影响深远。秦代法律集中反映了新兴地主阶级专政和初建时期法律的特点。

秦王朝专任刑法，把法家专制的政治、经济、文化理论在统治实践中推向了极端。《汉书·食货志》载：秦代统治者“繁法酷刑”，从而激化了各种社会矛盾，加速了秦王朝的崩溃，造成二世而亡的结局。秦代法律制度盛衰成败的历史具有研究思考、批判借鉴的价值。

关键概念

廷尉　　非公室告　　隶臣妾　　髡刑　　耐刑　　纵囚　　不直

思考题

1. 简述秦代法制指导思想与基本特色。
2. 简述秦代的刑罚制度与主要刑法原则。
3. 简述秦代的徒刑制度及其特点。
4. 简述秦律的“公室告”与“非公室告”。
5. 简述秦代的司法制度及其特点。

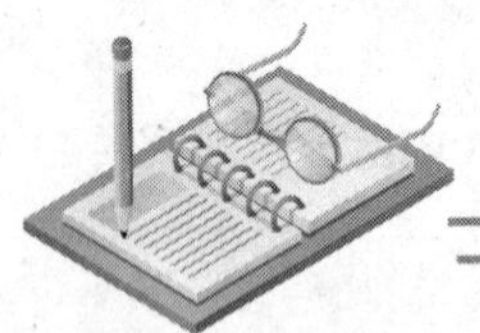

第五章

法律之儒家化——两汉的法律发展

[学习目标]

通过本章学习应了解在两汉相沿四百年中，中国传统立法无论在立法内容、立法技术以及法律形式各个方面都有明显的发展和进步。随着皇帝制度和中央集权体制的巩固，汉律有了进一步的发展。表现在政治和法律方面，法律指导思想由汉初的黄老“无为而治”思想向“独尊儒术”的转化，开启了传统法律儒家化的历史进程；在司法实践中的“春秋决狱”，使得汉律的儒家化进程更加深入，奠定了后世传统法律所遵行的理论基础。在具体的刑罚、罪名、法律适用原则和司法体制方面也为后世奠定了基础。上述内容均是应掌握的本章重点。

两汉四百多年间，传统法律文化自汉初便开始了儒家化的过程，其间从思想到体制虽几经反复，但法律儒家化的进程却始终如一。由汉初礼律混杂的60篇的汉律结构，到后期“春秋决狱”的广泛应用，无不表示着法律儒家化的不断深入。

第一节　两汉法律儒家化的历史成因

■ 思想意识形态的转变——秦亡与法家学说的衰落

说到秦汉，人们首先看到的就是汉承秦制，这是就体制上而言，如果细分

析起来，特别是在法制方面，则又有许多变化，尤其是对法制的指导思想方面秦汉之际可说是一个巨变的时代。

我们知道，在先秦诸子百家中，儒、法两家都提出了一套积极的治国方案。然而七国的兼并，秦始皇的统一使法家成了适时的利器，而荣登统治思想的宝座。但好景不长，随秦二世而亡，长于进取、却苛酷太露、难于守成的法家学说，从此永无居首之日。历史消除了儒学的一个强有力的竞争对手，给“难与进取，可与守成”，富于“仁义”说教的儒学，提供了一个绝好的机运。

自汉初儒生即开始要求统治者重视儒学。自汉以降，好商、韩之术者虽代有其人，但却大多羞于以法家自居，而改头换面打着儒家的招牌出现。这也为儒法合流（前者吸收与吞并后者）创造了条件。还要说明的是，因秦始皇信奉阴阳家的五德终始说，使当时不少儒生为取得合法地位，不惜与阴阳家合流，成为儒生兼方士，使儒学中渗入大量阴阳五行和天人感应的内容。

汉初得到官方扶植，讲天人感应、阴阳灾异的今文经学影响大于民间的古文经学，并在武帝后上升为官方哲学，其渊源即发端于秦始皇。此外，先秦儒家中儒法杂糅，“隆礼重法”的荀子，因其门生李斯为秦始皇重用，在其时加强了儒法合流的能力。致使后来成为统治思想的儒学，被视为“荀儒”，甚至有“汉代经师……皆出荀卿”的说法。

在先秦诸子百家中远非鹤立鸡群的儒学，能在西汉中后期登上统治思想的宝座，从某种意义上说，与秦始皇的功过是密切相关的。故而有人说是秦始皇开启了“独尊儒术”的大门。然而真正使儒学对中国古代传统法制发生切实影响的，却是在武帝以后的事了。

■ 法律儒家化的结构基础——两汉法律体系的形成

两汉相沿四百年中，中国传统立法也有了长足的进步，无论在立法内容、立法技术以及法律形式各个方面比前代都有明显的发展和进步。一般说来，汉代的主要立法集中在汉初高祖、吕后及文景之世，至中期武帝时立法更为全面。经过初、中期的全面立法，两汉法律制度的主要内容和风格均已形成，此间所制定的主要法律规范作为祖宗成宪在整个两汉四百余年中均被遵循。

（一）西汉初期的立法与黄老思想

1. “约法三章”与《九章律》

其一，约法三章。

这是汉高祖刘邦建立汉朝之前为争取民心而颁布的一项法令。高祖元年（公元前206年），刘邦占咸阳后，为争取民心，宣布“约法三章”：“父老苦秦苛法久矣”；“与父老约，法三章耳”：“杀人者死，伤人及盗抵罪[①]，余悉除去秦法”[②]。

在政治上这样做固然是为收取民心，在法制上无疑是开破旧立新之端。鉴于秦朝法网严密、刑罚残酷，公开宣布废除秦朝残酷法律制度，并确定当时具体的法律原则。

“约法三章”是在当时天下未定、民心未附的情况下所采取的政治性措施，其主要意义在于宣布废除秦朝苛法严刑。可以说“约法三章”是汉初法制的开端。

其二，《九章律》。

《九章律》是汉代法典的主要组成部分。史书上说：及至打败项羽，“天下既定”，“三章之法，不足以御奸”[③]。因此，在汉朝统治基本稳固之后，简单的约法三章明显不能适应管理国家调节整个社会的需要，汉初统治者即开始了全面的立法活动，其中最重要的即是相国萧何作《九章律》。史载：相国萧何“捃摭秦法，取其宜于时者，作律九章”[④]。

传统观点认为《九章律》是在吸收秦律的基础上斟酌损益而成的，以《法经》中盗、贼、囚、捕、杂、具六篇为基础，增加户、兴、厩三篇，合为九篇，故称为《九章律》。其中户律主要规定户籍、赋税及婚姻之事，兴律主要规定征发徭役、城防守备等事，厩律主要规定牛马畜牧和驿传之事。《九章律》构成了汉律的核心和基础，一般所说的汉律，通常即是指《九章律》。

《九章律》不仅是两汉基本法典，且对后世定律产生了深远影响。明代制律时，仍认为：

> 历代之律，皆以汉九章为宗。[⑤]

其三，《傍章》。

这是儒生叔孙通奉高祖之命制定的有关宫廷礼仪方面的法规。高祖刘邦即皇帝位以后，深感文臣武将缺乏应对礼仪，即命儒生叔孙通召集儒者依儒家的

---

① 东汉荀悦《汉纪》：“杀人者死，伤人者刑，及盗抵罪”。蔡枢衡训诂“及”，“极”也。《通俗篇》：“俗以手卑物他徙曰极”。“及盗”即“极盗”即盗窃既遂。抵借为骶，《集韵·荠韵》：“骶，臀也”，《广雅·释京》：“背谓之骶”。“抵罪”即骶罪，即笞背。秦与汉初笞刑恰是打脊背（参见蔡枢衡：《中国刑法史》）。

② 《汉书·高帝纪》。

③④ 《汉书·刑法志》。

⑤ 《明史·刑法志》。

礼仪制度作成《傍章》18篇，集中规定君臣朝请及宫廷各种礼制，作为对《九章律》的补充，与《九章律》并行。

在高祖时，除萧何作《九章律》、叔孙通制《傍章》外，还曾命“韩信申军法，张苍定章程”。至此，汉初的立法已是“规模宏远矣”。[①] 此外高祖时尚有“谳疑狱”，“郎中有罪耐以上请之”，《金布令》等诏令，合起来共有60篇之多。

惠帝、高后时期也曾进行一系列法律改革，其时司法实践中仍参用秦苛法。史称：

> 虽有约法三章，网漏吞舟之鱼，然其大群，尚有夷三族之令。[②]

到惠帝以降遂有“省法令防吏民者；除挟书律”，高祖皇后又有“除三族之罪”与废除秦代的《挟书律》、《诽谤妖言令》等举措，使汉初法制进一步完善。

2. 黄老思想的盛行

黄老学派是从先秦道家发展而来的，其基本主张是“清静无为”，即主张人在自然面前不应该有出于私欲的作为。在政治上，黄老学派认为为政者应该克制自己的欲望，尽可能少向老百姓索取。只有这样，才能收到“无为而无不为”的效果。刘邦虽然并不尚黄老及儒学，但他对政治形势的认识以及由此而采取的约法省刑措施，既反映了大动乱后需要“与民休息”的社会要求，也暗合了清静无为的黄老思想，使“无为而治”的黄老之学在汉初颇兴盛了一时。尽管他一向迷信武力，但陆贾的“居马上得之，宁可以马上治之”的话，使他深有所悟[③]。黄老之学得以在汉初成为一种统治思想，是与其时的历史条件分不开的：

其一，在政治上，由于秦末以来的连年战乱，汉初刘氏天下的根基很不稳固，社会大动荡的隐患依然存在。客观形势是司马迁所言：

> 百姓离秦之酷后，参与休息无为，故天下俱称其美矣。[④]

“老百姓所需要的就是统治者不要做什么事……在统治者无为的政治，老百

① 参见《汉书·刑法志》、《汉书·高帝纪》。

② 《汉书·刑法志》。

③ 《汉书·陆贾传》：“高帝不怿，有惭色，谓贾曰：‘试为我著秦所以失天下，吾所以得之者，及古成败之国’。贾凡著十二篇，每奏一篇，高帝未尝不称善，左右呼万岁，称其书曰《新语》。”

④ 《史记·曹相国世家》。

姓可以恢复生产，提高生活水平”[①]。

其二，在经济上，由于秦王朝的横征暴敛和长期的战争，汉初的社会经济受到极大的破坏，土地大面积荒芜，人口大量死亡，举国上下陷入极度贫困之中。同时，外部少数民族屡屡造成边患，也威胁着刚刚建立的刘氏政权。

其三，统治者主观的条件是：汉初统治者大都参加过秦末农民起义，亲眼目睹了秦帝国的迅速灭亡，深知秦朝败亡的根本原因。为了巩固汉王朝的统治，避免重蹈秦朝的覆辙，汉初统治者以秦“尚法而亡”为鉴，在思想上接受黄老学派的“无为而治”主张，采取各种措施缓和社会矛盾，以期使社会能迅速安定与发展。

其四，儒法特点是儒法两家最讲有为，作为一种意识形态的变革，从法家的“有为”到儒家的“有为”，其中需要一个过渡，而这一过渡遂表现为黄老的“无为”。汉初统治者不仅敌视“腐儒”且理论上多属“空白”，黄老之术与此接近，加之开国大臣等接受黄老，其后的文、景帝又不喜儒，都促成了黄老之学的发展。这种演变在儒法合流后，又有儒道互补，及至两晋佛学传入，形成的儒（与法家合流之儒）、道、释结合而成的官方哲学思想，成为左右以后千余年的统治意识形态。

其五，汉初立法，确立了基本格局，使以后诸帝谨守成法成为可能，遂有史书上说的“萧规曹随”。此一时期实际上是行消极的法家之学，或说是一种“外道内法”的策略。

有鉴于此，汉初统治者在当时的政治、经济条件下，在思想上接受了这种观点，在客观上采取“与民休息”的政策，如减轻徭役租赋、兴修水利、减缓刑罚等等，相对减轻了农民的负担，以便尽快修复战争创伤。这种“无为而治”的主张自高祖至文帝，直到景帝时一直是上层统治者的指导性思想。

3. 守成的文景时期

文景时代基本上是守成。史载惠帝与曹参的交谈可说明这一点：

> 参曰：“……高皇帝与萧何定天下，法令既明具，陛下垂拱，参等守职，遵而勿失，不亦可乎?”惠帝曰：“善”。[②]

当然在文景时期仍有如下几方面的法制变革：首先，是继续刘邦以来对秦苛法的废除，史载文帝时废收孥相坐律令及诽谤妖言之罪。其次，是改革刑罚，

① 冯友兰：《中国哲学史新编》（三），北京，人民出版社，1985。

② 《汉书·萧何曹参传》。

这是经常被提到的。最后，是更法以制诸侯。刘邦“欲王同姓以填天下”，封了许多郡国诸侯。景帝时：

> 以错为内史，……法令多所更定定，……请诸侯之罪过，削其支郡。[①]

以后又“更令三十章”，巩固了中央集权制度。

（二）文、景时期的法律变革与废肉刑

在中国古代刑罚发展史上，西汉文帝、景帝时期所进行的刑罚改革是一个极为重要的转折过渡。这次刑罚改革的完成，标志着早期刑罚体系向新的刑罚体系的重要转变。

1. 原因与背景

在汉文帝实施刑罚改革以前，汉代的刑罚制度按“汉承秦制”的原则，基本上承袭了秦朝的刑罚体制。而秦朝的刑罚制度，不仅方法残酷，体系也比较混乱，肉刑、徒刑常结合使用，刑种之间的轻重等差亦不是很严格、固定，因而从整体上看仍显得不够系统和严密。西汉初期由于政治上和经济上条件的限制，无法对继承而来的秦刑罚体系中的弊端进行改革。经过西汉初期一段时间的“休养生息”以后，汉朝的政治经济在文帝、景帝之际得到迅速发展，社会文明程度也大大提高，这就为刑罚改革提供了良好的社会条件。

2. 过程与内容

此次刑罚改革始于汉文帝十三年（公元前 167 年），直接起因于少女缇萦上书。缇萦之父有罪当处肉刑，缇萦上书皇帝，愿自纳为官婢以赎父刑。文帝知道后很有感触，即下令大臣拟定具体办法改革旧有的刑罚体制，主要内容是用徒、笞、死三刑取代黥、斩左趾、斩右趾等肉刑。将黥刑改为髡钳城旦舂，劓刑改为笞三百，斩左趾改为笞五百，斩右趾入于死刑，并相应确定徒刑的固定刑期。此次改革虽然以徒刑、笞刑取代了黥、劓、斩左趾等肉刑，但所定笞数太高，实际上经常杖人至死，故时人有“外有轻刑之名，内实杀人”之评。为此，景帝元年和中元六年两次下诏递减笞数，再行改革，将原来笞三百最终定为笞一百，笞五百改定为笞二百，并颁布“箠令”，确定笞刑的刑具、行刑方法等，限制笞杖规格及受笞部位，使“加笞与重罪无异，幸而不死，不可为人”的景况得以改变，“自是笞者得全”[②]。景帝时还曾规定：

① 《汉书·晁错传》。

② 《汉书·刑法志》。

“改磔曰弃市，勿复磔”①。

至此，西汉中期的刑罚改革始告完成。文景帝废肉刑虽不彻底，且有反复，但此举为笞、杖、徒、流、死新五刑体例的产生奠定了基础。

3. 局限与意义

西汉中期的刑罚改革的局限性在于并没有完全彻底地废除残酷的肉刑。如作为肉刑重要刑种之一的宫刑在此次改革中并未见到明确废除或予以取代的措施。同时，此次改革以后不久，斩右趾又复施行。但是，尽管此次刑罚改革有其局限性，其在中国刑罚发展史上所做的贡献依然是巨大的和明显的。自此次刑罚改革以后，作为早期刑罚体系主要特征的肉刑已不复作为刑罚的主体，残酷的肉刑方法在观念上也已不为人所接受。经过此次刑罚改革，封建制刑罚体系中的徒刑、笞杖刑已成为刑罚的主体，并不断走向完善，不断系统化。毫无疑问，西汉中期的刑罚改革，经过魏晋南北朝时期的发展与完善，为隋唐之际新五刑的最终确立奠定了最初的基础。

（三）西汉中期法律指导思想的变迁及其影响

从汉初法制主要表现的袭秦代“以法为主，专任刑罚”，经过西汉初期的黄老思想的浸润，至此过渡到“以儒为主，德刑并用”。这种转变可以分为两个时期，即西汉初年至汉武帝之间的70年中，黄老思想一直居统治地位，而辅之以儒法思想。到汉武帝以后，开始过渡到儒家的礼法并用上来。

经过几十年的休养生息，汉代的经济很快得以恢复和发展，到文帝、景帝时，出现了历史上颇为人们称道的“文景之治”的局面。文、景之际社会经济的高度发展，为汉武帝时实行“大一统”提供了雄厚的物质基础。

汉武帝时，汉王朝的社会情况已与汉初大不相同。为了实行真正的“大一统”的皇帝专制中央集权统治，武帝对内开始削平藩王，巩固皇帝和中央的权力，对外征伐四夷，扩大汉王朝统治范围。至此，黄老学派的“无为而治”已日益显得不合时宜，统治者需要一种符合“大一统”的理论来为现实政治服务。因此，武帝接受了董仲舒“罢黜百家、独尊儒术”的建议，把儒家学派的理论作为官方的政治理论和全社会的是非标准，从此开始了儒学独霸中国社会思想舞台的局面。

儒家原是春秋战国时期的一个学术派别，孔子光大其门庭。在如何治理国家的问题上，儒家继承和发展了西周时期的“以德配天”的学说，强调治理国家首先要靠统治者自身的“德”，通过礼义教化的方式让老百姓服从，刑罚只应是作

① 《汉书·景帝纪》。

为实现这种礼义教化的手段和工具。因此他们主张“德主刑辅”，“大德而小刑”。西汉中期以后儒家法律思想便逐渐取代了原存在于上层统治者思想中的黄老思想，而成为汉朝中期以后法制的指导思想。

儒家法律思想的基本点是“德土刑辅”、“礼法并用”。具体来说，就是要求以礼义教化和法律双重手段来治理国家，其中礼义教化是根本，刑法刑罚是辅助，刑法、刑罚应以礼义教化为标准，即以儒家所主张的一系列伦理道德规范为原则，这就是所谓“礼刑相为表里”，“出礼入刑”。“德主刑辅”、“礼法并用”作为西汉中期以后正统的法制指导思想，极大地影响了汉朝乃至整个中国古代法律制度。自儒家思想独霸政治舞台以后，中国各代统治者都以此为原则，把儒家的“亲亲”、“尊尊”等一系列精神原则和道德规范直接纳入法律条文之中，使中国古代法律逐渐儒家化，从而形成了中国古代法律中道德规范和法律规范融为一体的基本特色，儒家思想也就成为中华法系的灵魂。

（四）武帝以降的立法与“独尊儒术”

到武帝刘彻时，儒学生存发展的主客观条件均已成熟，刘彻年轻好胜，一改黄老之道，对讲究排场和繁文缛节的儒学感兴趣。即位之初便“置五经博士”大兴儒术。建元六年（公元前135年）崇尚黄老的窦太后一死，武帝更是无所顾忌：

> 黜黄老、刑名百家之言，延文学、儒者以百数，而公孙弘以治《春秋》为丞相、封侯，天下学士，靡然乡风矣。①

至元朔五年（公元前124年），在公孙弘倡议下又设“五经博士弟子”，至此儒家开始登上政治舞台。以董仲舒为代表的汉代儒生在继承先秦儒家基本理论的基础上，吸收阴阳五行等其他学派的思想精华，抛弃了儒家中原有的不利于君主独裁专制的内容，把先秦世俗儒学发展成为一种实用的政治理论。董仲舒即在汉武帝举行的贤良对策中向汉武帝提出：

> 诸不在六艺之科，孔子之术者，皆绝其道，勿使并进。②

此即所谓“独尊儒术”的政治主张。但此时尚黄老的旧臣仍有一定势力，有的大臣曾指责武帝“奈何欲效唐虞之治”③。加之武帝“是时，上方征讨四夷……

① 《汉书·儒林传》。

② 《汉书·董仲舒传》。

③ 《汉书·冯张汲郑传》。

不暇留意礼文之事"[①]。在一些问题上因有争议，甚或"尽罢诸儒弗用"[②]。尤其是当朝大臣中张汤、赵禹皆起自刀笔小吏，孔谨、咸阳、桑弘羊本系商贾，但却深得武帝重用，当时立法又多出自他们之手。由此观之，儒学此时对法律的影响并不很大。其时在法制上变化较大的有如下几点：

一是进一步维护皇帝权威。武帝即位以后，对内对外实行"大一统"的彻底的中央集权君主专制制度，在法律方面除继承汉初制定的基本法典以外，还命张汤定《越宫律》27篇，赵禹定《朝律》6篇。其中《越宫律》是关于宫廷警卫方面的专门法规。《朝律》也称《朝会律》，是关于朝贺制度的专门法规。《越宫律》与《朝律》成为武帝时期制定的重要法规。据史籍记载，张苍、赵禹所定之律皆"务在深文"，反映了西汉中期在新的形势下法律风格的变化。此外加重对"废格诏令"、"谮越"等罪行的处罚。

二是重刑镇压人民反抗。定"沈命法"、"见知故纵之法"；严"首匿罪"和"能行饮食罪"；并有钳制思想的"腹诽罪"。

三是打击地方诸侯割据势力。行"推恩"法；作"左官律"、"阿党附益之法"；定"非正"、"出界"、"酎金律"、"事国人过律"等罪名。使诸侯动辄得咎，轻者除国，重则杀头。严防藩国坐大，加强了大一统的皇权统治。

四是行禁榷制度，定盐铁官营之法，颁算缗、告缗之令。

武帝时期是自汉初又一次立法高峰[③]，至此，《九章律》、《傍章》、《越宫律》、《朝律》总计60篇，统称汉律。这些基本法规构成了汉代成文法的主要内容。其时史载："律令凡三百五十九章，大辟四百九条，千八百八十二事，死罪决事比万三千四百七十二事"，已是"文书盈于几阁，典者不能遍睹"[④]。构成了汉代法律极为庞杂的内容。

西汉初年及汉武帝时期的主要立法，构成了汉代法律规范的主体框架，此后直到东汉，法律大体上沿而未改。终汉之世这些基本立法都被各朝所遵循。随着社会情况的变迁，各朝在不改变这些基本法律的前提下，不断颁布各种单行法规和法令，使法律的内容越来越多，体系也越来越庞大。加上两汉时期不断积累增加各种判案成例即"决事比"，使法令繁多、体系庞杂成为汉代立法的显著特点。因此在汉武帝以后包括整个东汉时期各朝重要法制活动之一即是对各种法律法令进行削繁去简的工作，从而形成了汉代律令由简到繁、由繁到简的多

---

① 《汉书·礼乐志》。

② 《汉书·郊祀志上》。

③ 据《魏书·刑法志》载："孝武世以奸宄滋甚，增律五十余篇"。

④ 《汉书·刑法志》。

次起伏过程。

（五）西汉后期的立法与儒家伦理原则的法律化

西汉后期，自昭帝（公元前 86 年）以降，法律无大更张，统治者唯求宽平而已。宣帝受儒学影响，地节四年（公元前 69 年）颁有“首匿”诏称：

> 自今子首匿父母，妻匿夫，孙匿大父母，皆勿坐；其父母匿子，夫匿妻，大父母匿孙，罪殊死，皆上请，廷尉以闻。[①]

这是“亲亲得相首匿”的儒家学说在法律上的最初体现。此后于元康四年（公元前 62 年）还颁有“矜老诏”[②]。此时儒学在社会上已影响很大，民谚有“遗子黄金满赢，不如一经”[③] 的说法。其后的元帝、成帝也多次诏令省刑，但效果甚微，元帝（公元前 48—前 33 年）时仅“省刑罚七十余事”[④]。成帝（公元前 32—前 8 年）时已是“徒钩摭微细，毛举数事，以塞诏而已”[⑤]。

至平帝（公元 1—5 年）时，曾下诏限制株连范围。同时将汉初“郎中有罪耐以上请之”的律令，发展为“公、列侯嗣子有罪，耐以上先请”[⑥]，其他则无所大变。

如果说宣帝时，尚以为“汉家自有制度，奈何纯（任）德教，用周政乎!”以为“俗儒不达时宜”，而以儒法道杂用，以法为主，那么到元帝时已是：

> 征用儒生，委之以政。[⑦]

其时贡禹、薛广德、韦玄成、匡衡等名儒相继为相，公卿大臣多以“明经”得进，每议事莫不言《春秋》等儒家经典，而且“家世传业”的“经术世家”也已成为一股举足轻重的政治力量，自此以后儒学与仕宦结下了不解之缘。但因机缘不佳，自元帝以后在法制上多是删繁从简，所以上升为统治思想的儒学对汉代法制的主要影响除去司法方面的春秋决狱，当在东汉以后。

（六）东汉的立法

光武中兴建立东汉，史载：

---

①② 《汉书・宣帝纪》。

③ 《汉书・韦贤传》。

④ 《汉书・刑法志》。

⑤ 《汉书・成帝纪》。

⑥ 《汉书・平帝纪》。

⑦ 《汉书・元帝纪》。

至天下已定，务用安静，解王莽之繁密，还汉世之轻法。[①]

但实际上是“光武承王莽之余，颇以严猛为政，后代因之，遂成风化”。所以建武中（公元25年），桓谭曾建议：

校定科比，一其法度，班下郡国，蠲除故条。[②]

但光武帝并未采纳。这样到了章帝（公元76—87年）时，已是“宪令稍增，科条无限”了。为纠正比律间矛盾、讼狱难决的状况，司徒鲍昱曾奏定《辞讼比》七卷、《决事都目》八卷，以期“齐同法令，息遏人讼”[③]。和帝（公元89—105年）时采纳廷尉陈宠“宜隆先王之道，荡涤烦苛之法”的建议：

绝钻钻诸惨酷之科，解妖恶之禁，除文致之请谳五十余事，定著于令。[④]

此后又“钩校律令条法千九百八十九事”[⑤]。这是东汉时一次较大的法律修订。

两汉时期的最后一次修律是在献帝建安元年（公元196年）。因董卓之乱，“典宪焚燎，靡有孑遗”[⑥]。应劭删定旧律令成《汉仪》，史载他

撰具律本章句、尚书旧事、廷尉板令，决事比例，司徒都目，五曹诏书及春秋断狱，凡二百五十篇。……又集驳议三十篇，以类相从，凡八十二事。[⑦]

此外，经学大儒马融、郑玄等对律令的解释，也被天子诏令为具有法律效力的审判根据。所以终汉之世，虽自武帝以降，法律几经删减，但其繁密状况未能改变。在四百多年的立法活动中，基本上沿着由简到繁，由繁到简再回复到由简到繁这样的轨迹运行。所不同于秦代的是，儒学日益成为法制的指导思想。这在汉代礼、法混杂的形式和宗法伦理对法律影响的内容上以及司法中“春秋决狱”的盛行中，有充分的体现。

---

① 《后汉书·循吏传》。
② 《后汉书·桓谭传》。
③ 《后汉书·鲍昱传》。
④⑤ 《后汉书·陈宠传》。
⑥⑦ 《后汉书·应劭传》。

汉代的法律形式

1. 律

汉承秦制，仍以律作基本法律的表现形式。作为主要法典的《九章律》，即是远取《法经》六篇体例，近采秦律内容，增加《户》、《兴》、《厩》三篇而成的。其中《户》律是关于户口、赋税等方面的法律，《兴》律是关于征发徭役等方面的法律，《厩》律是关于车马、驿传等方面的法律。此外还有补《九章律》不足的《傍章律》（可能即叔孙通所著《礼仪十八篇》）和武帝时的《越宫律》（27 篇）、《朝律》（6 篇）。以上即所说的汉律 60 篇。据古籍记载，两汉还有《尉律》、《酎金律》、《上计律》、《左官律》、《大乐律》、《田律》、《田租税律》、《尚方律》、《除钱律》等。仅从律名看，汉律所调整的社会关系极为广泛，从中仍可略见秦代“皆有法式”的痕迹。其内容庞杂：“盗律有贼伤之例，贼律有盗章之文；兴律有上狱之法，厩律有逮捕之事，若此之比，错糅无常”①，仍缺少系统。这与去秦未远是不无关系的。

2. 令

进入汉代，令主要是律的一种补充形式。所谓“天子诏所增损，不在律上者为令”②。令一般是帝皇发布的法外文告。曾任廷尉的杜周说：

> 前主所是著为律，后主所是疏为令。③

令的内容比律更为庞杂，至宣帝时，不得不把令按时间顺序分类编成“令甲”、“令乙”、“令丙”等。见于史籍的汉令名有《功令》、《金布令》、《宫卫令》、《秩禄令》、《品令》、《祠令》、《祀令》、《斋令》、《公令》、《狱令》、《棰令》、《水令》、《田令》、《马复令》、《胎养令》、《任子令》、《缗钱令》、《廷尉挈令》等。汉代律令一般是不分的。二者内容上并无明确界限分工。有《田令》也有《田律》，《金布律》又叫《金布令》。而其“令甲”、“令乙”的编纂，也远非唐宋时“编令”、“编敕”严格。所以有“魏晋以后，律令之别始严，而汉则否”的说法。④

3. 比

“比”一般称“决事比”，又分为“决事比”（判例）和“辞讼比”（案例）。比源于“比附”，是指用来作为比照判案的典型判例。即律令无正条，比照近似律

---

① 《晋书·刑法志》。

② 《汉书·宣帝纪》。

③ 《汉书·酷吏传》。

④ 参见程树德：《九朝律考·汉律考·律名考》，北京，商务印书馆，1934。

令审判，并报请皇帝批准。汉代“决事比”是从秦朝的“廷行事”发展而来的。汉时曾规定：

若今律其有断事，皆依旧事断之；其无条，取比类以决定之。

因此两汉四百年中，“比”也是重要的法律渊源之一。如高祖时就有规定：

廷尉所不能决，谨具为奏，傅所当比律令以闻。①

武帝以后，比作为一种法律形式在司法中大量适用。史载：

奸猾巧法，转相比况，禁罔浸密。②

这是秦代所没有的现象。而且随着时间的推移，“比”的数量越积越多，仅武帝时的“死罪决事比”即有一万多件。适用判例比照断案虽然可以弥补法律法令之不足，但在客观上造成许多法律上的问题，成为汉朝中后期司法黑暗的重要原因之一。

此外还有章程、章句、故事、都目、诏书、春秋折狱、议等形式的法律内容和“沈命法”、“见知故纵法”等单行法规。

这里需要说明的是，汉代并无“科”这样一种法律形式。以往文章著作均将科作为汉代的法律形式之一是无史实依据的。据汉代和后世提及科的文字内容分析，科仅仅是法律条款的代称，所谓“科条”、“成科”等均是此意。科作为一种法律形式是魏晋的事了，但科在汉代并非一种法律形式。

■ 汉律儒家化的重大发展和特点

（一）礼律混杂

汉初的“礼法合流”是由于客观历史原因所致，与西汉末叶以降在德主刑辅这一明确的理论思想指导下的引礼入律是有所区别的。前者是一种“无意识”的结果，后者是“有意识”的成果。汉初的礼律混杂，表现在礼律同录藏于理官。叔孙通所制《礼仪》（《傍章律》）与赵禹所制《朝律》，均是关于“朝觐宗庙之仪，吉凶婚丧之典”。在包括这些内容的汉律60篇中，礼仪制度竟达24篇，几居半数。这种以礼为律，如程树德所言，是因为：

---

①② 《汉书·刑法志》。

汉沿秦制，顾其去古未远，礼与律之别犹不甚严。……后世以之入礼者，而汉时则多属律也。[①]

（二）儒道入法

汉初，礼、法是两张皮，不过是主观上视礼为法，真正将这两张皮合二而一的是西汉中后期在司法领域的春秋决狱。而儒道之说融入法律，仅仅是个别，但也毕竟开始结合了。

自武帝以后，以董仲舒为代表的“天人感应”的阴阳五行学说成为官方哲学，它笼罩统治汉代数百年，弥漫在几乎全部意识形态领域。儒学最初对法制的影响，正是以这样一个道、法、阴阳兼收并蓄的花脸形象呈现在礼、律混杂的汉代法制之中的。

（1）将阴阳学说、儒家学说及商周以来“君权神授”说糅合一起的“天人感应”理论是作为法律上维护君主专制的基础。据此法律为维护“受命之君，天意之所予”[②] 的绝对权威，遂设有一系列有关侵犯皇帝尊严的人身安全的罪名，如“不敬”、“大不敬”罪；矫制、废格罪；祝诅、巫蛊罪；盗宗庙陵园罪和腹诽罪。连被保护者本人——皇帝，有时都觉得仅仅因“触讳”被论如“大不敬”而“甚怜之”[③]。大不敬罪自创于汉代，后世帝王无不袭用。而“腹诽罪”较之秦代的焚书坑儒，实有过之而无不及。可见这些基于儒学礼仪推导出的罪名并不比专任刑罚的法家仁慈。

（2）以阴阳说论证“三纲”，并进而以三纲作为立法原则。董仲舒通过一番“君、父、夫为阳”，“臣、子、妻为阴”的阳尊阴卑论证，为“三纲”制造了理论根据，从而也论证了法律对三纲维护的合情合理与合乎“天意”。表现在法律上，就是对君权、父权、夫权的全面维护。对君权的维护已如前述。维护父权，集中反映在不孝罪。为“导民以孝”，汉代皇帝谥号均挂以孝字。对夫权的维护则突出地表现在“七出”[④] 的规定上。

（3）阴阳之道与德主刑辅。这是董仲舒对古代法制的又一贡献，即将“德主刑辅”与阴阳五行相连。以“天人感应”的阴阳学说作为“德主刑辅”的哲学基础，使之流传后世成为以后历代法制指导思想之一。在汉代则表现为《春秋》决狱。

---

① 《九朝律考·汉律考·律名考》。

② （汉）董仲舒：《春秋繁露》，北京，中华书局，1975。

③ 《汉书·宣帝纪》：“今百姓多上书触讳以犯罪者，朕甚怜之”。

④ 《大戴礼记·本命篇》：又称“七去”，“七弃”。一、“不事舅姑”，违背孝道；二、“无子”；三、“淫”；四、“妒”；五、“恶疾”；六、“多言”；七、“窃盗”。

（4）阴阳四时与秋冬行刑。将节气与刑罚相连，在儒家经典中由来已久[①]。经过董仲舒以“天人感应”阴阳五行说的论证，使其成为一项法制原则而流行后世。秋冬行刑的法律规定在汉代已相当严格。[②]

（三）伦理法制

（1）“德主刑辅”，这构成了伦理道德与汉代法制外在关系的理想模式。虽然西汉末叶以前儒学所倡导的以“三纲”为主的伦理道德尚未成为其时法制的指导思想，但德优于刑的关系已被统治者所接受。这一趋势在以后历代得到了迅速的发展，终于导致了中国古代法律实质上是伦理法这一结果。

（2）等级制度，构成了伦理道德对汉代法制的外在维护。这体现在法制上的就是官僚特权。如“上请”之制、“赎刑、减刑”之条，“任官之制”等等。

（3）宣扬“以孝治天下”。“孝道”成为汉代法制的内在精神之一。汉律中众多的不孝罪和对不孝的严刑惩罚也说明了此点。注重“孝道”的目的在维护统治。恰如孔子所言：“其为人也孝悌，而好犯上者鲜矣；不好犯上而好作乱者，未之有也”[③]。这便道破了“仁义”背后的真谛。

（4）家族主义。这表现在如下几方面：

首先是家长的特权与责任。所谓“欲治其国者，先齐其家”。以家长、族长作为社会组成细胞的首脑，这是对秦代“什伍连坐”制的改造与发展。为了“齐家”，就需要给予家长以足够的权力。这从“父”字的古义中也可略见一二。《说文解字》说：

> 父，矩也，家长率教者，从又举杖。

其中的“矩也”、“率教者”、“从又举杖”，都说明了家长对全家人的教导惩戒之意。另外，法律在许多责任追究上也唯家长是问，如匿户、逃税等，这也是在促使家长有效地“齐家”，对法律对国家负责。最初是一家一户既是生产单位又是生活单位的自然经济结构使然，最后则是由此产生的整个上层建筑和政治统治要求使其然了。

其次是亲属间的法律责任。这又分亲属相犯、亲属相隐和族刑与荫亲几方面。

---

① 《左传·襄公二十六年》：赏以春夏，刑以秋冬，《周礼》刑官为“秋官”。《大戴礼记》、《吕氏春秋》多有详述。

② 《汉书·酷吏列传》：王温舒抓获得罪犯，因已人春，竟顿足而叹“令冬月益展一月，足吾事矣”。这与商周天罚论乃一脉相承。

③ 《论语·学而》。

一是亲属相犯。依据伦常宗法关系，卑幼犯尊长，处刑重于常人，反之则轻。甚至子告父谋反，也不免杀身之祸，因为“告父不孝”[①]。此外汉律将亲属间不正当性行为视“禽兽行”予以严惩。即使以尊奸卑，处刑也较常人为重。如琅玡王刘泽之孙“与父康王姬奸，生子男一人，又夺弟妻为姬，并与子女三人奸”。结果：

> 诏下公卿，皆议曰：“定国禽兽行，乱人伦，逆天，当诛。”上许之。[②]

而依汉律，常人相奸仅处“耐为鬼薪”的三岁刑。

二是“亲属相隐”入律。这是汉律的首创。宣帝地节四年（公元前 66 年）诏书使武帝以来春秋决狱中盛行的“亲亲得相首匿”原则终于为法律确认。为倡孝，即为“齐家”而后“治国”，统治者不惜屈法伸情。“亲属相隐”与秦代“非公室告”的规定，其间有一条法律伦理化的原则贯穿着。但忠孝矛盾时，则要尽忠为首。所以屈法伸情是有条件的。如遇谋反、大逆等情形，上述原则便化为乌有。

三是族刑与荫亲。这是基于伦理要求，表现在法律上的一条原则，所谓“一损俱损，一荣俱荣”。族刑在汉代曾几度废兴，但终汉之世常有“夷三族”之事。而荫亲在汉代统治者手中又曾以“推恩”的方式，起到打击地方诸侯的作用。

第二节　两汉法律的内容特点

■ 行政法律的儒家化

（一）行政管理体制

汉代基本因袭了秦代的政治制度，但在新的形势下对于行政权的组织日臻完善。

1. 进一步确立皇权

汉代最高统治者继续沿用皇帝称号，为了发展集权统治，进一步把皇权神秘化、法律制度化。

首先，提出“君权神授”说，竭力宣扬“王者承天意以从事”[③]，天是支配一

① 《汉书·淮南衡山济北王传》载，武帝时，“太子雍坐告王父不孝，……弃市。”

② 《史记·荆燕世家》。

③ 《汉书·董仲舒传》。

切的主宰，而沟通天与人的中介正是帝王，因为皇帝是“天之子也”[①]，皇帝对臣民的统治完全是“天意之所予也”[②]。就这样给皇权披上了神的外衣，显示其神圣不可侵犯的合法性。为了把皇帝至尊至圣的地位法律化、制度化，遂规定：

> 汉天子正号曰皇帝，自称曰朕，臣民称之曰陛下。其言曰制诏、史官记事曰上。车马衣服器械百物曰乘舆，所在曰行在，所居曰禁中，后曰省中，印曰玺，所至曰幸，所进曰御。其命令一曰策书，二曰制书，三曰诏书，四曰戒书。[③]

皇帝在封建政权机构中处于至高无上的绝对权威的地位，国家没有任何代议性质的机构，国家立法、司法、行政大权均操于皇帝一人之手。

2. 中枢机关的变化

汉初，丞相、太尉和御史大夫仍为“三公”。丞相“掌丞天子，助理万机”[④]，权大位尊；太尉掌管军事；御史大夫是副相之职，掌管监察。丞相之下设九卿，即太常、光禄勋、卫尉、太仆、廷尉、宗正、大鸿胪、大司农、少府，并分管礼仪、宫廷守卫、皇室事务、司法、外交、财政、赋税等行政事务。以上的三公九卿构成中央重要的决策机关和行政管理机关。

西汉中期，汉武帝为了加强皇权，大大分散和削弱了相权。丞相改为大司徒，掌管民政、财政、教育；太尉改为大司马，仍掌管军事；御史大夫改为大司空，掌管土木营造。新的三公互不统属而总隶属于皇帝。九卿也由丞相一人统辖而改为三公分管。这一变化不仅是皇权膨胀的表征，同时，“分职授政，以考功效”[⑤]，便于发挥政权组织的统治效能，也是封建政权机构不断完善的标志。

随着专制集权制的发展，与国家行政机构抗衡的皇帝侍从机构开始参政，原来只在内廷掌管图书、秘籍、章奏的尚书，由于他们接触皇帝的机会多，又多是皇帝的心腹，于是皇帝渐渐委以处理军国大事的重任。这样不仅扩大了尚书的职权，而且扩充了组织。由尚书、中书、侍中等组成“中朝”，决策国家大事。随后建立尚书台，在主管尚书令之下设尚书仆射、尚书丞、尚书郎等职。东汉光武帝时，尚书台组织日趋庞大，增设常侍曹、二千石曹、户曹，三公曹、南主客曹、北主客曹等六曹，分管中央和地方的人事、社会治安、司法审判、外交和土木工程

①② （汉）董仲舒：《春秋繁露》。

③ （汉）蔡邕：《独断》卷一，长春，吉林大学出版社，1992。

④ 《汉书·百官公卿表上》。

⑤ 《汉书·朱博传》。

等；从此三公形同虚设，而尚书台却成了“出纳王命，敷奏万机”[①] 的主要行政机关。尚书台的建立是封建体制的一个重要发展，终汉之世宦官外戚借此秉政专权，后期政治日益腐败。

3. 地方制度的确立

(1) 从郡国并存到削藩。

有汉一代承秦败亡的教训，认为秦亡原因之一是外无同姓相助。刘邦遂于汉初广建同姓封国，形成了郡县制与封国制并存的局面。当时全国分为50郡，诸侯王的封地就占了39郡。封国各方面有很大独立性，形成地方割据，严重地影响着封建中央集权的统治。汉高祖刘邦从公元前202年开始，用了7年时间基本上翦除了异姓王势力。但刘邦错误地认为“孤立之败”是秦亡的教训之一，于是大封刘氏王。结果事与愿违，各诸侯王“乃益骄溢……诱天下亡人，谋作乱”[②]。刘邦希望构成的所谓“磐石之宗”终成泡影。文帝时把封国由大划小，削弱诸侯实力。景帝采纳晁错“削藩”的建议，削夺王国部分土地归中央管辖。“七国之乱”被平定以后，景帝再次削减了诸侯王的土地和权力，使诸侯仅食租税不得与政。公元前145年景帝改王国丞相为相，削减了王国官僚机构的编制，把王国的官吏任免和行政大权均收归中央。从此，王国和郡的地位几乎一致了。“削藩”尤以武帝时为烈。有严禁侯国交结、私任属官的“阿党附益之法”与“左官律”，有限制侯国财政的“酎金律”、“事国人过律”。在一系列严刑峻法下，诸侯们动辄得咎，惟恐受诛。加以“推恩令”的实行，武帝后藩国对中央的威胁已不复存在。

(2) 由郡县两级到州郡县三级。

西汉设郡县两级。郡是中央直属的地方机构，在所辖县内负责督促农业生产、征收徭役赋税、考核官吏、举荐人才，并负责本郡的司法镇压和组织军队。郡的行政长官为郡守，郡守全家除军赋外免除一切徭役，郡守可以任免所属官吏，并有一定杀人权。县的行政长官称令或长，设县丞掌管司法审判，设尉掌管军事。县以下设乡、里、亭。为了维护统治秩序，汉时建立了什伍编制的户籍制度。户籍不仅详细地登记着居民的年龄、性别、社会关系、土地财产等内容，而且对居民的身高、肤色等外部特征均有详细记载。户籍由官府掌管，每年核实一次。通过户籍制度，把广大农民牢牢地束缚在土地上。

东汉末年，州又成为一级地方行政组织，即形成州、郡、县三级制。

(二) 职官管理制度

两汉时期，对职官的选拔任免、考课奖惩和弹劾，逐渐形成一整套适应封建

---

① 《历代职官表》卷二，上海，上海古籍出版社，1980。

② 《史记·吴王刘濞列传》。

专制中央集权统治需要的职官管理制度。

1. 职官的选拔和任免

统治者为了解决官吏的来源，以“功之高下为先后之次”[①] 作为基本原则，把符合地主阶级要求的所谓德才兼备者看作是“治国之器”[②]，是“国之针药”[③]。这在当时形成了汉代选拔任用官吏以荐举和考试为主的基本方法。

汉初开始实行察举制度，由皇帝下诏责成中央和地方各级长官选贤举能，向朝廷推荐官吏叫“察举”；汉高祖刘邦在去世前一年曾下“求贤诏”布告天下：

> 贤士大夫有肯从我游者，吾能尊显之。[④]

这是汉代察举之始。惠帝和文帝时进一步规定，公卿郡守以及王侯，每年要向中央选荐“贤良方正”、“孝廉”和“直言极谏”之士。但选荐的范围较窄，中小地主被选荐的很少。武帝时规定，每年要在20万人中举荐一人，送中央准备录用，成为经常制度。下“议不举孝廉者罪诏”，强调：

> 进贤受上赏，蔽贤蒙显戮。[⑤]

同时下“求茂材异等诏”[⑥]，被选荐的范围扩大到有特别才干和奇异能力的人。当时规定，进贤要通过乡里地主阶级代表人物的评议，被选荐的“贤良”还要经过皇帝亲自“策试”即所谓“对策”、“射策”。汉代名臣董仲舒即以对策问官，何武以射策甲科为郎。总的讲，西汉举贤良较多，东汉以举孝廉为主。

除察举制度外，两汉录用官吏还有征辟、上书拜官、任子和荫袭、赀选等方式。

征辟是聘任士人为官的一种方法。皇帝直接聘任士人为官叫征召；大臣聘任士人为官叫辟召。《史记·酷吏列传》载，武帝发兵征大宛国曾“诏征豪吏”，而作过廷尉和御史大夫的张汤到中央任司法官吏，即是由“武安侯为丞相、征汤为史（相府长史）”的[⑦]。

---

① 《汉书·高后纪》。

② （汉）桓谭：《群书治要》，《四部丛刊》。

③ 《群书治要》。

④ 《汉书·高帝纪》。诏书具体规定了如下几点：被荐举的对象是年富力强的所谓智能之士；荐举的方法是由丞相传达到诸侯封国，由御史中丞传达到各郡守，知有贤能要劝他们到相国府登记准备录用；如果地方官吏发现人才没有呈报，要受到免职处分。

⑤⑥ 《汉书·武帝纪》。

⑦ 《史记·酷吏列传》。

上书拜官是一种个别现象。士人提出有利于加强统治的措施，上书皇帝，因得到赏识而得官，即所谓“公车上书”之制。

任子和荫袭是指二千石以上官吏，任满三年可保举一人为郎。文景时期有名的酷吏周阳由，就以“宗家（宗室）任为郎”[①]。名臣苏武、刘向均以荫袭为郎。

赀选制度是从武帝时开始的。统治阶级为了解决财政困难，“卖官鬻爵”，任子、荫袭和赀选为官，反映了封建选官制的阶级性、反动性和腐败性。

另外，从汉武帝时开始设“大学”。博士弟子学习儒家经典，每年考试一次，合格者可以做官。这是儒家思想成为封建正统思想在选官制度上的表现。

汉初选拔任用官吏曾有身份限制。规定商人子弟、入赘之婿以及因贪赃被免官者不得为官，宗室子弟不得任公位高官。《后汉书·章帝纪》载：

> 一人犯罪，禁至三属，莫得垂缨士宦王朝，如有贤才而没齿无用。

从章帝开始，各朝皇帝曾多次下诏，解除此禁，但终未奏效。另外，为国家荐举官吏如弄虚作假，情况不实，朋比为奸均要治罪。哀帝建平二年（公元前5年），嗣侯王勋“坐选举不以实，免”[②]。汉元帝竟宁元年（公元前33年），御史大夫张谭同样“坐选举不以实，免”[③]。《汉书》中记载，官吏因相互举荐被罢免甚至被杀头者不乏其例。尽管如此，由于封建社会的腐败，在选官过程中贿赂请托和以特权取得高官厚禄的情况是在所难免的。

两汉官吏的任期没有具体规定，从史籍记载看，任职有以下种种情况：有的被选中先不上任称为“待诏”。上任后要经过一定试用期称为“守”，一般要试守一年，称职者才能转称为“真”，发给全俸。在任职官任助理者称为“平”。有的位尊而行卑官之事，有的一身兼二职，有的以一官为主而兼任他职，称为“行”、“兼”、“领”。这反映了封建官僚机构初建尚未完备的特点。东汉时，为了防止官员朋比为奸，曾实行“三互法”，规定：

> 婚姻之家，及两州人士不得对相监临。[④]

汉时官位以薪俸多少分十六级，从万石一直到斗石。以爵位表示身份的尊卑，共分为二十一等爵。

---

① 《史记·酷吏列传》。
② 《汉书·外戚恩泽侯表》。
③ 《汉书·百官公卿表》。
④ 《后汉书·蔡邕传》。

汉代还规定了官吏的休假制度。汉高祖时就曾制定了所谓“宁告之科”。“告”分为“予告”和“赐告”。“予告”，是对有功之臣给予省亲的假期，即所谓“在官有功最，法所当得也”[①]。“赐告”，是对有病官吏令其归家养病，所谓“病满三月，当免”[②]。“赐告”也是皇帝罢免官吏的一种方法。如《汉书·卫绾传》载：“上废太子，诛栗卿之属，以绾为长者，不忍，乃赐绾告归。”

2. 职官的考课与奖惩

两汉时期对官吏政绩的考课是极为重视的。这是汉代统治阶级“尚贤”思想的具体表现。他们认为：

> 官长不考功，则吏怠傲而奸宄兴；帝王不考功，则直贤抑而口伪胜。[③]

对官吏的考核主要用“上计”的方式。汉有“上计律”，其内容可能是对官吏考课的具体规定。就现存史料看，所谓上计，即郡守每到年终，派上计掾和上计吏各一人，把本郡内农业生产状况、户口的增减、治安情况等写在计簿上，到中央向丞相（东汉时为司徒）汇报。有成绩的可以逐级迁升，称为“平升”，如政绩卓著可以越级迁升，称为“巨升”。对毫无成绩者，轻则申诫，重则罢黜。地方官吏为了怕考课不合格而被贬受罚，

> 则择便巧吏书，习于计簿能欺上府者，以为右职。[④]

就连皇帝也哀叹：

> 上计簿具文而已。务为欺谩，以避其课。[⑤]

官吏工作认真，所谓“积劳”也能得到升迁的褒奖。武帝时，“赵禹以刀笔吏积劳，稍迁为御史”[⑥]。宣帝时，颍川太守黄霸因“养视鳏寡，赡助贫穷”[⑦]而加官晋爵。另外，因为所谓“明达法令”而受奖升官的也不少。如薛宣“以明习文法诏补御史中丞”[⑧]。张汤也是因为精通法律、谙于司法而连连升官。

---

①② 《汉书·高帝纪》。

③ （东汉）王符：《潜夫论·考绩第七》。

④ 《汉书·贡禹传》。

⑤ 《汉书·宣帝纪》。

⑥ 《史记·酷吏列传》。

⑦ 《汉书·循吏传》。

⑧ 《汉书·薛宣传》。

官吏贪赃枉法，一旦被发现即处以严刑，据史籍记载，官吏软弱不称职也要被罢免，凡被贬黜的官吏其行动均受到严格的控制。《九朝律考》上录《汉书·苏不韦传》引汉法一条：

> 免罢守令，自非诏征，不得妄到京师。

（三）禁榷和抑商制度

1. 禁榷与“困”、“辱”商人

禁榷即封建专卖，这是“重农抑商”的结果。在农业社会，商业是社会中一股最不安定的因素，是引起一切变化，进而造成不满的根源。所以历代统治者在重农的同时，就是以各种手段来抑商，具体做法就是将盐铁等社会生活与生产必需品由官府垄断经营。这在汉代则表现在初步形成的禁榷法律之中。

汉初就颁有贬低商人、限制商贾的诏令，将商人置于半奴隶的社会地位，并以加重赋税的办法来打击商贾①。如《史记·平准书》载：

> （汉初）天下已平，高祖乃令贾人不得衣丝乘车，重租税，以困辱之。

司马迁的这段记载，用“困”、“辱”二字准确概括了汉代的抑商政策。自汉以后，历代王朝的抑商政策与立法主旨也不外“困”、“辱”两途。

（1）“困”商，即对商人实行经济打击。汉代用以“困”商的方式有三：

第一，官营禁榷。任何一种工商业，只要稍有利可图，就可能收归官营、禁止民营（禁榷）。汉武帝时，实行盐铁官营；为了维护国家“专利”，朝廷设定了严刑峻法打击敢与朝廷争利的商人。汉律规定：

> 敢私铸铁器、煮盐者，斩左趾，没入其器物。②

第二，重征商税。汉高祖对商人“重租税”以打击；武帝后，“缗钱令”、“告缗令”已是公开以官府名义掠夺商贾利益，使当时“商贾中家以上大率破产”③。用征重税和鼓励告发漏逃税的方式对商贾进行大抄家，“得民财物以亿计”，“于是商贾中家以上大率破”④。

汉代征收人头税，明定“贾人倍算”⑤（双倍征税）。自汉以后，历代王朝莫

① 李贽：《藏书》：“重征商税使无利自止”，《商君书》：“重关市之赋”，使“农恶商，商有疑惰之心”，使商“无裕利，则商怯，商怯则欲农”。参见《诸子集成》本，北京，中华书局，1954。

②③④ 《史记·平准书》。

⑤ 《汉书·惠帝纪》六年条，应劭注引汉律。

不重征商税，“寓禁于征”。与此同时的是限制商贾占田和土地兼并，并以加强对外贸易的垄断和货币管理，来控制国内商品市场和商业活动。在这方面有颇多建树的就是桑弘羊和他的盐铁专卖措施。

第三，不断改变币制。汉武帝时，“更钱造币以赡用，而摧浮淫并兼之徒”[①]。

两汉改币制达六次之多。其主要目的之一就是通过改变铸币的金属成分、重量、发行量来使货币贬值，以搜括民财（主要是商人之财）。为使三者切实有效，均以法律形式加以规范与贯彻。

（2）“辱”商，即对商贾进行政治上的打击。汉代通过立法实施“辱”商方式有三：

第一，直接视经商为犯罪，实行人身制裁。汉武帝“发七科谪”（遣七种罪犯戍边）中也有“贾人”一科。[②]

第二，“锢商贾不得宦为吏”[③]。这是历代最常见的抑商之法。汉初，“贾人不得名田为吏，犯者以律论”[④]；孝惠高后时虽“弛商贾之律”，“然市井子孙，犹不得仕宦为吏”[⑤]；文帝时“贾人赘婿及吏坐赃者，皆禁锢不得为吏”[⑥]。

第三，从服饰方面进行侮辱。汉高祖令贾人“不得衣丝乘车”，汉律明定：“贾人勿得衣锦绣，……乘骑马”[⑦]。

2. 古代“重农抑商”法律传统的经济政治成因

汉王朝刻意“以法律贱商人”[⑧]，其根本动因是朝廷之利害。利在重农抑商，害在弃农经商。在以小农经济为基础的中国传统社会里，私人工商业的发展害大于利。

仅就物质方面的利害而言，私人工商业对国家的危害有三：

一是与国家争夺“山海陂泽之利”[⑨]。二是与农业争夺劳动力资源，甚而使农田荒芜，威胁国本。古时，“用贫求富，农不如工，工不如商，刺绣文不如倚市门”[⑩]，“故民弃本逐末，耕者不能半，贫民虽赐之田，犹贱卖以贾”[⑪]。

---

① 《汉书·食货志》。
② 《汉书·开帝纪》。
③ 《汉书·贡禹传》。
④ 《汉书·哀帝纪》引汉初之律。
⑤ 《史记·平准书》。
⑥ 《汉书·贡禹传》。
⑦ 《汉书·高帝纪下》。
⑧ 《汉书·食货志》。
⑨ 李贽：《藏书·富国名臣总论》。
⑩ 《汉书·食货志上》。
⑪ 《汉书·贡禹传》。

道出了工商业对小农经济之威胁。中国古代以农业立国，农为国本。民众弃农经商，则农田荒芜、粮食短缺，一遇水旱灾荒或战争，则国家危亡。三是私人工商业发展易形成对朝廷构成威胁的“叛乱”势力。汉人桑弘羊云：

> 往者豪强大家，得管山海之利，采铁石鼓、煮盐，一家聚众或至千余人，大抵尽收流放人民也，远去乡里，弃坟墓，依倚大家，聚深山穷泽之中，成奸伪之业，遂朋党之权。①

此语指出了富商大贾对朝廷的威胁。汉时也的确如此，如代国陈豨叛乱，吴楚七国之乱，均有私人工商业势力支持参与。

基于以上三因，朝廷采取了严厉的“困”商政策：为反对富商大贾与国家争利，朝廷实行盐铁茶酒等官营政策，禁止民营；为反对商业争夺农业劳动力及对农业的威胁，朝廷采取了重征商税、改革币制等政策，目的是“重征商税使无利自止”②；“重关市之赋”，使“农恶商，商有疑惰之心”，使商“无裕利则商怯，商怯则欲农”③；为反对富商大贾聚众深山穷泽成为叛逆势力，朝廷直接设官设场进行盐铁酒茶等专营制造并垄断买卖。

3. 古代“重农抑商”法律传统的伦理成因

（1）商人或商业是危害君臣上下贵贱尊卑等级秩序的经常因素。

封建等级秩序要求的是“衣服有制、宫室有度、蓄产人徒有数，舟车甲器有禁”④。商业和商人势力是对这种静态秩序的一种天然破坏因素。汉时，“工虞商贾，为权利以成富，大者倾郡，中者倾县，下者倾乡里者，不可胜数”；“千金之家比一都之君，巨万者乃与王者同乐”，人称为“素者封”⑤。

这些靠财力而不是靠帝王诏命获得诸侯般地位享受的人，“馆舍布于州郡，田亩连于方国；身无半通青纶之命，而窃三辰龙章之服；不为编户一伍之长，而有千室名邑之役；荣乐过于封君，势力侔于守令”⑥。

这些工商业主“以财力相君长”⑦，严重地威胁着封建宗法专制秩序。工商业主因其出身多卑贱，有富无贵，故必竭力因其富厚之资僭越礼制，显示尊贵，使

---

① （汉）桓宽：《盐铁论·禁耕》。
② 《藏书·富国名臣总论》。
③ 《商君书·垦令》。
④ （汉）董仲舒：《春秋繁露·服制》，《汉魏丛书》本，长春，吉林大学出版社，1992。
⑤ 《史记·货殖列传》。
⑥ （东汉）仲长统：《昌言·理乱》，参见《后汉书·仲长统传》。
⑦ 《昌言·损益》。

封建等级制度堤防日益溃坏，“制度日侈，商贩之室，饰等王侯，……见车马不辨贵贱，视冠服不知尊卑”[①]。

富商大贾“荒淫越制，逾侈以相高，邑有人君之尊，里有公侯之富”[②]，此种情形，“伤化败俗，大乱之道也”[③]。

（2）商业和商人是对传统的“均平”伦理秩序的破坏因素。

孔子云：“有国有家者，不患寡而患不均，不患贫而患不安。盖均无贫、和无寡、安无倾”[④]。中国传统的社会生活秩序，就官民关系来讲，是贵贱尊卑等级秩序；就民众之间的秩序来讲，就是一种“均贫”或“均平”秩序。这是封建专制主义中央集权下的自给自足的小农经济所必需的和必然致成的秩序。这也是一种伦理秩序。私人工商业蕴藏着对这种“均平”秩序破坏的天然力量。如汉时：

> 富者木土被文锦，犬马余肉粟，而贫者短褐不完，含菽饮水。[⑤]
>
> 富者田连阡陌，贫者无立锥之地。……故贫民常衣牛马之衣，而食犬彘之食。[⑥]

这种贫富悬殊，当然不仅仅破坏了小民百姓的“生人之乐”，也破坏了朝廷之乐。朝廷之乐在于百姓“强弱相扶，小大相怀，尊卑相承，雁行相随”[⑦]，此即人伦之理。商业必然导致的两极分化，时刻威胁破坏着小农社会的均平的、宁静停滞的生活伦理。超过了最低生活需要的财富，自古至今，必然是一种天然具有凌驾、僭越、破坏平衡之力量的因素。

（3）在自给自足的自然经济状态下，商业是使社会风气荒淫奢侈的一种破坏性力量。

商业的活动，必然威胁这种伦理秩序。汉人崔寔说：

> 夫人之情，莫不乐于富贵荣华、美服丽饰……昼则思之，夜则梦焉，……不厚为之制度，则皆侯服王食，僭至尊，逾天制矣。是故先王之御世也，必明法度以闭民欲。

---

① 《宋书·周朗传》。
② 《汉书·食货志》上引董仲舒语。
③ 《汉书·货殖传》。
④ 《论语·季氏》。
⑤ 《汉书·货殖传》。
⑥ 《汉书·食货志》。
⑦ （汉）陆贾：《新语·至德》，《诸子集成》本，北京，中华书局，1954。

然而，商业活动在时刻开民欲，刺激物欲：

今使列肆卖侈功，高贾鬻僭服，百工作淫器，民见可欲，不能不买。……故王政一倾，普天率土，莫不奢僭。①

非独暴君污吏，小民百姓也常因商贾奇淫之货的刺激而丧失安贫素朴之性而贪求财货，使社会风气败坏。这种状况是统治者“示民以利”的恶果：

示民以利，则民俗薄。俗薄则背义而趋利，趋利则百姓交于道而接于市。……嗜欲众而民躁。

为防止此种状态，王者应该“崇本退末，以礼义防民欲”，“遏贪都之俗而醇至诚之风”。简言之，王者应“示民以义”、“教民以义”：

治人之道：防淫佚之原，广道德之端，抑末利（工商）而开仁义，毋示以利，然后教化可兴，而风俗可移。②

（4）商业使人奸诈，农业使人厚朴，故重农抑商即抑奸诈之俗，长厚朴之风。《盐铁论》云：

商则长诈，工则饰骂，内怀窥觎而心怍，是以薄夫欺而敦夫薄。③

基于以上四因，历朝采取了轻重不等的“辱”商政策。直接以经商为犯罪，固可阻吓商人，使人不敢效尤经商，但毕竟太过分，故汉以后未再有此举。禁止商贾宦仕为吏，禁止其子弟参加科举，这都是历代最为有效的“辱”商措施，直到清末才有缓解。经商虽可致富，但无途致贵，无途问津政治，无途光宗耀祖，这的确让商人心灰，如果让那些奸诈的商人封官晋爵，让其凭富厚衣丝帛服文绣，则上僭贵族（宗法血缘贵族）官僚之特权，使官贵无以显荣、无业可守，而且下蚀庶民百姓之美德，使百姓知商贾可以显荣、可以僭贵，则皆弃农经商，不务本

① （汉）崔萛：《政论》，《诸子集成》本，北京，中华书局，1954。
② 《盐铁论·本议》。
③ 《盐铁论·力耕》。

业，崇尚奢侈。如此，则礼义堤防荡然无存。只有采取种种措施使“农尊而商卑”、“农逸而商劳”、“农恶商”、“商怯”、“商疑情”[①]，作为国家基础的小农经济才能巩固。

■ 刑事法律的儒家化

两汉刑事法律全面维护以君主为核心的中央集权制度，重点打击危害皇权的行为。西汉时期以削弱以藩王为代表的地方势力为典型，东汉时期以维护社会安定，驰刑与释奴为特征。

（一）刑事律法对君主中央集权的维护

1. 维护皇帝安全与尊严的刑事法律

在汉代立法中，规定了一系列维护皇帝安全与尊严的罪名及相应的刑罚，如无籍入宫殿门、失阑、不卫宫、犯跸、矫制矫诏、废格诏令、大不敬、诽谤、非所宜言等，对这类犯罪行为一律处以极严厉的刑罚。

2. 限制打击藩王地方势力的特别法

由于汉初高祖刘邦大封同姓宗亲子弟为王，各地藩王逐渐尾大不掉，对皇帝与中央政府构成极大威胁。因此汉武帝前后曾制定了一系列单行法规，在政治、经济及礼制各方面限制、打击地方势力，以巩固皇帝与中央的权力地位。如《左官律》规定地方官吏只能由天子任命，诸侯王私置者为左官，命官者及受命者双方都要受严厉处罚。《阿党附益之法》则重点打击与诸侯王私相勾结者。《酎金律》严格规定了诸侯王向中央的贡赋，以削弱地方的经济实力。此外还有《事国人过律》等若干法规，都是旨在打击地方藩王，巩固中央集权君主专制的政治制度。

3. 严厉镇压政治反抗、强化官吏的镇压职能

“王者之政莫急于盗贼”，这是传统立法的基本原则之一。在汉朝，政治反抗行为也一直是法律和刑罚镇压的重点。从现存历史资料看，汉律中属于此类的罪名，如“谋反”、“盗贼”、“群盗”、“首匿”等，又如“通行饮食”罪是指为造反者提供饮食、传递情报、充当向导等行为。对于此类犯罪处刑都极为严厉，通常是处以死刑并连坐亲属。为加强这种镇压作用，汉武帝时还制定了“沈命法”和“见知故纵法”，加重国家官吏的责任。“沈命法”规定：

> 群盗起不发觉，发觉而捕弗满品者，二千石以下至小吏主者皆死。[②]

---

① 《商君书》。

② 《汉书·咸宣传》。

“见知故纵法”规定：

张汤、赵禹始作监临部主、见知故纵之例。其见知而故不举劾，各与同罪；失不举劾，各以赎论；其不见不知，不坐也。①

见知人犯法不举告为故纵，而所监临部主有罪并连坐也。②

4. 家国一体忠孝并重的刑法特点

表现在两汉的法律中，不仅“不孝罪”等伦理性罪名的范围不断扩大，而且处罚逐渐加重。按照儒家经典的要求：

亲亲父为首，尊尊君为首。

从这一基本原则出发，汉律把子对父不孝，臣对君不忠等行为，作为“大逆不道”的首等犯罪而给予严厉惩罚，从而使刑法更充分发挥其保护和贯彻“君为臣纲、父为子纲、夫为妻纲”的传统伦理纲常的作用。一些明显带有儒家色彩的观念如“父子相隐”等原则，也被直接演变成具体的法律制度。武帝以后司法领域中的“春秋决狱”，宣帝时的“亲亲得相首匿”诏即是明显的表现。

（二）东汉时期的驰刑与释奴

1. 光武帝的“驰刑诏书”

严格说以往讲“驰刑”不够准确。光武帝及以后诸帝并未颁布过专门的“驰刑诏书”，而只是在诏书中提及“驰刑”即减轻刑罚。而实际上的“驰刑”只是去刑徒“钳钛”③，以便其出征，劳役。这在西汉已有。如“西羌反，发三辅，中都官徒驰刑”④；又“时上已发三辅，太常徒驰刑”⑤ 等，这是出征的例子；至东汉则有“唯置驰刑徒二千余人分发屯田，修理坞屋”⑥，“令郡国驰刑输作军营”⑦，这是屯田、营造的例子；“永元三年（公元 92 年）至长安减驰刑徒从驾者刑五月”⑧，这是劳役之例。

① 《晋书·刑法志》。

② 颜师古注：《汉书·刑法志》。

③ 《后汉书·光武帝纪》注：“驰，解脱”。《汉书》孟康注：“驰刑徒，有赦讼，诏书去其钳钛、赭衣”。

④ 《汉书·宣帝纪》。

⑤ 《汉书·赵国传》。

⑥ 《资治通鉴》卷四十七，北京，中华书局，1956。

⑦⑧ 《东汉书·和帝纪》。

2. “释奴”与奴婢法律地位的提高

关于“释奴”，两汉律令多所规定。文帝元年（公元前179年）曾发布除收孥相坐律。文帝后四年（公元前160年）又诏令：

> 免官奴婢为庶人。[1]

哀帝时亦诏令：

> 官奴婢五十以上，免为庶人。[2]

东汉光武帝也多次诏令：沦为奴婢者皆免为民[3]。安帝也曾下诏除“没入官为奴婢者”的身份。这是自秦以降所未有的，反映了历史的进步。但也应看到，官私奴婢至清末仍有，法律中仍将他们“律比畜产”。

此外，即便是奴婢，其法律地位在汉律中也得到提高。汉律禁私杀奴婢。如武帝时赵缪王刘元，因“以刃贼杀奴婢”，“令能国乐（歌舞弹奏）奴婢从死，迫胁自杀者凡十六人”。结果本人虽死，仍以“暴虐不道”夺嗣，收国[4]。光武帝也诏令：

> 其杀奴婢，不得减罪。
> 敢炙灼奴婢，论如律，免所炙灼者为庶人。
> 除奴婢射伤人弃市律[5]。

这与秦律允许主人擅杀、刑伤奴婢，奴婢因“非公室告”无权控告主人相比，毕竟是历史的进步。这些法律也为后世所承用。

（三）两汉时期主要刑法适用原则——汉律儒家化的体现

两汉四百年中，中国传统法律无论在内容、形式、理论和制度上都有了更大的发展。特别是自西汉中期以后，由于儒家学说影响的加深，汉代逐渐在立法和司法领域中形成了一系列与秦代法制迥然不同的原则与制度。在刑罚适用原则方法，儒家“德主刑辅”、“礼法结合”思想的影响也极为明显。其中最有代表性的是“上请”制度的形成和“亲亲得相首匿”原则的确立。

---

① 《汉书·文帝纪》。
② 《汉书·哀帝纪》。
③ 参见《后汉书·光武帝纪》。
④ 《汉书·武帝纪》。
⑤ 《后汉书·光武帝纪》。

1. 上请制度

所谓"上请"，是指一定范围内官僚、贵族及其子孙犯罪，不交一般司法机关处理，而应奏请皇帝裁决的制度。这种上请制度正是儒家思想中"尊尊"原则的要求，也是"刑不上大夫"原则的具体体现。在汉朝，自汉高祖以下，平帝、宣帝以及东汉光武帝时都有有关上请制度的诏令，享受上请特权的范围也逐渐由汉初的郎中一级官吏扩大到东汉时几乎所有的官员。

2. 亲亲得相首匿

所谓亲亲得相首匿，是指汉朝法律所规定的有血缘或姻亲关系的亲属之间，有罪应相互包庇隐瞒，不得向官府告发，对于此类容隐行为，法律也不追究其刑事责任的制度。这种亲亲相首匿的制度是中国古代法律中因血缘关系而影响到定罪与量刑的最突出的反映，也是中国古代法的伦理特色的典型表现。亲属之间犯罪后相互包庇，是儒家的基本伦理要求之一。孔子即曾说：

> 子为父隐，父为子隐，直在其中矣。①

秦代深受法家法治主义及国家至上原则的影响，因而鼓励告奸。西汉中期以后，儒家思想开始冲破原有的樊篱而影响整个社会，亲属相互为隐的观念随之为当时社会所接受，正式成为一种法律观念。汉宣帝时正式下诏：

> 父子之亲，夫妇之道，天性也。虽有患祸犹蒙死而存之，诚爱结于心，仁厚之至也，岂能违之哉？选自今子首匿父母，妻匿夫，孙匿大父母，皆勿坐。其父母匿子，夫匿妻，大父母匿孙，罪殊死，皆上请廷尉以闻。②

自此以后，亲属相容隐即成为正式法律规范，在中国古代整整沿袭存在了两千余年。

总之，作为中国古代传统法律制度确立时期的基本标志的汉律，其特点在于开始把儒家所倡导的礼仪规范纳入法律法令之中，把儒家的经典条文化和法律化，把维护以"亲亲"、"尊尊"为核心的社会政治等级秩序作为自己的首要任务。在客观上，传统法律制度的一些基本原则和制度如"亲亲相隐"、上请等都已初步形成，十恶、八议制度也已开始萌芽。特别是汉朝中期以后逐步确立了儒家思想在立法和司法中的地位，对中国传统法律特别是刑事立法制度的发展产生了

---

① 《论语·子路》。

② 《汉书·宣帝纪》。

极为深远的影响。

■ 民事法律的儒家化

（一）保护国家和地主的经济利益

作为现实社会关系的反映，汉朝法律中维护传统经济关系、保护国家经济利益的内容也比以前更为丰富。从现存的历史资料看，两汉数百年间各朝统治者都或多或少地注意到了运用法律、法令手段调整国家经济问题，汉代法律中涉及所有权保护、债务、契约、借贷等财产关系的规范也逐渐丰富。特别是为适应中央集权专制制度的经济需要，从汉代开始即用法律手段保证国家的特殊经济利益。在两汉时期，有两种买卖法律关系受特别限制，一为盐铁，只能由国家专营；二为对外贸易，须得国家批准。盐铁官营能保证盐、铁经营的全部利润收归国家；而规定对外贸易须经国家批准，则既有经济原因，又有政治因素。

（二）维护传统家长制和社会等级关系

传统家长制和等级关系贯穿于整个社会结构之中。作为现实社会关系的反映，汉代法律也把维护、加强、巩固父权家长制以及社会等级制度作为自己的基本任务之一。在汉代法律中，既承袭了秦代以前法律中维护父权家长制及等级社会秩序的内容，同时又适应社会发展的需要，把儒家所主张的“亲亲”、“尊尊”的一系列伦理原则进一步纳入法律规范之中。特别是自西汉中期“罢黜百家、独尊儒术”以后，儒家思想成为汉朝立法、司法的指导准则，儒家学说中有关的家长制及等级秩序的若干规则通过各种途径上升为法律制度或法律原则。

（三）婚姻与继承律法

在婚姻关系中，家族祭祖续嗣的重要性远胜于婚姻关系中的当事人。因为婚姻的目的不过是“上以事宗庙，下以继后世也”①。所以前已论及的维护夫权的“七出”，其中除“窃盗”一出涉及个人外，其余均与家、族有关。个人利益服从家族利益，莫此为甚。但应说明一点，对广大老百姓来说，“七出”是不十分重要的，首先是经济原因，使他们“出”不起。尽管在实际生活中并不显得十分普遍，但作为一项统治思想中的原则，其在精神上的作用是不可低估的。

在继承上，仍是嫡长子继承，并以严“妻妾位”的法律来保证。然而这对百姓来讲不十分重要。在社会中下层，继承只是男性子嗣对财产的平均分配，其中也包括一部分女子获得家产的情况。当时的遗腹子，是与常人享有同等继承权的。②

---

① 《礼记·婚义》。

② 参见（汉）应劭：《风俗通》，《百子全书》，杭州，浙江人民出版社，1984。

■ 司法制度与春秋决狱——汉代司法领域的儒家化

（一）两汉的司法机关

汉代司法制度以秦代司法体制为基础，经过不断的积累与发展，在司法机构、诉讼制度各个方面都达到了一个新的水平。特别是西汉中期“罢黜百家、独尊儒术”以后，儒家的思想主张越来越深地渗透到司法领域之中，极大地影响着汉代的司法原则与司法制度，其中以“春秋决狱”、“录囚”制度等最为突出，对后世影响也最为深远。汉代的司法机构以秦代制度为基础并有所发展。

1. 中央司法机关

在中央，除皇帝总揽最高司法权以外，丞相、御史大夫、廷尉总理司法，其中廷尉作为中央九卿之一，全面负责全国法律、司法事务。中央廷尉（又称大理）是中央最高专职司法官吏[①]，同时也是中央最高司法机关。丞相作为行政长官，御史大夫作为监察长官，与中央其他高级官吏也经常参与司法审判，名曰“杂治”，即非专任之义。

2. 地方司法机关

汉代除末叶，在地方主要为郡、县两级司法机关。汉末州由监察区一变而成郡上一级行政单位，遂形成州、郡、县三级。此后，州、郡、县三级行政长官兼理司法审判，各自配有专职的司法属吏。如郡设“决曹掾”为专职司法官。两汉郡县司法权仍很大。《陔余丛考》记载：

> 汉郡县守令皆有专杀权。
> 刺史县令杀人不待奏。

只是疑重案才呈廷尉，或丞相大臣共议后由皇帝裁决。

（二）诉讼审判制度

1. 告诉及诉权的限制

诉讼形式主要是两种：分官吏纠举与当事人自告两类。汉代时告诉称“告劾”。汉承秦制，仍行鼓励“告奸”之制。律定：

> 其见知而故不举劾，各与同罪。[②]

但同时又对诉讼权加以一定限制：其一，规定按照司法审级逐级告诉，一般

① 景帝、哀帝时曾一度称大理。宣帝时增廷尉平。

② 《晋书·刑法志》。

不得越诉或直诉；其二，禁止卑幼控告尊长、奴婢控告主人。特别是汉宣帝直接规定“亲亲得相首匿”制度以后，亲属之间的诉讼权限制更为严格。

2. 刑讯与证据制度

在刑讯上，仍以口供为要，并在景帝时定有《箠令》。但终汉之世，司法实践中多奉行的是：

> 缓深故之罪，急纵出之诛。
>
> 深（从重论罪）者获功名，平者多后患。[①]

故治狱之吏，多以严苛著称。

对囚犯可罚立拷讯，这大概是梁陈时“测立法”的初制。特别是武帝之时，倡“论心定罪”，开春秋决狱之先河，司法黑暗。

> 奸吏因缘为市，所欲活则傅生议，所欲陷则予死比，议者咸冤伤之。[②]

《史记·酷吏列传》所记十人，九人出自武帝之时。从昭帝至平帝六代间，每年处死刑者平均千分之一。史载：

> 郡国被刑而死者岁以万数，天下狱二千余所。其冤死者多少相覆，狱不减一人。[③]

及至东汉滥用刑讯更为普遍：

> 不堪痛楚，死者太半……掠考五毒，肌肉消烂。[④]
>
> 体生虫蛆。[⑤]

其他如烧斧挟腋、大针刺指、以土窒口等苦不堪言的非法刑讯[⑥]，代有所载。

3. 上报、复审及录囚

在继承前代法律文化成果和长期经验积累的基础上，汉代也形成了比较完善

---

① 《晋书·刑法志》。

②③ 《汉书·刑法志》。

④ 《后汉书·陆续传》。

⑤ 《后汉书·缪肜传》。

⑥ 《东汉会要》卷三五：“大狱以来，掠考多酷，钻钻之属，惨苦无极”。

的审判制度。如在审判程序上有“读鞫”（宣读决书）和“乞鞫”（请求复审）的规定。有上报、复审及录囚的专门制度。

（1）上报。即地方司法机关判决的死刑案件和重大疑难案件，必须上报廷尉转呈皇帝批准，或交由高级官员慎重讨论。

（2）复审。即当事人如不服判决，可在法定时间内请求再审，也称“乞鞫”。“乞鞫”以三个月为限。不服判决逐级上诉，禁越级申诉。东汉顺帝时，有宁阳县主簿为其县令申冤，六七年不得审理，乃上书皇帝，结果几以大逆论死。像汉初文帝时的缇萦上书，真好比凤毛麟角。

（3）录囚。指皇帝或有关机关审录已决未决囚犯，检查审判是否合法、是否有差错，以便平反冤案、及时处理案件的制度。自汉朝开始，录囚即成为常制，作为封建国家“恤刑”的重要措施而代代相传。

（三）监察机关

随着汉朝中央集权专制制度的逐渐强化，汉朝的监察制度在承袭秦制的基础上也有了进一步的发展。在汉朝，监察制度逐渐形成中央与地方两大监察体系。汉代，原御史大夫的主管文书事，分由尚书令负责，而使其专职监察之权。其实际首脑为御史中丞，御史台的机构名称也开始出现，成为历史上第一个专门监察机构。

在中央，以御史大夫及御史中丞主管的御史台为最高监察机关，“内丞本朝之风化，外佐丞相统理天下”，总领百官，上下为监，并可奉诏参与审判。

纠举官吏犯罪，以御史大夫“典正法度，以职相参，总领百官，上下相监临”[①]。御史大夫甚至有权弹劾丞相，弹劾者和被弹劾者可以在皇帝面前据理争辩，弹劾的内容是否属实，要由皇帝裁决。这种监督权完全附属于皇权。

在地方，为强化对地方官吏的监察，秦时各郡常设的“监御史”改由丞相随时派出的“丞相史”行监察数郡之责。武帝时把全国分为十三个监察区，称州部，设刺史一名专事监察。刺史在御史中丞的领导下按武帝规定的“六条问事”行使监察权。监察的内容是：地方官吏是否田宅逾制，是否遵行诏令，是否执法公平，有无其他违法乱纪等；在京师地区则设司隶校尉以行此职。至此，萌芽于秦朝的监察体制至汉朝最终建立。在完善监察机构的同时，汉朝还明确规定了监察官员的职责。汉武帝时，还亲自手订“六条”，确定州部刺史的监察范围与职

① 《汉书·朱博传》。

责。依武帝手订“六条问事”[①] 行使职权。

其时，刺史已有“选第大吏，所荐位高至九卿，所恶立退”[②] 的大权。

司隶校尉的权势极大，他们是皇帝的耳目，受皇帝的倚重。在朝会时同尚书令、御史中丞一样，专席设座，称为“三独坐”。至东汉，监察机关地位日隆。御史台仅名义上归九卿之一的少府，实际上与尚书台、谒者台一样，独立行事，时称“三台”。

汉代监察机关的发展及对司法活动的参与和监督，强化了皇帝对司法大权的控制。这一制度的形成与完善有着积极意义。一方面由于监察机关的监督形成了对司法官吏的制约，有益于审判制度的完善；同时，监察官吏参与审判，可以在一定程度上纠正错案，保证审判质量。自汉朝以后，监察制度不断发展与完善，成为中国传统政治体制中不可分割的一部分。

（四）春秋决狱为代表的儒家思想对汉代司法的影响

所谓“春秋决狱”，是指汉代中期以后在司法实践中开始的、以儒家经典《春秋》中的原则与精神作为判案根据的司法活动，其时《诗》、《书》、《易》、《礼》也被用于司法，又称“经义决狱”。

《春秋》原是孔子编纂的鲁国编年史，记述了自周平王东迁以后鲁国以及其他周边诸侯国的史实。在这本史书中，孔子借叙述历史之机阐发了自己的各种政治、伦理及哲学观点。因此《春秋》遂被后世儒生奉为经典著作，书中的许多观点也被当做不可怀疑的教条而被代代遵循。

“春秋决狱”之风始于西汉中期以后，盛于武帝一朝，始作俑者为当时的经学大儒董仲舒等人。董仲舒撰有《春秋决事比》（以《春秋》决狱的案例）。其后的昭帝赞赏说：

> 公卿大臣，当用经术，明于大谊。[③]

春秋决狱是汉代司法制度中一个极为显著的特点。西汉中期，社会的发展给儒学的传播提供了良好的条件。但此时在立法领域儒家学说尚未占主导地位。主要是因为汉朝主要法典集中制定于汉初和武帝独尊儒术之前，其中秦朝法家的痕

---

① 《汉书·百官公卿表》载，地方官吏是否田宅逾制，是否遵行诏令，是否执法公平，有无其他违法乱纪等。

② 《汉书·朱博传》。

③ 《汉书·隽不疑传》。

迹非常明显。而这些基本法典作为祖宗成法又不可一日改变。因此以董仲舒为代表的汉代儒生们便开始以《春秋》中的“微言大义”作为判断罪之有无、罪之轻重的依据，由此开对中国传统法律影响极深的春秋决狱之风。后世的引经注律即肇端于此。

“春秋决狱”的核心在于“论心定罪”，即根据人的主观动机、意图、愿望来确定其是否有罪。具体标准是“志善而违于法者免，志恶而合于法者诛”[①]。古书记载：汉代上洛有盗墓者，虽救活墓主，但仍以其“意恶”，诏“论笞三百，不齿终身”[②]。“论心定罪”原则所强调的是主观“心”的好坏，而“心”好坏的标准又是儒家的伦理规则。“春秋决狱”作为汉朝中期以后盛行的一种特殊的审判方法，其基本特点在于以主观因素来确定罪之有无、刑之轻重。因此在司法实践中很容易把主观归罪推向极端。但实行“春秋决狱”在客观上折中了立法和社会现实需要的冲突，促进了儒家伦理道德观念与法律制度的进一步融为一体。经过长时期的春秋决狱活动，许多儒家的道德观念被直接赋予法律的含义，使中国传统法律的儒家化越来越深。

可以看出，儒学对汉代法律的影响，最初便是从司法开始的。春秋决狱所以兴盛于汉代，有如下因素：

一是春秋决狱所宣扬的“罪止其身”、“以功覆过”原则，利于缓和矛盾、稳定统治秩序。汉代族刑限于谋反等少数重罪，与此不无关系。

二是“论心定罪”，从中可随心所欲地解释文意深奥的经书，以便更好地为统治者服务。同时对法制上的不完备也是一种弥补。春秋决狱自汉中叶风靡一时，绵延七百余年，则是因为汉末至隋统一前，对软弱无力的君主来说，春秋决狱的儒学色彩不像法家一断于法那样强调“实力”。随儒法（指法律）合流和君权的强大，至隋唐，便影响日渐稀少了。

春秋决狱的主观随意特性，使本来就庞杂的汉律更为紊乱。近人章炳麟、刘师培曾有中肯的批判。章炳麟说：

> 引经附法，……上者得以重秘其术，使民难窥；下者得以因缘。[③]
> 悲夫，经之虺虿，法之秕稗也。[④]

刘师培说：

① 《盐铁论·刑德》。

② （宋）李昉：《太平御览·礼仪部三十八之一》，北京，中华书局，1960。

③ 这简直就是周代“轻重不在刑书”、“临事议制”的回光返照。

④ 章炳麟：《检论·原法》。

名曰引经决狱，实则便于酷吏之舞文。……掇类似之词，曲相符合，高下在心，便于舞文，吏民益巧，法律以歧，故酷吏由之，易于铸张人罪，以自济其私。[①]

（五）秋冬行刑原则

这是汉代司法另一个突出的表现。自汉以降被日益制度化，行刑的对象也日益集中为重案死刑案，到明清之际，更有缘此而生的秋审、朝审、热审之制。此外还有长行于后世的录囚与大赦制度。录囚始于武帝，当时规定刺史、郡守每年八月或秋冬按时进行，视为常职。东汉时明帝还曾亲下洛阳录诸监囚[②]。到唐代遂成“录囚”并形成制度。大赦作为皇恩浩荡的表示，自高祖时每逢节庆均大赦天下。这与秦代也有明显不同。

相关案例

甲父乙，与丙争言相斗。丙以佩刀刺乙，甲即以杖击丙，误伤乙。甲当何论？或曰：殴父也，当枭首。（仲舒）议曰：臣愚以为，父子至亲也，闻其斗，莫不有怵怅之心。扶伏而救之，非所以欲诟父也。春秋之义，许止父病，进药于其父而卒。君子原心，赦而不诛。甲非律所谓殴父也，不当坐。

（《太平御览·刑法部六之八》）

本章小结

两汉四百多年间，传统法律文化自汉初便开始了儒家化的过程，其间从思想到体制虽几经反复，但法律儒家化的进程却始终如一。由汉初礼律混杂的60篇的汉律结构，到后期“春秋决狱”的广泛应用，无不表示着法律儒家化的不断深入。其中的法律原则，如“亲亲得相首匿”、“秋冬行刑”等，均为后世法典内容所继承。可以说两汉最初形成了传统法律的理论结构。在司法制度方面也为后世奠定了基础。

---

① 刘师培：《儒学法学分歧论》。

② 《后汉书·寒郎传》。

关键概念

约法三章　九章律　左官律　汉代读鞫　首匿　上请　春秋决狱　录囚

思考题

1. 简述西汉前期法制指导思想的转变。
2. 简述汉初立法的主要内容及其特点。
3. 简述“约法三章”的主要内容。
4. 简述汉代文、景帝刑罚改革的原因、内容和意义。
5. 简述西汉法律的主要形式。
6. “亲亲得相首匿”原则的主要内容是什么？
7. 简述汉代春秋决狱的历史意义。
8. 简述两汉的中央司法机关。

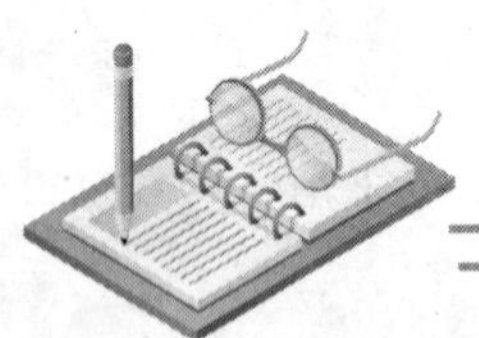

第六章

儒家思想的法律化——三国两晋南北朝时期的法律制度

［学习目标］

通过本章学习，应掌握在三国两晋南北朝这一政权交替频仍的时期，统治者为在对峙与兼并中生存发展，总结兴亡教训，表现在政治和法律方面，立法活动频繁，律学思想活跃，使法律制度有很大发展，特别是此时期法典结构与内容的变化，为隋、唐法律制度的完备奠定了基础。其中法典内容方面的“重罪十条”、“八议”、“官当”、“服制定罪”和死刑复奏制度及流刑分等制度；法典结构方面的《名例律》一篇的形成均是本章的重点内容。

东汉末年因黄巾起义导致各地军阀混战，汉家天下被魏、蜀、吴三家鼎足而分，史称三国。此后曹魏强大，灭刘蜀，但大权旁落于司马氏。司马炎夺魏平吴，使全国重归一统，史称“西晋”。十多年后爆发“八王之乱”，西北各族乘虚而入，灭西晋，残存政权南迁建康（南京），史称“东晋”。东晋末年权臣刘裕篡位建宋，此后又为齐、梁、陈取代，史称“南朝”。灭掉西晋的北方少数民族的一支拓跋氏创建北魏，以后分裂为东魏、西魏，不久分别被北齐、北周取代，史称“北朝”。在这种政权交替频仍的状况下，统治者为在对峙与兼并中求生存和发展，总结兴亡教训，在政治上多所改易。表现在法律方面，则是立法活动频繁，律学思想活跃，使法律制度有很大发展，为隋、唐法律制度的完备奠定了基础。

第一节 三国两晋南北朝时期法律制度的主要发展变化

三国两晋南北朝时期的立法概况

（一）三国时期的立法

蜀国定都成都后，着手制法。史载诸葛亮、法正、伊籍、刘巴、李严等人“共造蜀科”①。据《三国志·蜀书·诸葛亮传》，诸氏集篇目后有“法检”、“科令”、“军令”等篇，史称其科教严明，“刑政虽峻而无怨者，以其用心平而劝戒明也”。现除散见的部分军令外，蜀科及其他单行法规均已佚失难考。

吴国“律令多依汉制”②，立法活动主要有两次，一是于黄武五年（公元226年），陆逊上书“劝以施德缓刑，宽赋息调”。孙权“于是令有司尽写科条……令损益之”③。这是对科条的一次较全面修订。二是嘉禾三年（公元234年），孙权征新城，命孙登留守总理政务，“时年谷不丰，颇有盗贼，及表定科令”④。此外还有军令性质的“誓众之法”⑤，但也都失传。1996年在湖南长沙发现大量吴简，多达十几万支，简牍内容涉及政治、军事、经济、法律等各个方面，相信对这批简牍的整理研究，将极大促进对这一时期法律制度的研究。

魏国立法较蜀、吴卓有成效。“魏之初霸，术兼名法”，早在曹操被封魏王时，就针对汉律繁芜和不适于动乱年代的状况，而对汉律有所改易。但迫于汉臣名分，遂有“科”这一独立性的临时法律形式的出现，它颇似现代国际私法中准据法的用意。当时制定有“新科”和“甲子科”⑥。直到魏明帝时又着手制定新律。史载：太和三年（公元229年）诏令陈群、刘邵、韩逊等。

> “删约旧科，傍采汉律，定为魏法，制新律18篇”⑦。

此外，还颁定了《州郡令》、《尚书官令》、《军中令》等和《新律》共180多篇⑧，较东汉末年以来“律令紊乱，科比冗杂，章句歧义，览者艰难”的汉

---

① 《三国志·蜀书·伊籍传》：又称“汉科”，另见《册府元龟》卷六百一十。

② （元）马端临：《文献通考》，北京，中华书局，1986年影印本。

③ 《三国志·吴书·吴主传》。

④ 《三国志·吴书·孙登传》。

⑤ 《晋书·姚兴开记》。

⑥ “新科”见《三国志·魏书·何夔传》，“甲子科”见《晋书·刑法志》。

⑦⑧ 《晋书·刑法志》。

律，显得“文约而例通”，对晋律的制定有直接影响。

（二）两晋的立法

曹魏末年，晋王司马昭即命贾充、羊祜、杜预、裴楷等人以汉、魏律为基础，修订律令。历时四年，至晋武帝司马炎泰始三年（公元 267 年）完成。次年颁行全国。史称《晋律》或《泰始律》。该律又经张斐、杜预作注释，为武帝首肯“诏班天下”，与律文同具法律效力，故又称《晋律》为“张杜律”。这一形式成为以《唐律疏义》为代表的律疏并行的先河。《晋律》共 20 篇，620 条，27 657 字。同时颁行的还有《晋令》40 篇，2 306 条，98 643 字，此外还有《晋故事》30 卷，与律令并行。“式”作为一种法律形式也已出现。《晋律》为东晋、宋、齐沿用，至南朝梁武帝改律共承用达 235 年，是两晋、南北朝时期行世最久的一部法典，对后世立法影响深远，促进了封建法律和律学的发展。

（三）南朝的立法

宋、齐均沿用晋律。统治阶层崇尚玄学与佛学，蔑弃礼法，以清淡为高雅，以法理为俗务，优于词章，疏于律令。刘宋 50 多年未立新制，萧齐仅于武帝永明七年（公元 489 年）由王植、宋躬据《晋律》张、杜二注，抄撰同异，其旨在统一二注，成律文 20 卷，史称《永明律》，共 1 532 条，但终因意见不一，结果是“事未施行，其文殆灭”。梁武帝萧衍代齐，于天监元年（公元 502 年）诏蔡法度、沈约等人依照《永明律》修订《梁律》，次年成 20 篇，共 2 529 条。但与《晋律》相比，篇目次第依旧，仅名称有所改易，作了些删削辞句统一注释的工作，未超出晋律范围。同时还颁有《梁令》、《梁科》各 30 卷。梁季丧乱，陈霸先废梁敬帝萧方智，自立为帝。认为梁律“纲目滋繁”，“宪章遗紊”，诏尚书删定郎范泉等修订律令，撰成《陈律》、令、科各 30 卷，皆早失传。史载《陈律》“条流冗杂，纲目虽多，博而非要”，其“篇目条纲，轻重繁简，一用梁法”。因而陈律实质上仍是晋律的继续。

（四）北朝的立法

北魏首开北朝重视法典编纂之风。自太祖拓跋圭天兴元年（公元 398 年）命三公郎中王德定律令、“申禁”，到孝武帝太昌元年（公元 532 年）诏议改条格的百多年中，大大小小的立法活动见于记载的有九次，前八次均是修订《北魏律》，至孝文帝太和年间（公元 477—499 年）始告成，前后经历一个多世纪的改定，这大约是历史上修订最久的一部法律。以后虽续有纂修但变化不大。《北魏律》共 20 篇（今篇目可考者 25 篇），它的颁行，一改魏初“礼俗纯朴，刑禁疏简”，“临时决遣”的状况。因参与修律的崔浩、高允、游雅、袁翻等人均

是当时汉族中著名律学家，加之北魏历代君臣都重视法律[①]，使《北魏律》能“综合比较，取精用宏”，冶汉、魏、晋律于一炉，开北系诸律之先河。

东魏孝敬帝兴和三年（公元541年）命群臣议定新法。天平年间（公元534—538年）曾诏高澄与封述定新格，史载：

> 以格代科，于麟趾殿删定，名为《麟趾格》。[②]

西魏大统元年（公元535年）着手制定新法。十年（公元545年）命苏绰编定《大统式》[③]，“总为五卷，颁于天下”[④]。

公元550年，东魏权臣高洋自立为帝，改东魏为北齐。初沿用《麟趾格》，至武成帝河清三年（公元564年）在封述等人主持下，以《北魏律》为蓝本，校正古今，锐意创新，省并篇名，务存清约，编定成《北齐律》12篇，949条。以“法令明审，科条简要”著称。上承汉魏律之精神，下启隋唐律之先河，成为隋唐法典的蓝本。近人程树德说：“南北朝诸律，北优于南，而北朝尤以齐律为最”[⑤]。

西魏权臣宇文觉于公元557年废魏恭帝自立，改国号曰周，史称北周。初用制诏，至武帝保定三年（公元563年），命越肃、拓跋迪等撰定法律，仿《尚书·大诰》谓之《大律》，共25篇，1 537条，原文早佚。因《大律》仿《尚书》、《周礼》，杂采魏、晋诸律，使“今古杂糅，礼律凌乱”，不合时宜。《隋书·刑法志》说它：

> 大略滋章，条流苛密，比于齐法，烦而不要。

因此，隋虽承周立国，但在立法上却以《北齐律》为本。

■ 法典结构的变化与立法技术的进步

秦汉以来法律形式繁杂，彼此区别亦不严谨，法典体例也不尽科学，这些在魏、晋、南北朝时期先后都有所改进。其时律令已有别，科为格取代，式的

---

① 《魏书·刑罚志》载：孝文帝主持修订，多次诏群臣聚议，有异议“亲临决之”，并亲自下笔“润饰科旨，刊定轻重”。他认为律是礼的体现，应“齐之以法，示之以礼”。

② 《唐六典·刑部》卷六注，北京，中华书局，1992。

③ “以太祖前后所上二十四条及十二条新制”损益而成。

④ 《周书·文帝纪》。

⑤ 《九朝律考·后魏律考序》。

出现、比的沿用等成为变化的主要内容，特别是刑名法例的出现意义尤为深远。

（一）律的发展与法典结构的变化

这一时期律仍是法律（尤其是刑事法律）的主要形式。其变化较大的是律典的篇章体例和逻辑结构。

（1）魏《新律》对汉旧律的改革。其中主要有如下几项：

一是增加篇目。将刑事条款尽入于律，作为正典，所谓："律以正罪名"[①]。

针对汉律"一章之中或事过数十，事类虽同，轻重乖异"，篇章间"错糅无常"的庞杂状况加以损益调整。如汉《九章律·盗》律中有劫略、恐吓等项，皆非盗事，魏律遂增《劫略律》一篇；汉《贼》律有欺谩、矫制、诈伪等项，《囚》律有诈伪生死，《令丙》有诈自复免，事类众多，所以魏律增《诈律》一篇[②]。这样虽较《九章律》多了 9 篇[③]，但比之东汉末年，那种除汉律 60 篇外，令 300 余篇，法比 900 余卷，章句[④] 700 余万言的状况，仍可说是"文约而例通"了。基本解决了汉末"篇少则文荒，文荒则事寡，事寡则罪漏"的缺陷。

二是体例上的调整。汉《九章律》中《具》律在第六篇，《具》律类似现代刑法总则，放在中间很不恰当，故魏《新律》将其改称《刑名》列于律首。这一改动为以后的晋律、北齐律所肯定。《刑名》后又增《法例》一篇，北齐律则将二者合为《名例》一篇，此后相沿未改，直至于清。此外是对新增篇目与"故五篇"的统一调整，其中的《告劾》、《捕》、《系讯》、《断狱》四篇的先后排列顺序，正与当时的司法程序相吻合，不能不说是立法技术上进步的体现。魏《新律》成为三国时期具有代表性的法典，并成为晋律的直接渊源。

（2）晋律，又称《泰始律》，其设置更有进步，主要体现在以下两点：

一是严格区别律令界限，这是较魏律的重大进展。

二是篇章体例合理，分魏律《刑名》为《刑名》、《法例》两篇。所谓"刑名所以经略罪法之轻重，正加减之等差，明发众篇之多义，补其章条之不足，……名例齐其制"[⑤]。并因关津交往频繁，贸易活动发展，救火防火，分封侯王、郡国并行而增设《关市律》、《水火律》和《诸侯律》。《晋律》在魏律基

---

① （宋）李昉等：《太平御览·刑法部四之七》引杜预《注律序》，北京，中华书局，1982 年影印本。

② 此外尚吸收律外的傍章科令中的相关内容。

③ 魏《新律》十八篇，计：刑名、盗、劫略、贼、诈、毁亡、告劾、捕、系讯、请赇、断狱、杂、户、囚、兴擅、惊事、偿赃、免坐。其中盗、贼、捕、杂、户乃"故五篇"。

④ 章句：法律解释之谓。

⑤ 《晋书·刑法志》。

础上共分20篇，计：刑名、法例、盗律、贼律、诈伪、请赇、告劾、捕律、系讯、断狱、杂律、户律、擅兴、毁亡、卫宫、水火、厩律、关市、违制、诸侯。晋代律令将多达700余万字的汉末律讼，精减到约12.6万字，称得上是“蠲其苛秽，存其清约”。

晋律对魏律的改进，特别是张斐、杜预二人对律文的注释，促进了传统法制和律学的发展。

(3) 南北朝时期律的发展变化。

南北对峙后的东晋和宋、齐、梁三代均承用晋律，其间有《永明律》和篇目同于《晋律》的《梁律》，都无创见。《陈律》不过是《梁律》的翻版，故仍无出《晋律》之右。

继晋律之后有所进取的是北朝《北魏律》和《北齐律》。

《北魏律》共20篇，篇目可考者有刑名、法例、宫卫、违制、户律、厩牧、擅兴、贼律、盗律、斗律、系讯、诈伪、杂律、捕亡、断狱15篇。其中《捕亡律》似是《晋律》中《捕律》与《毁亡律》的合并，并从《晋律》的《系讯律》中分出《斗律》。

《北齐律》进一步改革体例，省并篇目确定12篇①。将《刑名》、《法例》合为一篇，称《名例》，冠于律首，增强了法典结构上的科学性。改宫卫为《禁卫律》，将原来宫迁警卫扩及到关禁。增加《违制律》，完善吏制的法律规定，以保证国家机器的正常运转。其他篇章也多有损益。史称：“法令明审，科条简要”。

(二) 令的发展与变化

这一时期，令和律一样，仍为法律的主要形式，但其内涵已开始有别于秦汉时代。汉时律令无严格区分，所谓：“前主所是著为律，后主所是疏为令”②，“天子诏所增损，不在律上者为令”③。

令实际上是律的补充形式。所以汉时有些单行律如《除钱律》、《除挟书律》也称《除钱令》、《除挟书令》等。魏时除律的编修外，也有令，但区分仍不明确。至晋始明确区分律、令。有所谓：“律以正罪名，令以存事制”④ 的说法。

律为固定性规范（主要是刑事法律），令是暂时性制度（主要规定国家制度），违令有罪者，依律定罪处刑。

---

① 十二篇计：名例、禁卫、婚户、擅兴、违制、诈伪、斗讼、贼盗、捕断、毁损、厩牧、杂律。

② 《汉书·杜周传》。

③ 《汉书·宣帝纪》注。

④ 《太平御览·刑法部四之七》引杜预《律序》。

（三）以格代科①

有人认为由稳定的法律形式——律，向变通的法律形式过渡的中心环节是格的确立。因此格的演变及意义，对我们深入理解中国历史上的法律形式与古代社会的关系将有深刻的意义。

据《唐六典·刑部》载：

> 后（东）魏以格代科。

由此可知格与科有相承关系，格是科的发展和延续。

法律上科的统治局面自汉末一直继续到魏明帝制定魏《新律》，将科按性质分列为律令才告结束。科本来从形式和内容上都带有变通的特性，在把其中有关刑罚部分抽出厘为律，其他则按类归纳为令之后，科的使命也就完成了。

魏科存在时间不长（作为一种法律形式），但其历史作用却不可低估。以科为形式以曹魏法治为内涵的新法制，使曹魏成为三国中最强的一支，在这里科的作用是不容否认的。科的制定本身也是对汉律进行重大改革的关键一步，亦直接为魏晋修订正式法典开辟了道路。此外魏科在当时的横向上，对蜀、吴也有影响。可以讲魏科是传统法制由不成熟走向成熟的重要一环。

至晋代，科未复见，法律形式仅有律、令、故事三种。东晋咸康二年（公

① 法制史学界以往认为科作为一种法律形式的出现始于汉代，以为科是将“比”分类编纂而成的，作为辅律之副法行用。但自20世纪50年代末以来，有文章批驳了上述观点，认为科作为一种法律形式始于三国时的曹魏政权，当时是作为“临时法典”，即主法行用的。具有独立性的临时法典——科的出现与制定，原因是多方面的。

首先是因汉的法律繁杂，“文书盈于几阁，典者不能遍睹”，使用起来已极感不便。四百年来积累的律文、判例、诸家释律之说，使修改也难以做到。

其次，汉代和平时期制定的法律无法应付三国时期的混乱状况。因此新的规定要有一新形式加以集中。新法带有重刑主义的特征，原已法定的某些事类，因战时秩序而修正得更为严厉；另外，和平时期需处罚而战时没有较大影响的犯罪，因已非惩罚重点，自不必科以原刑，以免干扰主要注意力，这正是所谓“依律论者，听得科半，使从半减也”等等规定的原因。

最后，科出现的最主要原因，除上述两点外，在于曹操一直是以汉臣汉相的身份主持政务，无论是修改汉律，还是将魏国律自称律令均有所顾忌。毕竟是藩国难改汉朝之制，名分上有碍，于是体现以曹操为首的统治集团意志的法律便只好以其他形式出现。既要给外界一种忠于虚设的汉朝廷的假象以免非议，又要自成体系，以示与汉代原有法律相区别，自不宜仍称律令，而恰好汉法中有“科谓事条”之称，将一些新的立法汇集一起正是事条汇编，科即由原含义升华为给此类汇编命名的法律形式。科的发达，使其成主要的统治工具，汉律的主导地位已被取代。汉律令中有效部分（适于时者）或为曹魏修改后纳入科，或为魏科所认可，以致当时出现“科法”、“科律”一类习语。这种在法律前冠以“科”字，绝非无意义的添加，而是曹魏法律结构的真实反映。科由此变得得心应手，大约也是曹丕受汉禅为帝后不急于修本朝律典的原因之一（参见张建国：《中国法系的形成与发达》（下篇），北京，北京大学出版社，1997）。

元 336 年）的壬辰之科[①]，其科字含义与汉（事条之谓），仅为一种代称而非法律形式。南朝时，作为法规的科再现，而其内容则与前不同，

> 梁易（晋）故事为梁科三十卷。[②]

南朝多沿晋法，晋以魏法为蓝本修订法律时重新分类："其常事品式章程，各还其府为故事"[③]。史载：

> 晋贾充等撰律令，兼删定当时制诏之条，为《故事》三十卷。[④]

似晋故事多属行政性规范，梁不过是把故事易名为科。陈袭梁律形式，有陈科 30 卷。

北魏以格代科。北魏初，科作为副法仍在行用。《魏书·太祖纪》卷二略云：

> [天兴元年（公元 398 年）] 十有一月辛亥，诏……三公郎中王德定律令，申科禁。

《魏书·刑罚志》也载：

> （太祖）约定科令，大崇简易。

后世以格代科，从其表面形式上推测有两个原因：一是格，科读音相近[⑤]，二者一清一浊，古音可以相通。二是格，科字意相近。《说文解字》中释科曰："程也，条也"，格亦有"条文"之意。《魏书·高宗纪》：

> [和平四年（公元 463 年）] 十有二月辛丑诏曰：……有司可为之条格，……著之于令。

此处言条格即条款之意。由于格科相近，晋时即有混用[⑥]。

---

① 《南史·羊玄保传》(以下关于科、格的论述转引自张建国：《中国法系的形成与发达》(下篇)。

② 《唐六典·刑部》。

③ 《晋书·刑法志》。

④ 《唐六典·刑部》。

⑤ 格，见母；科，溪母。

⑥ 《晋书·陈宠传》："初，赵王伦篡位，三王起义，制己亥格"。《南史·羊玄保传》记有"壬辰之科"。刘宋时羊希奏"依定格条上赀薄"，"停除咸康二年壬辰之科"等。

当然，科、格读音字意相近，只是以格代科的表面原因，更为主要的原因在于东魏是少数民族入主中原的王朝，其不像南朝一样直接承袭汉制，其对汉文化需要有一个接受、融合的过程。这一过程绝不会是单一的汉化过程，而是一个复杂的相互融合更新的过程。在这一过程中，既仿效汉制，又更新汉制，格即是这一过程的产物。

这一时期格的发展变化大致为三个阶段：

北魏中期前为第一阶段。此阶段格刚从科演变而来，在内容上与汉晋之科无大区别，作为补律令的副法行用。北魏后期至北齐初，是格演变的第二阶段。为应付动乱局面和阶级、民族、统治集团内部的各种日趋激化的矛盾，魏孝武帝太昌元年（公元532年）诏：

> 前主为律，后主为令，历世永久，实用滋章。
>
> 令执事之官，四品以上集于都省，取诸条格，议定一途，其不可施用者，当局停记，新定之格，勿与旧制相连，务在约通，无致冗滞。[①]

从此格取代律成其主要法律形式[②]。时隔不久，北魏分裂为东、西魏，与南梁三分天下，彼此吞并无暇顾及律令编纂，施法一直沿用北魏末期的格。东魏17年历史中（公元534—550年）无修订律令记载，至兴和三年（公元541年）十月，颁定了著名的《麟趾格》。此后北齐文宣帝时（公元550—559年）“议造齐律，积年不成”[③]，又重新刊定《麟趾格》，作为正刑定罪的规范，这一阶段，格成为当时的“通制”。

此时的格已有别于第一阶段。首先，此时修订律令的立法活动已停或不了了之，律已成虚设之文，格则作为主法而常有检修更定。《洛阳伽蓝记·景明寺》卷三中记：

> 法吏疑狱，薄领成山，仍敕（邢）子才与散骑常侍温子升撰麟趾新制十五篇，省府以之决疑，州郡用之治本。

《北史·封述传》中也载：

---

① 《魏书·出帝平阳五纪》。

② 《魏书·孝静帝纪》：“先是诏文襄王与群臣于麟趾阁议定新制，甲寅，班于天下”。陈仲安认为：麟趾格制定“始于魏”，“作为正式颁布的法律文书则到东魏才形成”。（参见《文史·麟趾格制定经过考》二十一辑）。

③ 《隋书·刑法志》。

天平中，……增损旧事，为麟趾新格。其名法科条皆述所删定。

其次，这一时期的格以尚书省诸曹名为篇目，开创了新的体例①。由于形势的特殊需要，格已由补律令的副法上升为代律令行事的主法，由“疑事”判例的编修变为正刑定罪的条文。

北齐中后期为第三阶段，政局相对稳定，格虽为“通制”，但在人们的传统观念中终非长久之计，律令才是人们所期待建立的正统制度。北齐初期司徒功曹张老就上疏，反对废律用格，他指出：“大齐受命已来，律令未改，非所以创制垂法，革人视听”②。

至武帝即位，河清三年成《齐律》，以格代律局面才告衰止③，格复退回副法地位，在律无正条情况下暂作定刑依据。《隋书·刑法志》记：“后平秦王高归彦谋反，须有约罪，律无正条，于是遂有《别条权格》，与律并行”。此处的权格与第一阶段的别格类似，均为补律令的副法（临制性的律外条目）。

就以后格与律令关系来说，隋代延续了北齐后期重律轻格的发展趋势，时人以为格令章程“颇伤烦碎”，“非简久之法”④。以后隋文帝划一制度时，“杂格严科并宜除削”⑤。隋唐后虽形成律令格式并行，但格的地位与作用远远不能与律令相比了。

（四）式的出现

式，最早见于秦，有《秦简·封诊式》，多属行政性法规。汉初有品式章程，西魏文帝时编定《大统式》，成为隋唐以后，律令格式四种基本法律形式之一“式”的先声。

此外，这一时期仍沿用汉以来用“比”和经义断案的传统。

综上可见，魏晋南北时期法律形式有较大变化。特别是律令有别，以格代科，成为隋唐以降律令格式并行的渊源。

■ 门阀世族特权的法律化

（一）确立维护贵族官员的特权制度——“八议”入律和“官当”出现

1. “八议”

“八议”是指对八种权贵人物，在他们犯罪以后在审判上给予特殊照顾，所

① 《魏书·窦瑗传》。
② 《隋书·刑法志》。
③ 参见《隋书·刑法志》、《册府元龟·刑法部》等。
④ 《北史·苏威传》。
⑤ （宋）王钦若等：《册府元龟·刑法部·定律令》，北京，中华书局，1960年影印本。

谓“大者必议，小者必赦”，官府不得专断。这八类人是：

“亲”（皇帝宗室亲戚）；“故”（皇帝故旧）；“贤”（朝廷认为有大德行的贤人君子）；“能”（政治、军事等方面有大才能者）；“功”（对国家有大功勋者）；“贵”（有一定级别的官爵者）；“勤”（为国家服务卓著有大勤劳者）；“宾”（前朝皇帝及后裔）。

“八议”之说源于《周礼·八辟》。周有“刑不上大夫”，汉有“先请”之制[①]，但未必已成完整体系。曹魏总结前代经验，制定魏律时，成为封建法典主要内容之一。“八议”的入律，使贵族官僚地主享有特权，凌驾于一般法律制裁之上，为统治阶级中不法分子破坏法律大开方便之门。东晋成帝时，庐陵太守羊聃为非作歹，滥施刑杀，一次错杀无辜190人，“有司奏聃罪当死”，但因景献皇后是他祖姑，属“议亲”之列，竟免处死[②]。南梁武帝时，“王侯子弟皆长而骄蹇不法”，“或白日杀人于都街，劫贼亡命，咸于王家自匿”[③]。

晋时傅玄就曾指出：“八议”是“纵封豕于境内，放长蛇于左右”[④]。

2. 官当

《晋律》在沿用“八议”同时，规定“除名比三岁刑”，“免比三岁刑”[⑤]。虽不能确定晋代以“除名”、“免”抵罪，但这种相比的做法，实为以后“官当”之制的滥觞。三国两晋南北朝时期，多行“九品中正制”，朝廷用人以家世门第为标准，为保证世族地主在国家政权中的地位，进一步扩大官僚的律上特权，“官当”制度遂应运而生，继晋之后的梁，在官身犯，只处罚金[⑥]。《北魏律·法例》规定：公、侯、伯、子、男五等爵，每等抵三年徒刑。官品从第五品起一阶当刑二年；免官者，三年后照原官阶降一级叙用[⑦]。《陈律》则正式使用“官当”一词，规定品官犯罪判五年、四年徒刑的，准用官职抵二年刑，余刑居作外，属公罪过误，可处罚金；判二年徒刑的，可用赎刑[⑧]。及至隋、唐“官当”制日臻完备。明、清始为加强官吏控制而被取消。但“罚俸”、“降级”仍可为特权使用。

（二）九品中正制与任官考绩制度

曹操曾经提出过“唯才是举”的口号，只要有才能的，都可选拔为官。他选择各地声望高的人士出任“中正官”，将当地之士按才能分成九等，由政府按

① 汉代曾有人（应劭）提议援用“八辟”，但未被确认。

② 《隋书·刑法志》，后来其甥琅琊太妃山氏请命，免其死刑。

③ 《隋书·刑法志》。

④ （宋）李昉等：《太平御览·刑法部十八之九》。

⑤ （宋）李昉等《太平御览·刑法部十七之一～二》引杜预《律序》。

⑥ 《隋书·刑法志》。

⑦ 《魏书·刑罚志》。

⑧ 《隋书·刑法志》。

等选任官吏。这是后来实行“九品中正制”的萌芽。

1. 九品中正制

九品官人之法是魏文帝黄初元年（公元220年）采纳尚书陈群的建议而定的。规定郡设小中正官，州设大中正官，中正官的职责是依照家世、才能、德行将辖区内的士人分成上上、上中、上下，中上、中中、中下，下上、下中、下下九等；由小中正将品评结果申报大中正，再经大中正申报司徒，最后由中央按品第高下任官。

九品中正制创始于魏，沿用至宋、齐、梁、陈各代。这一制度的实行，巩固了大土地所有制基础上形成起来的士族制度，保障了士族垄断政治统治权的特殊地位。由于“九品”之分标准不确定，仅凭中正官的主观臆断，再加上请托、权势、裙带关系等等影响，不但造成了“上品无寒门，下品无世族”，使士族与庶族相隔天壤，矛盾愈益加深，且弊端丛生，贿赂公行，加速了士族、官员的腐化。

2. 任官考绩制度

除九品中正制外，这一时期值得一提的任官、考绩制度方面还有以下几点：

其一，魏明帝时，曾令散骑常侍刘劭作“都官考课之法七十二条”，考核百官之政绩，但未施行。

其二，晋代明令规定：

> 不经宰县，不得入为台郎。①

这是在选任方面，重视基层官吏作用的表现。

其三，北魏孝明帝时，武人退役争相为官，吏部尚书崔亮创制《停年格》，规定以停解日月为断，依年资深浅而定选用的顺序。

（三）确认和保护贵族官员按等级占田的特权

法律在确认豪门士族经济特权的同时，又极力保护封建国家的经济利益。它成为皇族地主与豪门士族相互依赖和妥协的产物。

1. 颁布“占田令”或“均田令”，确认土地等级占有制

曹魏时，曾颁布“赐公卿以下租、牛、客户各有差”的法令，西晋进一步制定了按官品占田、占客、荫亲属的法规——“品官占田荫客令”和“占田令”②。

---

① 《通典·职官》。

② “品官占田荫客令”颁于太康元年（公元280年）。主要内容是：一品官占田50顷，占佃客15户，按品级逐级减少，至九品官占田10顷，占佃客1户。此外可依官品高低，荫庇限定亲属，高者可荫“九族”，低者亦可荫三世；不在官府任职之士族地主，均可依门第高低享受荫庇特权，受荫庇的私属佃客不在官府立籍，不向国家纳税服役。从法律上确认豪门士族从国家总户口中割取一部分为私属，从国家总赋税中割取一部分为私租。

与“品官占田荫客令”同时颁行的“占田令”规定：男子占田70亩，女子30亩；丁男课田50亩，丁女20亩；次丁男课田25亩。所谓“占田”是农民可占土地数的额定指标，而“课田”则是应负田租的土地数。

北魏以降，因长期战乱，人口逃亡，土地荒芜，留居农民亦不堪沉重租调徭役，多荫附士族豪门。针对这一状况，太和九年（公元485年）颁《均田令》：15岁以上男子授露田（植谷物）40亩，女20亩；男授桑田（植树）20亩，女5亩，产麻区男授麻田10亩。桑田“皆为世业，终身不还”；露田所有权归官府，授者年老免役或死时，归还朝廷，并规定奴婢与良人一样授田；四岁以上耕牛每头授露田30亩，以4头牛为限。

北魏后的历代也颁有类似的均田令。

2. 施行租调法令，保障封建国家的财政收入

颁布均田令目的在保护门阀士族经济特权，把农民束缚于土地，强制其垦荒，以保障国家财政收入和徭役来源。所以在颁布均田令同时还要推行租调法令。租调法亦始于曹魏，204年颁“户调制”规定：计亩征租，按户收调，每亩粟4升，户纳绢2匹、绵2斤，余皆不擅兴。

西晋太康元年颁“户调之式”。据《初学记·宝器部》引《晋故事》：50亩收租4斛，即每亩8升。除田租外，还定农户缴纳户调，丁男为户主的每年交绢3匹，绵3斤；户主是妇女或次丁男，则折半缴纳。

北魏颁《均田令》次年颁“租调法”，规定一对夫妇年纳租粟2石，调帛1匹。北齐、北周推行的租调法也大致如此。

这一时期因士族豪门大量兼并土地，占有劳力，使官府直接控制的农户减少，损害了赋税徭役来源。为此朝廷颁均田令、行租调法，一方面将被兼并的民田、招募的佃户、荫庇的免役人口等予以法律承认和保护；另一方面为维持官府租调徭役来源，对官僚、士族上述特权从数量上略加限制。对普通农户则定有占田数额和相应的租调数，为了“督农归田”，“寓劝于课”，以保证国家财政来源。

（四）维护尊卑良贱等级关系的婚姻制度

当时是士族豪门操纵国家政权，封建尊卑良贱等级森严，反映在婚姻关系上，则是所谓士庶、良贱不婚。法律保护尊卑士庶良贱的不平等社会关系和士族占有部曲、奴婢的特权。如杀继母同生母，处死。殴兄姊处徒刑五年。

在婚姻方面特别重视门第家世，为不使家族系统被外族冒认，续有家谱，由官府掌握。高门世族孩子出世就有官职。士庶良贱通婚，被视为“失类”，受讥评或奏弹和法律制裁。如南朝梁士族王源嫁女与富阳满氏，被御史中丞沈约

奏弹：

惟利是求，玷辱流辈，莫斯为甚。

请以见事免源所居官，禁锢终身，辄下禁止，视事如故。[①]

又如权重一时的河南王侯景，曾对梁武帝说要请婚于王、谢之家，武帝因侯景门第不高，明确回答："王、谢门高非偶，可于朱、张以下求之"[②]。

此外，这一时期纳妾被认为合法。晋令规定可依官品纳妾一至四人。实际上绝不止此数。

在继承上严别嫡庶，唯嫡子有继承权，庶子一般没有。尤其北朝，庶子更受歧视。凡此种种都在于维护士族的团结，并以此达到巩固统治的目的。

（五）关于买卖、借贷等法律规范的增多

汉代以来买卖关系成立，一般要订立"券书"（即契约），由买卖双方各执其一，"讼则按券以正之"[③]。到晋代，规定买卖田宅牛马，必须订立"文券"，写明买卖成交的价值，官府按成交总额百分之四"契税"，卖方负三分买方负一分。买卖它物则可不立文券，但依上例"契税"，叫做"散估"。此制为南朝沿用。这固然是有增加财政收入之利，但客观上也对买卖关系加以法律确认。如生纠纷，官府依"契税"单据（"文券"上有纳税之红色印章，称红契）为据进行裁决。

有关借贷，官府常以强力助放贷者收回本利。如《北齐书·循吏苏琼传》记：

济州沙门统，资产巨富，在郡多有出息（放债取息）常得郡县为征。

贪官污吏往往与富户勾结，催逼无力纳赋税者借高利贷，北魏文成帝时（公元461年）针对此弊曾诏令：

自顷每因发调，逼民假贷，大商富贾，要射时利，旬日之间增赢十倍，上下通同，分以润屋。……为政之弊莫过于此，其一切禁绝，犯者十匹以上皆死。[④]

---

① （梁）萧统：《文选》卷四十，沈休文："奏弹王源"。

② 《南史·侯景传》。

③ 《周礼·秋官·士师》注，《十三经注疏》，北京，中华书局，1980。

④ 《魏书·高宗纪》。

第二节　魏晋律学与刑罚制度的发展变化

■ 律学的发展与法律解释的规范化

（一）律学对传统法律发展的影响

两汉引经注律，律学因与政治伦理结合而日兴。但经学的发展，一方面导致其专门索隐发微的章句之学，流于烦琐迂腐，日近绝路，另一方面东汉以来的阴阳谶纬等神学思想，经桓谭、王充等人从哲学上的批判已无甚作用。“名教”出于“自然”说（非董仲舒的“天意”说）的“玄学”抬头，并对法学理论有一定影响。加之汉初尚黄老之术，道学在思想意识领域的潜在影响，导致这一时期名辩之术和《易》学的盛行。这多种因素使律学在魏晋之时，开始从伦理政治的束缚中解脱出来，研究的对象也不再仅仅是对古代法律的起源、本质与作用的一般论述，而是侧重于律典的体例、篇章逻辑结构和概念，以及定罪量刑等具体问题的研究。如改汉《九章律》第四篇《具》律为《刑名》“冠于律首”。又如张斐在《律注要略》一书中对《晋律》20个名词的解释[①]，特别是他对确定犯罪性质、区分犯罪情节的15个名词的解释，多为后世法律所遵奉。其中对“故”、“失”、“过失”的解释，比之今天刑法典对故意和两种过失的说明，也是大同小异。这一时期的律学成果逐渐为传统律法所吸收，《北魏律》的“累犯加重”，“共犯以造意为首”就是例证。

杜预在《律解》的上奏中说：

> 法者，盖绳墨之断例，非穷理尽性之书也。[②]

这使律学亦成为注释之学，加之东晋以降官方注释的确立，私家言论大受限制，从而使律学研究走向衰微，法理学意义上的探讨大大落后于对律文的注释，结果是律学也回到了训诂之类的老路，像张斐这样的律学家也渐次消失了。除了注释章句的律学内容得以发展外，律学中“学”的内容已近衰竭。然而律学仍不失其在中国法律史中的重要地位。《唐律疏议》这部集古代中国传统法典之大成的法典，对东南亚各国均有影响，无论就刑名概念的解释，还是法律适

① 他所解释的20个名词中，罪名五：谩、诈、不敬、不道、恶逆；其余是：戏、斗、贼、盗、强、略、故、失、过失、戕、造意、谋、率、群、赃。

② 《晋书·杜预传》。

用原则的确定；无论是其语言特色及注释风格，还是其内容的周密与完整等等，很难说未曾受到律学的浸润。不妨这样讲，没有汉魏律学的发展，唐律及其疏议有如此卓著之成就是不可能的。

（二）法律解释的规范化

随着传统法律和律学的发展，这一时期的法律解释也趋于规范化，对后世立法、司法和法制的统一有着深远影响。有代表性的如晋代张斐、杜预对《泰始律》的解释，对法律概念的科学化与规范化做出了较大贡献。特别是张斐对一些法律名词的说明，如："故意"是"知而犯之谓之故意"；"过失"是"不意误犯谓之过失"；"谋"指"二人对议"；"群"是指三人以上；"赃"是以图利为目的；"戏"重在双方相和斗；"斗"着重在双方争执；"诈"是以背信为要件；"率"指力能指挥众人；"强"是以不和为原则；"造意"重在首先倡议，等等。对晋律中一些相类易混的罪名也作了解释。如"以威势得财"的犯罪，"不求自与为受求"，"所监求而后取为盗贼"①，"敛人财物积藏于官为擅赋"，"将中有恶言为恐"。此外对刑名类别也作了简明解释。如"意善功恶，以金赎之"，"律制生罪不过十四等，死刑不过三，……刑等不过一岁，金等不过四两"，便是对前述晋律刑罚体制通俗明白的概括。

"重罪十条"的由来及其内容和影响

为加强镇压危害封建专制统治和违反伦理纲常的行为，"重罪十条"正式入律，始于北齐。此"重罪十条"即后世法典中之"十恶"。即将直接危害国家根本利益的最严重的十种犯罪置于律首。这十条是：

> 一曰反逆，二曰大逆，三曰叛，四曰降，五曰恶逆，六曰不道，七曰不敬，八曰不孝，九曰不义，十曰内乱。其犯此十者不在八议论赎之限。②

汉代已有"不道"、"不孝"等罪名，所谓：

> 汉制九章虽并湮没，其不道不敬之目见存。③

其他如"作上"、"犯上"、"大不敬"、"大逆"、"降叛"、"禽兽行"等罪名，

① 《晋书·刑法志》载："无变斩击谓之贼，……取非其物谓之盗"。

② 《隋书·刑法志》。

③ 《唐律疏议》，北京，中华书局，1983。

早见于秦汉以来律令之中。魏律规定：

> 夫五刑之罪，莫大于不孝。①

晋律有不孝罪弃市。北魏律、南朝宋律皆严惩不孝罪。北齐则将此罪列入“重罪十条”，虽属八议，亦不减免。晋律沿之，张斐上《律表》解释：

> 亏礼废节，谓之不敬。
> 逆节绝理，谓之不道。

由此可见，此时的概念仍较笼统，不像后世明确。

南北朝时，进一步罗列罪名，《北魏律》规定：

> 大逆不道腰斩，诛其同籍，年十四以下腐刑，女子设县官。

且将“害其亲者”视为大逆之重者，处圜刑；将“为蛊毒者”视为不道，“男女皆斩，而焚其家”②。南梁律则规定：

> 其谋反、大逆以上，皆斩；父子同产男无少长，皆弃市；母妻姊妹及应坐弃市者，妻子女妾同补奚官为奴婢；赀财没官。③

《北齐律》所定“重罪十条”，则从更广泛的意义上予以概括，包罗了封建宗法制度的各个方面，进一步把礼法结合起来，强化了对君权、父权、夫权的维护。隋唐律在此基础上发展为“十恶”定制，并为宋、元、明、清历代所承袭。

■ 服制定罪与留养制度

依服制定罪是《晋律》首创，目的在“峻礼教之防”。它是指亲属间的犯罪，据五等丧服所规定的亲等来定罪量刑。尊长杀伤卑幼，关系愈近则定罪愈轻，反之加重，但有些犯罪，如卑幼盗窃尊长财物，则恰恰相反。这是自汉以

---

① 《三国志·魏书·少帝纪三》。

② 《魏书·刑罚志》。

③ 《隋书·刑法志》。

来礼法合流的又一体现。以后历代律典均相沿用，明代更将丧服图列于律首。

留养，亦称“存留养亲”，指犯人直系尊亲属年老应侍而家无成丁，死罪非十恶，允许上请，流刑可免发遣，徒刑可缓期，将人犯留下以照料老人，老人去世后再实际执行。《北魏律·名例》规定：“诸犯死罪，若祖父母，父母年七十已上，无成人子孙，旁无期亲者，具状上请，流者鞭笞，留养其亲，终则从流，不在原赦之例”[①]。

这是中国古代法律家族化、伦常化的具体体现。这一内容亦为后代法律承袭。

■ 五刑制度的形成与废除宫刑和流刑地位的固定

（一）北齐刑罚制度的完善与五刑体例的形成

魏《新律》将法定刑分为死、髡、完、作、赎、罚金、杂抵罪[②]等数种，并减轻某些刑罚，如废除投书弃市，限制从坐范围，禁诬告和私自复仇等。

晋律定刑为五种，计：死、髡、赎、杂抵罪和罚金，死刑有三，分别是枭首、腰斩、弃市；髡刑有四，分别是髡钳五岁刑，笞二百；和四、三、二岁刑；赎罪有五（适用于非恶意的犯罪），分别是赎死缴金二斤，赎五、四、三、二岁刑则依次缴金一斤十二两、一斤八两、一斤四两和一斤；杂抵罪和罚金也各有五等。

《北魏律》定刑为六种，计：死、流、宫、徒、鞭、杖。《北齐律》承其后，最终确立死、流、徒、鞭、杖五刑，为隋唐以后死、流、徒、杖、笞的刑罚体系奠定了基础。

总括这一时期历代刑罚变革，总的趋势是逐渐宽缓，主要体现在下述几方面的内容之中。

（二）免除宫刑

自汉文帝改革刑罚以来，宫刑兴废无常。北魏、东魏时仍有施用宫刑记载。西魏文帝大统十三年（公元547年）诏：

> 自今应宫刑者，直没官，勿刑。[③]

北齐后主天流五年（公元569年）亦诏令：

---

① 《魏书·刑罚志》。

② 指以夺爵、除名、免官来抵罪的总称。

③ 《北史·西魏文帝纪》。

应宫刑者，普免刑为官口。[①]

从此宫刑不复作为一种法定刑。

（三）缘坐范围的变化

缘坐指一人犯罪而株连亲属，使之连带受刑的制度，又称“从坐”、“随坐”，秦汉以来有此类规定。尤其妇女因父亲犯族刑，要从坐受戮；而夫家犯族刑亦须“随姓之戮”，使妇女“一人之身，内外受辟”。直至曹魏高贵乡公时才有改革。《新律》颁布后，又据程咸上议，修改律令，规定：在室之女从父母之诛，已嫁之妇，从夫家之罚[②]，开缘坐不及出嫁女之先例。后世多循此制。《新律》对缘坐范围也有缩小，律定：

大逆无道，腰斩，家属从坐，不及祖父母、孙。

以后的《梁律》则进一步缩小范围，规定：谋反、降叛、大逆等罪虽缘坐妇人，但“母妻姊妹及应从坐弃市者，妻子女妾同补奚官为奴婢”。创从坐妇女免处死刑的先例。梁武帝大同元年（公元546年）诏：

自今犯罪，非大逆，父母、祖父母勿坐。

但《陈律》又“复父母缘坐之刑”[③]。《北魏律》缘坐范围广泛，至孝文帝时方有缩小。延兴四年（公元475年）下诏：

非大逆干纪者，皆止其身。

然而法律上尽管有缩小的规定，而司法实践中却往往有扩大的趋势。

（四）定流刑为减死之刑

秦汉以降的死罪减等之刑——徙（迁）刑至此时期已改为流。《隋书·刑法志》载，梁武帝天监三年（公元504年）建康女子任提犯拐骗人口罪，子景慈证明其母确有此行。后景慈以“陷亲于极刑”之罪名流放交州（今广东江河三角洲一带）。“至是复有流徙之罪”。北魏、北齐均据“降死从流”的原则，将流刑列为法定刑，作为死与徙的中间刑，从而填补了自汉文帝改革刑罚以来死、

① 《北齐书·后主纪》。

②③ 《隋书·刑法志》。

徒二刑间的空白，为隋唐时期刑罚制度的完善奠定了基础。北周律又分流刑为五等，计2 500里、3 000里、3 500里、4 000里、4 500里。隋唐因之。如沈家本言："开皇元年定律，流为五刑之一，实因于魏周，自唐以下，历代相沿莫之改也"①。

第三节 三国两晋南北朝时期的司法诉讼制度

一 中央三省制与地方州、郡、县三级制

在秦汉传统行政与司法体系合二为一的结构特点下，这一时期的司法体制在传统社会政治经济结构的发展变化过程中，也发生了较大的变化。东汉以来，逐渐形成大地主封建庄园经济和以豪门士族为核心的贵族官僚大地主集团，法律极力维护世族大地主的政治统治和经济利益。魏晋南北朝时期，从全国范围来看，处于封建割据、军阀混战的时间相当长，但每一王朝又都厉行专制主义的中央集权制度。这一时期的行政司法制度以及依据法律制度设立的司法机构，大体上是沿用汉制，但随着形势的变化，也有一些与汉制不同的地方。在内容上有如下几方面主要发展：

（一）中央三省制的形成

东汉光武末年，因忧惧朝廷失权，又憎恶强臣篡权，所以"太尉"、"司空"、"司徒"三公尽管仍旧设置，但又使三公事权归于尚书，从而使三公成了虚设之位，尚书的地位则日益显得更加重要。

魏初，尚书脱离少府而独立，称为"尚书台"，进而掌理政务。同时，皇帝又设有秘书作为侍从要职，称"秘书令"。魏文帝时，改秘书为中书。尚书的职权逐渐移至中书。随其权力的扩大，中书省形成。于是中书省与尚书台间产生了权限划分问题，结果是规定中书省负责起草诏令，为决策、立法机构；尚书台负责奉行诏令，为执行行政机构。

晋代侍中的地位日益显得重要，于是成立了以侍中为主管长官的门下省，用以钳制中书省行使职权。这样，就造成了中书、尚书、门下三省并主的制度。

中央三省制的形成，一方面反映了政治机构分工的严密化、合理化，另一方面相对地加强了皇权。无论从哪一方面看，这都有利于中央集权的专制统治。中央三省的形成，使九卿逐渐流为冗曹。梁武帝时为了调整职务，曾增设大府卿、大匠卿、都水卿，使九卿变成十二卿。北魏仍改为九卿。北齐改廷尉为大

① （清）沈家本：《历代刑法考·刑法分考十》，北京，中华书局，1985。

理，改少府为太府，并改称其官署为“寺”，于是产生了“九寺”的名称。从此，国家机关的名称不再以官衔相称，这是国家机关发展史上的一个重要变化。

（二）地方州、郡、县三级制

东汉末年形成了州、郡、县的地方行政制度。魏承汉制，沿用未改。晋武帝时曾大封宗室 27 人为王，建立王国，又设置公、侯、伯、子、男五等爵位。王及公、侯、伯、子、男分领其“国”，各设常备军，形成了大大小小不计其数的土皇帝。这是一种行政划分。与此并行的则为州、郡、县三级行政机构，州设刺史，刺史以下设有别驾、治中、长史、司马等属官。州下设郡，郡的长官为太守，郡太守兼领兵权。郡下设县，县的长官为县令。此外还规定，重要的州刺史为持节都督，次要的为持节，不重要的州单称州牧或州刺史。北魏的州、郡、县各分上、中、下三等；北齐时，在上、中、下三等中又各有上、中、下之别，按等差设置员额不等的属吏。这表明地方机构的日益严密化。

两汉时期，地方的乡治组织比较发达，魏晋南北朝时期，乡治明显废弛。这与战事频繁密切相关。不过晋之乡仍有啬夫，里仍有吏，北魏、北齐也有里长、里正之设。乡官之设，于隋开皇十四年（公元 594 年）尽行罢去，从此乡治制度日渐衰落。

■ 司法机关的扩大演变

这一时期司法制度基本承用汉制，但也有一些变化。

（一）中央审判机关廷尉改称大理寺

三国时吴称大理，北周称秋官大司寇。北齐改廷尉为大理，并扩建其机构为大理寺，设卿、少卿、丞各 1 人为主官，其下设正、监、平各 1 人，律博士 4 人，明法掾 24 人，司直、明法各 10 人。

（二）刑部的前身——三公尚书、都官尚书

东汉后三省制渐成，尚书台脱离少府成中央最高行政机构。这一重大变革，给司法机构发展以深刻影响。此时虽尚无刑部，但尚书台之下均置有负责司法行政和兼理刑狱的机构[①]。曹魏承汉制，保留三公曹、二千石曹，又增设比部郎，“以司刑狱”；晋初以三公尚书“掌刑狱”，武帝太康年间以吏部尚书取代，“领刑狱”，废三公尚书；南朝宋都官尚书“掌京师非违，兼掌刑狱”；北齐以尚书省六尚书分统列曹，其中殿中尚书统三公曹，其职责是：

> 掌五时读时令，诸曹囚账、断罪、赦日建金鸡等事。[②]

① 曹魏之都官尚书，南北朝之都官尚书，隋唐刑部尚书源于此。

② 《隋书·百官志》。

都官尚书统比部曹，“掌诏书律令勾检等事”①。

中央行政机构兼领司法事务，标志着司法制度逐渐走上司法行政与审判分离而又彼此牵制的道路，反映了传统司法机构的完善与强化的趋势。这一变化为隋唐司法机构和中央三省制的确立提供了雏形。

（三）地方司法机构的变化

地方仍沿汉代旧制，司法权由县令、郡太守、州刺史掌领。江南各代重视京畿地区司法职能，赋予其与中央同等权力。如梁在建康设有与廷尉属官相同的正、监、平三官②，并以廷尉寺、建康县为两大司法机构，称“廷尉寺为北狱，建康县为南狱，并置正、监、平”③。

由于战事频繁，地方长官可以“军法从事”为借口擅杀部属平民，而不受通常司法约束。南朝宋曾限定军官“非临军战陈，一不得专杀”④，违者以杀人论，陈时也有“将帅职司，军人犯法，自依常科”⑤ 的规定，但多流于形式。

诉讼制度的变化

这主要体现在以下几方面：

（一）限制诉讼权利

秦汉时许未决犯告发犯罪，秦律有“葆子狱未断而诬告人，其罪当刑为隶臣”⑥ 的规定。晋律规定：

> 囚徒诬告人，罪及亲属。⑦

北魏律规定：

> 诸告事不实，以其罪罪之。⑧

北齐文宣帝时禁囚犯告诉。制定《案劾格》规定：“负罪不得告人事”⑨。唐律亦承之。

---

①② 《隋书·百官志》。

③ 《隋书·刑法志》。

④ 《宋书·孝武帝本纪》。

⑤ 《陈书·宣帝纪》。

⑥ 《睡虎地秦墓竹简》，北京，文物出版社，1978。

⑦ 《晋书·刑法志》。

⑧ 《魏书·韩麒麟子熙传》。

⑨ 《隋书·刑法志》。

（二）皇帝频繁直接干预和参与司法审判

如魏明帝太和三年（公元224年）改“平望观”为“听讼观”，史载“每断大狱，常幸观临听之”[①]。南朝宋武帝也常“折疑狱”，“录囚徒”，仅永初二年（公元421年）即有五次之多。北周武帝常“听讼于正武殿，自旦及夜，继之以烛”[②]。

（三）直诉制的形成

直诉作为制度成于西晋。直诉，即不依诉讼等级直接诉于皇帝或钦差大臣，是诉讼中的特别上诉程序。传说的周代路鼓、肺石之制，汉代有缇萦上书文帝，以己身赎父罪，但均非一种定制。晋武帝设登闻鼓[③]，悬于朝堂外或都城内，百姓可击鼓鸣冤，有司闻声录状上奏，此后历代相承。如北魏太武帝时，于宫阙左面悬鼓，人有冤则挝之，由公车上奏其表；南朝梁亦有“击鼓乞代父命”的记载。[④]

（四）刑讯用测立法

《梁律》首定测罚之制。凡在押人犯，不招供者均施以“测罚”之刑。具体做法是：

> 断食三日，听家人进粥二升，女及老小，一百五十刻乃与粥，满千刻止。

《陈律》在此基础上创立“测立”之制，对证据确凿而不招供的囚犯，戴刑具，鞭二十笞三十后，站在高一尺，上尖圆，仅容两足的土堆上。首次为七刻；再次分两回，朝三刻，夕七刻。七日一行鞭，至鞭杖数满一百五十仍不招供，可免死。此方法入隋而止。

（五）死刑复核制度形成

魏明帝青龙四年（公元236年）诏：

> 廷尉及天下狱官，诸有死罪具狱以定，非谋反及手杀人，亟语其亲治，有乞恩者，使与奏。[⑤]

南朝和北魏律曾规定：

---

① 《三国志·魏书·明帝纪》。

② （宋）李昉等：《太平御览·后周书》卷六三九之五，北京，中华书局，1960。

③ 《晋书·武帝纪》。

④ 参见《梁书·吉翂传》。

⑤ 《三国志·魏书·明帝纪》。

其罪甚重辟者，皆如旧先上。[①]

诸州国之大辟，皆先谳报乃施行。

当死者，部案奏闻。[②] 狱成皆呈，帝亲临问，无异辞怨言乃绝之。[③]

从而使死刑决定权唯归皇帝，一方面是慎刑，另一方面也是控制。

（六）上诉制度的变化

曹魏时为简化诉讼，防止讼事拖延，改汉代上诉之制，特别规定：

二岁刑以上，除以家人乞鞫之制。[④]

晋代又允许上诉，规定：

狱结竟，呼囚鞫语罪状，囚若称枉，欲乞鞫者，许之也。[⑤]

《北魏律》则规定：

狱已成及决竟，经所绾，而疑有奸欺，不直于法，及诉冤枉者，得摄讯复治之。[⑥]

（七）加强自上而下的司法监督

秦汉时郡县有权判决死刑，至曹魏、晋代，县令审判权受到限制，凡重囚，县审判后须报郡，由郡守派督邮案验。南朝宋改为将案卷及人犯一并送郡，由郡太守复审后方可执行。如郡太守不能决，再送州刺史，州刺史不能决则上交中央廷尉。对此，各代还普遍施行特使察囚制度，“如有枉滞以时奏闻”，加强对地方审判的监督。

（八）妇女犯罪行刑上享有特殊规定

魏明帝时，为免对女犯用刑使身体裸露，改妇人加笞还从鞭督之例，以罚

① 《晋书·孝武帝纪》，参见《南齐书·王敬则传》：征东将军王敬则杀路氏，武帝责问：“谁下意杀之？都不启闻”。

② 《魏书·刑罚志》：太祖武帝时，“人死不可复生，惧监官不能平”。

③ 《魏书·刑罚志》。

④ 《晋书·刑法志》。

⑤ 《册府元龟·刑法部》。

⑥ 《魏书·刑罚志》。

金代之。《晋律》规定：

> 女人当罚金杖罚者，皆令半之。

《梁律》加以沿用，且扩大对女子的照顾，规定：

> 女人当鞭杖罚者，皆半之。
> 女子怀孕，勿得决罚。

《北魏律》则进一步明确：

> 妇人当刑而孕，产后百日乃决。

这其中有礼教因素，但也是社会文明程度提高的结果。

■ 监察机关对司法活动的监督

这一时期，监察机关仍为御史台，但已从少府独立出来，成为皇帝直接掌握的独立监察机关。长官仍为御史中丞（北魏称御史中尉，南朝叫南司），职权广大，“自皇太子以下，无所不纠”。因地位渐高，中丞以下，设有名目繁多的御史。自魏以后，地方不设监察机关，由中央派御史监察，发展了御史出巡制度。御史甚至可“风闻言事”，对各级官吏进行奏弹。但御史中丞失纠则要免官。

东汉时的司隶校尉，魏晋时仍设，与御史中丞“分督百僚”。至东晋废，分其行政权归扬州刺史（京师在扬州），分其监察权归御史台。司隶校尉一职不复存在。

相关案例

三年，尚书李平奏：“冀州阜城民费羊皮母亡，家贫无以葬，卖七岁子与同城人张回为婢。回转卖于鄃县民梁定之，而不言良状。案盗律‘掠人、掠卖人、和卖人为奴婢者，死’。回故买羊皮女，谋以转卖。依律处绞刑。”诏曰：“律称和卖人者，谓两人诈取他财。今羊皮卖女，告回称良，张回利贱，知良公买。诚于律俱乖，而两各非诈。此女虽父卖为婢，体本是良。回转卖之日，应有迟疑，而决从真卖，于情不可。更推例以为永式。”

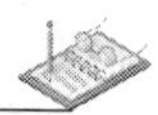

廷尉少卿杨钧议曰："谨详盗律'掠人、掠卖人为奴婢者，皆死'，别条'卖子孙者一岁刑'。卖良是一，而刑死悬殊者，由缘情制罚，则致罪有差。又详'群盗强盗，首从皆同'。和掠之罪，固应不异，及'知人掠盗之物，而故买者，以随从论。'然五服相卖，皆有明条，买者之罪，律所不载。窃谓同凡从法，其缘服相减者，宜有差，买者之罪，不得过于卖者之咎也。但羊皮卖女为婢，不言追赎，张回真买，谓同家财，至于转鬻之日，不复疑虑。缘其买之于女父，便卖之于他人，准其和掠，此有因缘之类也。又详恐吓条注：'尊长与之已决，恐吓幼贱求之'。然恐吓体同，而不受恐吓之罪者，以尊长与之已决故也。而张回本买婢于羊皮，乃真真卖于定之。准此条例，得先有由，推之因缘，理颇相类。即状准条，处流为允。"

三公郎中崔鸿议曰："案律'卖子有一岁刑；卖五服内亲属，在尊长者死，期亲及妾与子妇流。'唯买者无罪文。然卖者既以有罪，买者不得不坐。但卖者以天性难夺，支属易遗，尊卑不同，故罪有异。买者知良故买，又于彼无亲。若买同卖者，即理不可。何者？'卖五服内亲属，在尊长者死'，此亦非掠，从其真买，暨于致罪，刑死大殊。明知买者之坐，自应一例，不得全如钧议，云买者之罪，不过卖者之咎也。且买者于彼无天性支属之义，何故得有差等之理？又案别条：'知人掠盗之物而故买者，以随从论'。依此律文，知人掠良，从其宜买，罪止于流。然其亲属相卖，坐殊凡掠。至于买者，亦宜不等。若处同流坐，于法为深。准律酌降，合刑五岁。至如买者，知是良人，决便真卖，不语前人得之由绪。前人谓真奴婢，更或转卖，因此流漂，罔知所在，家人追赎，求访无处，永沉贱隶，无复良期。案其罪状，与掠无异。且法严而奸易息，政宽而民多犯，水火之喻，先典明文。今谓买人亲属而复决卖，不告前人良状由绪，处同掠罪。"

（《魏书·刑罚志》）

时司州表："河东郡民李怜生行毒药，案以死坐。其母诉称：一身年老，更无期亲，例合上请。检籍不谬，未及判申，怜母身丧。州断三年服终后乃行决。"司徒法曹参军许琰谓州判为允。主簿李玚驳曰："案《法例律》：'诸犯死罪，若祖父母、父母年七十以上，无成人子孙，旁无期亲者，具状上请。流者鞭笞，留养其亲，终则从流。不在原赦之例。'检上请之言，非应府州所决。毒杀人者斩，妻子流，计其所犯，实重余宪。准之情律，所亏不浅。且怜既怀鸩毒之心，谓不可参邻人伍。计其母在，犹宜阖门投畀，况今死也，引以三年之礼乎？且给假殡葬，足示仁宽，今已卒哭，不合更延。可依法处斩，流其妻子。实足诫彼氓庶，肃是刑章。"……诏从之。

（《魏书·刑罚志》）

神龟中，兰陵公主驸马都尉刘辉，坐与河阴县民张智寿妹容妃、陈庆和妹慧猛，奸乱耽惑，殴主伤胎。辉惧罪逃亡。门下处奏："各入死刑，智寿、庆和并以知情不加防限，处以流坐。"诏曰："容妃、慧猛恕死，髡鞭付宫，余如奏。"尚书三公郎中崔纂执曰："伏见旨募若获刘辉者，职人赏二阶，白民听出身进一阶，厮役免役，奴婢为民。案辉无叛逆之罪，赏同反人刘宣明之格。又寻门下处奏，以'容妃、慧猛与辉私奸，两情耽惑，令辉挟忿，殴主伤胎。虽律无正条，罪合极法，并处入死。其智寿等二家，配敦煌为兵'。天慈广被，不即依决，虽恕其命，窃谓未可。夫律令，高皇帝所以治天下，不为喜怒增减，不由亲疏改易。案《斗律》：'祖父母、父母愤怒，以兵刃杀子孙者五岁刑，殴杀者四岁刑，若心有爱憎而故杀者，各加一等'。虽王姬下降，贵殊常妻，然人妇之孕，不得非子。又依永平四年先朝旧格：'诸刑流及死，皆首罪判定，后决从者'。事必因本以求支，狱若以辉逃避，便应悬处，未有舍其首罪而成其末愆。流死参差，或时未允。门下中禁大臣，职在敷奏。昔邴吉为相，不存斗毙，而问牛喘，岂不以司别故也。案容妃等，罪止于奸私。若擒之秽席，众证分明，即律科处，不越刑坐。何得同宫掖之罪，齐奚官之役。案智寿口诉，妹适司士曹参军罗显贵，已生二女于其夫，则他家之母。《礼》云妇人不二夫，犹曰不二天。若私门失度，罪在于夫，衅非兄弟。昔魏晋未除五族之刑，有免子戮母之坐。何曾诤之，谓：'在室之女，从父母之刑，已醮之妇，从夫家之刑。'斯乃不刊之令轨，古今之通议。《律》，'期亲相隐'之谓凡罪。况奸私之丑，岂得以同气相证。论刑过其所犯，语情又乖律宪。案《律》，奸罪无相缘之坐。不可借辉之忿，加兄弟之刑。夫刑人于市，与众弃之，爵人于朝，与众共之，明不私于天下，无欺于耳目。何得以非正刑书，施行四海。刑名一失，驷马不追。既有诏旨，依即行下，非律之案，理宜更请。"

尚书元修义以为："昔哀姜悖礼于鲁，齐侯取而杀之，《春秋》所讥。又夏姬罪滥于陈国，但责徵舒，而不非父母。明妇人外成，犯礼之愆，无关本属。况出适之妹，及兄弟乎?"右仆射游肇奏言："臣等谬参枢辖，献替是司，门下出纳，谟明常则。至于无良犯法，职有司存，劾罪结案，本非其事。容妃等奸状，罪止于刑，并处极法，准律未当。出适之女，坐及其兄，推据典宪，理实为猛。又辉虽逃刑，罪非孥戮，募同大逆，亦谓加重。乖律之案，理宜陈请。乞付有司，重更详议。"诏曰："辉悖法乱理，罪不可纵。厚赏悬募，必望擒获。容妃、慧猛与辉私乱，因此耽惑，主致非常。此而不诛，将何惩肃！且已醮之女，不应坐及昆弟，但智寿、庆和知妹奸情，初不防御，招引刘辉，共成淫丑，败风秽化，理深其罚，特敕门下结狱，不拘恒司，岂得一同常例，以为通准。且古有诏狱，宁复一归大理。而尚书治本，纳言所属。弗究悖礼之浅深，不详

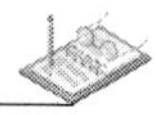

损化之多少，违彼义途，苟存执宪，殊乖任寄，深合罪责。崔纂可免郎，都坐尚书，悉夺禄一时。”

（《魏书·刑罚志》）

本章小结

这一时期以曹魏《新律》为代表，开启了以后法典体例与主要立法内容的新篇章。其后的《晋律》成为这一时期影响最为长久的法典，而《北齐律》更成为隋唐律的渊源。特别是三国两晋南北朝时期法典结构与内容的变化，为隋、唐法律制度的完备奠定了基础。其中的“重罪十条”、“八议”、“官当”、“服制定罪”和死刑复奏制度及流行分等制度，均对后世法典的编纂内容产生了深远的影响；而法典结构中的《名例律》一篇更成为以后历代法典结构中的第一篇，其影响直至清末修律。

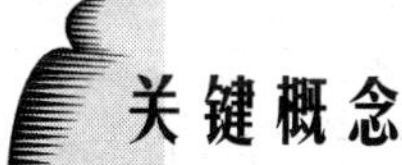

关键概念

魏律　晋律（张杜律）　北齐律　名例律　重罪十条　八议
官当　服制定罪　大理寺

思考题

1. 简述三国两晋南北朝时期法典结构与内容的变化。
2. 简述《名例律》的形成及其影响。
3. 简述“八议”与“官当”的形成和主要内容。
4. 简述“重罪十条”的形成和主要内容。
5. 简述“服制定罪”和死刑复奏制度的形成。

第七章

礼法结合之完成——隋唐法制与中华法系

［学习目标］

通过本章学习，应了解在隋唐两代的326年间，中国传统法律制度，经过三国两晋南北朝时期法典结构与法律内容的发展完善，至此，形成了以《唐律》为代表的中华法系，不仅影响到以后的中国历代王朝，而且对东亚周边国家的政治法律制度也产生了巨大影响。以隋《开皇律》为直接蓝本而形成的《永徽律疏》(《唐律》)无论在立法内容、立法技术以及法律形式各个方面都达到了中国传统法律文化发展水平的空前高度。以唐律为代表的一系列法律原则、罪名体系、刑罚制度、司法系统等等，均成为后世法制奉行的圭臬。本章内容是应掌握的全书的重点。

中国古代法律制度，从周秦以降至清末，灵活地适应和控制了其时的社会，尤其是它和很多其他文化系统不同，始终维持了非常高度的纯一性，它所受外来文化的影响，可说是微不足道的。在中国许多文化遗产中，都有多时期或朝代的特色，相比之下法律文化系统是始终维持其一贯性的。唐律即是其最完满的代表。

中国古代法律发展到唐代日臻成熟，礼法结合以至高度统一，以后变化无多。唐、宋两代，典章文物远播海外。中华法系以《唐律》为标志臻于完善。此后，传统法律文化的发展，皆不离其左右。五代及宋基本是承用唐律，元代只有极少更改，明律内容十之八九也是唐律，清律更是因袭明律。唐以后法律，条目间有增损，刑名偶有轻重，但其整个系统精神，基本观念，实在是未离唐律一步，所以《唐律》成为中国古代法律的典型和楷模，成为中华法系的标志。

第一节　隋代法律制度

隋代[①]仅存38年，但在历史上却起着承前启后的作用。可以说没有隋的统一，就不会有历史上盛唐的出现，在法制上也是如此。其立法和司法实践为后世特别是唐代提供了经验。

■ 礼法的结合与统一——《开皇律》

隋代以《开皇律》为主的法律制度，上承汉晋法制之源流，下开唐以后历代法制之先河，无论在篇章体例还是在基本内容上，都在继承前代优秀法律文化成果基础上有所革新与充实，在古代法律史的发展中居于承前启后的重要历史地位。

(一)《开皇律》的制定

早在隋文帝总揽北周大权时，就着手革除“苛酷之政”，删修旧律，重作《刑书要制》，行宽刑之策。开皇元年（公元581年）九月，令高颎、郑译、杨素、裴政等，参酌魏晋南北朝各朝刑典，本着“以轻代重，化死为生”的原则，摒弃以往苛惨之法，制定颁行了《新律》[②]。

开皇三年（公元583年），文帝从刑部上奏的断狱情况报告中，发现《新律》实施后，每年判案数仍有上万，认为法条仍过于严密，才使多人陷于刑网[③]。于是又令苏威、牛弘等修订《新律》，删除死罪81条，流罪154条，徒杖等罪千余条，最后保留了律文500条，使整个法典相对更为宽松与简约。这一点对唐律的制定有显著的影响。同时吸取历代法典体例的经验，史称其“多采后齐之制”[④]，继承了北齐律“法令明审、科条简要”的特点。分《新律》为12

① 隋代是继三国两晋南北朝近350年的长期割据战乱之后的一个统一王朝。隋代建立之初，在政治、经济及文化各个方面都有所建树和贡献。公元581年，北周权臣、外戚杨坚废年仅8岁的周静帝，自立建隋。公元589年隋军南下灭陈，中原重归一统，结束了近四个世纪以来分裂割据的纷乱局面。此后统治集团采取了一系列巩固政权的措施，革新政治法律制度，加强军事实力，推行均田制，减轻人民赋役，打击豪强士族，促进了政治、经济、文化的发展，隋初一度出现繁荣的景象。至隋文帝（杨坚）晚年，尤其炀帝（杨广）统治时期，穷奢极欲，倒行逆施，民怨沸腾，使矛盾激化，终因农民暴动而倒台。

② 隋立后，鉴于北周“政无常法，罚无定刑”，以致“上下愁怨”，“内外离心”的历史教训，在实施政治经济改革之前，首先进行了法制改革。

③ 《隋书·刑法志》，北京，中华书局，1973。

④ 《资治通鉴》卷一七五：裴政“乃采魏晋旧律，下至齐、梁，沿革轻重，取其折衷”。《隋书·刑法志》：文帝颁新律诏云：“帝王作法，沿革不同，取适于时，故有损益。”可见“独采齐制”之说不确，应依《隋书·刑法志》为“多采后齐之制”。另见《隋书·刑法志》。

篇，分别是：名例、卫禁、职制、户婚、厩库、擅兴、盗贼、斗讼、诈伪、杂律、捕亡、断狱。这种体例结构为唐律所全部继承，影响及于以后各朝。虽然明清律改变了这种结构形式，但《开皇律》以来所确定的基本体例之影响依然存在。

（二）《开皇律》的内容特点与历史意义

概括起来，《开皇律》在以下几方面有着突出的贡献：

1. 改革刑罚制度

《开皇律》正式确立了新五刑体例。在继承北魏、北齐刑罚体系的基础上，《开皇律》对前代各朝刑罚种类进行了系统的总结与整理，废除了枭首、车裂等残酷的刑罚方法，以笞、杖、徒、流、死作为基本的刑罚手段，并形成了完善的轻重有序的刑罚体系，定刑罚为五种二十等[①]。废"前代鞭刑及枭首、轘裂之法"。流徒罪较前为轻，

> 唯大逆、谋反、叛者，父子兄弟皆斩，家口没官。[②]

上述五刑通称为封建制五刑，以有别于周代的墨、劓、刖、宫、大辟旧五刑。从此残人肢体的肉刑在王朝的法典律文上不复存在。自唐以后迄于明清，笞、杖、徒、流、死五种刑罚一直是各朝法典中所规定的基本刑罚体系。

2. 扩大贵族官吏的法律特权

这主要表现在如下几方面：一是沿袭前代八议之制，继续宽减宥免刑罚的优待，有"议请减赎当免之法"[③]。二是创设"例减"的特权。即凡属八议之人及七品以上官吏，犯罪皆减一等处刑。三是将前代"官当"列为定制，分公私罪及官品详予规定[④]。四是律在五刑二十等下分列赎铜的具体数量[⑤]，并规定九品以上官吏犯罪，除若干重罪，如十恶、受财枉法、奸、盗、杀人等之外，一般皆可以铜赎刑。从此使自古以来以钱财抵罪的方式制度化与法律化了。

---

① 即：死刑二：斩、绞；流刑三：千里，千五百里，二千里；徒刑五：一年、一年半、二年、二年半、三年；杖刑五：自六十至百，十为一等；笞刑五：自十至五十，十为一等。见《隋书·刑法志》。

② 《隋书·刑法志》。

③ 《新唐书·刑法志》，北京，中华书局，1975。

④ 《隋书·刑法志》：以官当徒，私罪五品以上一官当二年；九品以上当一年，公罪各多当一年。以官当流，三等流刑均同徒三年，依当徒法。"若犯公罪者，徒各加一年当，流者各加一等"。如某郡太守（正四品）犯公罪判流刑二千里。先"例减"一等，为流一千五百里。后依"官当"三等流刑视同徒三年，又犯公罪五品以上一官当三年徒，则太守据其官品刚好全部抵消所处刑罚。

⑤ 笞刑五，赎铜一至五斤；杖刑五，赎铜六至十斤；徒刑五，赎铜二十至六十斤；流刑三，赎铜八十至一百斤；死刑二，均赎铜百二十斤。

3. 创设“十恶”之条

《开皇律》在《北齐律》“重罪十条”的基础上加以删增，创设了“十恶”条款。把谋反、谋大逆、谋叛、恶逆、不道、大不敬、不孝、不睦、不义、内乱十种严重危害封建统治及悖逆封建纲常名教的犯罪归纳起来，称为“十恶”，置于律之首篇，予以特别规定，作为刑事镇压的重点。史载：

> 犯十恶及故杀人狱成者，虽会赦，犹除名。[①]

对此类犯罪严惩不贷，此即所谓俗语“杀人偿命”、“十恶不赦”之来源。“十恶”制度被唐律所承袭，并在此后一千余年一直作为传统法典的核心内容而存在。

4. 强化对经济的法律调整

隋初继续推行均田制度，颁均田令[②]。此外给“公廨田，以供公用”[③]。均田令使中央直接控制了全国大多数农户，保证了财政来源[④]。在行均田令的同时，大力整顿户籍，包括户口和账簿的立法调整，以加强对地方承担赋税徭役人户的直接控制[⑤]。通过这一系列措施，加强了中央对地方财政的控制，在一定程度上削弱了由来已久的地方割据势力[⑥]。

传统立法涉及民事、经济的，唯户籍、钱币[⑦]等项规定尤多，原因之一即在

---

① 《隋书·刑法志》。

② 丁男受口分田（露田）八十亩，永业田（桑田）二十亩；妇人受口分田四十亩。职官有职分田，京官“一品者给田五顷，每品以五十亩为差”，“外官亦各有职分田”。

③ 《隋书·食货志》。

④ 《通典·食货》七载，其时官仓“储米粟多者千万石，少者不减数百万石。天下义仓，又皆充满。京都及并州库布帛各数千万”。《文献通考·国用考》：“隋代之盛，实由于此”。“古今称国计之富者莫如隋”。

⑤ 开皇三年（公元583年）朝廷下令在全国由州县官主持检查隐漏户口，并依户籍与本人体貌核对，如有不实，里正、党长流配远乡。此即史书所记的“大索貌阅”之事。为防逃税和税吏作弊，命名征收额与户等相符，文帝采纳宰相高颎之议，每年正月初五，县令出查，令百姓三五党为一团，据人口家资变化状况，定户等高下和相应的纳税额，写成簿账。此即所谓“输籍法”。

⑥ 为此中央三省中尚书省六曹中的度支、都官二部，分掌全国财计与审计大权。其度支尚书（公元583年一度改称民部尚书）与汉代大司农一脉相承，其下设左、右户及仓、金四大专职部门，为前所未有。户部之称出自汉代尚书中的民曹，东汉末改为度支，三国时吴一度称户部，魏晋及隋复称度支，唐初承隋之旧，至太宗贞观二十三年（公元677年）始改为户部。唐以后户部之制直至清末，可见隋代财计体制影响之深远。唐代财计审计之权集于此部，即隋都官职掌之余绪。

⑦ 随着经济恢复和商业的繁荣，中央政府以严厉手段开始整顿统一前混乱的货币制度。南北朝时钱币“品多甚众，轻重不等”。个别地方杂用古币和西域金银之钱。文帝为统一币制，于开皇元年九月诏令铸“五铢钱”，统一格式，“悉禁古钱及私钱，置样于关；不如样者，没官销毁之”（《资治通鉴·陈宣帝纪》），以此控制金融。开皇四年进一步严令地方私钱“仍依旧不禁者，县令夺半年禄”（《隋书·食货志》）并严惩违法者，史载：“京师以恶钱（私铸钱或旧钱）贸易，为吏所执，有死者”（《隋书·食货志》）。

此二者直接关乎国家财政赋税收入，而赋税乃国家的经济基础。

隋代以《开皇律》为主的法律制度，上承汉晋法制之源流，下开唐以后历代法制之先河，无论在篇章体例还是在基本内容上，都在继承前代优秀法律文化成果基础上有所革新与充实，在古代法律史的发展中居于承前启后的重要历史地位。

■ 重视司法

（一）确立申诉与死刑复奏制度

隋初，文帝鉴于“律令初行，人未知禁，故犯法者众。又下吏承苛政之后，务锻炼以致人罪”[①] 的状况，特别“申敕四方、敦理辞讼”：

> 有枉屈县不理者，令以次经郡及州，至省仍不理，乃诣阙申诉。有所未惬，听挝登闻鼓，有司录状奏之。[②]

为加强皇帝对司法的控制，开皇十二年（公元 592 年）和十五年先后下诏：

> 诸州死罪，不得辄决，悉移大理按复。事尽，然后上省奏裁。
> 决死罪者，三奏然后行刑。[③]

从此地方各级官吏不再有死刑处决的全权，死刑的执行均须奏请皇帝批准。而“三奏然后用刑”成为唐代死刑三复奏制的先声。

（二）中央大理寺设律博士与地方官吏考试法律

文帝还诏令各级官吏通晓法律。在中央大理寺设律博士八人审断大狱，以儒家经典讲授法律。并规定地方诸州长史以下，行参军以上定期至京城考试法律。为防止司法官吏贪赃枉法，规定：

> 诸曹决事，皆令具写律文断之。[④]

文帝晚年以任法为能事，颁苛法峻令，于律典之外滥杀无辜，破坏了他自己设立的崇尚宽简、礼法合一的法律体制。

---

①② 《隋书·刑法志》。

③ 《资治通鉴·隋纪二·开皇十二年》。

④ 《资治通鉴·隋纪二·开皇十六年》。

第二节　唐代法律制度

■ 唐代的立法——礼法合一的形式与结构

（一）唐代的法律形式

经过魏晋南北朝及隋代法律形式的发展，至唐代，最终形成了影响后世深远的四种法律形式。

1. 律

律即唐代基本法典，如《贞观律》、《永徽律》等。唐代的律所涉及的领域和所调整的内容极为广泛，几乎包括社会生活的各个方面。而且，在唐代四种法律形式中，律的地位最高，相对也最为稳定。从历史上看，唐代在司法实践中也十分注重律的作用。

2. 令

令是经过系统整理公布的关于国家政权组织方面的制度与规定，涉及范围较为广泛。令一般偏重于某一领域中的有关事务，如户令、狱官令等，以作为律的重要补充。

3. 格

格在唐代的含义有别于前代，它是禁违止邪的官吏守则，带有行政法律的性质。格是皇帝针对某一国家机关或某一具体事项而制定，经过整理汇编后重新颁行天下的敕令，故又称敕格。在唐代把皇帝临时单行制敕加以汇编，则称为"永格"，具有普遍的效力。格源于汉魏之际的"科"，如前所述，至南北朝时始以格代科，格即成为一种主要法律形式而为隋唐所沿用。

4. 式

式是关于国家各级行政组织活动规则及上下级间的公文程式的法律规定。经过汇编的式，称为"永式"，具有普遍的效力。

作为唐代主要法律渊源的律、令、格、式四种法律形式，构成了唐代法律规范的完整体系，调整着社会生活中的各个方面。其中以律为主体，以令、格、式为补充，违背令、格、式以及其他犯罪行为，一律按律的规定处断。此外，在唐代，皇帝因临时性事件而发布的制敕也有其独特的地位。在唐前期，制敕仅作为临时处分，只有经过重新选择确定为"永格"者，方可引为断罪量刑的依据。但在唐代中后期，由于社会情况的变迁、法制的破坏，皇帝临时制敕的地位越来越高，由此成为五代及两宋时期重敕不重律的历史渊源之一。

(二)《唐律疏议》——“一准乎礼”的法典

唐初统治者在长期政治实践中认识到健全的法制对于保证国家长治久安的重要作用，因此在唐代建立以后即非常注重法律的制定与完善[①]。经过高祖、太宗、高宗及玄宗时期的全面立法，唐代法律制度的基本规模、主要内容以及法制特色皆已形成，这一时期修订的主要法典也作为祖宗成宪而一直被遵循。

1. 从《武德律》到《贞观律》——唐初的法典编纂

唐高祖李渊（公元618—626年）于武德四年命裴寂等以《开皇律》为准，撰定律令，于武德七年（公元624年）奏上，是为《武德律》，这是唐代首部法典。《武德律》共12篇500条。唐太宗即位以后，鉴于《武德律》不能完全符合当时的需要，于贞观元年命长孙无忌、房玄龄等人在《武德律》基础上，参照隋《开皇律》更加厘改，制定新的法典，至贞观十一年（公元637年）始告完成，称为《贞观律》。《贞观律》仍为12篇500条。《贞观律》的修订长达11年时间，对《武德律》进行了比较大的修改。如增设加役流，缩小连坐处死的范围，确定了五刑[②]、十恶[③]、八议[④]、请[⑤]、减[⑥]、赎[⑦]、当[⑧]，以及类推、三复

① 唐代立法，大致可以分为前、后两个时期。前期在时间上包括唐初至唐玄宗天宝年间“安史之乱”以前。这一时期的立法活动以修订基本法典即律为主，兼及令、格、式。后期在时间上包括自“安史之乱”以后至唐代灭亡。在这一时期中主要以编敕和修订刑律统类为内容。在唐代立法活动中，前期立法是主要的。

② 唐律承用隋《开皇律》中所确立的五刑，即笞、杖、徒、流、死五种刑罚，作为基本的法定刑，其具体规格与《开皇律》稍有不同。(1) 笞刑，为五刑中最轻一级刑罚，分为五等，由笞十到笞五十，每等加笞十；(2) 杖刑，亦分五等，由六十至一百，每等加杖十；(3) 徒刑，分为五等，自徒一年至徒三年，以半年为等差；(4) 流刑，分为三等，即流二千里、二千五百里、三千里，另有加役流；(5) 死刑，分斩、绞二等。

③ 所谓“十恶”是隋唐以后历代法律中规定的常赦不原的十种最严重犯罪，渊源于北齐律的“重罪十条”。隋开皇律在“重罪十条”的基础上加以损益，确定了十恶制度。唐律承袭此制，将“十恶”列入名例律之中。

④ 魏明帝在制定《魏律》时，以《周礼》“八辟”为依据，正式规定了“八议”制度。自曹魏律正式将“八议”制度列入法典以后，“八议”即一直作为传统法律适用中的一项重要原则而存在于历代法典之中。成为弥补五刑体系的重要制度。

⑤ 按唐律规定，皇太子妃大功以上亲、应议者期亲以上亲属以及五品以上官犯死罪，应将其罪状及身份报请皇帝裁决，犯流罪以下照例减一等处罚，此称为“请”。应请者范围稍大，身份稍低，故限制也多于应议者，除犯十恶之罪不用此律之外，反逆缘坐、杀人、监守内奸、盗略人、受财枉法等犯罪亦不在此规定范围之内。

⑥ 减即例减，指六、七品官员，应请者直系亲属及兄弟、姊妹、妻犯流罪以下照例各减一等处理。

⑦ 按唐律规定，凡可“议”、“请”、“减”者及八、九品官员以及六、七品官员之亲属犯流罪以下可以收赎，但反逆缘坐而流、会赦犹流者不适用此规定。

⑧ 即官当。按唐律规定，官员若犯私罪，五品以上官，一官可当徒刑二年；五品以下九品以上官，一官可抵徒一年。若犯公罪，则各可多当徒一年。而且，若罪小官大，“罪轻不尽其官，则可留官收赎，若罪大官小，官不尽其罪者，余罪亦可收赎”。

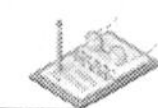

奏、五复奏等原则与制度。《贞观律》的修订，基本上确定了唐律的主要内容和风格，对后来的《永徽律》及其他法典有很深的影响。

2.《永徽律疏》——礼法统一的法典

《永徽律疏》又称《唐律疏议》，是唐高宗永徽年间在《贞观律》基础上修订完成的一部极为重要的法典。高宗永徽二年（公元651年），长孙无忌、李勣等奏上新撰律12卷，是为《永徽律》。鉴于当时中央、地方在审判中对法律条文理解不一，每年科举考试中明法科考试也无统一的权威标准的情况，唐高宗在永徽三年五月，以“学未有定疏”，下令召集律学通才和一些重要臣僚对《永徽律》进行逐条逐句的解释，“条义疏奏以闻”，于是长孙无忌、李勣、于志宁、褚遂良等19人，撰《律疏》30卷奏上，与《永徽律》合编在一起，于永徽四年十月颁行。计分12篇，共30卷，称为《永徽律疏》①。至元代后，人们以疏文皆以“议曰”二字始，故又称为《唐律疏议》。

《永徽律疏》总结了汉及魏晋以来立法和注律的经验，不仅对主要的法律原则和制度作了精确的解释与说明，而且尽可能引用儒家经典作为律文的理论根据。《永徽律疏》的完成，标志着中国古代立法达到了最高水平。作为中国封建法制的最高成就，《永徽律疏》全面体现了中国古代法律制度的水平、风格和基本特征，成为中华法系的代表性法典，对后世及周边国家产生了极为深远的影响。同时，《唐律疏议》是中国现今完整保存下来的一部最早的古代成文法典，

---

① 《唐律疏议》即《永徽律疏》，是唐代基本法典，一般简称为《唐律》。唐律共30卷，12篇502条，其12篇依次是：

第一篇“名例”，是法典的总则与核心部分，主要规定五刑、十恶、八议以及一系列适用于各分则的总原则。

第二篇“卫禁”，是关于宫廷及皇帝警卫、城池关津要塞的守卫以及边防诸方面的法律规范。保护皇帝安全和维护国家主权是本篇的主要内容。

第三篇“职制”，是关于官吏的设置、选任、职务犯罪以及交通驿传方面的法律规定。明确官吏职守、惩治贪赃枉法是这一篇的重点。

第四篇“户婚”，是关于户籍、赋役、田宅、婚姻、家庭关系等民事方面的法律规范。

第五篇“厩库”，是关于公私牲畜、库藏管理、官物出纳等方面的法律规定。

第六篇“擅兴”，是关于军队征调、指挥、军需供应和工程兴造方面的法律规定。

第七篇“贼盗”，是关于谋反、谋大逆等十恶大罪，以及杀人、强盗等重要犯罪及其处罚的法律规定，是唐律中的主体部分之一。

第八篇“斗讼”，是关于斗殴、杀伤以及控诉等方面的法律规定。

第九篇“诈伪”，是关于欺诈及伪造公文印信、关符等方面的法律规定。

第十篇“杂律”，杂律是拾遗补阙部分，凡不列入“名例”以外诸篇的各方面事项均收入“杂律”加以规定。内中包含了大量的婚田、钱债的民商事法律规范。

第十一篇“捕亡”，是关于追捕逃亡罪人、丁役、官奴婢及其处罚的法律规定。

第十二篇“断狱”，是关于审讯、判决、执行、法官责任、监狱管理等方面的法律规定。

在中国古代立法史上占有最为重要的地位。

（三）《唐六典》的制定

《唐六典》是记载唐代王朝政制制度的一部重要文献。唐玄宗于开元十年（公元 722 年）命令大臣以当时的行政体制为基础，它以“以官统典”为原则，实行“官领其属，事归于职”的方法，仿照西周《周官》一书，依官职分类的体例编纂《唐六典》，至开元二十六年（公元 738 年）完成。内容分为理典、教典、礼典、政典、刑典、事典六部分，共 30 卷。主要记载了唐代三省六部及各寺监等机构的设置、官员的编制、品级及职责、官员的选拔、任用、考核、监督、奖罚、俸禄、休致等制度和规定，可以称作中国历史上第一部包括了较系统的行政性法规的法典。

《唐六典》集秦汉以来行政立法之大成，把凡具有行政性质的立法汇集在一起，经精心编纂，与律、令、格、式相辅而行，这是封建立法史上的一个创举。从此以后，单纯行政性质的立法规范和制度开始从“律”和“礼制”中分离出来，编为“典”，使得传统刑律与行政法典成为基本并行的两大体系，这种做法为后世封建王朝所效法，足见《唐六典》对后代封建行政立法的深刻影响。《唐六典》的编纂是继《永徽律疏》以后唐代立法的又一重大成就，也是中国封建行政法制逐渐走向成熟完备的标志之一。

（四）《大中刑律统类》的编纂

唐末宣宗时（公元 847—860 年）制定的《大中刑律统类》，是一种法律汇编形式。其特征是将律分为若干门，每门之下附以内容相关的格、敕、令、式，分类编纂在一起。这种新的编纂形式便于实用，对于五代及两宋立法有重大影响。

这些法律典集的制定，都有着一个共同特点，就是“一准乎礼”，即所有的规范及其条文解释均以官方认可的儒家经典为依归。

■ 礼法结合的完美体现——唐律的主要内容

（一）刑事立法的发展与完善

1. 十恶

“十恶”是对危害统治阶级根本利益的十种重罪的总称。把“十恶”置于律首，作为严厉打击的对象，以增加法律的威慑力。《唐律·名例》疏议即载：“五刑之中，十恶尤切，亏损名教，毁裂冠冕，特标篇首，以为明诫”。

唐律中的十恶[①]规定具体是：

---

① 《北齐律》中首次规定“重罪十条”，“重罪十条”分别为：反逆（造反）；大逆（毁坏皇帝宗庙、山陵与宫殿）；叛（叛变）；降（投降）；恶逆（殴打谋杀尊亲属）；不道（凶残杀人）；不敬（盗用皇室器物及对皇帝不尊重）；不孝（不侍奉父母，不按礼制服丧）；不义（杀本府长官与授业老师）；内乱（亲属间的乱伦行为）。《北齐律》规定：“其犯此十者，不在八议论赎之限”。

（1）谋反：谓谋危社稷，指谋害皇帝、危害国家的行为；

（2）谋大逆，指图谋破坏国家宗庙、皇帝陵寝以及宫殿的行为；

（3）谋叛：谓背国从伪，指背叛本朝、投奔敌国的行为；

（4）恶逆：指殴打或谋杀祖父母、父母等尊亲属的行为；

（5）不道：指杀一家非死罪三人及支解人的行为；

（6）大不敬：指盗窃皇帝祭祀物品或皇帝御用物、伪造或盗窃皇帝印玺、调配御药误违原方、御膳误犯食禁，以及指斥皇帝、无人臣之礼等损害皇帝尊严的行为；

（7）不孝：指控告祖父母、父母，未经祖父母、父母同意私立门户、分异财产，对祖父母、父母供养有缺，为父母尊长服丧不如礼等不孝行为；

（8）不睦：指谋杀或卖五服（缌麻）以内亲属，殴打或控告丈夫大功以上尊长等行为；

（9）不义：指杀本管上司、授业师及夫丧违礼的行为；

（10）内乱：指奸小功以上亲属等乱伦行为。

唐律中“十恶”制度所规定的犯罪大致可以分为两类，一为侵犯皇权与特权的犯罪，二为违反伦理纲常的犯罪。唐律将这些犯罪集中规定在名例律之首，并在分则各篇中对这些犯罪相应规定了最严厉的刑罚。而且，唐律规定凡犯十恶者，不适用八议等规定，且为常赦所不原。这些特别规定都充分体现了唐律的本质和重点在于维护王权、特权、封建的伦理纲常及相应的伦理关系。

2. 八议

唐律中的名例律在五刑、十恶之后即规定了八议制度。“八议”制度是对封建特权人物犯罪实行减免处罚的法律规定。它包括议亲（皇帝亲戚），议故（皇帝故旧）、议贤（有传统德行与影响的人），议能（有大才能）、议功（有大功勋）、议贵（贵族官僚）、议勤（为朝廷勤劳服务）、议宾（前代皇室宗亲）。按唐律规定，凡亲、故、贤、能、功、贵、勤、宾等八种人犯死罪时，一般司法机关不得直接审理，须将其犯罪事实及应享受特权的理由报请皇帝，由皇帝交付大臣“集议”，最后由皇帝根据具体情况作出裁决，一般可以免除其死罪。若犯流罪以下，可直接减罪一等。但犯十恶罪不适用“八议”的规定。此后，“八议”成为各代刑律的重要内容。

3. 六杀

《唐律》贼盗、斗讼篇中，依犯罪人的主观意图区分了“六杀”，即所谓的“谋杀”、“故杀”、“斗杀”、“误杀”、“过失杀”、“戏杀”等。唐律的“谋杀”指预谋杀人；“故杀”指事先虽无预谋，但情急杀人时已有杀人的意念；“斗杀”指在斗殴中出于激愤失手将人杀死；“误杀”指由于种种原因错置了杀人对象；

"过失杀"指"耳目所不及，思虑所不至"，即出于过失杀人；"戏杀"指"以力共戏"而导致杀人。基于上述区别，唐律规定了不同的处罚。谋杀人，一般减杀人罪数等处罚，但奴婢谋杀主、子孙谋杀尊亲则处以死刑，体现了对传统礼教原则的维护。故意杀人，一般处斩刑。误杀则减杀人罪一等处罚。斗杀也同样减杀人罪一等处罚。戏杀则减斗杀罪二等处罚。过失杀，一般"以赎论"，即允许以铜赎罪。"六杀"理论的出现，反映了唐律对传统杀人罪理论的发展与完善。

4. 六赃

六赃指《唐律》规定的六种非法获取公私财物的犯罪。唐律要求官吏廉洁奉公，严惩利用职权谋取私利或贪赃枉法的行为。在量刑上，对于官吏以权谋私、贪赃枉法的行为，唐律中均规定了较常人犯财产罪更重的刑罚。六赃具体包括以下罪名：

一是"受财枉法"，指官吏收受财物导致枉法裁判的行为。《唐律》职制篇规定，凡官吏受财枉法，赃满 15 匹处绞。

二是"受财不枉法"，指官吏收受财物，但未枉法裁判行为。《唐律》职制篇规定，即使不枉法，赃满 30 匹也处仅次于死刑的加役流。

三是"受所监临"，指官吏利用职权非法收受所辖范围内百姓或下属财物的行为。《唐律》职制篇规定，官吏出差，不得在所到之处接受礼物，主动索取或强要财物的，加重处罚。监临主守盗取自己所监临财物或被监临人财物的，比窃盗加二等处罚，赃满 30 匹者即绞。甚至规定，不得向被监临人借用财物；不得私自役使下属人员或利用职权经商牟利；否则依情节分别处以笞杖或徒刑。唐律还规定，官吏应约束其家人不得接受被监临人的财物，若家人有犯，比照官吏本人减等治罪。如监守自盗的比一般盗罪加等处罚，赃满 30 匹者即绞。

四是"强盗"，指以暴力获取公私财物的行为。《唐律》贼盗篇规定强盗罪处罚更严，虽不得财，也要处徒刑二年。持凶器得财者一尺徒三年，十匹及伤人者绞，杀人者斩。

五是"窃盗"，指以隐蔽的手段将公私财物据为已有的行为。《唐律》贼盗篇对一般窃盗罪也严格规定，不得财者笞 50，得财者至 50 匹处加役流刑。

六是"坐赃"，指官吏或常人非因职权之便非法收受财物的行为。《唐律》杂律篇规定，官吏因事接受他人财物的即构成"坐赃"，同时禁止监临主守官在辖区内役使百姓，借贷财物，违者以坐赃论处。

六赃的分类与按赃值定罪的原则为后世所继承，在明清律典中均有《六赃图》的配附。

5. 保辜

指对伤人罪的后果不是立即显露的，规定加害方在一定期限内对被害方伤情变化负责的一项特别制度。《唐律》规定："手足殴伤人限十日，以他物殴伤人者二十日，以刃及汤火伤人者三十日，折跌支体及破骨者五十日"①。在限定的时间内受伤者死去，伤人者承担杀人的责任；限外死去或者限内以他故死亡者，伤人者只承担伤人的刑事责任。唐代确定保辜期限，用以判明伤人者的刑事责任，尽管不够科学，但较之以往却是一个进步。

（二）唐律刑法适用原则中所体现的礼法结合

唐代是中国传统法律立法理论、立法技术都达到鼎盛的时期。在总结前代的优秀法律成果的基础上，在《唐律·名例》中规定了一系列刑法适用原则，确定了罪与非罪、罪轻罪重的原则界限。在名例律所规定的刑法适用原则中，除减免老幼犯罪刑罚、共同犯罪区分首从、自首减免、数罪的处罚等原则与制度外，比较突出的和具有代表性的还有：

1. 关于"公罪"和"私罪"的划分

唐律中，官吏犯罪有公罪与私罪的区别。按《唐律疏议》的解释，公罪是指：

> 缘公事致罪而无私曲者。②

即指由于承办公务不力、失误或差错，但不是出于自己私利的犯罪。所谓私罪，则是指：

> 谓不缘公事，私自犯者；虽缘公事，意涉阿曲，亦同私罪。③

即指与公事无关的犯罪或虽因公事但藏其私曲的犯罪。唐律中，公罪与私罪因其性质不同及犯罪者主观恶性不一而在处理上有所差别，一般私罪从重，公罪稍轻。在以官当刑时公罪私罪也有不同，一般公罪一官所当徒刑多于私罪。

2. 同居有罪相为隐

按唐律规定，凡同财共居者以及大功以上亲属、外祖父母、外孙、孙之妻、夫之兄弟及兄弟之妻，有罪皆可相互包庇隐瞒，部曲、奴婢亦可为其主人家长

① 《唐律·斗讼》"保辜"条。

② 《唐律·名例》"公事失错自觉举"条。

③ 《唐律·名例》"官当"条。

隐瞒犯罪，即使为犯罪者通报消息、帮助其隐藏、逃亡以避法律，皆不负刑事责任。小功以下亲属相互容隐者，减凡人三等处罚。这种同居相容隐制度是从西汉时“亲亲得相首匿”制度发展而来的，是唐律以礼为准的一个突出表现。这一制度的思想和理论渊源本于儒家的伦理观念，旨在维护封建伦理，巩固封建家庭秩序。同时，唐律中还特别规定，凡谋反、谋叛、谋大逆者，不用此律，这也是儒家的“忠高于孝，国重于家”原则的要求。

3. 类推原则

《唐律疏议·名例》“断罪无正条”中规定：

> 诸断罪而无正条，其应出罪者，则举重以明轻；其应入罪者，则举轻以明重。

这里所指出罪，是指减轻或免除刑罚；所指入罪，是指确定有罪或加重处罚。从唐律关于类推的规定中可以看出，唐时类推适用于“断罪无正条”，即没有明确的法律规定之时。在适用类推时，若此种犯罪从趋向上看属于出罪即减轻或免除刑罚者，则以重罪来类推轻罪，因为若重罪都是可以减轻或免除处罚时，轻罪自然也应更减轻或免除处罚。若此种犯罪从趋向上看属于加重或从重处罚者，则可举轻罪类推重罪。

4. “本条别有制，与例不同者依本条”原则

按名例律规定，若卫禁律以下各篇中的某些规定与“名例”中的原则不同时，应按照分则中该条的具体规定处断。这是因为名例律作为总则，规定的是总的原则，不可能概括所有具体问题。规定在这种情况下按分则中具体条文处断，对于保持全律的协调统一，使法律规范得以正确实施具有重要作用。

5. 关于外国人犯罪的规定

《唐律·名例》“诸化外人”条规定：

> 诸化外人有犯，其同类自相犯者，各依本俗法；异类相犯者，以法律论。

化外人是指外国人。中国自古以来认为自己是天朝大国、王化之地，故把外国人称为化外人，带有轻贬之意。这一规定即是说对于外国人在中国的犯罪，若是其为同一国家者相犯，依照该国的法律与风俗处断；不同国家的外国人相犯，以及唐人与外人相犯，皆依唐律处理。这一规定既维护了唐王朝国家的法律主权，又尊重了犯罪者本国的习俗和法律，相对而言是比较合理的。

（三）唐律职官律法中所体现的礼法结合

《唐律·职制》对官吏的规范达到了一个空前完备的水平。徐道邻先生在其《中国法律制度》[①] 一文中，有简明的论述。下述一段多取自前文中的相关论述。《唐律·职制》在对违法官吏的判刑上，居官者和平民是不同的，凡是九品以上之官，只要所犯的不是五流（加役流，反逆缘坐流，子孙犯过失流，不孝流，会赦犹流）和死罪[②]，都可以去官抵罪，谓之“官当”[③]。

七品以上之官，流罪以下，皆减一等，谓之“减罪”[④]，五品以上之官，犯非恶逆，虽坐绞斩，亦听自尽于家[⑤]，居官者虽是犯了五流而配流如法，也还是可以免居作之役[⑥]；纵是处死刑或者配流，也还是不服劳役不受拷打，而保全他一种光荣的身份[⑦]。至于他们的舍宅、车服、器物，甚至祖先的坟茔石兽之类，都有一定制造的规定，来显著地表示他们的品级身份[⑧]。唐律对于官吏的社会地位的确是予以十分的尊重。

但是，因此居官的人在一般做人的责任上，也比平民为重。尤其在取与授受之间，显著地表示出法律对他们要求的严格。如：

《唐律·职制》“监主受财枉法”条：

> 监临主司受财而枉法者……十五匹绞。

而平民窃盗，虽五十匹，也不过是加役流而已[⑨]。监临主司受财虽是不枉法[⑩]，也要一尺杖九十，三十匹加役流[⑪]。甚至于规定：

> 诸有事先不许财，事过之后而受财者，事若枉，准枉法论，事不枉者，

---

① 参见徐道邻：《中国法制史论集》卷一，94～102页，台北，志文出版社，1975。

② 虽十恶之罪，有的还是可以官当的。

③ 《唐律》规定，私罪，五品以上，一官当徒二年；九品以上，一官当徒一年，公罪各加一年当。流罪比徒四年。其以官当徒者，罪轻不尽其官，留官收赎，官少不尽其罪，余罪收赎（参见名例律“以官当徒条”及“以官当徒不尽条”）。

④ 《唐律·名例》“减章”条。

⑤ 《唐律·断狱》“断罪应绞而斩”条。

⑥ 《唐律·名例》“赎章”条。

⑦ 德国中古法中，斩是光荣的死罪，绞是不光荣的死罪，与此可以对照。

⑧ 《唐律·杂律》“舍宅车服器物”条。

⑨ 《唐律·贼盗》“窃盗”条。

⑩ 《唐律·职制》“虽受有事人财，判断不为曲法”。

⑪ 《唐律·职制》“监主受财枉法”条。

以受所监临财物论。[1]

此外，对受所监临财物、贷所监临财物、役使所监临、监临受供馈、监临家人乞借等，也都详于规定。[2]

唐律对官吏涉及使用朝廷公物等财产关系，更有特别的法律责任[3]。如《唐律·杂律》“应给传送剩取”条规定：

诸应给传送（一品给马八匹，二品六匹，三品以下各有等差），而限外剩取者，笞四十。

若不应给而取者，加罪二等。强取者各加一等。主司给与者，各与同罪（强取而主司给与，亦与强者罪同）。

像上面一条规定，虽是被人强迫的而仍然不能免罪。作官吏的责任，不可谓不严。

---

① 《唐律·职制》“事后受财”条。

② 《唐律·职制》(1)“受所监临财物”条：“诸监临之官，受所监临财物者（不因公事而受监临内财物者），一尺笞四十，一匹加一等，……五十匹流二千里。乞取者，加一等（非财主自与而官人从乞者），强乞取者（若以威力强乞取者），准枉法论”。(2)“贷所监临财物”条：“诸贷所监临财物者，坐赃论。……若百日不还，以受所监临财物论。若卖买有剩利者（官人于部卖物及买物，计时估剩利者），计利以乞取监临财物论。强市者笞五十。有剩利者，计利准枉法论”。(3)“役使所监临”条：“诸监临之官，私役使所监临，及借奴婢、牛马驼骡驴、车船、碾硙、邸店之类，各计庸赁，以受所监临财物论”。(4)“监临受供馈”条：“诸监临之官，受猪羊供馈，坐赃论”。(5)“率敛所监临财物”条：“诸率敛所监临财物馈遗人者（谓率人敛物或以身率人），虽不入己，以受所监临财物论（若自入者，册乞取法）”。(6)“监临之官家人有犯”条：“诸监临之官，家人于所部，有受乞、借贷、役使、卖买有剩利之属，各减官人罪二等。官人知情，与同罪，不知情者，各减家人罪五等”。(7)“受旧官属士庶馈与”条：“诸去官而受旧官属、士庶前任所僚佐馈与，若乞取借贷之属，各减在官三等。诸因官挟势，及豪强之人乞索者（扶持形势及乡间首望豪右之人乞索财物者），坐赃论减一等”。

③ 《唐律·职制》：(1)“增乘驿马”条：“诸增乘驿马者，一匹徒一年”。疏：“给驿，三品以上四匹，四品以上三匹，五品以上二匹，余官一匹……。数外剩取，是曰‘增乘’”。(2)“乘驿马枉道”条：“诸乘驿马辄枉道者，一里杖一百，五里加一等。……经驿不换马者，杖八十”。疏：“问曰：假有使人乘驿马，枉道五里，经过反复，往来便经十里，如此犯者，从何科断？答曰：律云‘枉道’，本虑马劳，又恐行迟，于事稽废，既有往来之理，亦计十里科论”。(3)“乘驿马赍私物”条：“诸乘驿马赍私物（谓非随身衣仗者），一斤杖六十，十斤加一等，罪止徒一年”。

《唐律·杂》：“乘官船载违限”条：“诸应乘官船者，听载衣粮二百斤，违限私载，若受人寄物，及寄物之人，物满五十斤及一人者各笞五十。一百斤及二人，各杖一百……每一百斤及二人，各加一等”。

《唐律·厩库》：(1)“监主贷官物”条：“诸监临主守，以官物私自贷，若贷人，及贷之者，无文记，以盗论，有文记，准盗论（“文记谓取抄署之类”，谓虽无文案，或有名簿，或取抄及署领之类皆同）”。(2)“假借官物不还”条：“诸假请官物（谓有吉凶应给威仪卤簿，或借帐幕毡褥之类），事讫过十日不还者，笞三十。十日加一等”。(3)“监主以官物借人”条：“诸监临主守之官，以官物私自借，若借人，及借之者，笞五十，过十日，坐赃论减二等”。

（四）唐律中伦常制度所体现的礼法结合

对此问题，徐道邻先生在其《中国法律制度》[①] 一文中有精彩的论述。中国的礼教，是建立于“五伦”之上的，所以人与人的关系，在法律上全受双方相对身份地位的支配。大体可分以下数端：

1. 君主的特别人格

唐律500条中，刑名最重的，莫过于谋反（谋害皇帝），犯者不分首从皆斩，父子年十六以上皆绞（贼盗，谋反大逆条）。事涉皇帝而致死罪者，几乎有二十条[②]。

但是如果我们细读唐律，可以发现皇帝在唐律中有时是代表国家，有时是代表个人。例如“十恶”的次序，“谋反”（谋犯皇帝）和“谋大逆”（毁宗庙山陵）在最前面，而“大不敬”（盗乘舆服御物，指斥乘舆，无人臣礼），则在“恶逆”（谋杀祖父母父母）、“不道”（杀一家非死罪三人，支解人）之后；可见前者是国家为主，后者以皇帝个人为主。职制律中，“署置过限”、“贡举非其人”、“刺史县令私出界”等罪在先，而“合和御药误不如本方”、“御幸舟船误不牢固”等罪在后；可见服务国家之事，重于事奉皇帝之事。斗讼律：殴皇家袒免亲，若亦为己之所亲的，则各准尊卑服数为罪，不在侵犯皇亲加重判刑之例。可见私人伦理关系重过皇亲与平民间的关系。所以“君主为国家象征”这个意识，在中国过去的国家理论中，并不能说完全没有。

2. 亲属身份在法律上的重要作用

这可分六项来讲。

（1）缘坐。《唐律·贼盗》“谋反大逆”条规定：

> 谋反及大逆者，皆斩；父子年十六以上皆绞，十五以下及母女、妻妾、祖孙、兄弟、姊妹……并没官……伯叔父，兄弟之子皆流三千里。

《唐律·贼盗》“谋叛”条：

> 诸谋叛者，绞。已上道者，……妻子流二千里。若率部众百人以上，

① 参见徐道邻：《中国法制史论集》卷一，94～102页。以下文字主要参照徐道邻先生的文章编辑而成。

② 《唐律》：如阑入上阁内者绞；阑入殿内者绞；越殿垣者绞；非宿卫人冒名入殿内者绞；不承敕擅开宫殿门者绞；夜持杖入殿门者绞；合和御药误不如本方及封题误者医绞；造御膳误犯食禁者主食绞；造御幸舟误船不牢固者工匠绞；监当官司及主食之人误将杂药至御膳所者绞；指斥乘舆情理切害者斩；谋反大逆者绞；盗御宝者绞；伪造皇帝八宝者斩；伪写宫殿门符者绞；诈伪制书及增减者绞。

父母妻子流三千里。

《唐律·贼盗》“造畜蛊毒”条：

诸造畜蛊毒（谓造合成蛊，堪以害人者），及教令者，绞；造畜者同居家口虽不知情，若里正（坊正、村正亦同）知而不纠者，皆流三千里。

这就是本来无罪之人，只因为和犯罪人有亲属关系，而被连带到配流、没官，以至处死。

（2）减赎。皇帝袒免以上亲，太皇太后皇太后缌麻以上亲，皇后小功以上亲，犯死罪，皆条陈所坐及应议之状（议者原情议罪，称定刑之律而不正决之）先奏请议，议定奏裁。流罪以下减一等（《唐律·名例》“议章”条）。皇太子妃大功以上亲，犯死罪者上请，流罪以下减一等（《唐律·名例》“请章”条）。

官爵得请者（五品以上）之祖父母父母兄弟姊妹妻子孙，犯流罪以下各从减一等之例（《唐律·名例》“减章”条）。官品得减者（七品以上）之祖父母、父母妻子孙，犯流罪以下听赎。以上四等人，犯流罪以下皆听赎（《唐律·名例》“赎章”条）。即是本来犯罪之人，只因为和某种人有亲属关系，遂得减等科刑或纳铜赎罪。[①]

（3）量刑。依《贼盗律》谋杀期亲尊长条，侄杀伯父母姑者，皆合斩刑，属“恶逆”（《唐律·名例》“十恶”条）。而伯叔父杀侄则徒三年（《唐律·名例》“殴兄弟姊妹”条），弟殴兄者徒二年半，属“不睦”（《唐律·名例》“十恶”条），兄殴弟虽伤无罪（殴杀者徒三年），妻殴夫者徒一年（《唐律·斗讼》“妻殴夫”条），夫殴妻，伤者减凡人二等，不伤无罪，可见同一犯罪行为，唯以双方亲属关系中身份不同，而刑罚的轻重亦随之大不相同。

（4）定罪。《唐律·职制》“府号官称犯父祖名”条规定：

诸府号官称犯祖父名（父名“卫”，不得于诸卫任官，祖名“安”，不得任长安县职），而冒荣居之，祖父母、父母老疾无侍，委亲之官者，……徒一年。

和唐律中规定的居父母丧生子徒一年，祖父母父母死罪而违禁嫁娶者徒一年半等规定相类似，这都是本来很正常的行为，但因为其亲属中有某人在某种

① 赎罪：死刑，铜百二十斤；流刑，八十至一百斤，二十至六十斤；杖刑六至十斤；笞刑一至五斤。

状况之下，而这些行为就构成了罪名。

（5）破法。《唐律·名例》“犯死罪非十恶”条规定：

> 诸犯死罪非十恶，而祖父母父、母老疾应侍，家无期亲成丁者，上请，犯流罪者，权留养亲。

“犯罪共亡捕首”条规定：

> 诸犯罪共亡，轻罪能捕重罪首及轻重等获半以上者，皆除其罪。

但缌麻以上亲，犯罪共之者，则不合告言，若捕亲属首者，但得减逃亡之坐，其本犯之罪不原；并且还须要依伤杀及亲属法治罪。“同居相为隐”条规定：

> 诸同居，若大功以上亲，及外祖父母、外孙，若孙之妇，夫之兄弟，及兄弟妻有罪相为隐。……即漏露其事及擿语消息，亦不坐。
>
> 疏：假有铸钱及盗之类，事须掩摄追收，遂漏露其事，及“擿语消息”，谓报罪人所掩摄之事，令得隐避逃亡。

这都是本应执行的，或应免除的和应判决的罪名，但因犯罪者的亲属关系，而都“破格”不用了。

（6）特制。《唐律·户婚》“子孙不得别籍”条规定：

> 诸祖父母、父母在，而子孙另籍异财者（别生户籍，财产不同），徒三年。

《唐律·斗讼》“祖父母为人殴击”条规定：

> 诸祖父母、父母为人所殴击，子孙即殴击之，非折伤者勿论。折伤者，减凡斗折伤三等。

《唐律·贼盗》“杀人移乡”条规定：

> 诸杀人应死，会赦免者，移乡千里外。
>
> 若死家无期以上宗，或先相去千里外……不在移限。

这些都是特别为维护亲属关系而设的制度。而末一条，一方面既赦免罪犯的死刑，另一方面又恐怕不能安慰被害者家属的报仇心理，而规定了这种强迫移民的办法。其顾虑的周详可谓无微不至。

3. 婚姻律法上的发展

在传统解除婚姻关系的“三不去”原则下，唐律规定妻若有恶疾或犯有奸罪，虽符合“三不去”的条件，仍可休弃。

此外，在唐律中首次规定了另一种强制离婚原则——“义绝”。是指夫妻间或夫妻双方亲属间或夫妻一方对他方亲属若有殴、骂、杀、伤、奸等行为，就视为夫妻恩义断绝，不论双方是否同意，均由官府审断，强制离异。义绝的条件对于夫妻而言并不平等，明显偏袒夫家，对妻的要求更严，而赋予夫较大的权利。唐律对于夫妻相犯的处罚也依身份而有不同的规定，原则上是夫犯妻从轻，妻犯夫从重。身份低于妻的妾在家庭中的法律地位更低，其违法后的责任也更重。以上规定同样体现了唐律对传统伦常制度的维护，以巩固建立在夫为妻纲、男尊女卑的封建父权、夫权基础上的传统家庭秩序。

■ 唐律司法中的礼刑合一

（一）司法机关

1. 中央司法机关

唐代沿袭隋制，皇帝以下设置大理寺、刑部、御史台三大司法机构，执行各自司法职能。《唐六典》中规定：

（1）大理寺。凡属流徒案件的判决，须送刑部复核；死刑案件必须奏请皇帝批准。同时大理寺对刑部移送的死刑与疑难案件具有重审权。

（2）刑部。以尚书、侍郎为正副长官，下设刑部、都官、比部和司门等四司。刑部有权参与重大案件的审理，对中央、地方上报的案件具有复核权，并有权受理在押犯申诉案件。

（3）御史台。御史台以御史大夫和御史中丞为正副长官，下设台、殿、察三院。作为中央监察机构，专门负责代表皇帝自上而下地监督中央和地方各级官吏是否遵守国家法律和各项制度，是否忠实履行职责，位高权重，可称得上是皇帝的“耳目之司”。御史台有权监督大理寺、刑部的审判工作，同时参与疑难案件的审判，并受理行政诉讼案件。御史台中分设台院、殿院、察院，统辖下属的诸御史。

台院是御史台的基本组成部分，设侍御史若干人，执掌纠弹中央百官，参与大理寺的审判和审理皇帝交付的重大案件。由于侍御史在诸御史中的地位最高，职权最重，因此一般均由皇帝直接指派，或由宰相与御史大夫商定，由吏

部选任。

殿院，设殿中侍御史若干人，执掌纠察百官在宫殿中违反朝仪的失礼行为，并巡视京城及其他朝会、郊祀等，以维护皇帝的神圣尊严为其主要职责。

察院，设监察御史若干人，执掌纠察州县地方官吏的违法行为。唐代时以“道”为监察区，全国共分为十道（后增为十五道），每道设一名监察御史，称为巡按使，品级虽低，但权力极大，是皇帝设在地方上的耳目。

（4）唐代的“三司推事”。唐代中央或地方发生重大案件时，由刑部侍郎、御史中丞、大理寺卿组成临时最高法庭审理，称为“三司推事”。有时地方发生重案，不便解往中央，则派大理寺评事、刑部员外郎、监察御史为“三司使”，前往审理。此外，唐代还设立都堂集议制，每逢发生重大死刑案件，皇帝下令“中书、门下四品以上及尚书九卿议之”，以示慎刑。

2. 地方司法机关

唐代地方司法机关仍由行政长官兼理。州县长官在进行司法审判时，均设佐史协助处理。州一级设法曹参军或司法参军，县一级设司法佐、史等。县以下乡官、里正对犯罪案件具有纠举责任，对轻微犯罪与民事案件具有调解处理的权力，结果须呈报上级。

（二）民刑诉讼的区分与刑狱之制

1. 民刑诉讼有别

唐制徒以上罪，不断于县而断于州府，因为州府都设有专门司法幕僚：州有“司户参军事”及“司法参军事”，上中州各二人，下州各一人；府有“户曹参军事”及“法曹参军事”，上府二人，下府一人。户曹及司户参军的职责规定：

> 掌断判人之诉竞，凡男女婚姻之合，必辩其族姓；以举其违：凡井田利害之宜，必止其争讼，以从其顺。①

法曹及司法参军的职责规定：

> 掌律令格式，鞫狱定刑，督捕盗贼，纠逮奸非之事，以究其情伪，而制其文法。②

可见当时民事和刑事，不是完全没有分别的。

---

①② 《唐六典》卷三十。

2. 刑罚制度中体现的薄罚而慎杀

《唐律·名例》“犯罪已发”条规定：累犯笞杖，决之不得过二百，累犯流刑，不过三千里，累犯流徒，役不过四年。死刑不出绞斩（废除了过去种种残酷不人道的暴刑）。《唐律·贼盗》“谋反大逆”条规定：缘坐入死限于父子，再无合门族诛之事。《唐律·断狱》“决罚不如法”条规定：笞杖的粗细长短有一定限制[①]，且规定受刑部位为背、腿、臀分受。捶人而滥施大杖，徒流应送配所而稽留不送者，都有严格的制裁。

此外，《唐律》还规定：秋分以前，立春以后，正月、五月、九月（断屠月），一、八、十、十五、十八、二十三、二十四、二十八至三十日（禁杀日亦称“十直日”），皆不得决死刑。一年之中，能杀人的日子，前后算起来还不足80天。

（三）唐律中的管辖与复审及死刑复核制度

1. 管辖制度

按《唐律》规定，各级裁判机关的管辖权如下：

> 徒断于州，杖断于县。

这是一般地方上的案件管辖审理范围。

> 徒刑以上归大理，其下由京师法曹参军事与诸司断之。

这是京城内的案件管辖审理范围。此外，凡审理重大案件，特召刑部尚书、御史中丞、大理寺卿会同审断，谓“三司使”，是一种特别法庭。而邀车驾，挝登闻鼓，上方裁，迁讯御审等等，则是一种非常裁判制度。

2. 复审制度

“县申州，州申省、刑部”是一般“复审”程序。按唐律规定，凡案件审理完毕，徒刑以上案件，应对犯人及其家属宣读判决。如有不服，应进行复审。即是说，杖罪以下断于县，一审即可执行。徒以上罪断于州，必经一次“复审”。流以上罪，经“申奏”。《唐律·断狱》“应言上而不言”条：

> 杖罪以下，县决之，徒以上县断定，送州复审迄。……大理寺及京兆、河南府断徒……并申省。……大理寺及诸州断流以上……皆连写案状申省。

① 《唐律·断狱》“决罚不如法”条：杖皆节去节目，长三尺五寸。

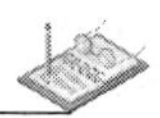

大理寺及京兆河南府即封案送。若驾行幸，即准诸州例，案复理尽申奏。

3. 死囚复奏制度

死刑的执行也非常严格。一方面，孕妇须产后百日乃行刑，未产而决或产未满百日而决者，有关官吏处以徒刑；另一方面，死刑判决后须报请皇帝核准，核准后还须三次奏报，得到批准后再过三日才可执行。《唐律·断狱》"死囚复奏报决"条，疏：

死罪囚，谓奏画已讫，应行刑者，皆三复奏讫，然始下决，……即奏报应决者，谓奏讫报下，应行决者，听三日乃行刑。

（四）对狱讼淹滞不决的禁止性规定

《唐律·职制》对狱讼淹滞不决，也制定了一般性的禁止规范。如"稽缓制书、官文书"条规定：

依令，小事五日程，中事十日程，大事二十日程。徒以上狱案辩定须断者三十日程。

其通判及勾经三人以下者，给一日程，经四人以上，给二日程，大事各加一日程。若有机速，不在此例。

宪宗元和四年（公元 809 年）敕：

刑部大理决断系囚，过为淹迟，是长奸幸。自今已后，大理寺检断，不得过二十日，刑部覆下，不得过十日。如刑部覆有异同，寺司重加不得过十五日，省司量覆不得过七日。如有牒外州府节目及于京城内勘，本推即日以报。牒到后计日数，被勘司却报不得过五日。仍令刑部具遣牒及报牒月日，牒报都省及分察使，各准敕文勾举纠访。[①]

穆宗长庆元年（公元 821 年），牛僧孺奏：

天下刑狱苦于淹滞，请立程限，大事，大理寺限三十五日详断毕，申刑部，限三十日闻奏。中事，大理寺三十日，刑部二十五日。小事，大理

① 《旧唐书·刑法志》，北京，中华书局，1975。

寺二十五日，刑部二十日。一状所犯十人以上，所断罪二十件以上，为大。所犯六人以上，所断罪十件以上，为中。所犯五人以下，所断罪十件以下，为小。其或所抵罪状并所结刑名并同者，则虽人数甚多，亦同一人之例。违者，罪有差。①

（五）法官责任制度与司法人才的选拔

1. “入罪”、“出罪”与法官的绝对责任

唐律司法制度中，最值得关注的要点之一即法官对于其断案的曲直，负有绝对的责任。唐律中无罪之人被判罪，谓之“入罪”；有罪之人被放纵，谓之“出罪”。其处罚规定如下：

《唐律·断狱》“官司出入人罪”条规定：

> 官司入人罪者（谓或虚立证据，或妄构异端，舍法用情，锻炼成罪），若入全罪，以全罪论。
>
> 从轻入重，以所剩论。
>
> 从笞杖入徒流，从徒流入死罪，亦以全罪论。
>
> 其出罪者（谓增减情状之徒，足以动事之类，从重出轻）……各如之。即断罪失于入者，各减三等；失于出者，各减五等。

就是说法官故意违法裁判的，皆随其所判得罪；就是因过失而误判的，也要减等论罪，而不能诿其责任。

2. 司法人才的选拔

唐代对于司法人才的选拔也很注重。当时每岁的贡举都有“明法”一科。考试的项目是试律令各十帖，试策共十条（律七条，令三条）。全通者为甲等，通八以上者为乙等，自七以下为不第。② 比起“明经”、“秀才”各科，都有甲乙丙丁四等，可谓选择标准更为严格。这一制度至宋代得到了进一步发展。

■ 唐律礼法合一的特点及其历史地位

唐律是中国法制史上具有代表性的法典。在唐律中，中国传统法律制度的基本精神、主要特征以及中国古代法律的整体立法水平都得到了充分的体现。唐律的主要特点在于：

---

① 《旧唐书·刑法志》，北京，中华书局，1975。

② 《通典》卷十五。

（一）唐律“一准乎礼”，“以礼为出入”

也就是说，唐律以儒家所宣扬的礼教和伦理纲常作为自己的定罪量刑的基本标准，使礼法得到彻底的融合。这主要体现在三个方面：

（1）唐律总的精神在于贯彻三纲。“三纲五常”以及一系列具体的伦理道德观念如忠、孝、友、悌等等，都在法典的有关规定中得以充分体现。

（2）唐律中许多法律条文直接渊源于礼的规范。

（3）唐律借助具体详明的疏议，引用儒家经典充分阐发了礼教的“义理”。

总之，“礼”是唐律的核心与灵魂，唐律是礼教规范的法律表现，二者密不可分。唐律中礼与法的密切融合，也反映了中国古代法律制度的稳定与成熟。

（二）用刑持平

在中国法律史上，唐律是一部“宽简适中，得古今之平”的法典。唐代是中国封建社会发展的顶峰时期，唐律作为这一时期社会文明的集中反映，在刑罚种类、量刑幅度等方面都是各朝法典中最为宽松、适中、平和的。

在刑罚种类上，唐律只规定笞杖徒流死五种刑罚方法，死刑仅斩绞二种。在唐之前刑罚残酷已不必说，即使在唐以后的宋、明、清时期还出现过凌迟、充军、枭首等残酷刑罚。因此，相比较而言唐律用刑是最为持平的①。

在量刑原则上，唐律一些规定也体现了宽松仁恕的原则，如关于老疾犯罪的规定中，若犯罪时未达到老、疾的标准，但事发时已老疾，仍依老疾论；犯罪时幼小，事发时长大者，亦依幼小论。在量刑幅度上，唐律相对于前后各代的法典较为轻缓。特别是对于一些重罪，如十恶中的谋反、谋大逆、谋叛等罪的处罚，不仅较隋以前各法典为宽松，比后来的明、清律所规定的刑罚幅度也轻缓许多。用刑平缓是唐律的基本特征之一，这是由唐律所处的相对高度发达的社会文明环境所决定的。

（三）立法技术空前完善

唐律是在唐初统治秩序相对稳定、经济文化高度发展的背景下制定的。它充分吸收了前代各朝立法的经验和律学长期发展的成果，在立法技术上臻于完善。

---

① 唐代法律制度同实际执行的情形是否能相去不远，这就要视整个的政治情势而言了。大体说来，太宗（公元627—649年）、宪宗（公元806—824年）都是宽仁之君，这时期的司法情形，都是为当时及后世所称道的。武后（公元684—705年）最称滥刑，天下之人为之侧目。玄宗（公元712—756年）初尚宽仁，晚年屡兴大狱。懿宗（公元860—873年）以后，无可称述者。沈家本说：“法之善者，仍在有用法之人。苟非其人，徒法而已。……大抵用法者得其人，法即严厉亦能施其仁于法之中。用法者失其人，法即宽平亦能逞其暴于法之外。此其得失之故，实箎乎宰治者之一心。为仁为暴，朕兆甚微。若空言立法，则方策具在，徒虚器耳”（沈家本：《历代刑法考·刑制总考》卷四）。

在篇章结构和体例上，整个法典前后呼应，各篇、各条之间紧密相扣，从整体上看显得极为严密与严谨。在名例律中关于“本条别有制”、“举重以明轻”以及“不应得为”等规定在当时条件下都是适当、科学和严密的。同时，唐律中的“疏议”用具体、详尽、简明的语言解释每一条文、每一制度，补充律义，阐明律意，使整个法典显得更为科学与完善。可以说，唐律是中国古代立法技术的最高成就。

（四）唐律的历史地位

唐律作为中国封建社会全盛时期的基本法典，在中国法制史和世界法制史上占有重要的历史地位。

1. 唐律是一部集众律之大成的法典

它是秦汉魏晋以来数百年间封建立法、司法经验的集中总结，也是自夏商以来数千年法律文化的结晶。在唐律之中，集中体现了中国古代法律文化的一切优秀成果。

2. 唐律是一部对中国后世各朝法律产生深刻影响的法典

唐律所确定的体例、结构、主要制度、主要原则，都为宋、明、清诸律所继承，唐律的基本精神，也同样贯穿于后世各朝立法之中。宋、明、清诸律虽然都根据当时的实际情况有所损益，但其基本精神、主要框架和一些主要制度都未能超出唐律的范围。

3. 唐律是一部有广泛世界影响的法典

唐律作为盛唐时期的基本法典，随着唐代文化对外传播而对东亚各封建国家的法律制度产生深刻的影响。在日本、朝鲜、越南等国封建时代的法律、法令中，都可以追寻到唐律的痕迹。正因为如此，唐律成为中华法系的代表性法典，在世界文明史上占有重要地位。

相关案例

六年九月，富平县人梁悦，为父杀仇人秦果，投县请罪。敕：“复仇杀人，固有彝典。以其伸冤请罪，视死如归，自诣公门，发于天性。志在徇节，本无求生之心，宁失不经，特从减死之法。宜决一百，配流循州。”

（《旧唐书·刑法志》）

二年四月，刑部员外郎孙革奏：“京兆府云阳县人张莅，欠羽林官骑康宪钱米。宪徵之，莅承醉拉宪，气息将绝。宪男买得，年十四，将救其父。以莅角觝力人，不敢[illegible]解，遂持木锸击莅之首见血，後三日致死者。准律，父为人所殴，子往救，击其人折伤，减凡斗三等，至死者，依常律。即买得救父难是性

孝，非暴，击张莅是心切，非凶。以髫草之岁，正父子之亲，若非圣化所加，童子安能及此？王制称五刑之理，必原父子之亲以权之，慎测浅深之量以别之。春秋之义，原心定罪。周书所训，诸罚有权。今买得牛被皐风，幼符至孝，哀矜之宥，伏在圣慈。臣职当谳刑，合分善恶。”敕：“康买得尚在童年，能知子道，虽杀人当死，而为父可哀。若从沉命之科，恐失原情之义，宜付法司，减死罪一等。”

（《旧唐书·刑法志》）

广州都督党仁弘尝率乡兵二千助高祖起，封长沙郡公。仁弘交通豪酋，纳金宝，没降獠为奴婢，又擅赋夷人。既还，有舟七十。或告其赃，法当死。帝哀其老且有功，因贷为庶人，乃召五品以上，谓曰：“赏罚所以代天行法，今朕宽仁弘死，是自弄法以负天也。人臣有过，请罪於君，君有过，宜请罪於天。其令有司设藁席于南郊三日，朕将请罪。”房玄龄等曰：“宽仁弘不以私而以功，何罪之请？”百僚顿首三请，乃止。

（《新唐书·刑法志》）

太和六年，兴平县民上官兴以醉杀人而逃，闻械其父，乃自归。京兆尹杜悰、御史中丞宇文鼎以其就刑免父，请减死。诏两省议，以为杀人者死，百王所守；若许以生，是诱之杀人也。谏官亦以为言。文宗以兴免父囚，近于义，杖流灵州，君子以为失刑。

（《新唐书·刑法志》）

大理少卿缺。太宗曰：“大理，人命所系，胄清直，其人哉。”即日命胄。……时选者盛集，有诡资荫冒牒取调者，诏许自首；不首，罪当死。俄有诈得者，狱具，胄以法当流。帝曰：“朕诏不首者死，而今当流，是示天下不以信，卿卖狱耶？”胄曰：“陛下登杀之，非臣所及。既属臣，敢亏法乎？”帝曰：“卿自守法，而使我失信，奈何？”胄曰：“法者，布大信于人，言乃一时喜怒所发。陛下以一朝忿将杀之，既知不可而置于法，此忍小忿、存大信也。若阿忿违信，臣为陛下惜之。”帝大感悟，从其言。

（《新唐书·戴胄传》）

本章小结

隋初统治者在继承和借鉴前代法制经验的基础上制定的《开皇律》，对法律制度进行了重大改革，使其直接为唐律所继承，成为制定唐律的蓝本，并因此在中国法制史上占有重要地位。同时，立法与司法的不统一导致隋代迅速灭亡的历史教训也时时为后人所警醒。

唐代统治者汲取前代法制经验和教训，确立了以德主刑辅为核心的立法指导思想，并依此审慎而富有成效地进行了大规模的立法活动，其严密的体系、丰富的内容、成熟的技术和鲜明的特色使唐律成为中国乃至世界法制史上封建法律的典型代表。唐律是在中国特定的经济、文化、社会背景下产生发展而形成的，因而其形式内容及其基本精神都具有鲜明的中国特色，它是维护封建皇权与特权及小农经济、维护封建伦理道德、维持国家机器正常运转的有效工具和有力武器，对唐代政治的稳定和经济、文化的高度发展起了积极的促进和保障作用。唐律不仅在中国法制史上起着承先启后的作用，而且具有广泛的世界影响，对于当时周围亚洲国家的封建立法产生了巨大影响。

关键概念

《贞观律》	《永徽律疏》	《唐六典》	封建制五刑	十恶
八议	六杀	六赃	保辜	公罪与私罪
加役流	唐律类推	化外人	出入人罪	三司推事

思考题

1. 简述《开皇律》的主要内容及影响。
2. 分析隋代法制的历史教训。
3. 简述唐初立法指导思想的确立及主要内容。
4. 简述唐律十二篇的结构与主要内容。
5. 简述唐代的主要法律形式及其相互关系。
6. 简述《唐律疏议》的体例结构及各篇的主要内容。
7. 简述《唐律疏议》中规定的五刑制度具体内容及主要刑法适用原则。
8. 分析《唐律疏议》中十恶、八议制度的内容特点及实质。
9. 唐律是如何维护皇权和贵族官僚的等级特权的?
10. 简述《唐律疏议》中的诉讼审判制度与监察制度的特点及作用。
11. 简述唐律的基本特点和历史地位。
12. 简述以唐律为代表的中华法系的特点与历史地位。

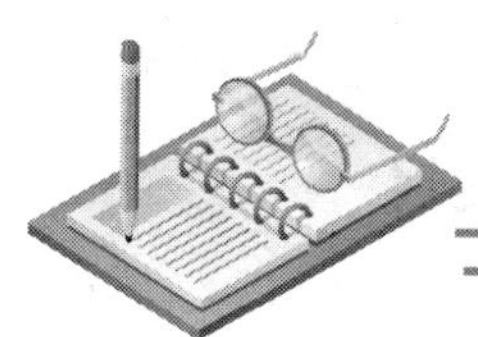

第八章

礼法合一的发展与变化——宋、辽、金、元时期的法制

［学习目标］

通过本章学习应掌握在宋元时期，随着中央集权体制和皇权的发展变化，表现在政治和法律方面，更加注重运用法律调整社会关系，维护帝制秩序。其中法典内容方面的《宋刑统》、编敕、编例、《条法事类》、《大元通制》、《元典章》等代表性立法，具体刑罚制度方面的变革，司法体制方面中央与地方司法机构的变化，特别是宋、元时期司法制度的完备，均是本章的重点内容。

建隆元年（公元960年）宋太祖赵匡胤建宋，都开封（史称汴京，即今河南开封）。钦宗靖康元年（公元1126年）金兵占开封，史称此前为北宋。北宋历九帝，167年。次年宋高宗赵构在南京（今河南商丘）称帝。此后称南宋，都临安（今浙江杭州）。末帝祥兴二年（公元1279年）为元所灭。南宋历九帝，153年。

神册元年（公元916年）契丹族耶律阿保机建契丹国，是为辽太祖。太宗大同元年（公元947年）改国号大辽。天祚帝保大五年（公元1125年）为金所灭。传九帝，210年。

公元1115年女真族完颜部阿骨打在居住地“按出虎水”（女真语意为金）建人金国，年号收国，是为金太祖。太宗在此地建都城会宁府（今黑龙江阿城南）。天德五年（公元1153年）迁都中都（今北京）。天兴三年（公元1234年）金哀宗自杀，末帝承麟被害，为蒙古军所灭。凡十帝，120年。至元八年（公元1271年）蒙古贵族忽必烈建元，是为元世祖，都大都（今北京）。顺帝至正二十八年（公元1368年）为明所灭。顺帝北逃，史称北元。如果自元太祖成吉思汗于公元1206年建蒙古国算起，历十四帝，共163年（如自世祖建元后算，凡十帝，98年）。

第一节　宋代法律制度——礼法合一的发展

■ 两宋时期礼法合一思想的发展

两宋时期，由前代依据门阀和等级取得禄位、占有土地的制度，转变为主要经由科举考试任命官员，和主要通过买卖取得土地。经济关系和政治制度上的变革，势必推动意识形态发生相应的变革。地主阶级需要新的理论以维护其新的社会关系和政治思想统治。宋学便在这一历史条件下产生了，并成为两宋三百多年间及以后元、明、清时期占统治地位的思想学说。而宋学中居首的是理学，其思想的主要来源大致出于三方面：一是汉学以前原始儒学经典，主要是《易》、《春秋》、《周礼》；二是佛学，主要是华严宗和禅宗；三是道教，主要是太极和阴阳学说。上述思想内容遂成为两宋法律思想的主要渊源，在立法司法中有着不同程度的反映。

如前所述，宋代以科举取士，重文轻武，遂摆脱了前代门阀、武臣的羁绊，朝政议论呈现出前所未有的活跃局面，从而导致了政治、思想上较为自由的风气，这种风气也影响到法律思想方面。

有宋一代，应当说是懂法的皇帝最多的一个朝代和讲究法律的一个朝代。这或许也是两宋以一个积贫积弱的王朝得以维持三百多年之久的原因之一。

（一）强化中央集权——由儒家“人治”学说到律法的注重“吏治”

这一时期立法基本指导思想在于强化中央集权，从法律上肯定“稍夺其（藩镇、节度使）权，制其钱谷，收其精兵”的政策，重在刑事和行政立法。不仅在行政上以文官知州县事，在司法上强调武人不得干预，同时认为：

> 王者禁人为非，莫先于法令。[①]

注重法律的修订和司法体制、诉讼程序的设置，视各级司法官吏的人选为“天官选吏，秋曹谳狱，俱为难才”[②]。强调在司法中应“防闲考核，纤悉委曲”，

---

① 《宋大诏令集·政事五十三·刑法上》，北京，中华书局，1962。

② 《宋大诏令集·政事十五·官制一》。

以免“偏听独任之失”[1]。凡此种种，用心仍在于控制地方司法，以达到强化集权中央的目的。北宋前期对官吏犯罪惩治较重。太祖、太宗都一再主张“赏罚之典，断在必行”[2]。太祖时，因官吏违法获罪，还曾下诏自责，表示“朕失于任用，良切愧怀”[3]，这对克服司法官吏多“滞狱以不断，多避事而上言”[4] 的弊端无疑有一定作用。随着中央集权的发展，进一步使行政司法合一，以致有人说，宋代与其说是以行政官兼理司法，毋宁说是以司法官兼理行政。礼法结合在国家行政运行中更趋一致。

（二）“义利之辨”——“治簿书当如举子之治本经”

这个时期在政治上经历了“庆历新政”和“元祐党争”之后，尤其是神宗年间以王安石为首进行的“熙丰变法”，对宋初以来法制影响颇大。其立法思想较前一时期最大不同，就是由以法律强化中央集权，变为以法律来适应封建商品经济的畸形发展。“熙丰变法”对官僚、司法体制进行了较大改革，而其中心是对财政体制的改革，意在缓和与改良立国以来冗兵、冗官、冗费有增无已的状况。与此相适应，在思想上遂有由传统的“讳言财利”向“利义均重，利义相辅”思想的转变。所谓：

> 利者义之和，义固所以为利也。[5]

加之不抑兼并的土地政策，使得民事交往较前频繁和广泛，以致影响到神宗下诏称：

> 政事之先，理财为急。[6]

北宋末年迫于阶级矛盾的激化，对官吏犯罪惩处有所宽缓，颁布了诸如《元祐党人移徙诏》、《除外州奸党石刻御笔手诏》等宽宥罪吏的特别法，认为“惩责已久，俯从宽贷”，以明皇帝“用示至仁”之心。但同时加强了对农民起义的镇压。此外，对司法官吏明定“以三年为任”，以避免其因频繁调动而“决词讼则鲜肯究心，视公局则犹同传舍，簿书案牍，首尾罕详，吏缘为奸，民受其弊”[7] 的恶果。

---

① （明）黄淮、杨琦编：《历代名臣奏议》卷二一七，上海，上海古籍出版社，1989。

②③ 《宋大诏令集·政事十五·官制一》。

④ 《宋大诏令集·政事五十三·刑法上》。

⑤ （宋）李焘：《续资治通鉴长编》卷二一九，北京，中华书局，1985。

⑥ 《宋史·食货志》卷一八六，上海，上海古籍出版社，1986。

⑦ 《宋大诏令集·政事十五·官制三》卷。

（三）程朱理学——“正风俗而防祸乱”必以“礼律之文”为根本

这一时期立法思想主要受程朱理学和“永嘉”功利学派的影响，所谓：

乾淳诸老既殁，学术之会总为朱陆二派，而水心龂龂其间，遂称鼎足。①

程朱理学强调和论证的“理”，其时主要不是用以解释宇宙，而是用以说明现存的社会秩序。二程说：

父子君臣，天下之定理。

居今之时，不安今之法令，非义也。②

到朱熹更明确地说：

礼字，法字，实理字。

认为“正风俗而防祸乱”必须以“礼律之文”为根本。而“永嘉”功利学派则强调“以利和义”，认为：

善为国者，务实而不务虚。③

批评程朱理学是：

既无功利，则道义者，乃无用之虚语尔。④

朝廷对上述思想采“择善而取，为我所用”的原则，在当时的司法中，表现为对一般犯罪刑罚有所宽缓，认为“法深无善治”⑤，注重狱事和清理民诉，以此缓和内外矛盾。随着商品经济的畸形发展，以大量敕例、指挥变通旧律，在有关婚姻、财产继承等方面的律法中尤其如此。债法得到了进一步发展。但

① （清）黄宗羲、全祖望：《宋元学案·序》，《四部备要》。

② （宋）朱熹编辑：《二程语录·遗书二》，北京，中华书局，1985。

③ （宋）叶适：《水心文集》卷二十九，北京，中华书局，1961。

④ （宋）叶适：《水心别集》卷二十三。

⑤ 《陈亮集·法深无善治》，北京，中华书局，1987。

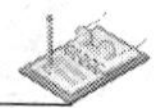

终宋之世，它所反映的主要民事法律关系，仍是以血缘、地缘为其基本活动半径的。随理学渐成为统治者的“教条”，礼的作用不是削弱而是加强了。南宋中期以后，冗官、冗兵、冗费现象更加严重，所以朝廷十分重视赋税之征，强调：

县令于簿书，当如举子之治本经。[①]

与此相适应，会计立法有所完善，所谓：

一县必有一县之计，一郡必有一郡之计，天下必有天下之计，天下之计总郡县而岁考焉。[②]

到南宋末年，由于内外阶级矛盾和民族矛盾的激化，加之累朝不绝的大量法律，已是：

内外上下一事之小，一罪之微，皆先有法以待之。[③]

■ 宋代立法与礼法合一的进一步完善

（一）《宋刑统》与编敕——礼法合一的继续

1.《宋刑统》

宋太祖建隆四年（公元963年），在工部尚书判大理寺卿窦仪等人的奏请下，开始修订宋朝新的法典。同年七月完成，由太祖诏“付大理寺刻板摹印，颁行天下”，成为历史上第一部刊印颁行的法典。全称《宋建隆详定刑统》，简称《宋刑统》。

《刑统》的编纂体例可追溯至唐宣宗时颁行的《大中刑律统类》，北宋初曾一度沿用的《大周刑统》，便是《刑统》体例在五代时发展的结果。《刑统》在具体编纂上，仍以传统的刑律为主，同时将有关敕、令、格、式和朝廷禁令、州县常科等条文，都分类编附于后，使其成为一部具有统托和综合性的法典[④]。

---

① 中国社会科学院历史研究所宋辽金元史研究室点校：《名公书判清明集·赋役门·财赋》卷三，北京，中华书局，1961。

② （清）徐松辑：《宋会要辑稿·食货十一》，北京，中华书局，1957年缩印本。

③ （清）顾炎武：《日知录》，上海，商务印书馆，1929。

④ 《宋刑统》和《唐律疏议》相比有这样一些特点：一是两者的篇目、内容大体相同。《宋刑统》也是30卷，12篇502条。二是《宋刑统》在12篇的502条中又分为213门，将性质相同或相近的律条及有关的敕、令、格、式、起请等条文作为一门。三是《宋刑统》收录了五代时通行的部分敕、令、格、式，形成一种律令合编的法典结构。四是《宋刑统》删去《唐律疏议》每篇前的历史渊源部分，因避讳对个别字也有改动，如将“大不敬”的“敬”字改为“恭”等。

2. 编敕

敕的本意是尊长对卑幼的一种训诫，南北朝以后成为皇帝诏令的一种。宋代的敕是指皇帝对特定的人或事所作的命令，敕的效力往往高于律，成为断案的依据。依宋代成法，皇帝的这种临时命令须经过中书省“制论”和门下省“封驳”，才被赋予通行全国的“敕”的法律效力。

编敕，是将一个个单行的敕令整理成册，上升为一般法律形式的一种立法过程。编敕是宋代一项重要和频繁的立法活动，神宗时还设有专门编敕的机构“编敕所”。从太祖时的《建隆编敕》开始，大凡新皇帝登基或改元，均要进行编敕。编敕的特点是：

（1）仁宗以前基本上是“敕律并行”，编敕一般依律的体例分类，但独立于《宋刑统》之外。

（2）神宗朝敕的地位提高，“凡律所不载者，一断于敕”，敕已到了足以破律、代律的地步。

（3）敕主要是关于犯罪与刑罚方面的规定，所谓“丽刑名轻重者，皆为敕”。

（二）条法事类与例的编纂——礼法合一的发展

1. 条法事类

南宋，在敕、令、格、式四种法律形式并行和编敕的基础上，将敕令格式以“事”分类统一编纂，形成了《条法事类》[①] 这一新的法典编纂体例。这种体例使礼律的结合达到了一个新的水平。

2. 例

北宋初既有例的制定，南宋时编例日盛，以补充律敕，以例断案有所发展。敕、例的广泛应用，使传统儒家经典学说进一步融会贯通于其时的司法实践中。宋代例对元、明、清有较大的影响。

■ 行政法律规范——皇权的强化

两宋的行政体制正处在由唐向元、明、清过渡这一历史时期[②]，使得有宋一

① 南宋孝宗淳熙年间曾编有《淳熙条法事类》。宁宗庆元年间（公元1195—1200年）开始编撰的《庆元条法事类》，于嘉泰二年（公元1202年）完成，次年颁行。该法典共437卷，分为职制、选举、文书、禁榷、财用、库务、赋役、刑狱等16门，每门之下又分若干类，每类载敕、令、格、式、申明等。理宗朝又编有《淳祐条法事类》。其中《庆元条法事类》至今留有残卷70卷。

② 公元960年，赵匡胤陈桥兵变建立北宋，为免有人以同样方式推翻赵宋王朝而黄袍加身，不久他便以“杯酒释兵权”，开始了改变五代以来“君弱臣强”局面的一系列行政体制的变革。为达到“稍夺其权，制其钱谷，收其精兵”这一削弱地方、强化中央的目的，遂有禁军制的创立和地方、中央行政、财政体制的改革。无论中央和地方，均行分权制，随之机构重叠日益严重，官员也就越设越多。所以有宋一代，疆域虽远不及唐，而官吏之数为唐的两倍多。而且行政机构重叠、体制繁紊又总统于皇帝，显示了封建社会后期行政管理的发展趋势。

代行政律法十分庞杂。历朝均对行政律法有所编纂，如至今尚可见到的《吏部七司法》残卷及《景定吏部条例》等，但终宋之世却没有一部像《唐六典》或明清《会典》那样的集一代行政法之大全者。

两宋的行政律法仍以职官为纲目编制，故对官吏的铨选、考课、奖惩仍为其主要内容。此外对文书管理的规定趋于完备，在中央由中书省、门下省和枢密院分掌。行政与司法进一步结合，行政处分与刑罚相辅而行。尤其是随封建商品经济发展，有关手工业、商业方面行政律法日渐增多。

（一）中央“二府”与“三司”机构及其相互关系

1. 中书

宋代中央最高行政机关是中书门下（简称中书）。历来中书省取旨、门下省审议、尚书省施行三权在宋代渐归于中书，使另二省形同虚设。以“中书门下平章事”行宰相事，一般设二、三人，无定员。中书有权对下级行政机关发布命令，下级机关也直接向中书报告工作，形式上是所谓：

> 佐天子，总百官，平庶政，事无不统。①

而宰相实权却一分为三：军权划归枢密院，财权给了三司使，所剩行政权也多因奏请皇帝而大受限制。相权的削弱，反衬出皇权的加强。

2. 枢密院

宋承五代旧制，以枢密院②为中央最高军事行政机关，其长官为枢密使，其下有副使、知枢密院事等官。枢密院的设立既分割了相权，又收兵权于中央。所以神宗改革官制时，唯枢密院不变。但枢密院虽有发兵权，而掌兵之权却分属三衙（殿前司、马军司、步军司），以便于皇帝驾驭。两宋政权、军权的集中，使官僚机构日益臃肿，军力反而减弱。

中书与枢密院号称二府。虽有相互牵制，便于皇帝分别控制的作用，但二府“所言两不相知，以故多成疑贰”③ 的弊端，影响到军政事务的统一执行与相互配合，尤其战时，常出现“中书欲战，密院欲守，何以令天下”④ 的矛盾局面。到南宋宁宗时，朝廷内外矛盾激化，以宰相兼枢密使遂成定制。但有宋一代毕竟同战乱频仍的五代不同，所以枢密院地位较中书稍低，其长官为当然的

---

① 《宋史·职官志》，上海，上海古籍出版社，1986。

② 《宋史·职官志》：“掌军国机务，兵防、边备、戎马之政令，出纳密令，以佐邦治。凡侍卫诸班直，内外禁兵招募，阅试、迁补、屯戍、赏罚之事，皆掌之”。

③ （宋）王明清：《挥尘后录》卷一，北京，中华书局，1961。

④ 《挥尘后录》卷一。

副宰相。

3. 三司

地位仅次于二府的三司（盐铁、度支、户部司）为中央最高财政管理机关，总揽全国贡赋和钱粮出纳，权任甚重。其长官三司使、副使地位待遇与二府长官相同，被称为计相。

两宋财权的集中更加速了统治集团的腐化。

（二）中央监察与司法机关

为进一步强化皇权，宋沿唐制于中央设御史台，为中央最高监察机关。下分台院、殿院、察院，掌“纠察官邪，肃正纲纪”。其长官为御使大夫。除御史台外，两宋尚于门下省设谏院，以分属于门下、中书的左右谏议大夫、司谏、正言为谏官。后随御史职权扩大，许其兼负规谏之责，御史台与谏院渐合二为一，成为台谏合制的历史发端。监察权的扩大与皇权的加强是一致的，实际上它成为官僚大臣们排斥异己的工具。

中央司法机关，初为大理寺与刑部。太宗时在宫中增设审刑院。神宗元丰改制又恢复大理寺、刑部旧制。

（三）地方政权机构及其与中央的关系

宋初，地方分州、县两级，后为加强中央对地方控制，又于州上设路，作为地方最高一级行政机构。而原来的节度使一职仅成优宠官僚贵戚的空衔。

宋代的路不仅是一级行政机构，同时还具有监察区的性质。路的权力一分为四，称帅司（经略安抚使）、宪司（提点刑狱使）、漕司（转运使）和仓司（提举常平使）。它们分别管理一路军政、司法、财赋与边防，以及监察、赈灾或专卖等政务。四司之间互不隶属，彼此监督，直接对皇帝负责。宪、漕、仓三司又称“监司”[①]，并确立了独具特色的监司巡检制，以此来加强对地方州县的控制。时人将其与御史台对称为“外台”。

路下有府、州、军、监，属同级政权，其中以州为主。其长官由皇帝直接任命中央文官担任，防止地方官拥兵自重。并在官衔上加“权知”二字，以表示“名若不正”，“任若不久”。以后还规定“三年一易”，本地人不得在本地为官。此外，设有“事得专达”皇帝的通判一至二员，以分知州职权。凡一州兵民财刑诸政，皆须通判签署方能生效，故有“监州”之称。以后演变成州的副长官。

州以下的县设知县，由皇帝任命文官担任。大县设丞、簿、尉，小县设簿、

---

① （宋）吴曾撰：《能改斋漫录》卷二：“监司之职，魏晋以来有之矣”。上海，上海古籍出版社，1979。

尉，辅佐知县掌赋税，诉讼和镇压盗贼等。乡里设有里正等官，专管治安与税收。

有宋一代，不仅地方官的任免由皇帝直接控制，且将州、县的行政权、财权、司法权尽收朝廷，所谓：

> 收乡长、镇将之权悉归于县，收县之权悉归于州，收州之权悉归于监司，收监司之权悉归于朝廷。①

中央对地方的控制达到了前所未有的程度。

（四）职官的管理与任用

1. 考选与任用

苏东坡曾对自古以来选拔人才的方式有所概括，指出：

> 三代以上出于学，战国至秦出于客，汉以后出于郡县，魏晋以来，出于九品中正，隋唐至今出于科举。②

宋初仿唐制，至英宗时改为三年一科举，以后遂成定制③。两宋对官吏的铨选（任用）初由中书省、审官院分掌。神宗元丰改制后，文官归吏部铨选，武官归兵部铨选。值得一提者，终宋之世“明法科”相沿不断。史载太宗很有意“使经生明法，法吏通经”④。雍熙三年（公元987年）诏曰：

> 应朝臣、京官及幕职、州县官等，今后并须习读法。……当令于法书内试问，如全不知者，量加殿罚。⑤

此外，宋代还分贡举、恩荫、摄署、流外、从军五种任官制度。其中以恩

---

① （宋）范仲淹：《范太史集》卷二十二，又见《范文正公集》，《四库全书》荟要本。

② 苏轼：《论养士》，见《苏东坡全集》（下），250页，北京，中国书店，1986。据世界书局1936年版影印。

③ 两宋行任官考试制，即一经录取便获得“入官”（做官）资格，各科入仕对象优劣不等。此外有监考官回避制度。南宋淳熙五年诏：“试院官（谓主司及应预考校之官）亲戚，及试院余官（谓监门巡捕、弥封、誊录、对读之类）亲戚，并两相避”（《宋会要辑稿·选举五之四》）。为防考试舞弊，还发明了“糊名”（弥封）和“誊录”（考卷由他人抄写）等制度。但是，这种阻挠权贵子弟渎法干进的封弥誊录等制度，自始就受到人为的破坏。南宋时则愈演愈烈，在封弥盖印上做手脚，“有全不印在封弥处者”（《宋会要辑稿·选举六之三十七》）。

④ （元）马端临：《文献通考·选举考五》卷三十二，北京，中华书局，1986年影印本。

⑤ 《文献通考·选举考五》卷三十二。

荫法最为宽滥，凡皇族宗室和高官子弟亲属，均可以此授官。多至一家可恩荫数十人，往往未成年的儿童也有官职。

2. 考课与奖惩

宋代官员任满一年为一考。《纲鉴易知录・宋纪・太宗皇帝・淳化四年》卷六十五载：

> 初，帝虑中外官吏清浊混淆，命官考课，号磨勘院，至是改为审官院，掌审京朝官；其幕职州县官，别置考课院主之。

考绩分三等，居上者提升或减磨勘（试用）年限；居中者无升降；居下者降职或增磨勘年限。而实际上则往往是一旦入官，便不问贤愚劳逸，文官三年一迁，武职五年一升。神宗时有考守令的“四善四最”之制。绍兴年间又有“以七事考监司”之制①。但宋代考课重视年资，一般在任期内无过错即予升迁，故官吏大多不求有功，但求无过，使看似完备的考课奖惩制，实际上多为一纸空文。

3. 致仕

两宋官吏冗员，经仁宗之后，俸禄之优厚史所罕见。宋初统治者以为：

> 俸禄薄而责人以廉，甚无谓也，与其冗员而重费，不若省官以益俸。②

遂颁行许多“增俸诏”和“省官诏”、“省吏诏”，而实际是“官”没“省”下来，“俸”却都“益”了上去。为此，不得不用致仕来缓解这一弊端。特别是到北宋中后期，“大夫七十而致仕，其礼见于经，而于今为成法”③。致仕已成为带强制性的制度。规定：

> 凡文武官致仕者，皆转一官，或加恩其子孙。④

不仅致仕者本人升职、加衔、领取俸禄，并且按官品高低，荫补一定名额的子孙为官。对贪恋禄位拒不致仕者，则由谏官弹劾，或由官府按籍处理。

---

① 《宋史・职官志》。

② 《宋大诏令集・政事十三・官制一》。

③ （宋）王安石：《临川先生文集》卷五十三，北京，中华书局，1959。

④ （清）徐松辑：《宋会要辑稿・职官七十七》。

（五）两宋行政律法的特点

1. 皇帝君权的集中与臣僚事权的分割

如前所述，宋代历朝皇帝为使调度的中央集权不致旁落，采取了一系列分割臣僚事权的措施，在职官设置上独具特色的"官与职殊"，"名与实分"的"官"、"职"、"差遣"制度①。上至宰辅重臣，下到州、县长官均受到来自不同机构的牵制，如相权的一分为三，监司巡检制，通判的设置等。皇帝不再担心某个大臣的叛逆，因为每个人都权限不大，且彼此都是皇帝的"耳目之司"。

2. "异论相搅"的用人原则

在各级官府设置上，有几个平行机构，彼此各管一摊，又互不隶属而直统于皇帝，这是体制上的分权结果。但皇帝尤感不足，在具体的官吏任用上，尤其是对朝臣的重用上，遵循"异论相搅"的用人原则，即参用政见不同者，使彼此"各不敢为非"，显例如神宗朝的王安石与司马光。其次是"不任官而任吏"，官与吏相比，前者权势大易自作主张，而后者权势小只能谨守成法。自徽宗时始，便诏令地方州县长官亲理刑狱，不得假手胥吏。故有人讲自宋以后，地方官吏与其说是以行政兼理司法，毋宁说是以司法长官兼理行政。

这些特点，使皇帝能够做到："一纸下郡县，如身使臂，如臂使指，无有留难，而天下之势一矣。"②

■ 刑事法律——"明刑弼教"之具

（一）两宋刑事法律政策

两宋刑事政策在《唐律疏议》基础上多有损益，主要变化有以下几点：

1. 维护地主对佃农的特权

随着均田制向租佃制的转化，地主和佃客便成为两宋社会的两大对立阶级。朝廷通过刑事立法公开维护地主对佃客的特权。哲宗元祐年间规定：

> 佃客犯主，加凡人一等；主犯之，杖以下勿论，徒以上减凡人一等。……因殴致死者，不刺面，配邻州，情重者奏裁。③

光宗绍熙元年（公元1190年）还严禁佃客控告地主。如果佃客犯主，"虽直不佑"。这种刑事政策，助长了地主对佃客的压迫，到南宋末年将佃客"计其

① 《宋史·职官志》。

② （明）陈邦瞻：《宋史纪事本末》卷二，北京，中华书局，1974。又见（宋）陈亮：《龙川文集》，北京，中华书局，1974。

③ （宋）李焘：《续资治通鉴长编》卷四四五。又见《宋史·刑法志》。

口数立契，或典或卖”。

> 主户生杀，视佃户不若草芥。[①]

南宋钟相曾指出：“法分贵贱贫富，非善法也”，把起义的矛头直接对准朝廷不公正的法制。

2. 限制适用“请”、“减”、“当”、“赎”法

封建法制“辟贵施贱”的传统，在两宋特殊情况下，不仅起不到强化其统治基础的作用，反而使“不肖自恃”，形成朝廷潜在的威胁。因此，两宋除个别皇帝治下以外，大都对犯赃私罪的官吏适用“真刑”。例如，哲宗绍圣年间规定：“重禄人受乞财物，虽有官印，并不用请、减、当、赎法”[②]。《庆元条法事类》亦规定：

> 诸私铸钱者，不以荫论，命官不在议、请、减之例。

朝廷对一般百姓犯罪，也限制适用赎刑。太宗淳化四年（公元993年）诏：除妇女犯杖以下，非故为，可赎铜以外，其余不得以赎论。从整个宋朝来看“赎法惟及轻刑而已。”

3. 减少死刑的适用范围

随着编敕的增加，死刑条款也随之剧增，仅仁宗天圣三年（公元1025年）就断大辟2 436人，断死刑数比唐代增加几十或上百倍。尖锐的阶级矛盾不容许朝廷大规模使用极刑，于是朝廷采取两种办法加以调节以控制死刑：

一是扩大“奏请敕裁”的范围，即对于某些可判可不判处死刑的人犯通过刑部，报中书奏请皇帝裁夺，裁夺结果实际上大都不判处死刑；

二是增加附加刑以贷死刑，例如乾道十年（公元1174年）皇甫谨受赂及侵盗官物入已至死，孝宗不判他死刑，但判处了追毁出身以来文字、除名、勒停、脊杖三十、刺面、籍没、配牢城等七种刑罚，除配牢城为主刑以外，其余六种均为附加刑。

4. 肆行“恩宥”

由于犯罪日多，“刑用滋章”，统治者不能不通过“恩宥”之制来加以缓解。

---

① 《元典章》，北京，中华书局，1957。

② （清）徐松辑：《宋会要辑稿·刑法一》。

宋代恩宥之制主要有大赦、曲赦、德音三种，又统称为贷雪。《宋史·刑法志》载：

凡大赦及天下，释杂犯死罪以下，甚则常赦所不原罪皆除之。凡曲赦，惟一路或一州、或别京、或畿内。凡德音，则死及流罪降等，余罪释之，间亦释流罪，所被广狭无常。

两宋时期赦降之频"于古未有"。徽宗在位 25 年，而大赦 26，曲赦 14，德音 37。南宋光宗绍熙年间竟致岁至四赦。朝廷原本想以此来"荡涤瑕秽"，"使人洒心自新"，以"感召和气"，但行之过频，结果：

有罪者宽之未必自新，被害者抑之未必无怨。不能自新，将复为恶；不能无怨，将悔为善。①

导致"刑政紊，而恩益滥矣"②。

此外，还有录囚降释之制，如：

天子岁自录京师系囚，畿内则遣使。往往杂犯死罪以下，第降等，杖笞释之，或徒罪亦得释，若并及诸路，则命监司录焉。③

（二）刑法打击的主要对象

两宋的刑事法律规范主要是《宋刑统》、敕以及断例、指挥和申明。从现存刑事法律规范来看，两宋刑法打击的主要对象、刑事政策以及刑罚制度都较前代有所变化。"十恶"、"四杀"（劫杀、谋杀、故杀、斗杀）等犯罪依然是两宋刑法打击的主要对象。除此之外，朝廷尤重惩治以下几类犯罪：

1. 严贪墨之罪④

不仅在刑罚上从重论处，而且限制"请"、"减"、"当"、"赎"等法的适用。一般不以赦降原减。对有赃贪劣迹者禁重入仕途。这些措施，有效地阻止了贪赃之风的恶性发展。

---

①②③ 《宋史·刑法志》。

④ 宋初，"凡罪罚悉从轻减，独于治赃吏最严"（（清）赵翼：《二十二史札记》，北京，商务印书馆，1958。又见《宋史·刑法志》）。北宋太祖太宗之世，数百赃吏或被杖杀朝堂，或被腰斩弃市，或刺配沙门，外增背杖、籍没等附加刑。

2. 重惩强盗

其一是颁行《重法地法》[①]，其二是颁行《盗贼重法》[②]。《重法地法》和《盗贼重法》的实质是为了维护统治阶层的人身财产和利益，以严刑峻罚打击民众的反抗，同时重法地范围逐渐扩大，徽宗朝对结伙强盗加兵剿杀。南渡后，由于民族矛盾激化，加之行法效果不佳，朝廷不得不稍缓强盗之法，但仍规定：犯强盗贷命者，“并于额上刺强盗二字”。

3. 严治传习“妖术”、“妖教”罪和“妖文惑众”罪[③]

两宋时期人们经常以宗教形式秘密结合，图谋反抗，大规模的农民起义也往往与宗教联系在一起。

此外，对严重伤“理”害“义”的行为特别是诈伪行为也严加惩治，量刑也较前代加重。

（三）宋代刑罚制度的变化

1. 折杖法

《宋史·刑法志》说：

> 太祖受禅，始定折杖之制。

建隆四年（公元963年）颁行“折杖法”，意在笼络人心，改变五代以来刑罚严苛的弊端。新的“折杖法”规定：除死刑外，其他笞、杖、徒、流四刑均折换成臀杖和脊杖[④]。折杖法对缓和社会矛盾曾有一定作用，但对反逆、强盗等重罪不予适用。具体执行当中也存在流弊。《宋史·刑法志》就曾说：“良民偶有

---

① 自宋初以来，《宋刑统》和其他敕令，对包括谋反、叛逆、杀人、造妖书妖言、强盗、窃盗、恐吓取财等犯罪，处刑上都比唐律要重。仁宗嘉祐年间，统治者首先出于京畿地区安全的考虑，将京城开封诸县划为“重法地”，规定在“重法地”内犯罪的，加重处罚。随着地方民众反抗的加剧，“重法地”的范围逐渐扩展到各个重要的府、州、军，其量刑也日益加重。这方面的一系列法律称为《重法地法》。神宗以后，重法地占全国地域的42%以上。

② 强盗罪在五代即为重点打击对象。宋在仁宗前对强盗罪的量刑，一般较五代为轻。神宗后，量刑渐重，神宗熙宁四年（公元1071年），又颁行《盗贼重法》，进一步强化对谋反、杀人、劫略、盗窃罪的镇压。凡犯有《盗贼重法》所定各罪者，无论是否在重法地内犯罪，都依《重法地法》从重惩处。规定：“凡劫盗罪当死者，籍其家资以赏告人，妻子编置千里”，“若复杀官吏，焚舍屋百间，或群行州县之内，劫掠江海船械之中，非重地，亦以重论”（《宋史·刑法志》）。

③ 人们的宗教活动，被统治阶级诬之为“妖”而严加镇压。“凡传习妖教，夜聚晓散，与夫杀人祭祀之类，皆著于法，诃察甚严。”真宗天禧年间，就将“厌魅咒诅”、“造妖书妖言”、“传授妖术”等罪与“十恶”相提并论。仁宗朝对杀人祭鬼（妖术）的人犯，处以残酷的凌迟刑。徽宗时亦曾一再命令诸路提刑按察州、县对此类犯罪务必做到“止邪于未刑”。不仅对犯者“加之重辟”，而且对不觉察者加等坐罪。朝廷还规定对这类犯罪不能以赦降原免。

④ 具体的折换办法是：笞杖刑一律折换成臀杖，依原刑等分别杖七下至杖二十下，杖后释放。徒刑折换成脊杖，依原刑等分别杖十三下至二十下，杖后释放。流刑折换成脊杖，依原刑等分别杖十七下至二十下，杖后就地配役一年。其中加役流折为脊杖二十，就地配役三年。折杖法使“流罪得免远徙，徒罪得免役年，笞杖得减决数”。

过犯，致伤肢体，为终身之辱，而愚顽之徒，虽一时创痛，而终无愧耻”。

2. 配役

配役刑渊源于隋唐的流配刑。推行折杖法之后，原有的流刑实际上便称为配役。为补死刑和折杖后的配役刑刑差太大，有轻重失平之弊，朝廷遂增加配役刑的种类和一些附加刑，使配役刑成为一种非常复杂的刑名。

配役刑在两宋多为刺配[①]，宋初刺配并非常行之法，《宋刑统》也无此规定。太祖时偶一用之，意在补推行折杖法后，死刑与配役刑之间刑差太大的弊病。但仁宗以后，刺配的诏敕日多，刺配之刑滥用，渐成常制[②]。刺配对后世刑罚制度影响极坏，是刑罚制度上的一种倒退，在宋代和后世都曾颇遭非议。

3. 凌迟

作为死刑的一种，凌迟始于五代时的西辽。是一种碎而割之，使被刑者极端痛苦，慢慢致人死亡的一种酷刑[③]。仁宗时使用凌迟刑，神宗熙宁以后成为常刑。至南宋，在《庆元条法事类》中，正式作为法定死刑的一种。

4. 管置

指将犯人安置到一定地区进行改造的刑罚方法。可能创于北宋中期，类似

---

① 刺是刺字，即古代黥刑的复活；配指流刑的配役。刺配是对罪行严重的流刑罪犯的处罚。刺配源于后晋天福年间的刺面之法。

② 宋代刺配刑规定详尽，主要适用于杂犯死罪减赎者和强盗、窃盗及一些累犯罪犯。依所犯罪行种类和轻重，刺面的部位和刺的字或记号都有不同，因配役地区远近，刺的深浅也不一样。细分起来，主要有以下几类：其一，配役有有无附加刑的区别。配役常附加黥刺和杖责二刑。刺字即“黥刑”的复活，所刺部位依情节轻重有耳后、背、额、面之分；所刺标记，有字（一般为罪名）和记号（一般为环形）；所刺深度，有四分、五分、七分等种类。杖责有数量和部位（臀或脊）的不同。如果人犯罪行严重或犯死罪贷命，通常“既杖其脊，又配其人，且刺其面，一人之身，一事之犯，而兼受三刑。”罪行稍轻的人犯，或可杖而不刺，配而不杖。除“黥刺”和杖责外，有时还附带罚铜、罚金、追毁出身以来文字、勒停、除名、籍没等附加刑。

其二，配役有军役、劳役。前者编入军籍，后者则配往官营工矿处所就役，如煮盐、造酒、烧窑、开矿、冶铁等等。

其三，配役有地理远近之别。北宋初沿用五代旧制，将人犯配往西北边区服军役，后改配登州沙门岛、通州海岛和岭南一带。南宋时又有变化，大致分为海岛（沙门岛），远恶州军（琼州、万安、昌化、朱崖），广南，三千里外，二千五百里外，二千里外，一千五百里外，一千里外，邻州，本州牢城和本州州城等。

其四，配役还有放还时间的差别。凡罪重被判为永不放还的人，在南宋，经过三次郊赦之后方可移向较近地区。如不注“永不放还”，则有放还年限的区分；如果期满或者遇赦，都可以近移或免罪释放。

配役刑两宋使用最多，南宋时被判此刑者一度竟多达十余万人。配役刑虽然改变了推行折杖法后轻重失平的状况，但也带来不少难以解决的问题。如崇宁年间，蔡京建议仿《周官》推行“圜土”法，将应配人犯禁锢在“圜土”内。但由于经费或管理上的困难而旋行旋罢。

③ （宋）吕祖谦：《宋文鉴》载：受刑者往往“身具白骨，而口眼之具尤动，四肢分落，而呻痛之声未息”。参见《四部丛刊》。

于当今的管制刑，主要适用于被除名、勒停（勒令停职）的官吏[1]。

■ 民商事法律规范

（一）物——动产与不动产

至宋，有关物的动产与不动产，在立法中已略有区分。称动产为物，财或财物；反之，不动产则谓之产、业或产业。动产属于私人时，称为私财或私物；如属于国家，则称为官财或官物等，除称动产与不动产时，普通用“财产”有时用“物”字。《宋刑统·户婚》载：

> 阑圈之属，须绝离常处；器物（动产）之属，须移徙其地…… 地既不离常处，理与财物有殊，故不计赃为罪。[2]

这同今日民法中动产与不动产的区分标准原则上是一致的。当时的动产包括六畜（畜产）、奴婢，有时又包括附着于土地的矿物及植物，还有货币及有价证券。不动产主要指田宅。

此外，传统社会的“榷货”造成了流通物与限制流通物的区别。《宋刑统·卫禁》“携禁物私度关者”条之中称限制流通物为禁物：

> 禁物者，谓禁兵器及诸禁物，并私家不应有者。

（二）时效——消灭时效及时效的中止

在宋代的民事法律规范中，对时效问题，已有较详细的规定。有关取得时效的规定，在所有权取得一节中可见，此处主要就有关消灭时效的内容列述如下：

宋太祖建隆三年（公元962年），敕曰：

> 如是典当限外，经三十年后并无文契，及虽执文契，或难辩真虚者，不在论理收赎之限，见佃主一任典卖。[3]

又《宋刑统·户婚》“典卖指当论竞物业”条载：

---

① 管置刑分为：“羁管”（羁系而管束之），“编管”（“迭送他所，量力役作时限，无得髡钳”），“编置”（或称“安置”、“居住”，轻于编管，谓编籍而安置之）等。各刑又有地理远近（或为本州，或为邻州，或为远州）之分和年限多少之别。

② 又见《宋刑统·贼盗》“占盗侵夺公私田”条。

③ 《宋刑统·户婚》“典卖指当论竞物业”条，北京，中华书局，1984。

经二十年以上不论，即不在论理之限。

又《宋会要辑稿·食货一之二十三》载：

如十五年外，不令收赎，今详年限稍远，欲乞限十年内许……限满不赎。从之。

又《名公书判清明集·户婚门》载：

分财产，满三年而诉不平；又遗嘱满十年而诉者，不得受理。

从上述材料中，还可以看出，随商品经济的发展，民事流转的加快，时效期限日益缩短这一民法发展的特点，在宋代已有明显的体现。

尤其值得注意的是，至迟至宋，已有了类似今天民法中关于时效中止的规定。《宋刑统·户婚》“典卖指当论竞物业”条载：

有故，留滞在外者，即与出除在外之年。

且还规定：

如出限，许逐人陈诉其经由，官司曲意阻难及迁延时日者，并重寘典宪。[①]

可见，当时官府对时效问题是较重视的。

（三）所有权——所有权的发生，添附，相邻关系，质权

有宋一代，因不抑兼并政策和两宋之际的战乱，引起所有权的频繁变更。当时是：

人户交易田地，投买契书，及争讼界至，无日无之。[②]

这就使宋王朝不得不对所有权的立法作较前代更多的规定，以稳定经济秩

① 《庆元条法事类·职制门十·理赏》，北京，中国书店，1990年影印本。
② 《宋会要辑稿·食货三·营田杂录》。

序，维持社会安定。宋初就曾诏令：

> 垦田即为永业。
>
> 满五年，田主无自陈者，给佃者为永业。[①]

并于宋太祖开宝二年（公元969年）设立印契（红契）制度。以后又完备了税契制度，以法律确认和保护私人所有权。人说：宋代“官中条令，惟交易（指田产交易）一事最为详备”[②]。

这当不是夸大之词。

从当时官府对所有权取得的具体规定中，可以推知：动产所有权之取得，以占有或掌握为必要，不动产所有权的取得只以管业收租为条件。

1. 动产所有权（宋时称物主权）的取得

分述如下：

(1) 埋藏物的发现。宋时称宿藏物。《宋刑统·杂律》卷二十七“地内得宿藏物”条载：

> 诸于他人地内得宿藏物，隐而不送者，计合还主之分坐赃论减三等。

又：

> 其借得官田宅者，以见（现）住见佃人为主。若作人及耕犁人得者合与佃住之主中分。其私田宅，各有本主，借者不施功力，而作人得者，合与本主中分；借得之人既非本主，又不施功力，不合得分。

值得一提的是：

> 若得古器，形制异而不送官者罪亦如之。

这也许可算作是古代的文物保护法吧。

(2) 遗失物的取得。《宋刑统·杂律》称阑遗物，其卷二十七“地内得宿藏物”条载：

---

① 《宋史·食货志》。

② （宋）袁采：《袁氏世范》卷三，《永乐大典》。

诸得阑遗物，满五日不送官者，各以亡失罪论。

对遗失物的处理，规定得颇为详尽：

诸得阑遗物，皆送随近县，在市得者，送市司，其金吾各在两京巡察，得者，送金吾卫。

所得之物……其经三十日无主识认者，收掌，仍录物色目，牓村坊门，经一周年无人认者，没官。

此外，对遗失家畜的处理亦颇为详尽，恕不一一列举。

（3）漂流物之处理。《宋刑统·杂律》承唐令，其卷二十七“地内得宿藏物”条载：

诸公私竹木，为暴水漂失，有能接得者，并积于岸上，明立标榜，于随近官司申牒。有主识认者，江河五分赏二分，余水五分赏一分。

（4）无主物的占有。《宋刑统·贼盗》卷十二“贸易官物”条载：

诸山野之物，已加功力，刈伐积聚，而辄取者各以盗论。

由此来看，先占而取得无主物，是法律所容许的。

（5）生产蕃息之归属。《宋刑统·名例》卷四“赃物没官及征还官主并勿征”条载：

生产蕃息，本据应产之类而有蕃息，若是兴生、出举，而得利润皆用后人之功，本无财主之力，既非孳生之物，不同蕃息之限，所得利物，合入后人。其有展转而得，知情者，蕃息物并还前主，不知情者，亦入后人。

可见，至宋，已对自然和法定孳息加以区别了。

2. 不动产所有权（宋称业主权）的转移

不动产在宋称为业，其所有权称为业主权，种类主要有租佃权、典权、押权等。不动产所有权的标的物主要是田宅及其他“定着物”。

对不动产所有权的转移，必须书面立契，且得到官府承认，始得成交。《宋刑统·杂律》卷二十六“受寄财物辄费用”条载：

其有质举、卖者，皆得本司文牒，然后听之。

为了杜绝争讼，宋代还专门编绘了有关地界图册，对每一处田地标明四至及主人姓名。如有田地争讼，作为凭断质证。史载这种地界图册：登记其坐落、地目、地积等则，形状、四至、权利人姓名等。

值得注意的是，至宋已有所有权按份共有的记载。宋代书判《后村先生文集》中有卖田骨的记载。所谓田骨即“一地两主，系将土地分为两层，称上层为田皮（面），下层则谓之田骨（底根）。”而所有权的共有则表现在始于唐宋的祭田、族产及墓田上。只是每人的份额是不明确的。

至于不动产的典权、押权至宋也已十分发达，在有关债的一节中将述及。

3. 添附和相邻关系

其中多有与《拿破仑法典》相近的内容。

（1）有关添附的问题，《宋会要辑稿·食货卷五五之二》载：

景德三年（公元1006年）二月诏：赁官屋者，如自备添修……徒居者，并听拆随。

即委监官相度，如不亏官，亦听。

又：

今后，如元（原）典地栽木，年满收赎之时，两家商量。要，即交还价值；不要，取便斫伐，业主不得占吝。[①]

又：

如内有种植材木……估价与所卖田土一处依法召人承买。候出卖了当，将来木价钱给还原栽人户。若系见佃人承买，即止纳买地价钱。从之。[②]

综上所述，同今日民法中处理添附物的方法，原则上基本相同。

---

① 《宋会要辑稿·食货一之二十五》。

② 《宋会要辑稿·食货一之三十二》。

(2) 有关相邻关系的问题，《宋会要辑稿·食货五》载：

地原从官地上出入者，买者不得阻碍。宅舍亦开。且新旧间架丈尺阔狭，城市乡村等紧慢去处，并量度适中，估价务要公当，不致亏损公私。

又：

居住原有出入行路，在见出卖地者，特与存留。

700多年以后，《拿破仑法典》第682条和第683条规定：

自己的土地被他人的土地围绕，且并无通道至公路时，土地所有人得为自己不动产的便利，要求在邻人土地上取得通行权……

通道一般应在被围绕的土地与公路间距离最短的线上开辟。①

如果说上述中外对比，表明在古代，中国的某些民事法律规范是相当完备的话，该不是牵强附会的吧？

至宋，随商品经济的发展，质（典当）权也得到了充分的发展，其中许多规则，后多为明清所沿用。凡属动产的物品，如衣物、珠宝、器具及奴婢，牛马等，均可为典当的标的物。且对回赎期限及典当利息作了详细规定。前者已在时效一节中述及，后者及有关绝卖的规定将在以下债的一节中例述，此处从略。

（四）债的一般法律规范

我们知道，在整个民事法律规范体系中，债法无论在今天还是古代，均是最重要的内容之一。可以说债法的发达程度反映着与其相适应的有关民事法律规范发达的程度。所以通过对两宋债法的叙述，可以使我们对宋代乃至中国整个古代传统社会的民事法律规范有一个大概的了解。

两宋，由于商品经济的畸形发展，其民事法律规范，特别是债法规范，无论就内容还是范围，在当时都是较完备的。债权与所有权一样，从其产生的时期起，就是为一定社会生产关系所决定，并为其服务的。在我国，古代社会初期就有了关于债的法律规定。古语云："杀人偿命，欠债还钱"，欠债与杀人并提，亦可见历史上债的效力。

---

① 《拿破仑法典》，90页，北京，商务印书馆，1979。

债作为一种民事法律关系，是指当事人一方（债权人）有权要求他方（债权人）为一定行为或不为一定行为；而债务人一方则有义务为相应的行为或不为相应的行为。在古代，债权人一般称为债主或钱主，债务人称为债人或负人。债的不履行称为“违负”或“不偿”，债的履行称为“偿”或“还”等。

至宋代，债的范围已较前代更为广泛，其法律规定也更详细，颁布了许多强调债法关系的诏旨、律敕。如《庆元条法事类》中规定：

> 敕宗子分寓郡县，骚动民庶……攘人之物而不偿其值……取旨重作施行。①

甚至诏令：

> 多入民租者，或至弃市。②

以下从五个方面对两宋债法的主要内容分述之。

1. 债的发生

一般来说，债的发生依据一定的法律事实，在这一点上古今并无不同。至宋代，引起债的发生的法律事实主要有如下几类：

（1）因契约所生之债。

《宋刑统·杂律》卷二十六“受寄财物辄费用”条载：

> 负债者，谓非出举之物，依令合理者，或欠负公私财物，乃违约乖期不偿者。

（2）因侵权行为所生之债。

《宋刑统·杂律》卷二十七“弃毁官私器物树木”条载：

> 其有用功修造之物……而故损毁者，计修造功庸，坐赃论，……仍令依旧修立。误损毁者，但令修之不坐。

（3）因无因管理所生之债。

---

① 《庆元条法事类·职制门四·监司知通按举》。

② 《宋史·食货志》。

《庆元条法事类·杂门·官遗》卷八十载：

> 诸得阑遗官马、限内送官者，官给赏给；收养限三十日，马主认识，给付追赏钱还官。限满依没官法。

此外，现今民法中认为，不当得利亦是债的发生根据之一。但在中国古代，视此种行为是“取非其财之谓盗”，不认为是债的发生根据。当然，在宋代律令典章中也有不同的规定。如《庆元条法事类·赋役门·拘催税租》载：

> 淳熙六年（公元1179年）五月十八日敕：乡民于自己田土接连间旷硗确之地，能施工用力开垦，成田园。或未能自陈、起立税租，为人陈首，官司止合打量亩步，参照其人契簿内元业等则，起立税租。俾之管绍，不应引用盗耕种法，夺而予人。

这就是说，对那些私自在自己原有耕地四周开垦荒地种植，而不向官府报告“起立税租”的，官府只按原契内订立的税租，对新垦田地依面积立税收租，而无须以盗耕种官私田论罪。我以为这其中原因主要有二：一是这种垦荒与盗耕种——私自耕种他人或官府的荒田——终不相同；二是这种垦荒，一经发现起立租税，对官府并无损害，而且是扩大财源，更多搜刮的机会。这对南宋解决其财政收支的严重不平衡，多少是一个补救的办法，故有是诏。那么在两宋，不当得利是否被认为是债发生的根据之一呢？就现有史料看，回答还是以否定的为妥。因为上述不过是“取非其财之谓盗”原则的例外。在这里法律的阶级性和它作为统治阶级工具的灵活性得到了完善的统一。

还有，作为行政命令，在今天也是债的发生根据之一；同样，在古代它则表现为皇帝的诏旨及朝廷的命令。宋代则主要是以“敕”和“指挥”这两种形式来体现的。

总之，这种债法关系的产生，在法律上是使封建的隶属关系，开始变为简单的契约关系了。地主对农民剩余价值的剥削，除了受经济规律的客观力量制约还要受到法律的制约。这种变革，在欧洲则导致了封建经济结构的开始解体和资本主义生产方式的产生。而在中国，封建经济不但没有从这里开始解体和向资本主义过渡，反而使封建制度巩固地建立在这个基础上，以它特殊的形态屹立了两千年之久。[①] 正如有的学者分析的那样，中国“封建经济体系与欧洲古

① 参见傅筑夫：《中国经济史论丛》上，北京，三联书店，1980。

典封建制比较，既具有较多的灵活性，也具有较大的强韧性。它的灵活性使某种新的萌芽能及早透露，而强韧性却使这些萌芽不易成熟”[①]。

宋代债法关系的发展，并未减轻农民所受的超经济剥削。相反，利用债法对广大农民的盘剥是异常残酷的。史载：

> 民之流徙，始由穷困，或避私债。

地主官府与大商富贾，更是利用债法兼并土地。史载：

> （其中官府）为法最为纤巧，如田今属甲，则从甲而索乙契；乙契既在，又索丙契，展转推求，至无契可证，则增官租成为官田。即各契俱全，复以特定之乐尺打量，其赢，则拘入官而创立租课。[②]

在《燕石续札》一书中说得更明确：

> 祖宗著令，以财物相出举，任从书契……，盖知官吏心左袒债主也。

2. 债的履行和不履行

债的发生是为了债的履行。有宋一代对债的履行的规定较前代详尽了许多。

（1）履行主体。

对债的履行主体——履行债务和接受履行的人规定：

> 收质者，非对物主不得辄卖。[③]

在《庆元条法事类·库务门·勘勅》中还规定：

> 诸官物，误支失收者，干系人均赔五分……

可知，当时应有类似“债务人应当向债权人履行债务”的规定。

（2）履行标的。

对债的履行标的，特别是对标的的数量，质量都详予规定。

---

① 胡寄窗：《中国经济思想史》下，上海，上海人民出版社，1962。

② 《续资治通鉴长编》卷四十。

③ 《宋刑统·杂律》卷二十六“受寄财物辄费用”条。

《宋史·食货志》载：

以产为抵，官预给钱、约期限、口数、斤重以输。

又《宋刑统·户婚》卷三十“差科赋役不均平”条载：

物有头数，输有期限。

尤其对标的质量，规定得颇为仔细。如《庆元条法事类·财用门三·理欠》载：

诸买纳、官纳毕，委官定验。如巧伪湿恶（巧伪谓帛有粉药，……金有银……之类；湿恶谓浥烂、腐烂，帛纰疏轻怯，短狭渍污……之类），……关理欠司。

又《宋刑统·杂律》“校斗释不平”条载：

有行滥之物没官，短狭之物还主。

此外，对以劳务作履行标的的，也有规定。《庆元条法事类·库务门·仓库令约束》载：

诸官物损败，应除破者保明申尚书本部。不应除破而擅除破者，干系人均赔。

（3）履行期限。

对债的履行期限，《宋刑统》中分别对年、月、日的计算方法予以法定。其《宋刑统·名例》“杂”条载：

诸称日者……从朝至暮。……称年者，以三百六十日；……闰月亦计为日。称载不论闰，须经正月以后始是一载。

（4）履行地点。

对债的履行地点也有规定，《庆元条法事类·财用门一·上供》载：

诸起发上京钱物，公文具各色数目，仍指定卸纳仓库。

同时还附有变通办法：

诸人户税租应赴他处输纳，而愿就本县纳者，转运司量地理定则例，令别纳实费脚钱。即艰於输送，而人户愿纳钱或改折物者，具利害申转运司，无妨阙，听从民便。①

（5）逾期履行。

对债的逾期履行，处罚是极为严厉的。这可分为两种情况：一是无端要求债务人提前履行债务；二是无故迟延履行或不履行债务。有宋一代，从立法上对前一种情况规定：

诸人户应输纳，有期限，而官司辄促其常限者徒一年；因致（人户）逃亡者加一等。②

对后一种情况，《宋刑统·杂律》卷二十六“受寄财物辄费用”条载：

诸负债违契不偿，一匹以上违二十日，笞二十……各令备偿。

最后，对债的强制履行，宋代主要规定为“牵制”及“役身折酬”（后于律中废止）两种方式。前者表现为债权人私力扣压债务人的财产；后者则类似古罗马时期的债务奴隶制，即以债务人的人身及家内男子的被奴役来偿还债务。

《宋刑统·杂律》卷二十六“受寄财物辄费用”条载：

谓公私债负，违契不偿。应牵掣者，皆告官司听断。

又：

公私以财物出举者，任依私契，官不为理。……家资尽者，役身折酬，役通取户内男口。③

① 《庆元条法事类·赋役门·受纳税租》。

② 《庆元条法事类·赋役门·拘催税租》。

③ 《宋刑统·杂律》“受寄财物辄费用”条二十六。

并进一步规定：

诸负债，违契不偿，官为理索，欠者逃亡，保人代偿，各不得留禁。[①]

3. 债的消灭

债因履行而消灭，这是主要的原因，此外还有多种原因。下面仅就债因免责而消灭和债因时效而消灭这两种情况简述之。

（1）债的免责。

就债的免责大别可分为两类，一类是于《宋刑统》或《条法事类》等律书典章中规定有免责条件而使债消灭的；另一类是由于皇帝的恩赦等敕令而使债消灭的。

对前者《宋刑统·杂律》卷二十六“受寄财物辄费用”条载：

诸受寄财物“被强盗者不偿；即失非强盗，仍合偿之；以理死者不合赔偿；非理死者，准厩牧令合偿减价。”

此外，似乎还奉行人死债消的原则。《庆元条法事类·职制门》载：

诸承值郎以下，预借料钱而身亡者，未纳之数，勿理。

对后者，需说明这里所免除的仅仅是因“违负”、“不偿”而应负的刑罚上的惩处；至于民事上的赔偿责任，并不能免除。这是同当时民事制裁刑事化分不开的。正因如此，姑且将这种情况也算作免责的一种。这方面的法律，如《宋刑统·职制》卷十一载：

虽经恩免罪，物尚征还。

又《庆元条法事类·财用门三·理欠》载：

诸官司卖买、给纳及估计官物，若抵当财产，应理亏官钱者，遇赦不放。

① 《庆元条法事类·财用门三·理欠》。

（2）债因时效而消灭。

对债因时效而消灭，其律法规定，在当时看来确是相当完备了。此处主要就有关消灭时效的内容略述如下。

宋太祖建隆三年（公元962年），敕曰：

> 如是典当限外，经三十年之后并无文契；虽执文契，或难辨真伪者，不在论理收赎之限，见佃主一任典卖。

而以后又改为20年、15年、10年、3年等。[①]

宋《名公书判清明集·户婚门》中也说：

> 分财产，满三年而诉不平；又遗嘱满十年而诉者，不得受理。

尤其值得注意的是至迟在北宋，已有了类似今天民法关于时效中止的立法。《宋刑统·户婚》“典卖指当论竞物业”条载：

> 有故，留滞在外者，即与出除在外之年。

且还规定：

> 如出限，许逐人陈诉其经由，官司曲意阻难及迁延时日者，并重寘典宪。[②]

当时官府对时效问题之所以如此重视，目的在使兼并合法化。那些富商大贾、豪门官府通过大量以典就卖的形式，利用时效及其他手段廉价地对小农的土地行尽乎掠夺的买卖。而这些律法的统一实施，又使得中央加强了对地方的控制，保证着赵氏皇族在这种竞争性掠夺中，总是最大的获利者。

4. 债的担保

我们知道，担保制度由来已久，早在奴隶社会已经有了抵押、出质、定金等担保形式。以债务人人身为质担保债务，是早期的担保制度的重要形式。《宋刑统》中规定的“役身折酬”制度即是一种人身担保形式。但至迟在南宋庆元

---

① 参见本章“两宋的民商事法律规范——时效”一节。

② 《庆元条法事类·职制门十·理赏》。

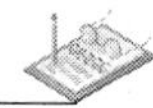

年间，法律上已明文禁止这种债的担保形式了。《庆元条法事类·杂门·出举债负》载：

> 诸以债负质当人口（虚立人力女使雇契同），杖一百，人放逐便，钱物不追。情重者奏裁。

这在法律上毕竟是一个历史的进步。

对债的担保，《宋刑统》及有关典章和史籍中不乏记述，诸如“三人相保”、“保人代偿”及“连保同借”等等，可谓不一而足。《文献通考》载：

> 元丰二年（公元 1079 年）诏：市易旧法，听人赊钱，以田宅或金银为抵当。无抵当者，三人相保则给之。

另见《宋会要辑稿·食货十七之十八》载：

> 有违限未纳钱的抵当家业陪填。如不足，即于连保铺户下均摊理。

且对保人进一步规定：

> 诸抵保人……身故者，即取问保人本家、有分人，愿与不愿抵保，如不愿，即别召人抵保。①

《宋刑统·杂律》卷二十六“受寄财物辄费用”条中还规定：

> 负债者逃，保人代偿。

综上所述，对债的担保这许多规定中，已多少有某些后世抵押权、留置权的内容。特别是把质当作为债的一种担保形式。《庆元条法事类·库务门一·商税》载：

> 诸税钱未纳，听以物克当，别注历收，经一年不赎者，没官。其物准（折）钱，不足，干系人赔。

① 《庆元条法事类·财用门三·理欠》。

这一段法律条文，可算作是中国古代法制史上有关抵押权、留置权方面立法的雏形。

此外，至宋已有先付定金的习惯。当时又称为定银、定钱等，并出现了因违背契约而处以罚金的立法。

（五）契约法规

以上对宋代有关债的一般律法作了一个简要的叙述。在当时，债法关系的发生，主要是基于契约（合同）关系。所以，为了进一步具体地探讨宋代债的法律规范，就不能不对契约的历史沿革和两宋年间的几种流行的契约关系，作一些必要的说明。

契约，作为商品交换的法律形式，是随商品经济的发展而发展的。按马克思的观点来说是，先有交易，后来才由交易发展为法制……这种通过交换和在交换中才产生的实际关系，后来获得了契约这样的法律形式。

我国早在《周礼》中已有关于契约的记载。《周礼·天官·小宰》曰：

> 听取予以书契。
> 听卖买以质剂。

这里的书契、质剂均是有关借贷、卖买等关系的书面契约。至两宋，史载：

> 天圣元年（公元1023年）冬十一月……设质剂之法。剂，券也，两书一札，同而别之。长曰质、短曰剂，即今所谓合同。[①]

古代契约的特点之一即注重形式。在我国，加之传统的抑商政策，表现为历朝对契约关系不同程度的干预。两宋年间，不仅对有关田宅土地，家畜的典当买卖，沿袭《唐律》规定，须于成交三日内订立“市券”，且进一步规定：正契（合同）应一式四份，“一付钱主，一付业主，一纳商税院，一留本县”。

此外还要输钱印契，即行所谓红契制度。否则，发生争讼官府不予承认，等等。[②]

至宋，对契约的订立，于律法规定中较前代已详细了许多。主要体现在对契约的标的、价格及其计算、期限等在今天称为合同主要条款的这些方面。十分强调“依契约分，无致争讼”。

---

① 《纲鉴易知录·宋记·仁宗皇帝·天圣元年》。

② 《宋会要辑稿·食货六十二》。

关于契约的标的和期限，除在前面债的相关部分中列举的条文外，还进一步规定：

互相关会钱谷物色之类，并仰各开逐色细数，不得泛称贯、石、匹、两等①。

又：

诸科买及折纳物，官司违限或不预榜示，而急为期限，致贩人乘时邀利者，杖一百，即与贩人同情为弊者，各徒二年。②

有关契约标的价格计算、估定、折变和地域性差价的确定等等，宋代及其后记述宋史的典章史籍中也是不乏记载。如对劳务的折算《宋刑统·名例》卷六“杂”条载：

计功庸者，从朝至暮……

对地域性差价的确定，《宋刑统·名例》卷四“赃物没官”条载：

诸平赃者，皆据犯处当时物价及上绢估……依令，每月旬别三等估。

并进一步规定：

诸市司，评物价不平者，计所贵贱从赃论……③

对折价和价格的计算，《庆元条法事类·库务门·勘勑》载：

折支物，每贯赔钱七分。

又：

① 《庆元条法事类·文书门一·行移》。
② 《庆元条法事类·赋役门二·支移折变》。
③ 《宋刑统·杂律》“杂”条。

诸称分者，以十分为率；称厘者，以一分为十厘。[①]

卖物，各开色件价例，其所收钱共计若干……[②]

这同今天民法中要求在买卖合同中开具单价和成交总额，并无不同。

尤应一提的是，在《宋刑统》及《庆元条法事类》中，十分强调契约双方的“合意”与“不得抑勒”。按今天的民法语言，即平等地行真实的意思表示，对所谓“取与不合”、“较固取者”则“重寘典宪”。如《宋刑统·名例》卷四“赃物没官”条载：

……取与不和，谓恐吓、诈欺、强市……强率敛之类。

从取与不和以下，并征还主。

又《宋刑统·杂律》卷二十六“诸卖买不和而较固取者”条中还规定：

诸卖买不和而较固取者（较：谓专略其利；固：谓障固其市），……在旁高下其价以相惑乱。而规自入者，杖八十。已得赃重者，计利准盗论。

在对“意思表示”方面，除于律中申明其“不得抑勒”外，还特别维护“家主尊长”在契约关系中的权利，《宋刑统·户婚律》卷十三“典卖指当论竞物业”条载：

应典卖物业，或指名质举，须是家主尊长对钱主，或钱主亲信人当面署押契帖。或妇女难于面对者，须隔帘幕亲闻商量，方成交易。

如是卑幼骨肉，蒙昧尊长，专擅典卖、质举、倚当，或伪署尊长姓名，其卑幼及牙保引致人等，并当重断，钱业各还两主。

下面略述两宋年间几种主要的契约。

1. 卖买契约

至宋，已将卖买分为动产与不动产。不动产卖买又分绝卖与活卖；动产卖买又分即时卖买、赊卖及定金卖买等。就卖买的契约形式而言，不动产卖买及奴婢家畜的卖买，官府规定十分严格，一律要求书面立契。动产买卖一般也多需

① 《庆元条法事类·杂门·阑遗》。

② 《庆元条法事类·库务门·给纳》。

书面立契。传统契约制度的形式主义，在两宋体现得是十分充分的。

（1）不动产卖买——绝卖与活卖。

所谓绝卖，即随卖买契约成立，卖主将出卖物之所有权无条件地给予买方。也就是今天我们所理解的一般意义上的买卖。所谓活卖即典质。是指卖方对其所出卖物与买方约定回赎期限，按期可将出卖物赎回的一种买卖契约。

不难理解，活卖较之绝卖更为复杂，所以在律法上规定尤为详备。《宋刑统·杂律》卷二十六“受寄财物辄费用”条载：

> 私自质举及卖田宅，其有质举卖者，皆得本司文牒，然后听之。若不相本问，违而辄与及买者，物即还主，钱没不追。

又：

> 收质者非对物主不得辄卖，若计利过本不赎，听告市司对卖，有剩还之。

这里的“质”，即传统的动产质权与不动产质权。对以典就卖，即先活卖后又绝卖的，也予以规定。宋太宗雍熙四年（公元987年），由于《宋刑统》中有关于典卖物业须先问亲邻的规定，特别作了如下补充：

> 应有已经正典物业，其业主欲卖者，先须问见典之人承当，即据除上所值钱数，别写绝产卖断文契一道……更不须问亲邻。

这种绝产卖断文契，在南宋又称“断骨契”、“断卖骨契”[①]。

以一物两当，律上是严加禁止并从重处罚的。《宋刑统·户婚》卷十三“典卖指当论竞物业”条载：

> 应有将物业重叠倚当[②]者，本主、牙人、邻人并契上署名人，各计所欺入己钱数，并准盗论。不分受钱者减三等，仍征钱还被欺之人。

（2）动产卖买——奴婢、家畜的买卖与赊卖。

其一，有关奴婢、家畜的买卖。《宋刑统》中专条规定：

---

① 参见《宋会要辑稿·食货六十一之五十六》，《夷坚志》乙志五，《名公书判清明集·户婚门》。

② 倚当是将土地等不动产使用权转让他人，领取现钱，其法律关系介乎典、租之间（参见《名公书判清明集·户婚门》）。

诸买奴婢、马牛驼骡驴，已过价，不立市券，过三日笞三十，卖者减一等。①

同时还规定：

令无私契之文，不准私券之限。

这是一种变通规定，即是说：在奴婢、家畜卖买中，虽未经官验定，发给市券，如无所欺弊行为，亦为有效。这从一个侧面反映出两宋时期买卖关系的频繁与广泛。使官府无力对每一宗交易都行“输钱印契”的搜刮。

其二，有关赊卖，这是宋以来买卖关系发展的标志之一。两宋典籍中对赊卖的记载是较多的。

赊卖是与即时买卖相对而言的。《周礼》中曰：

民无货（币），则赊而予之。

即是说先交付物品，经若干时日后再付它的价钱。至宋，赊卖已有了较大发展，大约为两种：一种是实行在商人和消费者之间的，另一种是实行在商人同业，或者商人和手工业者之间的。借用经济学者的用语来说，赊是依靠信用而成立的。《宋会要辑稿·食货三十七》市易乾兴元年（公元1022年）六月条中有：

诏……赊卖与人者，即买主量行货多少，召有家活物力人户三五人以上，递相委保，写立期限文字交还。如违限，……若是内有连保人别无家，虚作有物力，与店户牙人等通同蒙昧，客旅诳赚，保买物色，不还价钱，并乞严行决配。

这大约是关于赊的最初的立法。

并且，在熙宁五年（公元1072年）颁行的《市易法》中，也规定了赊卖的律法。可以说，有宋一代使赊卖得到了发展与完善。《续资治通鉴长编》卷二十三载南宋淳熙年间诏令：

① 《宋刑统·杂律》“买畜产不立市券”条。

今后应赊买客人茶，其人见父母兄长，并要同共书押文契。[①]

其有关立法对后世影响匪浅。

(3) 买卖标的物所有权的转移和瑕疵担保。

就买卖标的物所有权的转移和瑕疵担保等律法，略述如下：

我们知道，如果出卖物是特定物，其所有权应自契约订立时即移转给买受人；如果出卖物是种类物，所有权应自交付时移转。同时，随所有权的移转，对该出卖物的一切风险责任也一并移转给了新所有人。这在宋代，业已为立法者所认识到了一些。《庆元条法事类・财用门三・理欠》载：

诸官物有欠损，若已交受者，止理后人。

值得一提的是，至迟至宋，已有类似今天民法中瑕疵请求权的规定了。《宋刑统・杂律》卷二十六“校斗释不平”条载：

若立券之后有旧病（指家畜）而买时不知，立券后始知者，三日内听悔。

又：

诸造器用之物，及绢布之属，有行滥、短狭而卖者，各杖六十。[②]

此外，与买卖契约有关的还有互易契约。互易，这种以物易物的商品交换早期的契约形式，在古代称为“博”、“易”、“换”等。因当时绢谷等物均可代金银或铜币行交易，故买卖与互易有时难于区分，于律法上对互易的规定也与买卖大致相同。在对标的的担保责任和契约的违约处罚上，规定也是基本一样的。

2. 租赁契约

有关租赁契约，《宋刑统》等典籍中并无专门规定。当时大致上对土地、房屋、船、碾、邸店等的租赁，称为租、赁或借；而租房时亦谓之僦，田园的租赁亦称为佃。人畜及车的租赁，谓之庸、赁或雇。租金亦以租、赁、庸称之。

① 另见《宋会要辑稿・食货三十一・茶法杂录下》。

② 《宋刑统・杂律》“校斗释不平”条。

我们知道，到了两宋，农民对地主的人身依附关系有很大放松，但奴婢于律法上仍是“律比畜产”，这样人身既成租赁的标的，而实际上人身又与劳务不能分离，所以在当时，租赁与雇佣常常在律法上不加区别。王安石变法推行募役免行钱，出钱雇人服役遂盛。官府也看到以往的无偿征役，其效果远不如出钱雇役从而使雇佣关系在实际上广为发展。

据《止斋文集》卷二十一载：熙宁四年（公元1071年）十月朔，募役法正式颁行，其办法是按户等和人丁物力轮充。《续资治通鉴长编》卷二二七中记载更为具体。如：

> 募三等以上税户代役，随役轻重制禄。禄有计日，有计月、有计事而给者。

此外，雇佣是按劳付酬，承揽亦是在交付完成的承揽工作时给付工钱，即两者均是以劳务换取一定报酬，形式上的区别只是给付时间不同。所以在当时，雇佣与承揽在律法上也是不加区分的。

这样，就使有宋一代对租赁、雇佣、承揽这三种在今天看来不同的契约关系混同为一种契约关系。有的书中则简单归结成一个词叫做“赁庸”。

（1）土地租赁。

有关租佃土地的规定还是较为详细的。究其原因，大半是在以农业生产为经济基础的中国封建社会中，有关租佃土地的立法自然成为历朝统治者所极为关注的问题之一。有宋一代，加之不抑兼并的土地政策，这方面的立法显得尤为“繁盛”。

当时的租佃制大体为“合种”与“承佃”两种形式：

其一，“合种”多是因客户自己除劳力之外，缺少或没有耕牛、农具和种子，须向地主借贷。每年秋收之后，以分成租制行产品分配，即扣除种子与税后，对余下的粮食，由地主和客户按契约规定分成。所谓：

> 出种与税而分之。[①]

官田也依私田惯例行分成租制。《宋会要辑稿·食货六十三之一〇五》载：

> 绍兴六年（公元1136年）正月……《营田官庄条例规定》：官收四分，

① （宋）欧阳修：《欧阳文忠公集·原弊》，《四部丛刊》。

客收六分。

次年已后，即中停均分。

后来，朝廷又下诏将此方法作为法律固定下来：

诏令诸路提领营田官严切约束所属州县，常加遵守前后约束指挥，如有违戾去处，仰具名按劾。[①]

其二，“承佃”是客户以自己的耕牛，农具和粮种等租佃地主土地，“互立契约”，地主依此契约“净收租课”。这种办法又称为“定额租制”。即不问田间收成多少，年成丰歉，客户都须依租佃契约所规定的品种、数量和质量按期缴纳。

官府为进一步盘剥农民，取得高额地租，又采取投标的方式招佃，将土地出租给租赁额最高的承佃人。《宋会要辑稿·食货六十三之一九七》载：

（宣和）七年（公元1125年）八月……欲乞百姓实封、投状请射，限一月开拆，给与租课最多之人……从之。

（2）房屋租赁

《宋会要辑稿·食货五十五之二》中有详细的记载：

（景德）元年（公元1004年）十月诏：应宣借舍屋，须的是正身居止，如已有产业，却将转赁，委店宅务常切觉察，收管入官。

对租金的规定也颇为详尽，例如：

假每人户赁屋，免五日为修移之限，以第六日起掠。[②]

又：

给印历开坐地，分舍屋间椽、地段、钱数，分月掠、日掠数，立限送纳。[③]

---

① 《宋会要辑稿·食货六十三之一一一》。

② 《宋会要辑稿·食货五十五之五》。

③ 《宋会要辑稿·食货五十五之四》。

3. 借贷契约

在借贷方面，有关史料是较多的。

凡借贷者……又问其愿与不愿。愿者……取人人手书持赴本仓，再审无弊，然后排定。

这是《宋史·食货志》中有关农民向官府借贷粮食的一段记载。早在唐律中即将“借”与“贷”区分，通常以“借”指使用借贷，而以“贷”指消费借贷。使用借贷有时亦称为“假借”、“假请”，其标的一般指衣服、毡褥、帷帐、器玩，又有奴婢，牛马驼骡驴，车、船、碾磑、邸店之类的特定物。而消费借贷有时亦称为“揭”、“便”。其标的一般指金钱谷物等种类物。同时，对不付利息的借贷（多为使用借贷）和付利息的借贷（多为消费借贷）至宋已分别于律中称之为“负债”与“出举”。后者又称“举债”、“举息”、“举钱”等。出举之出指出贷，而举字乃取利之意[①]。对上述负债、出举《宋刑统》分别有所规定。其《杂律》卷二十六“受寄财物辄费用”条中载：

诸负债违契不偿……各令赔偿。

负债者，谓非出举之物，依令合理者。

同时还规定：

诸负债……应牵制者，皆告官司听断。

而出举之债，则“任依私契，官不为理”。二者的差异，宋元人区别得很明确：

以物假人曰借，从人求物曰贷。借字从人从昔，备人道，所以不能无也。凡以官物假人，虽辄服用观玩，而昔物犹存，故称为借。贷字从代从贝，凡资财、贷贿之类，皆从贝者，以其所利也。假以官物利己利人，虽有还官之意不过以他物代之，而本色已费，故称曰贷，又从代者，谓以物代替也。[②]

---

① 这里的“出举”、“举息”，或可引为北方民间俗语中长辈斥责晚辈“没出息”的渊源，即不能给家族带来利益。

② （元）徐元端：《吏学指南·钱粮造作》，杭州，浙江古籍出版社，1988。

两宋商品经济、货币经济发达，因之关于借贷的立法日趋完备，特别是关于消费借贷的立法富有特色，为后世的立法提供了模式。

有货币信贷，就有利息和高利贷。地租以外，宋代官府、地主、商人剥削农民的一种重要方式就是高利贷。农民到质库或是向私人借贷钱物，都必须要有抵押物。地主正是利用借贷关系，强化农民在经济上对他们的依附程度的。不仅通过借贷关系、高利贷活动兼并农民的土地，“食其租而役其人”，强夺其房屋、农具，甚至强迫其妻女做奴婢。故有宋一代的消费借贷历史，终宋之世，与高利贷相始终。

（1）官府放债。

宋初，官府贷款，六分取利。《宋刑统·杂律》“受寄财物辄费用”条规定：

若官物及公廨本利停讫，每计过五十日，不送尽者，余本生利如初，不得更过一倍。

北宋熙丰年间，王安石变法，《市易法》中有商业贷款，《青苗法》中有农业贷款。前项是朝廷专设市易务预支官钱购买外地行商投卖的货物，以平抑京师的物价。此活动通过行人或牙人进行，行人可分期付款，半年付清，利息一分；一年付清，利息二分。

过期不输，息外每月加罚钱百分之一。

这可看作是最早的金融贷款的实例之一。同时立法要求提供担保：

以田宅金帛抵当者，减其息。无抵当徒相保者，不复给。①

《文献通考·市厘考》卷二十中有如下的记载：

元丰二年（公元1079年）诏：市易旧法，听人赊钱，以田宅或金银为抵当，无抵当者三人相保则给之，皆出息十分之二，过期不输，息外每月更罚钱百分之二。

为扩大财政收入，史载：

① （宋）司马光：《涑水纪闻》卷十四，“市易司法”，《丛书集成》。

户部格敕：天下私质举宜四分收利；官本，五分生利。

《青苗法》则是农民在夏、秋收之前，向官府贷款，收获之后再还官府，利息二分。向二等以上户摊派青苗钱，利息四分。借贷关系成立的条件，市易法要求以田宅或金帛作抵；《青苗法》则要求贷款人有一定的物力担保。再有，借贷人要事先提出申请，并有人担保，《青苗法》要求五人为保，《市易法》要求三人为保。

宋法禁止监临官用所监临财物质当、放贷。《庆元条法事类·杂敕》：凡有上述行为者，徒二年。监临官令亲戚及客亲随人放债，徒二年。但以官钱物自贷的现象依然存在①。

（2）民间借贷。

两宋高利贷资本活动遍及城乡，不仅官府发放贷款，民间也开设质库，就是寺观庙院也从事高利贷盘剥活动。如陆游曾揭露：

今僧寺作库质钱取利，谓之长生库，至为鄙恶。②

对于这种剥削活动，法律给予保护：

欠负人实无从出，合免监理。

债负违契不偿，官为追理，罪止杖一百。③

这是一个方面。另一个方面，高利贷的猖獗又带来了极大的消极作用。北宋中，欧阳修谈及高利贷之弊时称：

（农村下户和佃户）其春秋神社、婚姻丧葬之具，又不幸遇凶荒与公家之事，当其乏时，尝举债之息不两倍则三倍。及其成也，出种与税而后分之，偿三倍之息，尽其所得，或不能足。其场功朝毕而暮乏时，则又举之。④

① 《宋会要辑稿·食货六三》“市易”条载：元丰二年，前市易务监官刘在，负市易钱十八万缗，朝廷决定：用刘家所收屋租偿官，限二年还清。输纳不足，物产没官。还不足，责保人代偿。利息则从籍没家产中免追。

② （宋）陆游：《老学庵笔记》卷六，北京，中华书局，1979。

③ 《名公书判清明集·户婚门·争财》，“欠负人实无从出合免监理”案。

④ 《欧阳文忠公集·原弊》。

说明当时的利息可高达二百至三百。这大概是个别事例。一般而言，高利贷的利息是所谓“倍称之息”，即为百分之百的利率。真宗时范仲淹也曾指出：

民乏泉货，每年取绢直于豪力，其息必倍。①

从仁宗到神宗初年，史载：

民间出举财物，取息重止一倍。②

南宋高宗年间，依然是倍称之息。高利贷的疯狂盘剥，迫使下户流离失所，佃客卖儿卖女，国家税收减少，社会动荡不安。为此，宋朝廷采取了一系列的法律措施，来抑止高利贷的消极破坏作用。

其一，限制利率。《宋刑统·杂律》规定：

天下私举质，宜四分收利。

积日虽多，不得过一倍。

《宋刑统·杂律》卷二十六“受寄财物辄费用”条载：

诸公私财物出举者……每月取利不得过六分，积日虽多，不得过一倍……又不得回利为本，若违法积利，契外掣夺，及非出息之债者，官为理。

诸出举两情和同，私契取利过正条者，任人纠告，本及利物并入纠人。

南宋庆元《关市令》也规定：

诸以财物出举者，每月取利不得过四厘，积日虽多，不得过一倍。③

其二，不准以田宅抵折。真宗曾诏：

民负息钱者，无得逼取其庄土牛畜以偿。④

---

① 《范文正公全集》卷十一，《四库全书》荟要本。

② 《宋史·陈舜俞传》。

③ 《庆元条法事类·杂门·出举债负》。

④ 《续资治通鉴长编》卷八十八。

南宋孝宗乾道七年（公元1171年），朝廷也明立法禁，不准放债的豪强将债务人“见住屋宇并桑园田地抵价折还”[1]。

其三，不得准折价钱，以免债主借折换率，规避法律，加大利息。《宋刑统·杂律》载：

> 诸以粟麦出举，还为粟麦者，任依私契，官不为理。

庆元《关市令》明确规定：

> 元借米谷者，止还本色，每岁取利，不得过五分（谓每斗不得过五升之类），仍不得准折价钱。[2]

其四，不得回利为本。《宋刑统·杂律》“受寄财物辄费用”条载：

> （举债）仍以一年为断，不得因旧本更令生利，又不得回利为本。

即不准俗称的“利滚利”。真宗景德二年（公元1005年）又规定：

> 举放息钱，以利为本，伪立借贷文约者，从不应为重科罪。[3]

此外，对“不得还利为本”《庆元条法事类·杂门·出举债负》还规定：

> 民间如甲以钱一贯借与乙买卖经营，后来利息已及二贯以上者，缘依法，积日虽多，不得过一倍，即系违法取利，自不合理索。外若甲出钱一百贯，雇请乙开张质库营运，所收息钱虽过于本，其被雇请之人系籍本因而营运，况系主家出本雇人或凭请开张质库，及所收息利，既系外来诸色人将衣物、金银、匹帛抵当之数。其本尚在，比之径借取利过本者，事体不同，即不合与私债一例定断。

这是区别借贷取息与出资合伙生利的不同。对后者“不合与私债一例定断”。

---

① （宋）朱熹：《朱文公集》卷九，《四部备要》。

② 《庆元条法事类·杂门·出举债负》。

③ 《续资治通鉴长编》卷六十一。

其五，严禁以债负质当人口。开宝五年（公元972年），岭南农民向豪强借贷，“皆纳其妻女以为质”，太祖下诏严禁。以后，朝廷专门立法：

诸以债负质当人口（虚立人力、女使雇契同），杖一百，人放逐便，钱物不追。情重者，奏裁。[①]

其六，不准用妇女以身折酬。《宋刑统·杂律》“受寄财物辄费用”条引《杂令》：

（债务人）家资尽者役身折酬，役通取户内男口，又不得回利为本。

其七，先输税后还债。北宋太宗时载：

比年多稼不登，富者操奇赢之资，贫者取倍称之息，一或小稔，富家责偿愈急，税调未毕，资储罄然。遂令州县戒里胥、乡老察视，有取富民谷麦赀财，出息不得逾倍，未输税，毋得先偿私逋，违者罪之。[②]

其八，债权人不准留禁债务人、担保人。宋律法规定：

诸负债违契不偿，官为理索。欠者逃亡，保人代偿。各不得留禁。[③]

（3）两宋时期借贷法规中的限制性条款

其一，借贷须订契约。宋法令中屡见确认借贷法律关系，保护债权人等“从私约”、“依私契”的规定。借贷契约文书的主要内容包括：贷借的时间，贷借当事人姓名，贷借理由，贷借的标的物及数量，贷借期限，偿付利息的条件，个人的差押文言，保证文言，文书作成的证据，当事人、保人、知见人的署名，等等。[④]

---

① 《庆元条法事类·杂门·出举债负》。

② 《宋史·食货志》。

③ 《庆元条法事类·财用门三·理欠》。

④ 《朱文公集》卷九十九。朱熹所立“请米状式”可资参照：

“某都第某保队长某人，大保长某人，下某处地名保头某人等几人：

今递相保委就社仓借米。

每大人若干，小儿减半。候冬收日备干硬糙米，每石量收耗米三升，前来送纳。

保内一名走失事故，保内人情愿均备取足，不敢有违。

其二，须有抵押物。田园、住宅、牲口、农具、金银器玩等都可作为抵押物。

其三，禁止卑幼私举财物。《宋刑统·杂律》“受寄财物辄费用”条准文：

> 应诸色人中，身是卑幼，不告家长，私举公私钱物等，多有此色子弟，凶恶徒党因之交结，便与作保，举诸司及形要家钱物，同为非道破用，家有尊长，都不知委。
>
> 今后有此色举钱，无尊者同署文契，推问得实，其举钱主在与不在，其保人等并请先决二十，其本利仍令均摊填纳，冀绝奸计。

其四，不准州县官放债。《宋刑统·杂律》“受寄财物辄费用”条户部格敕：

> 州县官寄附，部人兴易及部内放债等，并宜禁断。
>
> 今后监临官于部内放债者，请计利以受所监临财物论。

总之，宋代借贷关系的复杂化、法律化，反映了宋代货币资本畸形发展和民事法律关系发达的事实。

4. 寄托与行纪

在行纪、寄托方面，宋时的“牙行”即今天民法之行纪，“牙税”即今天的营业税。唐宋代，以受寄物为业者，称为邸、店、堆垛场、塌坊等。据吴自牧《梦粱录·塌房》卷十九记载，当时临安的富商、大贾利用自己雄厚的钱财建造塌坊等：

> 于水次起造塌房数十所，为屋数千间，专以假货与市郭间铺席、宅舍，及客旅寄藏物货并动具等物。

关于寄托，约与今天的保管契约相近。至宋，保管物的范围已相当广泛。

> 绍熙元年（公元1190年）九月二十九日敕：民间或有纷争未决之财，或有取赎未定之讼，孤幼检校，未该年格，或盗贼赃物未辨主名，或亡商失货未有所归，或理逋督责未及元数，如是之类，则其财皆寄于官……①

① 《庆元条法事类·库务门一·给迁寄库钱物》。

对寄托物如何保管，律法上规定是较详细的。《宋刑统·杂律》卷二十六"受寄财物辄费用"条载：

受人寄付财物，而辄私费用者坐赃论，减一等。

又《庆元条法事类·财用门三·理欠》载：

诸官司寄纳人户钱物，而有损失者，并干系人赔偿。

对因保管不善造成损失及保管物意外损失的，也都详予规定。如《宋刑统·厩库》卷十五"损坏仓库物"条载：

诸仓库及积聚财物，安置不如法，若曝凉不以时，致有损败者，计所损败坐赃论。

又《庆元条法事类·库务门一·仓库令约束》载：

诸仓库，水火防虞有备，非人力所及，致损败官物者，监专具所损所收实数，申州保明奏裁。

并进一步规定：

诸官物损败，应除破者，保明，申尚书本部，不应除破而擅除破者，干系人均赔。①

可以看出，当时有关寄托是有专门律法规定的。所谓"安置不如法"正说明安置是有法的。另外，对非人力所造成的损失，是可以"除破"的，即可以免责的，只是要"保明申尚书本部"。至于如何"除破"，尚缺少这方面的直接史料记载，在《庆元条法事类·财用门三·理欠》中有这样一段记述：

诸管押官物，而裹角布帛损破者，计所亏估纳处，价五贯以下免纳，过五贯者，别计数理（其）半。其陆路至纳处二千里外全免。

① 《庆元条法事类·库务门一·仓库令约束》。

从这当中，或许能推知一些有关“除破”规定的端倪。

关于行纪，今天又称为信托。在两宋则又称“检校”。有宋一代，特别是自神宗朝始及至南宋，对检校制度是颇为重视的。宋神宗时代（公元1068—1085年）东京开封府司录司设有检校库。“检校”这两个字，可以理解为保管和管理他人的财物。检校库也类似今天的信托制度，信托是14世纪以来在英国发达起来的制度，检校库是在中国10世纪乃至13世纪左右所实行的一种官营信托。

在客商和铺户中间是由牙人做媒介的，使铺户签订契约。[①] 由此可推知，当时的牙人类似今日的居间人，契约关系在当时可能是广为实行的。

5. 合伙契约

从广义来说，当事人之间为达到任何法律不禁止的目的活动，都可以订立合伙合同。

有宋一代关于合伙契约的史料较其他契约关系的要少一些。《宋会要辑稿·食货六十三之一六二》载：

> 太宗太平兴国元年（公元982年）十二月诏：……及其家见有种子，某户见有关丁，某人见有剩牛，然后分给旷土，召集余夫，明立要契，举借粮种及时种莳，俟收成，依契约分，无致争讼。

合伙契约是最早的契约形式之一。其中有专以财产利益为目的的合伙，如合伙经营作坊商业等。这在前述寄托契约及租赁契约中亦可管中窥豹，略见合伙契约的一些影子。此外对以从事学术、娱乐，宗教活动为目的的，也称为不以财产利益为目的的合伙，在封建社会是常见的，只是未从律法上来认识罢了。

总之，在封建专制制度下，对于私人间的利益冲突一向视为“细故”。虽然至宋债法规范有所发展，但有些契约关系尚十分原始或付诸阙如。

（六）禁榷律法

宋代财政匮乏，禁榷是其获取财政收入的重要方法之一。宋代禁榷（专卖）范围有所扩大，除传统的盐、酒、茶外，矾、铁、煤等均列为禁榷物种。在禁榷律法中，以盐法、茶法、酒法最为重要和完备。

盐法是有关盐的煮制、买卖和贩运方面的法律。在中央有三司中的盐铁使，在地方有各产盐地和商埠所设场务专理盐的专卖。其时分为盐的官运、官销和商运、商销两种方式。盐法规定：犯私盐一两，笞四十。但因官盐价高，私贩是禁而不绝。酒法是有关酒的酿制、征税和专卖等方面的律令。宋代称酒的专卖

---

① 参见［日］加藤繁：《中国经济史考证》，北京，商务印书馆，1963。

为“榷酤”。酿酒的酒曲由官府垄断，禁民间私造，违犯者重至处死。官府严格控制酒的制售且税课繁重。后人评价：

> 历代榷酤，未有如宋之甚者。①

（七）婚姻法规

宋代婚姻立法与司法和唐代相比，有较大的变化，以下所列内容仅是其大概而已。

1. 结婚

（1）婚龄。

宋承唐律，北宋天圣年间的《户令》规定：

> 凡男年十五，女年十三以上，并听婚嫁。②

违犯成婚年龄的，不准婚嫁。南宋沿袭这一规定。

（2）鼓励娶妾。

南宋淳祐《户令》规定：

> 诸妻犯七出内恶疾，而夫不忍离弃者，明听娶妾，昏如妻礼。③

（3）改嫁。

宋神宗时，法律允许妇女在丈夫外出、长期不知消息的情况下，可向官府申请改嫁。④ 又《宋刑统·户婚》“和娶人妻”条规定，夫出外三年不归，六年不通问，准予改嫁或离婚。否则，

> 妻擅去者徒三年，因而改嫁者流三千里，妾各减一等。

如果夫亡，妻不“守志”者，户令规定：

> 若改适（嫁），其见在部曲、奴婢、田宅不得费用……

① （清）赵翼：《陔余丛考·宋元榷酤之重》，北京，商务印书馆，1957。

② （宋）《司马氏书仪》“婚仪”条。参见《司马文正公传家集》，《四部丛刊》。

③ 转引自《唐令拾遗·户令第九之三十五》，长春，吉林出版社，1989。

④ 《宋会要辑稿·职官六十一》“对换官”条。

此外，朝廷还立法：在女居夫丧或父母丧，而贫乏不能谋生时，允许在一百天后自行改嫁。[①]

南宋的条法沿袭此规定：

> 诸居夫丧百日外，而贫乏不能存者，自陈改嫁。[②]

（4）订婚与不准悔亲。

北宋中期以降，婚姻论财之风渐起。为减少因订婚后悔亲引起的社会矛盾，法律规定：只要男女双方家长订有婚书，立有私约，或交付了聘财，就不得反悔。聘财无多少之限，“寸帛为亲”。这些传统做法，受到法律保护。《宋刑统·户婚》“婚嫁妄冒”条载：

> 诸许嫁女已投婚书及有私约而辄悔者，杖六十。……更许他人者，杖一百，已成者徒一年半，……女追归前夫。

矛头针对女方。南宋时，法律对这一规定有所修改：

> 诸定婚，无故三年不成婚者，听离。[③]

显然，这条规定对男女双方都有拘束力，弥补了《唐律》、《宋刑统》严坐女方悔亲，而不追及男方的立法之疏略。

（5）扩大禁婚亲属范围。

宋律禁止五服以内亲属结婚，但对姑舅两姨兄弟姐妹结婚并不禁止。《宋刑统·户婚律》规定：不准与堂外甥女结婚，违者杖一百，并离之。北宋宣和元年（公元1119年）八月，朝廷立法禁止与再从姨及其女结婚。[④]

（6）州县官人结婚的限制。

《宋刑统·户婚律》卷十四“监临婚娶”条规定：

> 诸州县官人在任之日，不得共部下百姓交婚，违者虽会赦仍离之。其州上佐以上及县令，于所统属官亦同。其定婚在前，任官居后，及三辅内

---

① 《续资治通鉴长编》卷四八四。

② 《名公书判清明集·人伦·夫妇》。

③ 《名公书判清明集·户婚门·婚嫁》，“诸定婚无故三年不成婚者听离”案。

④ 参见《宋会要辑稿·刑法二》。

官，门阀相当情愿者，并不在禁限。

(7) 复婚。

宋条法规定，无论是男子单方面的休妻，还是夫妻间的和离，以后夫妻愿意复婚，听从其便。但一方有“七出”条中“义绝”行为者，不许复婚。①

2. 离婚

在离婚方面，仍实行唐制“七出”与“三不去”制度，但也有少许变通。例如《宋刑统》规定：夫外出三年不归，六年不通问，准妻改嫁或离婚。

(1) 妻要求离婚的特例。

丈夫因犯罪而离乡服刑或久出不归，妻子能否提出离婚要求，唐律及《宋刑统》未作规定。北宋中，法律规定：

> 已成婚而移离乡编管，其妻愿离者，听。②

这就填补了以往立法上的空白。

(2) 袒免亲结婚的禁律。

中国古代长期实行“同姓不婚”的原则，对亲属间的联姻控制极严。因之，礼与法均禁止近亲结婚。《宋刑统·户婚律》沿袭唐律的规定：

> 诸尝为袒免亲之妻而嫁娶者，各杖一百。

以后，法律作了变通修改，规定了时效：

> 诸违法成婚，谓尝为袒免以上亲之妻，未经二十年，虽会赦犹离。③

(3) 买卖人妻。

宋法规定：

> 诸和娶人妻及嫁之者，各徒二年，即夫自嫁者亦同，仍两离之。④

---

① 周密：《齐东野语》卷八。北京，中华书局，1983。

② 《名公书判清明集·户婚门·离婚》，“已成婚而夫离乡编管者听离”案。

③ 《名公书判清明集·户婚门·争业上》，“罗棫乞将妻前夫田产没官”案。

④ 《名公书判清明集·户婚门·离婚》，“婚嫁皆违条法”案。

（4）雇妻与人。

法律规定，将妻雇与他人为妻妾者，同和离法，婚姻关系解除。[①]

（5）犯奸。

《庆元条法事类·杂门·诸色犯奸》引《户令》：

> 诸妇人犯奸非义绝，并与夫之缌麻以上亲奸未成，离与不离，听从夫意。被夫同居亲强奸，虽未成，而妻愿离者亦听。

又规定：

> 诸先奸后娶为妻者，离之。
>
> 诸令妻及子孙之妇，若女使为倡，并媒合与人奸者，虽未成，并离之。

（6）严禁妻子擅自离婚。

宋法规定：

> 妻擅走者徒三年，因而改嫁者流三千里，妾各减一等。
>
> 诸妻擅去，徒二年。[②]

就是说，如果妻未经丈夫许可，主动与丈夫离异，妻子就构成犯罪，要处二年徒刑。在司法实践中，也通行“夫有出妻之理，妻无弃夫之条”的准则。

3. 夫妻财产分割

关于夫妻财产，宋律规定，妇人财产，并同夫为主；妻之妆奁田产，为其夫所典卖者，不为违法，即妻自欲典卖，亦应由其夫出而立契。但是如果夫亡，妻“不守志”者，宋《户令》规定：“若改适（嫁），其见在部曲、奴婢、田宅不得费用”。严格维护家族财产不得转移的固有传统。

夫妻离婚后，家庭财产如何分割问题，唐律及《宋刑统》均未予明确回答。查阅宋文献，有以下两种情况值得注意：

一是南宋人洪迈曾记载：唐州富商王八郎，勾搭上了一娼妓，便喜新厌旧，欲离异其妻。官司打到县衙，县令判决王八郎夫妻离婚，家产的分割情况是其妻“中分其资产”[③]，即夫妻各一半。

---

① 《名公书判清明集·人伦门·夫妇》，“官族雇妻”案。

② 《名公书判清明集·户婚门·离婚》，“婚嫁皆违法”案。

③ （宋）洪迈：《夷坚志·丙志》，“王八郎”，《丛书集成初编》。

二是南宋的刘克庄所判《妻以夫家贫而仳离》案：黄桂与丘贡士之妹成婚生子后，丘家嫌黄贫穷，辄将丘氏招归回娘家。经调解，夫妻二人不可复婚后，刘克庄判曰：

> 夫妇不可复合，亦既悯念黄桂贫乏，资助钱财，使之别娶。①

前例系指有财产分割的情况，其“中分其资产”语，尤可注意。后例则是指无家产可分的情况，其“资助钱财，使之别娶”判词，令人称奇。

综上所述，尽管理学家大肆宣扬“饿死事小，失节事大”的虚伪说教，但两宋妇女离婚还是有一定自由的，寡妇再嫁也属平常事。从整个传统社会反映的情况看，宋代妇女的社会地位较之明清妇女地位要高。可能是到理宗以后，理学在思想领域内方定于一尊，对社会各方面的影响还不似后代那样巨大。元、明以后，理学思想统治下的人们对于妇女贞操的要求更加苛刻，夫死守节等便成为天经地义的事，理学也就堕落为一把杀人不见血的软刀子。清代人方苞指出：妇人所谓“守节死义”的，“周秦以前，可指计”，“自汉及唐亦寥寥”，“北宋以后，则悉数不可更仆矣”②。

（八）继承法规

宋代有关继承的立法，基本沿袭唐律，但两宋的继承律法较唐律更为详尽。在沿袭“兄弟均分”、“子承父分”的原则下，对男女财产分配上的许多规定为明清所沿用。

1. 宗祧继承

中国古代社会长期实行宗祧继承制度。凡有宗祧继承权者，固应有财产继承权；反之，有财产继承权者，却未必有宗祧继承权。宗祧继承的目的是上以奉祖先的祭祀，下以续血统，是故以直系卑亲属中的男子为限，而嫡长子居继承的优先地位。实行这一制度，在统治阶级，目的是不使财产分散和维持政治特权的世袭；在被统治阶级，目的是维护其小私有制的权益。但自唐以后，随着私有观念的日益深入，宗祧继承则往往成了争夺遗产的托词。宋代的宗祧继承主要有两种：

（1）立继与命继。

宋代，男子死而无嗣，法称“户绝”。为了使死者“不断香火”，“血食永享”，就需为死者立继。凡立继之家，官府也不没收死者遗产。继绝的方式，有

① 《名公书判清明集·户婚门·婚嫁》“妻以夫家贫而仳离”案。

② 《方望溪先生全集·曹氏女妇贞烈传叙》，《四部丛刊》。

立继与命继两种。两宋律法对二者区分得颇为严格：

> 立继者谓夫亡而妻在，其绝则其立也当从其妻。命继者谓夫妻俱亡，则其命也当惟近亲尊长。立继者与子承父分法同，当尽举其产以与之。命继者于诸无在室、归宗诸女，止得家财三分之一。[①]

可见立继与命继的差别，一是立嗣的权利主体不同；二是继承的遗产份额不同。

如果父子双亡，则只需为其子立继或命继，便可达到“承绍香火”之目的。这种立孙为后的继绝法，简化了继承环节。

立继子或命继子早殇，则达不到“承绍香火”之目的，因之必须再为被继承人立继或命继。但无论是立继还是命继，被立之人必须是被继承人的父系血缘之同姓、同族人，即“父之党为宗族”[②]。如同一高祖所生的子孙，曾孙、玄孙，都为同族人。《宋刑统·户婚律》规定：

> 无子者，听养同宗于昭穆相当者。

“昭穆相当”，则是要求所立继承人必须是被继承人的晚辈。宋代的社会风俗亦是如此。《袁氏世范》载：

> 同姓之子，昭穆不顺，亦不可以为后。鸿雁微物，犹不乱行，人乃不然，至以叔拜侄，于理安乎?!

这说明“昭穆相当”，是法和“理”的共同要求。

如果本族内没有昭穆相当人可立，也可从妻家族中选择适当人。这是因为：

> 想其环视本宗，无人可立，不得已取诸其妻家之裔，亦曰关于九族之一，庶几亲亲以睦，而相依以生，其较诸绝无瓜葛者，良有间矣。[③]

这种不得已立妻家人为后的做法，是对“同宗”继承原则的补充。

---

① 《名公书判清明集·户婚门·立继类》，“命继与立继不同”，“再判”案。

② 《尔雅·释亲》，《十三经》，北京，燕山出版社，1991。

③ 《名公书判清明集·户婚门·立继类》，“治命不可动摇”案。

（2）过继（收养）。

宋律规定，除立继与命继两种继绝方式外，人们也可由于身体或年龄的原因生前抱养同宗昭穆相当人为嗣子，即养子防绝，此称为“过继”。抱养子从过继日始，便与其生身父母终止身份上的法律关系。这种终止，是官府通过办理“除附”手续完成的。宋代订有“除附法”，谓：

> 人家养同宗子，两户各有人户，甲户无子，养乙户之子以为子，则除乙户子名籍，而附之于甲户，所以谓之除附。①

除附法的作用，一是借此确认收养之法律关系，并终止养子与原有亲属的法律关系；二是通过除附手续将养子名字从亲生父家的户籍上消除，而添附在养父家的户籍上，使官府掌握养父家的人口数，以免遗漏赋税。

人们生前也可以收养异姓子，《宋刑统·户婚律》卷十二“养子”条载：

> 其遗弃小儿年三岁以下，虽异姓，听收养，即从其姓。

但收养与抱养有两点不同。

其一，收养的异姓子在事实上虽已终止其与生身父母的法律关系，但不适用除附法，因为：

> 三岁已下即从其姓，依亲子孙法，亦法令之所许。②

其二，收养子任何情况下都不得遣还“归宗”，但抱养子则可能因为各种原因被遣送“归宗”。法律规定：

> 诸养（抱养）子孙，而所养祖父、父亡，其祖母、母不许非理遣还。③
>
> 所养子孙破荡家产，不能侍养，实有显过，官司审验得实，即听遣还。④

在受灾、饥荒等年间，朝廷也允许收养三岁以上的儿童，如宁宗嘉定年间，就曾下过允许百姓收养七岁以下异姓男女儿童为子女的诏令⑤。《清明集》中也

---

① 《名公书判清明集·户婚门·户绝》，“夫亡而有养子不得谓之户绝”案。

② 《名公书判清明集·户婚门·立继类》，“父在立异姓父亡无遣还”案。

③ 《名公书判清明集·户婚门·立继类》，“父在立异姓父亡无遣还之条”案。

④ 《名公书判清明集·户婚门·孤幼》，“叔父谋吞并幼侄财产”案。

⑤ 参见《宋史·宁宗纪》。

存有因收养异姓女孩引起纠纷的记载。这较之无端禁养异姓子[①]，是一个历史进步。

2. 爵位继承

封爵[②]，是帝王对皇帝亲属以及有功官员授予的一种荣典。爵位可以世袭，由子孙延续继承。凡封爵都有食邑。食邑从一万户到二百户共分十四等。食邑乃是虚数，食实封才有一点好处。食实封从一千户到一百户共分七等。实封数约为虚封数的十分之四。宋初规定：

依令：王、公、侯、伯、子、男，皆子孙承嫡者传袭。[③]

无嫡子及有罪疾，立嫡孙；无嫡孙，以次立嫡子同母弟，无母弟立庶子，无庶子立嫡孙同母弟，无母弟立庶孙。[④]

宋初的《封爵令》还规定：

诸王公以下无子孙，以兄弟子为后，生经侍养者，听承袭。赠爵者亦准此。若死王事，虽不生经侍养者，亦听承袭。[⑤]

神宗时的《封爵令》对这一规定作了一些修改：

王、公、侯、伯、子、男，皆子孙承嫡者传袭。若无嫡及有罪疾，立嫡孙。[⑥]

3. 财产继承

中国传统社会一直贯彻家族财产制，《宋刑统》同样有类似规定。用法律严禁分家析产的目的，一是为了维护封建家长权，进而巩固皇权专制；二是“均其贫富，养其孝悌”。但祖父母、父母令子孙“异财”而不“别籍”，法律是默认的，宋人也多如此办理。故在传统社会，只有在父母双亡或户绝等场合，才发

① 《元典章·承继》卷十七：“养异姓子者，有罪”，北京，中国书店，1990。

② 宋爵共有十二等：王、嗣王、郡王、国公、郡公、开国公、开国郡公、开国县公、开国侯、开国伯、开国子、开国男。

③ 《宋刑统·诈伪》“诈假官”条。

④ 《宋刑统·户婚》“养子”条。

⑤ 《宋刑统·诈伪》“诈假官”条。

⑥ 参见《仪礼经传通解》续卷十六，“丧服图”。

生遗产的分割问题。

（1）法定继承。

有亲生子孙的遗产继承。《宋刑统·户婚律》卷十二“卑幼私用财”条准《户令》规定：

诸应分田宅者及财物，兄弟均分。

即同一顺序继承人所继承的财产份额均等。宋代已出现“代位继承”概念和立法：

兄弟亡者，子承父分。兄弟俱亡，则诸子均分。[①]

如《宋刑统·户婚》卷十二“户绝资产”条规定：

今后户绝（无后之谓）者，所有店宅、畜产、资财，营葬功德之外，有出嫁女者，三分给与一分。

如有出嫁亲女被出（七出），及夫亡无子，并不曾分割得夫家财产入己，还归父母家后户绝者，并同在室女例。

即使是孙女，也可代父继承祖父的遗产，但份额只有孙子的一半。[②] 宋《户令》还明确规定：

在法：父母已亡，儿女分产，女合得男之半。[③]

从这些规定上我们可以看到，自唐宋以降，在室女也是有财产继承权的。

宋代法律同样保护遗腹子的继承权，并规定遗腹子继承份额与其他男继承人相等[④]。《宋刑统·户婚律》卷十二“卑幼私用财”条准《户令》规定：

姑姊妹在室者，减男娉财之半。

《名公书判清明集·户婚门·女承分》“处分孤遗田产”案又载：

---

① 《宋刑统·户婚》“卑幼私用财”条。

② 参见《名公书判清明集·户婚门·立继类》。

③④ 《名公书判清明集·户婚门·分析》，“女婿不应中分妻家财产”案。

若只有在室诸女，即以全户四分之一给之。

法律虽未对非婚生的、不与其父同住的“别宅子”的财产继承权作出明文规定，但据《名公书判清明集·户婚门》记载，如果别宅子能提出证据证明其确系被继承人所生，则享有与其他兄弟一样的财产继承权。如提不出证据，法律规定：

诸别宅之子，其父死而无证据者，官司不许受理。①

（2）寡妇的遗产继承。

其一，被继承人有子女，只能拨田与寡妇“赡养”。寡妇包括妻、妾、甚至包括与被继承人生养过子女的女婢。如有判词曰：

方文亮生三男，长彦德，次彦诚，前妻黄氏生，幼云老，妾李氏生。

合照淳祐七年敕令所看详到平江府陈师仁分法，拨田与李氏赡养，自余田产物业，作三分均分，各自立户。②

其二，寡妇不能随意处分随嫁奁田。

在法：寡妇无子孙年十六以下，并不许典卖田宅。盖夫死从子之义。妇人无承分田产，此岂可以私自典卖乎？妇人随嫁奁田，乃是父母给与夫家田业，自有夫家承分之人，岂容卷以自随乎。③

其三，寡妇对前夫的遗产不能随意遗嘱与人。

寡妇以夫家财产遗嘱者，虽所许，但《户令》曰：“诸财产无承分人，愿遗嘱与内外缌麻以上亲者，听自陈”。则是有承分人不合遗嘱也。④

其四，寡妇改适他人后，对前夫财产的继承受到极大限制。据《户令》：

寡妇无子孙并同居无有分亲，召接脚夫者，前夫田宅经官籍记讫，权给，计直不得过五千贯，其妇人愿归后夫家及身死者，方依户绝法。⑤

---

① 《名公书判清明集·户婚门·别宅子》，“无证据”案。

② 《名公书判清明集·户婚门·违法交易》，“业未分而私立契盗卖”案。

③④ 《名公书判清明集·户婚门·争业》，“继母将养老田遗嘱与亲生女”案。

⑤ 《名公书判清明集·户婚门·户绝》，“夫亡而有养子不得谓之户绝”案。

显然，是否享有继承前夫遗产的部分权利，是以寡妇能否“守志”为前提的，一旦她“愿归后夫家”，对前夫财产的继承权便化为乌有，因为：

改嫁，于义已绝，不能更占前夫屋业。[①]

这是法律维护礼教，礼法合流的必然结论。

(3) 户绝、无主的财产继承。

《宋刑统·户婚》卷十二“户绝资产”条规定：

户绝者，所有店宅、畜产、资财、营葬功德之外，有出嫁女者，三分给与一分，其余并入官。

关于商旅的遗产，法律规定：

诸商旅身死，勘问无家人亲属者，所有财物随便纳官……在后有识认勘当，灼然是其父兄子弟等，依数却酬还。[②]

《宋刑统·户婚》卷十二“户绝资产”条载：

死波斯及诸蕃人，资产货物等伏请依诸商客例……如无上件至亲（指父兄子弟），所有钱物等并请官收，更不牒本贯，追勘亲族。

对长住我国（五年以上）的外商遗产，规定由市舶司暂时保管，待其亲属收领，但其亲属“在中国者，并可给付，其在本土（外国者），虽来识认不在给付”[③]。

对因战乱所造成的无主财产，后亲属来认领的问题，是这样处理的：

及全家被虏，而有亲属方归之人（亲属谓依条合得财产之人），赴陈诉，守令令听逐官回问子（仔）细，来取干照契书等。如无文照，限当日勾勒休工，长厢，耆领估，照证得实，即时给付。

对无人继承的财产，《庆元条法事类·道释门·亡殁》卷五十一载：

① 《名公书判清明集·户婚门·接脚夫》，“已嫁妻欲据前夫屋业”案。

②③ 《宋刑统·户婚》“死商钱物”条。

诸僧道身死……给官殓葬送之费，数依户绝法。余限三年许承分人召保请。若出限或无人承分者，依无人继绍……依户绝法。

到了北宋仁宗天圣四年（公元1026年），审刑院制定了新的条法：

今后户绝之家，如无在室女，有出嫁女者，将资财、庄宅、物色，除殡葬营斋外，三分与一分。如无出嫁女，即给与出嫁亲姑姊妹侄一分。余二分，若亡人在日，亲属及入舍婿、义男、随母男等，自来同居营业佃莳，至户绝人身亡及三年以上者二分，店宅、财物、庄田并给为主。如无出嫁姑姊妹侄，并全与同居之人。若同居未及三年，及户绝之人孑然无同居者，并纳官。庄田依令文均与近亲，如无近亲即均与从来佃莳或分种之人，承税为主。①

天圣以后，户绝继承法趋于详备，对立继子与命继子、归宗女等人的财产继承份额都作了周密规定：

立继者与子承父分法同，当尽举其产以与之。命继者于诸无在室、归宗诸女，止得家财三分之一。②

继子与户绝家之女的财产分配比例，《名公书判清明集·户婚门》中有详细记载，表示如下：

户绝之家	继子得	女得	没官
只有在室女	1/4	3/4	
有在室并归宗女	1/5	4/5	
只有归宗女	1/4	3/8	3/8
只有出嫁女	1/3	1/3	1/3
无在室归宗出嫁女	1/3		2/3

而且对所继承的绝对数额也有规定：

诸已绝之家而立继绝子孙，谓近亲尊长命继者。于绝家财产，若只有

① 《宋会要辑稿·食货六一之五八》，“民产杂录”。
② 《名公书判清明集·户婚门·立继类》，“命继与立继不同”、“再判”案。

在室诸女，即以全户四分之一给之。若又有归宗诸女，给五分之一。其在室并归宗女即以所得四分，依户绝法给之。止有归宗诸女依户绝法给外，即以其余减半给之，余没官。止有出嫁诸女者，即以全户三分为率，以二分与出嫁女均给，一分没官。若无在室、归宗、出嫁诸女，以全户三分给一，并至三千贯止，即及二万贯，增给二千贯。①

（4）遗嘱继承。

宋初，《宋刑统》便沿袭唐律，对遗嘱继承作了规定。天圣五年（公元1027年）再次强调：

若亡人遗嘱证验分明，依遗嘱施行，从之。②

仁宗嘉祐年间，朝廷又专门颁布了《遗嘱财产条法》，明确规定财产无多少之限，全部按遗嘱给与继承人。神宗熙丰年间，遗嘱继承条法有所改变，规定：

不满三百贯文，始容全给，不满一千贯给三百贯，一千贯以上给三分之一而已。③

在财产额上予以限定，可能与神宗、王安石君臣等人改革财政、千方百计敛财有关。故元祐元年（公元1086年），司马光等一上台，就取消了熙丰遗嘱法，重复嘉祐遗嘱法。

据宋文献记载，遗嘱发生效力须具备以下几项条件。

其一，立遗嘱人须达到一定年龄。南宋判词中称："七岁且遗嘱非真"。但最低法定年龄是多少，不能断定。不过，宋律规定男子21岁成丁，15岁为法定最低结婚年龄，可作参考。

其二，遗嘱只能在无"承分人"的情况下才有效。《户令》规定：

诸财产无承分人，愿遗嘱与内外缌麻以上亲者，听自陈。则是有承分人不合遗嘱。④

① 《名公书判清明集·户婚门·立女承分》，"处分孤遗田产"案。
② 《宋会要辑稿·食货六一之五八》。
③ 《续资治通鉴长编》卷三八三，哲宗元祐元年七月条。
④ 《名公书判清明集·户婚门·争业》，"继母将养老田遗嘱与亲生女"案。

其三，所立遗嘱须符合一定的形式。从现存《吴中叶氏族谱·宋世分书》卷六十四记载的叶二十八所立遗嘱看，遗嘱应有以下内容：立遗嘱人；到场作证的亲族；继承人的姓名与婚姻状况；财产分割的具体方法及内容；公平自愿的意思表示；画押、订立遗嘱年月日，等等，以便发生争论时作为凭证。

其四，遗嘱内容须与通行的伦理道德不悖。

遗嘱之文皆贤明之人为身后之虑。然亦项公平，乃可以保家。如韧于悍妻黠妾，因于后妻爱子，内有偏曲厚薄，或妄立嗣或妄逐子，不近人情之事不可胜数，皆兴讼破家之端也。[①]

如果法官认为遗嘱不符“天理”，不合“人情”，就不予承认。

其五，遗嘱人必须在一定期限内执遗嘱到当地官府办理遗嘱的“公证”手续，否则，遗嘱无效。如有判词曰：

如果有遗嘱，便合经官印押，执出为照。[②]

对遗嘱，官府是加以干涉的。《宋会要辑稿·食货十一》载：

今后遗嘱与缌麻以上亲……并估赴官投契纳税，其嫁资田产于契内分明声说……委可杜绝日后争端。

其六，有关遗嘱的诉讼，不能超过追诉时效。宋代条法规定：

遗嘱满十年而诉者，不得受理。[③]

其七，对遗嘱继承权的依法剥夺，《宋刑统·户婚》卷十二“户绝资产”条规定：

令文，各得资产，其间如有怀觊望，孝道不全，与夫合谋，有所侵夺者，委所在长吏严加纠察。有如此色，不在给与之限。

---

① 《袁氏世范》卷一，“遗嘱公平维后患”。
② 《名公书判清明集·户婚门·立继类》卷八，“父子俱亡立孙为后”案。
③ 《续资治通鉴长编》卷三八三。

> 又不同炊，经三载以上；逃亡，经六载以上；……见在可分者，不得辄更论分。①

官府对遗赠的数额，嘉祐前未见限制，但其后一般规定为满 300 贯者可全部遗赠；满 1 000 贯的遗产限 300 贯；1 000 贯以上的限总额三分之一。降及南宋，对遗产继承数额，户绝之家止给 3 000 贯，其余没官。于此可见官府的贪婪。

4. 两宋继承制度的特征

（1）坚决保护土地私有制是继承法的首要任务。

两宋，土地兼并之风犹如脱缰之马，不可抑止。仅占总人口万分之一的官僚地主、形势富豪，占有全国 30%以上的土地，而吞噬千家之膏腴，连亘数路之土地，岁收万斛的官僚地主，更是前所未有。所以，继承法首先保护的是官僚地主阶级的土地私有权和财产私有权，使之能借助自己的财产以攫取他人劳动成果的权利。

（2）顽固维护以男子为中心的封建家长制是继承法的立法原则。

宋代的整套继承制度，以男子为中心，反映了儒学、理学鼓吹的男尊女卑。同族相亲的传统观念对继承法有重大影响。虽然妇女在某些前提下有部分财产继承权，但这仍是“亲亲”原则的体现和鼓励寡妇“守节”的物质手段。

（3）具有一定的历史进步性。

宋代的继承法在某些场合也予以女子一定的财产继承权，并对非婚生子、庶子平等对待，甚至给妾所生子和女婢与妻同样的财产继承权，较之前代及后代都是一个历史的进步。尤可注意者，是设立“检校”制度，以专门保护孤幼的财产继承权得以实现。即官府专设检校官及检校库，对孤幼应继承的财产登记造册，留置于官，经营借贷，年利二分，以为教养孤儿费用，待其成丁日，悉数奉还。这种“寄库钱”，法律上视为官钱物，擅自动用，则准“盗论”。说明了宋代立法的成熟与宋朝廷对财产继承的积极干预。

（4）官府与民争利。

自北宋中期到整个南宋，官府对户绝财产没官的项目、数额均呈上升的趋势。北宋末以后，客户、佃户继承主户遗产的规定已不见提及，就是旁系亲属，宋初享有的财产继承权也已被剥夺殆尽。南宋中后期，户绝财产没官的情由和数额日渐增多。《名公书判清明集·户婚门》引宋初户令：

> 诸户绝，财产尽给在室诸女。

---

① 《宋刑统·户婚》“卑幼私用财”条。

这充分说明，随着私有观念的深化，“义利观”的转变，继承法也发生了极大的变化。而宋朝统治者大量没收遗产，与民争利，又是其为克服冗官、冗兵之痼疾，剜肉补疮的真实写照。

宋代司法制度

（一）司法机构的发展变化

1. 中央司法机构

（1）大理寺。

大理寺是中央审判机关，内设左断刑、右治狱。凡地方各州报请奏谳（复审）及地方官犯罪案件由左断刑负责；凡京师百官案件由右治狱负责。同时还将“审”、“判”分开，审讯归断司，用法归议司①。

（2）刑部。

刑部负责大理寺详断的全国死刑已决案件的复核及官员叙复、昭雪等事。神宗改制后，审刑院并入刑部，元丰四年（公元1081年）后刑部分设左右曹，左曹负责死刑案件复核，右曹负责官吏犯罪案件的审核。其职能有所扩大，处理有关刑法、狱讼、奏谳、赦宥、叙复等事。

（3）审刑院。

审刑院是神宗以前为加强皇帝对司法的控制，而增设的中央审判机关。设知院事为长官及详议官六人。凡是上奏案件先交审刑院备案，后交大理寺复核，之后，再返回审刑院详议，并奏请皇帝裁决②。

2. 地方司法机构

地方司法机构中，各路设提点刑狱司，是为中央在各路的司法派出机构。真宗时称提点刑狱公事，仁宗后称提刑司。州设专职司法官称为司法参军与司理参军，分掌检法议罪和调查侦讯，州长官是主审官。县由知县负责审判，“杖罪以下在县断遣”。地方死刑案件一般由州一级审判，上报路一级转送刑部复核。

（二）诉讼审判制度的特点

（1）宋代皇帝多亲自断案。徽宗时更常以御笔手诏断罪，“变乱旧章”。凡对“御笔断罪”执行不力者，多以“大不恭”论处。此类判决多不依法，更不许诉冤。

（2）重视证据和现场勘验。为重口供定有“翻异别勘”制度。因犯人翻供，所关情节重大，一般换法官审理，称“别推”；若换司法机关审理，则叫“别

①② 《宋史·刑法志》。

移”。官府设有专门的勘验官并制有详细的勘验格式，南宋时还颁布了《检验格目》，重视对犯罪现场的勘验和取证。客观上推动了其时法医学的发展。著名的《洗冤集录》等法医学著作的出现，与此有直接关系。

(3) 宋代对民事诉讼定有明确的时效规定，称“务限法”。对刑事案件，也依案件性质情节的轻重大小，定有不同的审结期限。对防止积案，发挥司法职能有积极作用。

(三) 审判监督制度的特点

宋代除了审判机构间上下、左右监督外，还设立了较完备的审判监督制度。在中央扩大御史台司法职能，太宗时曾设御史台推勘官，分赴地方审理大案。在地方，提刑司监督州县司法，这成为后世巡按制度的渊源。① 此外，还专门规定有平反冤案及错判案件的“理雪制度”与“推勘院”②。

第二节　辽金元时期的法律制度——中原礼法文化对周边少数民族法律的影响

一、辽金两代的立法概况及特点

(一) 辽代法制

辽最早的一部法典，是辽太祖时诏令定法律而编成的《决狱法》。其时仍奉行“以国法治契丹，以汉制待汉人”的分治制度。直至圣宗时，才规定契丹人和汉人犯罪，“一等科刑”。此后，兴宗重熙五年（公元 1036 年）诏令重修法典，参照唐律同时将太祖以来历朝法令编定成一部新的法典《新定条制》。史称《重熙新定条制》，颁行全国。成为其时基本的法律。道宗时，进一步强调契丹、汉人风俗虽不同，但国法不可异施，诏令在《重熙新定条制》基础上加以修订。咸雍六年（公元 1070 年），在增收唐律 173 条、新创 70 条、删除旧律 2 条以后，完成了一部本民族较成熟的法典《咸雍重修条制》③。这是契丹族在法制上的进步。

辽代法制反映了民族压迫和民族传统的内容。如圣宗时规定契丹人与汉人互殴致死，处刑轻重不同。熙宗以前允许主人对奴婢施以私刑，对反叛者处以投高崖、活埋等带有民族传统刑罚色彩的酷刑。此外还有木剑、大棒、铁骨朵等传统刑罚。

① 参见《续资治通鉴长编》卷三九五。

② 参见《宋会要辑稿·刑法三》。

③ 《辽史·刑法志》，上海，上海古籍出版社，1986。

（二）金代法制沿革及特点

金熙宗皇统五年（公元 1145 年），在参照唐律和辽、宋立法，并保留许多女真旧制的基础上，编成了首部成文法典《皇统新制》①。世宗大定十九年（公元 1151 年），在已有法律基础上颁行了《大定重修制条》。章宗明昌五年（公元 1194 年）参酌前朝律令制条，用《宋刑统》中的疏议加以注释，修订成一部新法《明昌律义》。泰和元年（公元 1201 年），进一步取唐律 12 篇的体例，存留律文 563 条，修成了著名的《泰和律义》。《金史・刑法志》说此"实唐律也"。与此同时，还颁行有《泰和律令》、《新定敕条》、《六部格式》等法规②，是为金国最大的一次立法活动，使其法制趋于完备。其中的《泰和律义》最有代表性。对元代法制产生了巨大的影响。

金法律在奉行民族压迫政策的同时，对民众的反抗严加剿捕，对本民族和汉族适用不同的法律。同时，在司法中留有许多民族传统刑罚手段。如罪犯要割去耳鼻，以示与常人不同等。金初，曾施行刑、赎并行的制度，允许以马牛杂物赎罪。因连年战争，法律多成具文。

■ 元代法制及其礼法的特点与变化

元代是中国历史上第一个北方少数民族入主中原，实现大一统的王朝。为统治的需要，蒙古贵族继受了中原传统的政治、经济与文化。其中的传统法律文化及其以唐宋法律为主体的中华法系，在其时亦得以延续。元代的近百年间，传统礼法文化在融合了蒙古贵族的民族性统治特点的基础上，在礼法合一的传统法制发展轨道上，顺势滑向了君主专制极端发展的明、清两代。

（一）元代主要的法律

元建立以前，除适用成吉思汗时期的《大札撒》外，多沿用金《泰和律》。

1.《至元新格》

世祖建元后，于至元八年（公元 1271 年）下令禁用金《泰和律》③。至至元二十八年（公元 1291 年），将历年所颁格例按"公规、治民、御盗、理财等十事辑为一书"④，称《至元新格》，成为元代首部成文法典。

2.《风宪宏纲》

仁宗时将"格例条画有关于风纪者，类集成书"⑤，称《风宪宏纲》。

---

① 《金史・刑法志》，上海，上海古籍出版社，1986。

② 《金史・刑法志》。

③④ 《元史・世祖本纪》，上海，上海古籍出版社，1986。

⑤ 《元史・刑法志》。

3.《大元通制》

英宗至治三年（公元1323年）又在此基础上，仿唐、宋旧律篇目，修订成一部新的法典《大元通制》，共20篇，2539条，其内容由诏制、条格、断例和别类组成，下分十一目①。这也成为元代基本的法律形式。

4.《元典章》

与《大元通制》这一法典几乎同时出现的，还有一部由当时地方官府汇编而成的法规大全《大元圣政国朝典章》，即流传至今的《元典章》。该书收集了自元初至英宗至治二年50多年间的律令典章和判例，共60卷，分诏令、圣政、朝纲、台纲、吏部、户部、礼部、兵部、刑部、工部10类，下设373目，目下列有条格。其内容涉及元代政治、经济、军事、法律和风俗民情等各个方面。

5.《至正条格》

元末顺帝至元四年（公元1338年）对《大元通制》重行修订，于至正六年（公元1346年）完成了一部新的法典《至正条格》，予以颁行。内容包括制诏、条格、断例等共2 900余条②。

（二）元代的基本法律形式——传统礼法合一形式的变化

元代法律形式深受两宋编敕的影响，内容广泛，具有法规大全的性质。从中央到地方各级官府都十分注重以判例断案。历次法典编纂都纳入大量断例，地方也时常收集和汇编断例，致使“有例可援，无法可守”。

综括元代法律，其基本法律形式以条格、断例为主。

1. 条格

是由皇帝亲自裁定或由中书省等中央机关颁发给下属官府的政令，主要是有关民事、行政、财政等方面的法规。

2. 断例

是经皇帝或司法官员所判案件的成例，多属刑事法规。这种以临时颁发的政令和以判例为主的法律形式，与划一的法规时相差异，其法律内容很不规范。元代司法主要是依据这些条格断例，致使“奸贪之吏独习知而舞文”。

（三）元代法律的主要内容特点——传统礼法合一内容的变化

1. 以法律维护民族间的不平等

元初，依据不同民族将民众的社会地位划分为四等：蒙古人社会政治地位最优越；色目人（西夏、回回）次之；汉人再次之；南人（原南宋统治的民众）最低。举凡科举任官都定有一系列优待蒙古、色目人而限制歧视汉人、南人的法规。有元一代，朝廷高级官员几无汉人染指，有些官职则明令不许汉人、南人

---

①② 《元史·刑法志》。

担任。如仁宗皇庆二年（公元 1313 年）定科举条例，规定蒙古、色目人考二场，汉人、南人考三场。乡试录取名额四等人平均分配，但实质上极不平等。

2. 定罪量刑上的民族差别

元代规定宗室及蒙古人案件，由中央大宗正府专门负责。汉人、南人诉案归刑部，且审判机关的正官亦由蒙古人担任。遇有蒙古人与汉人纠纷案件，多偏袒蒙古人。不仅如此，在法律上明定蒙古人犯罪与汉人犯罪同罪异罚。如窃盗罪，犯人均处黥刺之刑，而蒙古人则免刺。蒙古人因争斗或酒醉打死汉人，只是规定：

> 断罚出征，并全征烧埋银（丧葬费）。[①]

反之在同样情况下，汉人若打死蒙古人，则一律处死并付烧埋银。蒙古人犯死罪也可免拷掠，日给饮食。如果是蒙古官员犯罪，连行刑也必须是蒙古人，且法律往往不规定对犯罪官吏的具体处罚，即使规定，刑罚也比唐、宋律轻。

3. 维护僧侣特权和农奴制残余

元代奉佛教为国教，世祖尊八思巴喇嘛为帝师。帝师法旨在西土与皇帝诏敕并行。中央设宣政院，地方设行宣政院，专理僧侣案件，一般轻罪由寺院主持负责。法律对僧侣人身财产给予多种特殊保护，僧侣犯罪也给予种种宽免，致使僧侣恃法上特权专横跋扈。成宗时对僧侣特权始有限制。受传统习俗的影响，法律严格维护主奴尊卑间不平等的关系。罪犯家人籍没为奴，扩大了奴隶数量。主人对奴隶可施用刺面、割鼻等私刑，杀死奴隶处刑也很轻。准许任意买卖奴隶，允许地主役使佃户及其亲属。这些规定都是法律制度上的历史倒退，反映了元代法律维护农奴制残余的特点。

4. 特殊的刑罚制度

（1）笞杖刑的变化。

将隋唐以来十为尾数的笞杖刑改为七为尾数，并说是因为“天饶他一下，地饶他一下，我饶他一下”[②]。杖刑则每等加七下。徒刑每半年加杖十七下，流刑则不定里数，汉人、南人犯罪多流放辽阳、迤北等边远地方。死刑分凌迟和斩，无绞刑。

（2）刑罚适用中多带有民族传统内容。

立法技术的粗陋，使有些条文无明确的刑罚规定，仅泛称“禁之”、“罪

---

① 《元史·刑法志》。

② （元）叶子奇：《草木子·杂制篇》，北京，中华书局，1959。

之”、“重罪之”等。有些刑罚如“红泥粉壁”、“巡街”等带有传统习俗的色彩。此外，尚有许多法外酷刑如“剥皮”、“醢”等。严窃盗之罪，处刑多重于唐、宋。规定“强盗皆死，盗牛、马者劓，盗驴、骡者黥”，恢复了许多野蛮落后的肉刑。

（四）元代的司法制度

1. 中央司法机构

中央设刑部、大宗正府、御史台和宣政院。各长官皆由蒙古人担任。不设大理寺。[①]

（1）刑部[②]“掌天下刑名、法律之政令”及冤、疑案的复审和死刑复核、录囚等职责。

（2）大宗正府[③]审理蒙古、色目人和宗室案件。与中书省、枢密院并列，不受御史台监察，成为蒙古王公垄断的中央审判机构。

（3）御史台实为中央分立的司法监督与审判机关，负有纠举百官违法犯罪、监督京师与地方刑狱、平反冤狱等职能。

元代仿唐宋旧制，于世祖至元五年（公元1268年）在中央设御史台[④]（内台、中台）掌监察。在地方则设立两个行御史台，作为中台的派出机构。一是监临东南诸省的江南诸道行御史台（南台），二是设在陕、甘、滇、蜀地区的陕西诸道行御史台（西台）[⑤]。中台和行台之下，复分22道监察区，每道设肃政廉访司（初沿宋制称提刑按察司，至元二十八年改）。

（4）宣政院[⑥]是宗教管理和宗教审判的最高专门机关，官员由僧侣担任。地

---

① 参见《元史·刑法志》。

② 据《元史·百官志一》载：凡“大辟之按覆，系囚之详谳，孥收产没之籍，捕获功赏之式，冤讼疑罪之辨，狱具之制度，法令之拟议，悉以任之”。原属大理寺的职能，部分地归于刑部（参见曾宪义主编：《中国法制史》，北京，北京大学出版社，2000）。

③ 大宗正府是从蒙古国初期掌刑政的札鲁忽赤（汉译断事官）演变而来。据《元史·百官志》载：世祖至元元年（公元1264年）规定，札鲁忽赤掌理“诸王、驸马、投下蒙古色目人等”所“犯一切公事”，及“汉人奸盗诈伪、蛊毒厌魅、诱略逃驱”等刑狱。次年设大宗正府为札鲁忽赤官署，职掌较宽。据沈家本的《历代刑法考》讲：至元九年（公元1272年）又令“止理蒙古公事”。泰定帝致和元年（公元1328年）又定其职为“上都、大都所属蒙古人并怯薛军站色目与汉人相犯者”。《元史·刑法志》“诸四怯薛及诸王、驸马、蒙古、色目之人犯奸盗、诈伪，从大宗正府治之”，指的是其常职（参见曾宪义主编：《中国法制史》）。

④ 《元典章·台纲一》卷五，北京，中华书局，1957。

⑤ 中台直接管辖“腹里”地区的“内八道”，南台辖有10道，西台辖有4道。中台、行台与肃政廉访司相衔接，构成了全国范围的垂直监察系统（参见曾宪义主编：《中国法制史》）。

⑥ 宣政院本是主持全国佛教事务和统领吐蕃地区军、民之政的中央机构，由于职掌的特殊性，自成系统。有时在江南设立行宣政院，在诸路、府、州、县则设僧录司等，管理各地佛寺、僧徒。其司法职能为掌管僧人刑民案件（参见曾宪义主编：《中国法制史》）。

方各路设行宣政院，形成了一个宗教与世俗权力并行的特殊司法体系。地方僧侣之间案件由地方长官与有关寺院主持会审。僧侣与民人涉诉案件，除奸盗、诈伪、人命等重案，可由地方长官审理报宣政院外，其他民、刑案件，地方官不得擅断。

2. 地方司法机构

地方的行省、路、府、州、县等地方行政机构，兼有司法职能。

各行省设理问所专掌刑狱，各路总管府设推官二人"专治刑狱"，下设司狱司，有司狱、狱丞各一员；散府设推官一员等①。而所有这些专职官员，隶属于各级行政机构。路设达鲁花赤为监临官，总管为长官，次为同知等；府、州、县也设达鲁花赤为监临官，府尹（或州尹、县尹）为长官，次为同知（或县丞）等。自达鲁花赤以下皆有司法审判之权，专职官员须受其节制。

地方路、府、州、县所设达鲁花赤②，由蒙古人担任，直接断案。杖罪以下案件可自行判决，徒罪以上须经路申奏刑部。此外，地方管军官"奥鲁"负责辖下军户间的"斗讼、婚田、钱债、财产、继承及科差不公"等案件③。

3. 诉讼制度的特点

（1）越诉、上诉与亲嫌回避。

元代法律"诉讼"已独立成篇④，诸如原告、被告、书状、刑狱、听讼、问事等均详予规定。一般不准越诉，较唐、宋律限制更严。但也规定有击登闻鼓等非常上诉制度。

确立诉讼官吏亲嫌回避的法律，并明文禁止审判官吏私自抄没人家，摘录私书以文致人罪。这是较前代法律一个重大变化。

（2）代诉制度。

有代诉资格的只限于其"同居亲属"或"亲属家人"中的男性。女子一般无代诉权，《元史·刑法志·诉讼》载："诸妇人辄代男子告辩争讼者，禁之"。代诉只适用于两类人：

一是老年和疾病者。据《元史·刑法志·诉讼》载："诸老废笃疾，事须争诉，止令同居亲属深知本末者代之。"这是矜恤其年老或有疾而不便赴官，自诉能力有限，故许代理。但若遇有"谋反大逆，子孙不孝，为同居所侵侮，必须自陈者，听"，也不限制其自诉权。

二是退休或暂时离任官员。据《元史·刑法志·诉讼》载："诸致仕、得代官，不得已与齐民讼，许其亲属家人代诉，所司毋侵挠之。"这是为使退休官

---

①②③ 《元史·百官志》。

④ 《大元通制·诉讼部》，参见《通制条格》，杭州，浙江古籍出版社，1986。

员、暂时离任而无官员身份之人免于对簿公堂而设立的一种特权，并要求官府不得“侵扰”其本人。

此外还规定民事案件当事人一般不予收押，军官巡检不得受理民事案件等①。

相关案例

1. 子不能孝养父母而依栖婿家，则财产当归之婿

拖照案牍，王有成之父王万孙，昨因不能孝养父母，遂致其父母老病无归，依栖女婿，养生送死，皆赖其力。纵使当时果有随身囊箧，其家果有田宅，尽以归之于女婿。在王万孙之子亦当反而思曰：父母之于子，天下至情之所在也。今我不能使父母惟我是字，乃唯我是疾。以我之食则不食，以婿之食则食之；以我之室则不居，以婿之室则居之；生既不肯相养以生，死又不肯相守以死，此其意果安在哉！必为子之道有所不至，是以大伤厥考心尔。一念及此，则将抱终天之痛，恨不粉骨碎身，即死于地，虽有万金之产亦有所不暇问矣。况此项职田系是官物，其父之遗嘱，其母之状词与官司之公据及累政太守之判凭，皆令李茂先承佃。王有成父子安得怙终不悛，嚣讼不已，必欲背父母之命而强夺之乎？纵曰李茂先之家衣食之奉，殡葬之费咸仰给焉，以此偿之良不为过。王有成父子不知负引慝，尚敢怨天尤人，紊烦官司凡十余载，合行科断，王有成决竹篦二十。

2. 契约不明、钱主或业主亡者不应受理

阅刑台台判，洞烛物情，亦既以郑氏为不直矣。然郑氏非则汤氏是，二者必居一。于此而两不然之，举而归之学官，此汤执中之所以不已于讼也。披阅两契，则字迹不同，四至不同，诸人押字又不同。真有如刑台之所疑者，谓之契约不明可也。在法：契要不明过二十年，钱主或业主亡者，不得受理。此盖两条也。谓如过二十年不得受理，以其久而无词也。此一条也。而世人引法并二者以为一，失法意矣。今此之讼虽未得二十年而李孟传者久已死，则契之真伪谁实证之？是不应受理也。合照不应受理之条抹契附案，给据送学管业。申部照会。

3. 重叠交易合监契内钱归还

看详到右院勘到江伸、丘某争田事，见得：江伸四三于绍定四年四月就丘某

---

① 《元史·刑法志》。

三三借钱二百贯，五月内将田两段作一百贯足典契，以成甫名命代父江唐宗知契还丘某，契内明言认供苗不离业。丘某受其欺骗，已收苗六年而不知江伸将其田重叠与余吉甫交易讫。彼此互论，江伸却将别项从前已断丘三十、余乙赌博钱事衮（混）同诬赖。主簿误以丘三十为丘三三，并将其契毁抹。其实江某将田还丘三十者，赌钱事也。将田契与丘三三者，借钱事也。在法有禁，毁之则宜，借钱人所不免，毁之过矣。今江伸在右院已供借丘某钱一百贯足，内见（现）钱五十贯足，官会六十五贯。其实但所写典田一段是实，一段是虚，合引诈欺条定罪。司理以为赌博与借皆是违法，欲追钱入官，却未为是。照得：准折有利债负乃是违法。今江伸于四月内借钱，五月内典田，交易在一月之内，未曾有利，即不同上条法。况丘某受其诈，元（原）不知情，难以追钱入官。其田元（原）未离业，合给还业主，但江伸不合虚写田段诈欺丘某钱契，欲照条从杖八十。照赦免断。帖右院押下县监，所供认钱会还丘某，取领状申。

4. 正典既子母通知不得谓之违法

典绝两契皆是周道卿亲笔，所谓“母亲卢氏”四字不同乃是真草有异，谓非周道卿之笔则吾不信也。周道卿典契押字与绝契押字诚是不同，但押字或然，随时改易，事在出业之人，不干得业人之事。若使得业人伪为，则正当摹效使之相似，岂有故作两样之理？卢氏押字，或印或写，亦是此类。遇笔则押，遇印则印，又何拘焉。又典买只凭牙证，既有陈德清证契，胡为更支蔓强聒？又卢氏初词称倚当，再词称典当，若倚当不必批支书，既批支书，则不得为倚当，此一项卢氏已自虚妄。唯绝卖不批支书，其绝契中已自射破，而卢氏独凭此罅隙便谓其子违法断骨而已不知情。所谓违法之事，世或有之，须至子弟不肖破荡，然后私自典卖，不使父母闻知。今正典系母子通知，而绝卖乃独诿其子，绝卖已及一年，初无词说，而其子死方一月便发此词，情可见矣。更下编录司呈条取见（现）批典不批绝，有无不成交易，以凭施行。

再判上件事。当职前判已了绝，惟支书批典不批绝一项可疑。近使府断詹保、丁斗南公事内，丁县丞支书批典不批绝亦不受理，案照例，门示卢氏毋得再词。

5. 赁人屋而自起造

李茂森赁人店舍，不待文约之立，不取主人之命而遽行撤旧造新，固不无专擅之罪。但自去年十月初兴工，至今年三月末讫事，历时如此其久，蒋邦先岂不知之？若以为不可，则当不俟终日而讼之于官矣，何为及今而始有词？况当其告成之后，又尝有笔贴（帖）令其以起造费用之数见谕。以此观之，则是必已有前定之言矣。不然，则李茂森非甚愚无知之人，岂肯贸然捐金縻粟为他人作事哉！词讼之兴要不为此，必是见李茂森具数太多，其间必不能一一皆实，

所以兴讼以邀之，其意不过欲勒其裁减钱数耳，非果欲除毁其屋也。小人奸状，有何难见！两家既是亲戚，岂宜为小失大？押下本厢，唤邻里从公劝和，务要两平，不得偏党。

6. 欠负人实无从出，合免监理

李五三兄弟欠负主家财本，官司固当与之追理。但其家既素无生业，其父因饥荒而投托于黄公才之家，恐黄公才未必遽然以数百千付于其手。必是逆料其如饥鹰附人，饱则扬去，故邀其假立文约领钱，以为羁縻之术耳。不然，则不应如是之轻率也。今本府押其兄弟下县监纳，已数阅月，更无一钱以偿之，啼饥号寒，死已无日。纵使有欠负，亦已无可责偿，况未必是实乎！在法：债负违契不偿，官为追理，罪止杖一百，并不留禁。今观其形容憔悴如此，不唯不当留禁，杖责亦岂可复施？合免监理，仍各于济贫米内支米一斗发遣。

7. 将已嫁之女背后再嫁

胡千三戏谑子妇虽未成奸，然举措悖理甚矣。阿吴固难再归其家，然亦只据阿吴所说如此，未经官司勘正听。而其父吴庆乙受其兄吴大三之教，遽将阿吴收匿，背后嫁与外州人事，乃妄经本司诉其女不知下落。设使根究不出，岂不重为胡千三之祸！揆之以法，合是反坐。吴庆乙勘杖一百，编管邻州。若妄诉一节亦是吴大三所教，则吴大三当从杖编管，而吴庆乙可免。帖县追吴大三根究。解从本司施行。阿吴若归胡千三之家，固必有投水自缢之祸，然背夫盗嫁，又岂可再归胡氏之家！名不正则言不顺，本县责付官牙再行改嫁。所断已当，此事姑息不得。胡千三未经勘正，难以加罪，如再有词，仰本县送狱勘正其悖理之罪，重作施行，以为为舅而举措谬乱者之戒。

（中国社会科学院历史研究所宋辽金元史研究室点校：《宋本名公书判清明集》，中华书局，1987。）

本章小结

宋代立法以《宋刑统》结构上的发展变化与历朝的编敕、制例为特征。刑事法方面则有折杖法、刺配、凌迟等变化，并有刑事特别法的颁行。民商事立法则以钱债、田宅交易的法律规范日趋细密而影响于后世。宋代官制与司法机构的发展变化，均对这一时期的行政性法规的制定和诉讼审判制度的进一步完善，产生了重要的影响。

辽、金两代法制带有明显的少数民族政权立法的特征，对其后的元代法制不无影响。

元代作为中国历史上第一个一统全国的少数民族统治政权，其立法、司法诸多方面都独具特色。许多制度对以后的明王朝产生了直接的影响。特别是在法律形式、司法原则诸方面的变化，以及民族、宗教、僧侣特权性的法律规定和从中央到地方的监察制度的完善等方面，为传统法律文化提供了更加丰富的内容。

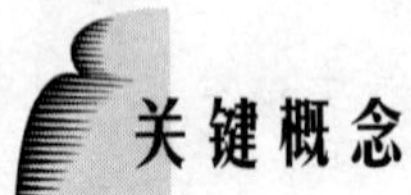

关键概念

《宋刑统》	编敕	折杖法	刺配	凌迟
《盗贼重法》	审刑院	提点刑狱	翻异别勘	《泰和律义》
《大元通制》	《元典章》	宣政院	四等人	大宗正府

思考题

1. 简述宋刑统的结构变化和宋代刑罚的改革。
2. 简述宋代的主要法律形式。
3. 简述宋代编敕的主要特点与“条法事类”的立法结构。
4. 简述宋代折杖法的主要内容及对后世的影响。
5. 简述宋代盗贼重法与重法地法的实质。
6. 简述宋代的“翻异别勘”制度。
7. 简述宋代司法机构的特点。
8. 简述辽、金的立法概况。
9. 简述元初的主要立法与元代的条格、断例。
10. 简述元律中的“四等人”制度与司法中的民族不平等特点。
11. 简述元代诉讼中的回避和代诉制度。

第九章

从德主刑辅到明刑弼教——明代法律制度的发展

[学习目标]

通过本章学习，应掌握在明代，随着中央集权体制的发展变化，皇权对司法的干预日益突出，统治者总结元亡教训，表现在政治和法律方面是：立法活动频繁，法律指导思想强调“明刑弼教”、“重典治国”。使明代法律制度有很大发展，特别是此时期法典结构与内容的变化，为清代法律制度的完备奠定了基础。其中法典内容方面的《大明律》、《明大诰》、条例、“奸党罪”和“充军刑”、“枷号”等制度；法典结构方面的七篇编纂体例与中央三省六部体制的变化；司法体制方面的三法司与地方司法机构的变化和“厂”、“卫”组织执掌司法，均是本章的重点内容。

明王朝是中国封建社会后期的产物。从1368年朱元璋在南京即皇帝位，建立大明，到1644年李自成农民军攻入北京，末代皇帝朱由俭也就是崇祯在煤山自缢，前后历经16个皇帝共276年的统治时期。

明王朝是在人民的反元斗争打垮了元代统治的基础上，由朱元璋所领导的农民政权转化而来的。这种转化反映了单纯农民战争的历史局限性和农民阶级的阶级局限性。

1368年农历正月朱元璋做了皇帝，到1387年平定辽东，完成统一，出现了一个国力远强于宋代的封建专制王朝。1380年朱元璋废中书省，使中国历史上已经延续一千多年的宰相制度和七百多年的三省制度，至此宣告完结。其政权机构远取法于汉唐，近沿袭于宋，特别是受宋、元旧体制的影响，并适应现实需要而有所增减，形成了封建社会后期具有代表性的一代体制。这样一种政治结构一直延续到了清末，个别具体制度甚至在今天仍有影响。

第一节　明代立法思想与立法概况

■ 立法思想——从“德主刑辅”到“明刑弼教”的转变

（一）“明刑弼教”的立法指导原则

“明刑弼教”一词最早见于《尚书·大禹谟》：“明于五刑，以弼五教”之语，后人简称“明刑弼教”。从字面而观，“弼”乃辅佐之义，似与“德主刑辅”的传统立法、司法原则并无不同。实则不然，“德主刑辅”中“德”为“刑”纲，“刑”要受“德”的制约，始终处于次要、辅助位置。宋以前论及“明刑弼教”，多将其附于“德主刑辅”之后，其着眼点仍是“大德小刑”和“先教后刑”。宋代以降，在处理德、刑关系上始有突破。著名理学家朱熹首先对“明刑弼教”作了新的阐释。他有意提高了礼、刑关系中刑的地位，说：“礼字，法字实（是）理字”[①]。认为礼法均是理的体现，二者对治国同等重要，决“不可偏废”。又从“礼法合一”角度对“明刑弼教”进一步说明：“故圣人之治，为之教以明之，为之刑以弼之，虽其所施或先或后或缓或急，而其叮咛深切之意，未尝不在科此也”[②]。

与前代儒家学说不同的是，他强调刑与教的实施可“或先或后”，“或缓或急”。经此一说，刑与德的关系不再是“德主刑辅”中的“从属”、“主次”关系，德对刑不再有制约作用，而只是刑罚的目的，刑罚也不必拘泥于“先教后刑”的框框，而可以“先刑后教”行事。这看来小小的变通之义，却意味着中国封建法制指导原则沿着德主刑辅——礼法合一——明刑弼教的发展轨道，进入到了一个新的阶段，并对明清两代法律实施的方法，发展方向和发挥的社会作用产生了深刻影响。在我国古代法律史上，一般说来，倡导“德主刑辅”，本意是注重道德教化，限制苛刑，所以它往往是同轻刑主张相联系的。而经朱熹阐发，风行于后世的“明刑弼教”思想，则完全是借“弼教”之口实，为推行重典治国政策提供思想理论依据。

（二）“重典治国”的司法指导思想

由于“明刑弼教”主张在处理德、刑关系上，可使统治者据形势与本身利益需要，在重刑罚还是重教化的道德问题上，有充分选择的余地，所以，它被

① （宋）朱熹：《朱文公文集·答吕子约》，《四部备要》。

② 《朱文公文集·戊申廷和奏札一》。

奉行“重典治国”的朱元璋视为明初立法、司法的重要原则。如果说朱熹还只是在理论上为“明刑弼教”原则的贯彻开辟了道路，朱元璋则是从理论与实践的结合上把此原则推向了新的高度。“重典治国”在“明刑弼教”作为其理论和伦理基础的前提下，成了明初司法的具体指导思想。

自称“淮右布衣”，“起自微寒”的明太祖朱元璋，对法制非常关注，1365年攻占武昌后，就着手议定律令。以元末“朝廷暗弱，威福下移”，纲纪废弛，官吏放纵，导致矛盾激化，王朝倾覆的教训为鉴，针对动乱之后明王朝初立，采取了“治乱世用重典”的原则，声言：“胡元以宽而失，朕收平中国，非猛不可”①。朱元璋在“刑用重典”的前提下，不同于秦代的“专任法治”，而是“仿古为治，明礼以导民，定律以绳顽”②，从而与“明刑弼教”原则相统一。

二 立法概况与法律形式——礼律之间的权衡

（一）《大明律》的制定与颁行

1. 吴元年《大明律》

鉴于元末法制“条格繁冗”、“其害不胜”的教训，朱元璋曾说：“夫法度者，朝廷所以治天下也”③。因此早在吴元年（公元1367年）就命左相国李善长等草创律令，编律285条，令145条，到吴元年十二月“甲寅，律令成，命颁行之”。这是最早拟定颁行的明代法律（《大明律》）。律文按唐律取舍编订，依《元典章》体例按六部顺序编定。其中“吏律十八，户律六十三，礼律十四，兵律三十二，刑律一百五十，工律八”，同年十二月颁行，为以后的《大明律》奠定了基础。

2. 洪武六年《大明律》

到了洪武六年（公元1373年）冬又详定《大明律》，次年二月书成，其“篇目一准之于唐……合六百有六条，分为三十卷”。仿唐律十二篇体例，名例律置于最后，内容繁于唐律。经朱元璋“亲加裁酌”后颁布。

3. 洪武二十二年《大明律》

以后又因条例“增损不一”和洪武十三年（公元1380年）废中书省、宰相，于二十二年（公元1389年）“更定大明律”。以名例一篇冠首，其下按六部改为吏、户、礼、兵、刑、工六律④，共30卷460条。隋唐以降（元代例外）沿袭八百年的法典结构至此一变。基本条款仍同唐律，只是明律“轻其轻罪，

① （明）刘基：《诚意伯文意·皇帝手书》，《四部丛刊》。

② 《明史·刑法志一》。

③ 《明太祖实录》卷一一六之四，见《明实录》。

④ 元代的《元典章》已有此编纂体例。

重其重罪”。在立法技术上较唐更为精细，体例也更趋完备和科学。以后又将洪武十八年（公元1385年）和二十年（公元1387年）的《大诰》，选出147条附于律后。

4. 洪武三十年《大明律》

到了洪武三十年（公元1397年）最后完成了《大明律诰》，“刊布中外，令天下知所遵守”。

明律从初创到定型，历时三十多年，表明了统治者对立法的积极与慎重态度。

（二）《御制大诰》的颁行

朱元璋以明初乱世和“民不从教”为口实[①]，仿周公东征殷顽时训诫臣民的书面文告——“诰”，制定了所谓《大诰》。《明大诰》是以判例形式出现的，带有特别法性质的重刑法令，是律外之法。《明大诰》共四编，即《大诰一编》、《大诰续编》、《大诰三编》和《大诰武臣》，于洪武十八年至二十年之间颁行，共236条。“明刑弼教”是其颁行《大诰》的重要指导思想。《大诰》是明前期《大明律》之外最重要的法律。它以案例形式出现，也起到了宣传法制的作用。

大诰比之明律新增了许多禁令、罪名，且处刑多重于明律，手段残忍。大诰偏重于惩治贪官与豪强，如《大诰续编》中87条，事涉贪官豪右的就占70余条。

朱元璋非常看重他亲手所定的《大诰》，在颁行时宣言：“一切官民诸色人等，户户有此一本，若犯笞、杖、徒、流罪名，每减一等；无者每加一等”[②]。朱元璋在洪武三十年五月下诏：“今后法司只依律与大诰议罪”。并令各级学校讲授大诰，科举考大诰，乡民集会宣讲大诰等[③]。但因《大诰》远比明律苛刻，太祖一死，不久便被后人抛弃不用[④]，所谓“言从于当面，而行违于身后”，至明中叶已很难见到了。

（三）“例”的编修

太祖在颁行《大明律》时曾言：“令子孙守之。群臣有稍议更改，即坐以变乱祖制之罪”。

但律书所载有限，犯罪情状无穷，囿于“祖制”，为防“法外遗奸”和力求“情罪无遗”，遂据“一时权宜”定有不少的例。

---

① 《明史·刑法志一》：“患民狃元习，徇私灭公，戾日滋”。

② 《大诰·颁行大诰第七十四》，故宫博物院图书馆藏本。

③ 参见（明）刘三吾：《大诰三编后序》：“载劳圣虑，条画成书，颁示中外臣民，家传人诵，否则罪之”，故宫博物院图书馆藏本。

④ 洪武三十年，太祖选《大诰》中36条，列入《钦定律诰》，附于律后，称《大明律诰》。

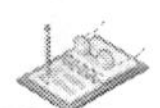

1.《钦定律诰条例》

还在洪武三十年五月，就曾订《钦定律诰条例》共147条，均属死罪规定，用以补律之不足，此后《大诰》不再援用。

2.《问刑条例》

百年之后的孝宗弘治五年（公元1492年），因前朝条例纷繁，法司问刑多有轻重失宜，加之临事奏报“取自上裁”的例，在司法中作用愈益显重，有刑部尚书彭韶等应鸿胪寺少卿李隧的奏请，删定《问刑条例》，弘治十三年（公元1500年）钦命三法司及卿等，将历年有关问刑方面条例“经久可行者”297条议定，作为常法与律并行。武宗正德（公元1506—1521年）年间又增44条。世宗嘉靖二十八年（公元1549年）重修《问刑条例》为249条；三十四年（公元1555年）又增89条。到神宗万历十三年（公元1585年）再次重修，计382条，以后续修成385条。

3.《真犯、杂犯死罪条例》

《真犯、杂犯死罪条例》是关于死罪严重程度、量刑轻重、处刑期限的规范。“真犯”指情节性质严重的死罪，常赦不原，减一等仍为流刑，且执行“不待时”；“杂犯”指某些性质、情节不太严重的死罪，判刑后不马上执行，等秋审、朝审时再行处理，并可比五年徒论赎。该条例几经修订，趋势是“真犯”越来越多。

4.《充军条例》

《充军条例》太祖时已颁有22条，皆律所不载。明代减死之刑以充军最重。《大明律》中充军罪有46条，均重于前代。继太祖之后，嘉靖二十九年（公元1550年）所定充军条例共213条。万历十三年（公元1585年）又新增充军条例39条。同年刑部尚书舒化等纂辑嘉靖三十四年（公元1555年）以后诏令，及《宗藩军政条例》、《捕盗条格》、《漕运议单》中与刑名相关部分，编例382条，作为明律正文的附注，形成了今日我们所见到的《明律集解附例》。

事实上明代各朝条例相当多，“事同而二三其例”的情况比比皆是，因循日久，例愈纷繁，弊端无穷，奸吏随意重轻，朝廷生杀任情，律反成具文。所以明代刑狱冤滥是十分惊人的。

（四）《大明会典》的编纂

《大明会典》仿《唐六典》体例，内容远比《唐六典》充实。英宗正统年间始编纂，孝宗弘治十年（公元1497年）敕分馆编辑，至十五年（公元1502年）成书，共180卷。称其将开国百多年典制“足法万世者，会粹无遗”[①]。但未及

① 《大明会典·御制大明会典序》。

颁行。以后武、世、神宗三朝相继重修，并分别颁行。现存有正德、万历年间《会典》，其体例“以本朝官职制度为纲”，有关各职的历朝律令典籍（所谓“祖宗旧制”）规范和历代损益之事分载于后，使“官领其事，事归于职，以备一代之制”，对调整政权机关的行政活动有重要作用。由于《大明会典》汇集了明代法令典章，如《诸司执掌》、《皇朝祖训》、《大诰》、《大明令》、《洪武礼制》、《大明律》、《军法定律》等内容，故也具有法规大全的性质。

第二节　明代法律内容的发展及其特点

■ 明代行政立法

（一）皇权专制的内阁与六部

1. 内阁及其权限

自秦开始的宰相制度，至此为之一变。朱元璋借“胡蓝之狱”趁机裁撤中书省，废除宰相，由其亲自接管六部，并下令：今后臣下有敢再议“奏请设立（宰相）者，文武群臣即时劾奏，处以重刑”[①]。他在 15 年后说：“自古三公论道，六卿分职，不闻设立丞相。自秦始置丞相，不旋踵而亡。汉、唐、宋，虽有贤相，然中多小人，专权乱政。我朝罢相，设五府、六部、都察院、通政司、大理寺等衙门，分理天下庶务，彼此颉颃，不敢相压，事皆朝廷总之，所以稳当”[②]。这里所说的朝廷，实际是指他本人。罢相以后，中央的府、部、院、寺，分理庶务，各不统属，一切大权都由皇帝掌握，所以不必担心大权旁落了。这样，皇帝就在事实上兼任了宰相，皇权和相权合而为一，从制度上集君权与相权于一身，保证了皇帝的专制独裁。

随着权力空前集中，一切政务都要皇帝去亲理又是很难办到的。据吴晗先生统计，洪武十六年（公元 1383 年）九月十四日至二十一日，八日之内，内外诸司呈送皇帝的奏章，就有 1 666 件，总计说了 3 391 件事[③]。任何个人也是看不完的。此是废宰相之一弊。为革除此弊，遂有内阁的设立，作为皇帝的秘书处，协助皇帝处理大量的公文章奏。在制度上内阁不能领导六部，但后来内阁大学士却是事实上的宰相，入阁就是拜相，此是废宰相之二弊。内阁既不能领导六部，而皇帝又管不了那么多事，于是必然政出多门，朝政焉得不乱！此是

---

① 《明太祖实录》卷二三九之二，见《明实录》。

② （清）龙文彬：《明会要·职官一·宰辅》，北京，中华书局，1956。另见《明史纪事本末·胡蓝之狱》。

③ 参见吴晗：《明史简述》，22 页，北京，中华书局，1980。

废宰相之三弊。

洪武十五年仿宋制设殿阁大学士，成祖以后改称“内阁大学士”，又因其办事地点在皇宫内，故称“内阁”。太祖时内阁大学士只有正五品，只是皇帝的秘书，“侍左右，备顾问而已”[①]。内阁也不过是皇帝的办公厅或秘书处。内阁成为中央的重要机构，则始于成祖。《明史·职官志·内阁》载：“成祖即位，……阁臣之预务自此始。”

初期的阁臣，尚不可以侵夺各部的职权，诸司有事也直接向皇帝奏闻，无须向阁臣“关白”。从仁宗以后，随着阁臣职位渐崇重，又复兼职六部，于是“阁权之重，偃然汉、唐宰辅”[②]。随着内阁职权的加重，机构扩大，执掌军国机务，势必要设主持者，以代皇帝之劳。官制上没有“首辅”之名，但实际上内阁却有主要柄政者，于是习惯上就称内阁中主要负责人为首辅。景泰以后内阁设诰敕房和制敕房，由其掌办一切诏敕机密文书。正统年间，国有重要大事，内阁大学士可会同各衙门于内阁会议，“遂为例”。内阁已成为明代全国行政中枢机构。到代宗景泰以后，六部承奉意旨，靡所不领，而阁权益重。世宗嘉靖中叶以后，夏言、严嵩迭相用事，遂赫然为真宰相，朝位班次俱在六部之上了。[③]

明代阁臣的职权，《明史·百官志》载：“点检题奏，票拟批答，以平允庶政”。就是说，一切奏章、政事、看详批答，都要经过阁臣的手。所谓“票拟批答”是用一个小条子（即票）拟具意见，附在奏本之上，送皇帝斟酌。待皇帝自己看过，把小条子拿掉，亲用红笔批示：称“朱批”，批好拿出来，这便是正式的谕旨。票拟是阁臣的主要职责，要求必须亲自拟定，不得假手他人，否则便是违法。票拟要求须在内阁进行，因为事关国家机密，不得带回私宅。

阁臣的任用，初由皇帝直接任命，谓之“特简”，后由廷臣推荐，叫做“廷推”。阁臣由廷推任用，嘉靖以后渐成为制度。首辅“十余人之多”，相当于宰相，而其余阁臣则相当于唐、宋之参知政事，同平章事。明代内阁阁臣人数没有一定，少则一二人，多则十余人，和唐代设置宰相的情况类似。到崇祯时“辅相至五十余人”。

明代中期以后皇帝多不见大臣，不去内阁。万历皇帝 24 年不上朝，从宪宗到熹宗前后竟有 160 余年没有召见大臣[④]。而阁臣们又不可随时前往后宫，于是皇帝和阁臣之间的接触联系便只有依靠太监。皇帝有事交付太监，由太监交给

---

① 《明史·职官志一·内阁》。

② 《明史·宰辅年表序》。

③ 参见《明史·职官志·内阁》。

④ （清）赵翼：《陔余丛考·有明中叶天子不见群臣》。

内阁。内阁有事也同样交给太监，再由太监呈送皇帝。这就使得宦官可以上下其手，从中弄权。加之明代实行“厂卫”特务统治，司礼太监遂因此成为特务最高指挥官，在政治上“无宰相之名，有宰相之实”。甚至成了事实上的皇帝。而内阁在政治制度上，并不是唐、宋以来的尚书省或中书省，内阁首辅毕竟不是名正言顺的宰相，因此，天下臣民当然是只“知有西厂，而不知有朝廷”①。即使是明代最有名的首辅张居正，他在任相十年，大力推行改革中也不得不和太监冯保结合，因为冯保是司礼太监兼掌东厂，“东厂权如总宪”②。张居正的改革如果没有冯保支持，困难是可想而知的。总之，明代宦官所以能够窃权祸国，探本索源，最大的原因在于过分集权于皇帝，而这与太祖废除宰相关系甚重。

2. 六部机构设置

明代初年，沿用元制，尚书六部隶属于中书省。洪武十三年（公元 1380 年）废中书省以后，六部（吏、户、礼、兵、刑、工）的职权和地位大大提高，成为直接对皇帝负责的中央最高一级行政机关，六部各设尚书一人，正二品，左右侍郎各一人，正三品。下置各司设郎中一人，正五品，员外郎一人，从五品。③

（1）吏部下设文选、验封、稽勋、考功四清吏司。

吏部尚书掌天下官吏选授、封勋、考课之政令，以甄别人才，赞天子治。文选司掌官吏班秩迁升、改调之事；验封司掌封爵袭荫、褒赠、吏算之事；稽勋司掌勋级、名籍、丧养之事；考功司掌官吏考课、黜陟之事。④

吏部掌理铨政，主管文官的考核与任免。政府各部门，从中央到地方，官吏的多寡、出缺，都由吏部调补任免。明制，吏部对官吏的任免，皇帝和阁臣一般不得干涉。但有明一代是宦官专权，内阁首辅也常常俯首听命，吏部尚书欲正直用人，而不受司礼监的制约是很难的。

（2）户部按省下设十三清吏司。

户部尚书掌天下户口、田赋之政令，稽版籍、岁会、赋役实征之数，以下达所司。每十年编订黄册（即户口簿册）一次，详列每户户主、户口、田产以及应负赋役，一式四份，分存各级政府，作征收赋役的根据。凡田地之侵占、投献、诡寄、影射有禁，人户之隐漏、逃亡、朋充有禁，继嗣、婚姻不如令有禁，皆得综核而纠正之。

十三清吏司各掌其分省之事，每司下设：民科主所属省府、州、县地理、

---

① （清）谷应泰：《明史纪事本末·汪直用事》，上海，上海古籍出版社，1994。

② 《明史·职官志三》。

③④ 参见《明史·职官志一·吏部》。

人物、图志等；度支主会计夏税、秋粮、存留、起运、赏赐、禄秩之经费等；金科主市舶、鱼盐、茶钞税课及赃罚之收析；仓科主漕运；军储出纳料粮。

(3) 礼部下设仪制、祠祭、宴飨、精膳四清吏司。

分掌天下礼仪、祭祀、宴飨、贡举、礼文、宗封、学校以及诸祀典、天文、国恤、庙讳和诸蕃朝贡接待给赐、牲豆、酒膳等事物。

(4) 兵部下设武选、职方、车驾、武库四清吏司。

(5) 刑部其属有辖区同户部的浙江等十三清吏司。

刑部尚书掌天下刑名及徒隶、勾覆、关禁之政令，十三司各掌其分省及兼领所分京府、直隶之刑名。

(6) 工部其属有营缮、虞衡、都水、屯田四清吏司。

工部尚书掌天下百工、山泽之政令。

明代六部以户、刑二部最重要，各辖十三司，实行按地区划分辖区的制度，这是前代所没有的，从此打破了隋、唐以来中央机关六部二十四司的体制。户、刑二部机构的扩大，表明了明代君主专制的空前加强。

南京六部均加“南京”字，即“南京吏部”、“南京户部”等。亦设尚书、侍郎等官职，其所属机构要远小于北京六部，尤其是户、刑二部，则不设十三司。另外，南京御史弹劾北京朝官之事颇多。总的看来，南京六部多属清闲衙门。

（二）通政使司和廷议制度

1. 通政使司

通政使司始设于太祖洪武十年，他说：置通政使司是为了“有喉舌之司，以通上下之情”，“政犹水也，欲其常通，故以‘通政’名官”[①]。设通政使一人，正三品。“掌受内外章疏敷奏封驳之事”。凡在外之题本、奏本，在京之奏本，一并受之，于早朝汇而进上。午朝则引奏臣民之言事者，有机密则不时入奏。月终类奏，岁终通奏。凡议大政、大狱及会推文武大臣，必参预。[②]

通观明代政治，在皇权专制极端发展和宦官专权祸国的情况下，通政使司欲行使上述职掌，是很难办到的，朱元璋的本意不错，他说通政使司的机构性质，犹如唐之门下省。但明代长达276年中，很少有通政使司做出如唐太宗时代门下省封驳的事来。所以，明代的通政使司，实际上是朝廷负责收管内外章奏的机构。前有太祖专制，后有宦官专权，又有特务的恐怖统治，大臣敢封驳的能有几人。况且在制度上也没有通政使封驳的机会。内阁阁臣和皇帝决定大政方针之后，草拟诏书，直接下达有关部门，根本不需要问及通政使司同意与

①② 《明史·职官志二·通政使司》。

否。内外大臣的章奏，须经通政使司转到内阁，由内阁进行票拟之后、送司礼太监转呈皇帝朱批，批好后再由太监拿出来转交内阁。因此，通政使司和内阁的地位是不能相比的，两个机构的性质也不尽相同。由于宋朝曾经设置专掌接受章疏的机关——银台司，故而通政使司也有“银台”之称。

2. 廷议制度

“廷议”即廷臣会议，是明代朝廷的议事制度。明代廷议之事均为“事关大利害”的政事，须下廷臣集议。廷议的具体方式多为按部门以商讨问题的形式进行。如世宗时，任内阁首辅的杨一清被告劾“受宦官张永贿”，“法司承一清风指，构成萼罪”，世宗遂“令法司会廷臣杂议”[①]。杨一清虽贵为正一品，加特进左柱国、华盖殿大学士，也不能免。又如天启元年（公元1621年）“兵部尚书王礼光大集廷臣议战守”，以此来阻挠主战一派的袁崇焕等人。

明制，廷议的结果须上奏皇帝，廷议意见不一致时，应摘要奏闻皇帝作裁决。有明一代，廷议所涉及的内容主要是位号、祭祀、官制、人事、财政、军事等方面。参加廷议的人数因所议内容而异，少则三十余人，多则百余人。[②]

明代除廷议外，还有“朝议”和“部议”制度。前者指皇帝亲自参加的朝堂集议，后者指皇帝交由主管部门讨论决定。

（三）地方省、府、州、县制度

明代行省、府、县三级制，间或有省、州二级和省、府、州、县四级制。

1. 省

省是明代地方最高一级行政机构，设承宣布政使司，布政使为一省行政长官。[③] 另有提刑按察使司，掌一省法律监察事务。都指挥使司的都指挥使为一省最高军事长官。三者又俗称为“藩司”、“臬司”和“都司”，合称为“三司”。三机构地位平等，互不统属，共同向皇帝负责，使其彼此牵制，便于皇帝操纵。

一省内又分为若干道，作为监察区而非一级行政机构。根据需要设置一些没有地盘的专职道员，如督粮道、提学道、兵备道、屯田道、盐法道、漕运道和水利道等。[④]

2. 府

府一般直隶于布政司。省辖府设知府一人为其长官，负责辖境内的“宣风

① 《明史·杨一清传》。

② 参见《明史·商辂传》，《明史·廖纪传》，《明史·李秉传》，《明史·邹应龙传》，《明史·卫青传》，《明史·王佐传》，《明史·刘体乾传》，《明史·方孝儒传》，《明史·张敷华传》，《明史·郭正域传》，《明史·张问达传》。

③ 参见《明史·职官志四·承宣布政使司》。

④ 参见《明史·职官志四·分司诸道》。

化、平狱讼、均赋役”[①]。北京的顺天府和南京的应天府直隶于中央，其长官称府尹。知府之下有同知、通判、推官等属官。明初改路为府，至宣德三年（公元1428年）天下共有府159个。

州分为直隶州和府属州两类。前者直接隶属于省，其地位与府相似。后者地位与县相似，又称为散州。其长官为知州，另有同知、判官等官职。

3. 县

县是明代第三级行政机构。长官是知县，其下有县丞、主簿、典史各一人。负责一县的养老、祭祀、贡士、宣法、彰善、听讼、治安等事务。明代共有1 171县。县下设乡，实行里甲制度。其作用主要是征收赋税和维护地方治安。

（四）官吏的管理

1. 科举与选官

明代科举三年一试，省一级称乡试，在各省布政司考试，中试者为举人；次年集于京师称会试，在礼部贡院考试，中试者参加由皇帝主持的在宫廷中进行的殿试（又称廷试），考中者称进士。每场考试一般以一日为限。[②] 考试内容仍以“四书五经”为主，采用“八股文”形式。[③] 殿试、会试的一甲第一名均称“状元”。

《明史·选举志序》中讲：“选举之法大略有四：曰学校，曰科目，曰荐举，曰铨选。”有明一代对乡试主考官的选任非常重视。通过科举成为获得任官资格的最普遍和最重要的途径。永乐年间以降，能入内阁者几乎均为进士出身，论资排辈成为任官通例。所谓“掌铨选者，罔论贤否，第循资格”[④]。官吏的选任分为四种：一是“大选”，一般在双月进行，有新科进士选授、官员大考升迁等；二是“急选”，一般在单月进行，主要是对文官的改授、改降、“丁忧”与候补等；三是“远方选”，指对边远地区官员的委任；四是“岁贡就教选”，指对会试落选的举人选授学正、教谕之类的官员。此外还有“谏选”（从贡、监生中选择可充任州、县正官者）等制度。[⑤]

2. 考核与致仕

文官有考课之制。分“考满法”与“考察法”。

---

① 《明史·职官志四·知府》。

② 参见《明史·选举志二》。

③ （清）顾炎武《日知录·拟题》载：“今日科场之弊，莫甚于拟题”。“场屋可出之题，不过数十，富家巨族延请名士，馆于家塾，将此数十题各撰一篇，计篇酬价，令其子弟及僮奴之俊慧者记诵熟习，入场命题，十符八九，即以所记之文抄誊上卷”。“卒而问其所未读之经，有茫然不知为何书者”。“愚以为八股之害，等于焚书”。上海，上海古籍出版社，1985。

④ （明）丘浚：《大学衍义补·铨选之法》，《四库全书》。另见《明史·周叙传》。

⑤ 参见《明史·选举志三》。

“考满法”规定：内外官任职满三年为一考，六年再考，九年通考黜陟。每次“考满”分上、中、下三等，即“称职”、“平常”、“不称职”。按三次考核的政绩决定去留。[①]

“考察法”规定：京官六年一察，称“京察”；外官三年一察，称“外察”。其中的“京察”有“一贪，二酷，三浮躁，四不及，五老，六病，七疲，八不谨”之法。史载：京官自陈其状，由皇帝决定去留。“五品以下老、病者致仕，浮躁不及者降调，疲软不谨者闲住，贪酷者贬为民”[②]。万历四年（公元 1576 年）张居正整顿吏治，建议“考察法”分为“定期考察”、“随事考察”、“访察告诫”三种形式。“称职”者升，“平常”者复职，“不称职”者免。

然而实际上与法律规定相去甚远。万历十一年（公元 1583 年）左副都御史邱橓说：京官考满，例书“称职”；外吏给由，概与保留；“以朝廷甄别之典，为人臣交市之资，徇私而不敢尽法，恶无所惩，贤亦安劝？”[③] 加之百官俸薄，一个七品县令的月俸尚不足二两银子，如何不贪。明中叶以降，已是大官贪污以致富，小官舞弊以救贫。居官者多无耻之徒。清廉如张居正者，死后被抄家，其诸子兄弟竟有黄金万两、白银十余万两之多。[④]

官员的致仕，洪武年间规定：“文武官六十以上者，听致仕，给以诰敕”。孝宗弘治四年（公元 1491 年）又规定：凡告疾官员，年 55 岁以上者，冠带致仕。65 岁以上官员不再铨选任用。致仕的待遇物质方面多为给原官俸之半，但非人人都有。一般四品以下官员致仕，可升一级。致仕的官员除皇帝特准留京者外，一般均告老还乡。致仕官员死亡后多会得到皇帝的赠官、赐谥和褒奖。

■ 明代刑事立法的发展

（一）加重对危害封建国家犯罪行为的惩罚

在“重典治国”原则指导下，对“事关典礼及风俗教化”一类非直接侵犯君主政权的犯罪，明律量刑轻于唐律；但对“贼盗”及“帑项钱粮”之类直接危及专制统治的重大犯罪量刑则重于唐律（也称“重罪加重”）。具体表现在如下几点：

对谋反、大逆、谋叛、劫囚、强盗等罪，处刑远重于唐律。死刑和缘坐范围都大于唐。特别对“贼盗”、“乱臣贼子”不仅据律加诛，且大量法外用刑，可谓狂诛滥罚。据《明太祖实录》：洪武五年，南海“盗”号称“黑鬼”者为

---

① 参见《大明会典·考功清吏司》，参见（清）嵇璜等：《续通典·选举三·考绩》，《万有文库本》。

② （清）嵇璜等：《续通典·选举三·考绩》，《万有文库本》。

③ 《明史·邱橓传》。

④ 参见《明史·张居正传》。

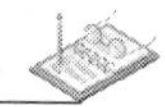

乱，被捕斩共370余人。七年广东儋州陈逢愆起义，陈被斩，部属1 400多人被劓刑。同年广东雷州王子英“谋乱”，王被斩，擒其部属231人均枭首于海滨。十五年广州“铲平王”起义，被杀者8 800人。明成祖师承乃父，据朝鲜《李朝实录》：他疑后宫有人谋图“弑逆”，遂把严刑诬服、连坐的2 000多人凌迟处死。武宗时将“流贼”首领赵隧等六人凌迟后，仍剥皮制成马鞍马镫，供皇帝骑坐。对一般“贼盗”增设“刺字”、“起除刺字”等条。规定“常人盗”及“窃盗”皆于手臂刺字，私除字者，杖六十补刺[①]，《大诰》则干脆对私除字者处枭示。

（二）严法整饬吏治

为裁抑臣僚，强化君主专制集权，明律始废除自魏晋以来完备于唐律的“官当、減赎及荫法”[②]。对官吏犯罪行“重罪加重”原则。

1. 重惩贪官污吏

明初“严犯赃官吏之禁”，诏“重惩贪吏”，并敕令刑部，官吏受赃，连同行贿者一并处罚，“徙其家于边”。明律沿用唐律“六赃”罪名。除“常人盗”，“窃盗”外，其余四赃（监守盗、受财枉法、受财不枉法、坐赃）均与官吏有关。《明律·刑律》专设“受赃”之门，内有“官吏受财”、“坐赃致罪”、“事后受财”、“有事以财请求”、“在官求索借贷人财物”、“家人求索”、“风宪官吏犯赃”、“私受公侯财物”、“克留盗赃”等详细律条。这也反证出当时官吏贪墨上的“机关算尽”和皇帝防臣下的苦心。此外，“有禄人”犯法重于“无禄人”，“风宪官”犯者加罪二等。其刑罚手段更是残酷。《大诰》记：龙江卫仓库官吏勾结户部官吏盗卖官粮，被墨面文身，挑筋去膝。太祖还诏令：“凡守令贪酷者，许民赴京陈诉”。

官吏赃至六十两以上，枭首示众，剥皮实草。史载：府、州、县、卫官署左旁特设土地庙，为剥皮场所，俗称“皮场庙”。官府公堂正座之旁，各悬一个剥皮实草的前任赃官的人皮囊，使现任官吏“触目惊心”[③]。

洪武十八年户部侍郎郭桓盗吞官粮的“秋粮案”，从中央到地方被牵连者数万人，皆论死罪，且不避权贵。开国元勋永嘉侯朱亮祖受贿枉法，也被召入京城鞭死。然而实际效果并不理想，太祖在《大诰》中曾言：“我每日早朝晚朝，说了无限的劝诫言语……我这般年纪大了，说得口干了，气不相接”，然而“若文若武，于中从者少，努（怒）日不然者多，其心害众成家”[④]。视“朕命”如

① 参见《明太祖实录》，见《明实录》。

② （清）薛允升：《唐明律合编》卷二，北京，中国书店，1980。

③ （清）赵翼：《廿二史札记·明史·重惩贪吏》，北京，中华书局，1963。

④ 《大诰武臣序》，故宫博物院图书馆藏本。

儿戏，“终化不省”，“明知故犯”。

他顿首疾呼：“奸顽之徒”“可谓之难教者欤”[1]。“朕才疏德薄，控驭之道竭矣！”[2] 哀叹：“中外臣庶，罔体圣心，大肆贪墨”。“临事之际，私胜公徽，以致愆深旷海，罪重巍山，当犯之期，弃市之尸未移，新犯大辟者即至”[3]。

到成祖时，有人上书言称已是“贪官污吏，遍布内外”了。连朝廷派出巡察贪污的巡按御史也公然收受贿赂，有时多达二三万金。武宗正德年间竖宦刘谨弄权，索贿一人就有至五千两黄金的。终明一世，贪风是愈刮愈烈。

2. 严禁臣下结党内外官交结

“尊君抑臣”是历代宗旨，汉时即有“阿党”、“左官”之法。《明律・吏律》职制门中专设“奸党”条。规定“左使杀人”[4]；“巧言谏免”；“交结朋党，紊乱朝政”；“不执法律，听从上司官主使，出入人罪”；“上言宰执大臣美政才德”等均属“奸党”罪，尤其后三类量刑从重，本人不分首从“皆斩，妻子为奴，财产入官”。

司法实践中大杀“奸党”之狱，在明初的几十年间经常不断。洪武二十三年（公元1390年）和二十六年（公元1393年）的“胡蓝之狱”即为一例。先后诛杀3万人，并发布《昭示奸党录》以戒群臣。受牵连的开国元勋李善长也是“家口七十余人诛之”[5]。而借凉国公蓝大将军谋反一案又诛杀15 000余人。公侯宿将重臣坐奸党被杀，几无幸免，“实千古所未有”。正是在大戮奸党同时，《大明律》修订完成。明律“猜防臣下”，禁绝奸党的意图随处可见，对皇权空前严密的维护是唐律所不及的。成祖以后，因宦官权势发展，上述律文渐成具文。如熹宗时魏忠贤专擅朝政，满朝文武皆成魏党，且甘愿作其义子，为其立生祠。为排除威胁皇权的势力集团曾起过一定作用的律令，终酿成为宦官专权的恶果，这也是太祖始料不及的了。

（三）刑罚制度的变化

1. 廷杖制度化

廷杖即依皇帝旨意，对犯颜直谏或忤旨过犯的官员，杖责于殿阶之下（后行杖于午门外），由宦官监刑，锦衣卫行杖。杖具为木棍，五杖一易人。廷杖隋唐已有，但仅偶一用之，至明则成常制。由太祖杖死工部尚书薛祥为开端。英宗时宦官王振专权，“殿陛行杖习为故事”。武、世两朝一次杖责大臣百余人，

---

① 《大诰续编・朝臣蹈恶第五十》，故宫博物院图书馆藏本。

② 《御制大诰三编序》，故宫博物院图书馆藏本。

③ （明）刘三吾：《御制大诰后序》，故宫博物院图书馆藏本。

④ 洪武元年曾颁“奸邪进谗言，左使杀人者”斩，大赦不原。

⑤ 《廿二史札记・明史・遣大臣考察官吏》。

杖死十余人。[①] 诚所谓“公卿之辱，前所未有”[②]。

无论平民百姓还是宰执大臣，皆以严刑镇压，维护皇权。结果是“重罪加重则多冤”[③]。

2. 刑罚手段异常残酷

除承用宋以来凌迟、刺配外，又增加了充军，创制了枭令、枷号、枷项发遣等酷刑。其他见于史书和《大诰》的酷刑多为历代罕见，比秦犹过之无不及。

（四）加强文化思想专制的“文字狱”

《明律·吏律》公式门有“上书奏事犯讳”条。误犯者止“杖八十”。但太祖时，因其出身“寒微”（对此他并不掩饰），又有和尚及红巾军的经历，对奏章行文十分敏感，尤忌与“贼”、“盗”、“僧”、“髡”等谐音之字。往往望文生义，仅以一字之疑误，动辄杀人。如尉氏县教谕许元作《万寿贺表》，内有“体乾法坤，藻饰太平”，被认为有讽皇帝“发髡”、“早失太平”之嫌，被论死。[④] 因诗词被疑为暗喻讽刺皇帝而丧命的也不乏其例。如僧人来复的谢恩表，内有“殊域”二字，被理解为是骂“歹朱”而遭杀身之祸。[⑤] 明初此类文字狱，成为清代文字狱的先声。

强化对经济的法律调控

（一）颁行《茶法》、《盐法》等单行特别法

明代立法严禁买卖“私盐”、“私茶”，颁行《茶法》、《盐法》，以确保官府的财政收入。

《明律·户律》课程门专设《盐法》，“犯私盐者罪至死”[⑥]。《茶法》也定：犯私茶者“同私盐法论罪”。规定：“私茶出境与关隘失察者，并凌迟处死”[⑦]。

后来虽有减轻，但犯者、知情人及牙人也“俱发烟瘴地面充军”。太祖时驸马欧阳伦犯法也被赐死。茶盐法虽保住了财政收入，却严重阻碍了正常的社会商品经济的发展。

（二）严行《钞法》禁私铸钱

《明律·户律》的仓律中有《钞法》、《钱法》专条，准民间将大明宝钞（纸币），与洪武大中通宝（铜钱）相兼行使。市场交易及各种赋税“并听收受”，

① 参见《明史·蒋钦传》。

② 宋以前朝臣有座，宋以后始立，至明则与家奴相去无多。

③ 《明史·李善长传》。

④⑤ 参见《廿二史札记·明史·明初文字之祸》。

⑥ 《明史·食货志四·盐法》。

⑦ 《明史·食货志四·茶法》。

违者杖一百。同时禁民间“以金银货物交易，违者罪之”[①]。为控制金融，稳定经济防止通货膨胀，《明律·刑律》诈伪门“伪造宝钞”条规定：凡伪造者，不分首从，窝主以及知情使用者，“皆斩，财产并入官”。里长知而不举发者杖一百，巡捕官知情故纵者与同罪。而检捕者则赏银 250 两，并给犯人财产。“私铸铜钱”条规定：“凡私铸铜钱者绞，匠人罪同”，从犯及知情使用者，减一等。里长知情而不告发者杖一百。以后的条例及明初的《大诰》处刑均重于明律，如浙江地区有人伪造宝钞，被捕枭示，自京城（南京）至句容县沿途九十里，尸首相望。但因官府出钞过多，以致“物重钞轻”，民间不愿用钞，加之铸钱掺和铅锡，使民间盗铸日多，《钞法》、《钱法》日坏。以后税收只好“惟用白银”，并成主要支付手段。

（三）严格控制市场加重商税

传统抑商政策至明又趋严格。在市场管理上，《明律·户律》市廛门定：市场贸易中估价及中介的“牙行”（设于城乡集市），“埠头”（设于码头），须由官方选任有家业者充当。发给“印信文簿”等，每月持簿赴官署查对。违者“杖六十，所得牙钱入官”。牙行成为官府控制市场的工具。若与“夷人”私相贸易，私货入官，本行牙人等枷号一月。在课税方面，严惩偷漏税行为。太祖时曾有“凡商税，三十而取一”[②] 的规定。《明律·户律》课程门设有“匿税”、“舶商（海外商人）匿货”、“人户亏兑课程”等条。规定：匿税及卖酒醋之家不纳税者，笞五十，官府没收所卖货物一半，取十分之三赏告发者，买牲畜（称“匹头”）“罪亦如之”。要求外商将货物如实“报官抽分”（抽十分之一），不报或不实报者，皆杖一百，货物入官。包庇者与同罪，告发者赏银 20 两。

上述这些法律一方面增加了王朝的财力储备，维护了主权，另一方面，因政治腐败，借律衍生的苛捐杂税日益增加，“既税于所产之地，又税于所过之津”[③]。隆庆后“凡桥梁、道路、关津”皆“私擅抽税”[④]。万历间增设各省税吏，水陆要道数十里即有一税卡，暴敛行商。对土商（当地商人，罕行贩运者）也巧立名目，以至虽“穷乡僻壤、米盐鸡豚，皆令输税”[⑤]，使税法成了掠夺民众的合法工具。

---

① 《明史·食货志·钱钞》。

② 《明史·食货志五·商税》。

③ 《明史·解缙传》。

④ 《明史·食货志五·商税》。

⑤ （清）龙文彬：《明会要·食货志五·商税》，北京，中华书局，1956。

民事法规的发展

明代有关民事方面的法规，与唐宋相比，变化不大，加重了对田宅钱债的违法惩处，并编有鱼鳞图册等。至清多承用不改。

明代传统土地制度集中反映着其时的主要民事法律关系。明代的土地占有形式还是官有与私有两大类。诸如所有权的形成与变更，债与契约的规定等。明初在长期战乱之后，各地荒田数量剧增，国有土地规模前所未有。明中叶以后，土地国有制渐衰，土地私有制急剧发展。由于商品货币经济的发展，土地再分配的频率增高，土地兼并的程度超过了前代。上述状况构成明代民事法律制度变化的主要内容。

（一）土地所有权的形成——鱼鳞图册与垦荒

1. 鱼鳞图册与土地所有权——增加赋税的手段之一

自元末丧乱到明王朝重新统一的二十余年间，兵祸蔓延，饥饿相继，百姓死亡流移，到处是土地荒芜，人烟稀疏。所有这些遗弃的荒闲无主之田，自然都被政府没为官田。朱元璋在掌握政权之后，首先关注的是如何均赋役以增加财政收入，而不是均土地以安定流民。史载："元季丧乱，版籍多亡，田赋无准。明太祖即帝位，遣周铸等百六十四人，核浙西田亩，定其赋税。复命户部核实天下土田。而两浙富民畏避徭役，大率以田产寄他户，谓之铁脚诡寄。洪武二十年（公元 1387 年）命国子生武淳等分行州县，随粮定区。区设粮长四人，量度田亩方圆，次以字号，悉书主名及田之丈尺，编类为册，状如鱼鳞，号曰"鱼鳞图册"①。

上述引文中所称"鱼鳞图册"，是官府在丈量土地基础上制定的田亩清册。这是在宋代方田法均税法的经验基础上，执行的一种更为完备的清查土地、确立税制的办法。土地经过量度核实，绘图登记，则田之多寡等级，税之科则数目，皆有图册可凭，买卖移转，皆须官为设籍登记。这样一来，田产户籍皆不易隐匿逃避。这一土地法律制度为明代后来历朝所奉行，且一直延用到近代。由此亦可见明初在解决朝廷赋税问题上所采取的这一土地法律制度的重要性。

这一制度的具体做法是：派官到州县，根据原来税粮的多少，定划若干区，每区设粮长四人，然后召集里甲居民，丈量每块土地的方圆四围，绘成简图，以《千字文》的顺序编上字号，登记田主姓名和田地土质优劣及方圆尺寸大小。最后，编类成册，一式四份，分存各级政府作为征税根据。这是历史上较为完整的地产记录。"鱼鳞图册"以土地为主，其他如坟地、山地、沙荒地、盐碱地等等，均一一注明。如果出卖土地，税粮随契过户，各州县年终通行造册上交。

① 《明史·食货志一·田制》。

鱼鳞图册制度的实行，使赋税收入有了依据，同时使长期隐匿的土地，重新归入政府的控制。此外，“鱼鳞图册”还是其时土地纠纷争讼的重要司法依据。鱼鳞图册制度的实施，使一些地方官吏觉得这种制度有碍于营私舞弊，故时常加以破坏。加上时间一长，图上的记载和实际情况屡有变更，逐渐不符。所以明中叶以后，官府对鱼鳞图册常加修订。

2. 募民垦荒与土地所有权——增加赋税的手段之二

经过元末十几年的战乱，大量土地荒废。明初各省荒田很多，而尤以中原为甚。顾炎武曾言：“明初承元末大乱之后，山东、河南多是无人之地”①。其他各地情形亦大同小异。朱元璋建立明王朝后，立即采取措施实行奖励垦荒的政策，召诱流散的农民尽量垦荒。

明政府将这些无主之地的荒田没收为官田后，采取了募人开垦和移民屯垦的办法，这个政策的目的也还是为了增加赋税。洪武一朝，有关奖励垦田的政令不绝于史。奖励垦荒的具体内容为：凡垦荒成熟的田地，都为垦者已业，垦荒数额不限，尽力而为之。这类田地都免三年租或免三年徭役。三年后，再依民田起科，也有些地方是“永不起科”。

官府在地旷人稀的中原一带，虽曾“计民授田”，实际上仍然是募人耕种官田，但各人却可以把开垦出来的荒田作为已业。三年后照民田起科，形式上是纳税，实质上还是纳租。这种办法，比宋代直接由官府经营的营田更为简便。

除自由垦荒外，还有迁民垦荒。这种垦荒虽然也能享受奖励，但多少带强制的性质。② 属于移民垦荒的，除能蠲免三年赋役外，另外能得到购买农具的钞币。洪武二十四年（公元 1392 年）又下诏令规定：任何人都不得任意占荒田为己有，凡是荒田都属国家所有，只在开垦者将荒田垦耕为熟田，方能得到这块田地的所有权。

同时立法鼓励农民尽力耕种并惩罚使田地荒芜者。如《大明律・户婚》中规定：凡是还乡复业的农民，“若多余占田而荒芜者，三亩至五十亩，笞三十，

---

① 《日知录・开垦荒地》。《续文献通考》卷二载：洪武初郑州知州苏琦上书说：“自辛卯［元顺帝至正十一年（公元 1351 年）］河南起兵，天下骚然。兼以元政衰微，将帅凌暴，十年之间，耕桑变为草莽，若不设法招来耕种，以实中原，恐日久国用虚竭。为今之计，莫若计复业之民垦田外，其余荒芜土田，宜责之守令，召诱流移未入籍之民，官给牛种，及时播种。除官种外，与之置仓，中分收受”。（（清）嵇璜等：《续文献通考》，又称《续通考》，《万有文库》本）

② 据《续通考》、《续通典》载：洪武三年（公元 1370 年）六月谕中书省曰：“苏松杭嘉湖五郡，地狭民众，无田以耕，往往逐末利而食不给，临濠朕故乡里，田多未解，土有遗利，宜令五郡民无田者往开种，就以所种田为己业，给资粮牛种，复三年。”洪武二十二年（公元 1390 年），“又命湖杭温台苏松诸郡无田之民，往耕淮河迤南滁和等处闲田，仍蠲赋三年，给钞备农具。”（（清）嵇璜等：《续通典》，《万有文库》本）

每十亩加一等，罪止杖八十，其田入官”。“凡里长部内已入籍纳粮当差田地，无故荒芜及应课种桑麻之类而不种者，俱以十分为率，一分，笞二十，每一分加一等，罪止杖八十。县官各减二等，长官为首，佐职为从。人户亦计荒芜田地，及不种桑麻之类，以五分为率，一分笞二十，每一分加一等，追征合纳税粮还官”。即凡将田地荒芜，当地的主管官吏和田主都要分别治罪。

（二）土地买卖形式和租佃制

1. 土地买卖形式

在明代，一般地主对土地的占有方式，仍然以购买为主。明中叶以后，由于商品经济发展很快，土地买卖不仅仅在一般地主农民之间进行，而且随着富商大贾巨额资金的积累，买田置地成为商业剩余资本最好的出路。因此，商业资本和高利贷资本同土地的结合更加紧密。由于土地买卖活动的频繁，使买卖关系也更加复杂。这时，地权分裂为田底权（田底又称田骨）和田面权（田面又称田皮)。田底权是土地所有权，田面权是土地使用权或耕作权。田主可以作为己业出卖或租让田底权，获有田面权的所谓“二地主”则可以出卖或转租土地的耕作权即佃权。这些买卖反映在契约上，就有活契、找贴契和绝卖契等不同的古代民事法律关系及其立法规范。

(1）活契。

是指土地没有彻底卖绝的契约。田主在出卖田底或田面时，没有将地权绝对移转，而是保留赎回的权力，允许卖主在若干年后，按照原价将土地赎买回来。

(2）找贴契。

是卖主将田底或田面出卖后，在一定时期内因无力赎回土地，可以向买主索找、索贴、索增田价。前提是地权未绝对移转，卖主仍保留赎回的权利，且可以继续向买主索取找贴费。《天下郡国利病书·福建》引《南靖志》载：南靖“卖田者，见昔贱而今贵，则索买者之增价；或一索，或再索，或屡索，其名曰洗业”。

(3）绝卖契。

或称死契、卖断契、休心断骨契、找断休心尽契等等。即业主将地权绝对出卖而形成的契约文书。当土地卖断或卖绝以后，买卖双方在所有权关系上发生了绝对移转，卖主从此丧失赎回权或索找、索贴、索增田价的权利。这种买卖一般在契约上特别写明“立绝卖契”或“立找断休心尽契”等。

一般土地买卖的契约都写明土地的来历、四至以及同土地所有权有关的一些问题，如土地确实系私产、与旁亲没有牵葛、也无重叠买卖情况、买卖出自双方自愿、无准折债贷之类，田价由中人三面议定等等。说明土地私有权在法律上、观念形态上是明确的。当时的土地买卖，一次卖绝的不多，一般都是经过卖、找、断的过程，既说明土地所有权的牢固，也反映了土地私有制的发展。

2. 租佃制

租佃制既涉及土地问题，又涉及地租问题。明代的租佃制分为三种：佃仆制，分成租制，定额租制。

（1）佃仆制。

是最落后的一种租佃制。所谓的世仆、庄奴、庄仆、地仆、伙佃、伙当、伙余等，都是佃仆的异称，大多为丧失生产资料和生活资料的农民。他们租种地主的土地，在缴纳地租之外，还要为地主提供各种仆役，如看守坟墓祠堂，照管山场，造房修路等。当时所订的佃仆文约中，都订有“应役”、“服役”、“供役”等内容，这是佃仆和佃户的重要区别。佃仆的人身乃至家属都受地主的支配，但他们同奴婢还有区别。佃仆有自己的私有经济，包括除地租外的生产品，有些还有房屋、土地等。明末清初，政府不断颁布法令，限制佃仆制。又因“奴变”风潮不断发生，佃仆制逐渐衰落。

（2）分成租制。

分成租制在明代占有重要地位。产品分配的比例一般是“主佃各半”，也有按四六、三七、二八比例分配的。由于实行分成租制，所以地主对农产品的收获量是很关心的。他们对生产的重要环节，如播种、施肥、锄草、灌溉、收获等都要直接干预，直到“监田监分”。在分成租制下，佃农的封建人身隶属关系较为严格，如地主规定佃农要送租到仓，要为地主守夜，或兴修水利等。

（3）定额租制。

定额租制在明代中叶以后的江南地区取得了主要地位。当时，“南方佃户自居己屋，自备牛种，不过籍业主之块土而耕之，交租之外，两不相问，即或退佃，尽可别图，故其视业主地轻，而业主亦不能甚加凌虐”。就是说南方的佃户有自己的生产资料和生活资料，他们和地主的关系，除“交租之外，两不相问”。说明了封建隶属关系的松弛。定额租制的租额，一般在50%上下，当然也有高达60%～80%的。

此外，在一些地区还有预租制（预收一定的田租，方可签订租佃契约）、押租制（以一定的动产或不动产作为订立租佃契约条件）、永佃制（依据已有租佃的时间或其他附加条件而获得对该佃耕土地的永久租种权）等等。

为稳定社会经济及财产所有制度，《大明律》设专条禁止在土地买卖上的违法行为。如严禁盗卖田宅等：“凡盗卖，换易及冒认，若虚钱实契典买，及侵占他人田宅者，田一亩、屋一间以下，笞五十，每田五亩、屋三间，加一等，罪

止杖八十徒二年。系官者，各加二等。”[①]

此外，在《大明律·户律》中还有“功臣田土”、“典卖田宅”、“盗耕种官民田”等专条规定，以维护土地占有秩序。

(4) 官田地租之重。

自明初移民屯垦官田，均照例收租。“河南、山东、北平、陕西、山西及直隶、淮安诸府屯田，凡官给牛种者十税五，自备者税三”[②]。

可见明政府不仅是一个出租土地的大地主，而且是一个贪婪残酷的地主，其官田租率之高，远高于民间的私人地主。明代著名司法官吏况钟曾言：“臣所领七县，秋粮二百七十七万九千石有奇。其中民粮止十五万三千余石，而官粮乃至二百六十二万五千余石，有亩征至三石者，轻重不均如此”[③]。这不仅剥削了农民的剩余劳动，而且连农民的大部分必要劳动也都囊括进去了。不仅苏松一带官田租率高，所有各地的官田租率都很高，就是募民垦种的屯田，租率亦高达50%，少的也达30%，对流离迁播的贫民，丝毫没有赈济救恤之意。城市官地和近城好地，均不按亩出租，而以丈尺计算，其租率之高更是惊人。例如，“成化十七年（公元1481年），令各处军民人等，有情愿承佃空闲官地、荒田及山场水洲者，城市官地，每阔一丈，长三丈，岁纳米一石。附近城郭好地，阔二丈，长五丈，岁纳米一石。山场水洲，俱照旧例起科”[④]。江南官田之租一般不少于八斗。

官田不仅租重，而且农民在输纳时额外的负担更多。顾炎武说：“愚历观往古，自有田税以来，未有若是之重者也。以农夫蚕妇冻而织，馁而耕，供税不足则卖儿鬻女；又不足，然后不得已而逃，以至田地荒芜，钱粮年年拖欠”[⑤]。

官田中害民最甚的莫过于皇庄[⑥]及诸王勋戚内监等庄田。从明初起，朝廷即不断以庄田赏赐，多者百顷，亲王千顷，以其租入充俸。其后公侯复岁禄，多归赐田于官。至仁宣朝，乞请渐多，除诸王公主勋戚内监等近幸多所乞请外，大臣亦不断请得没官庄舍，并不断占夺民田。以后更日益加甚，权贵宗室等人庄田，或赐或请，不可胜计。

至于地方上的权豪势要倚势侵夺民产的事，更是所在多有。清史学家赵翼

① 《大明律·户律》，沈阳，辽沈书社，1990。

② 《明史·食货志一·田制》。

③ 《明史·况钟传》。

④ 《明会典·户部四·田土》。

⑤ （清）顾炎武：《日知录·苏松二府田赋之重》。

⑥ 皇庄为皇室私田，其公开设置，始于仁宗，以后愈演愈烈，成为直接对人民的一种血腥掠夺，其历时之久，为害之烈，在历史上是罕见的。

论明乡官虐民一事说：“前明一代风气，不特地方有司，私派横征，民不堪命，而缙绅居乡者，亦多倚势恃强，视细民为弱肉，上下相护，民无所控诉也”①。这些缙绅豪右，对于倾人之家，夺人之产，视若家常便饭。

（三）土地所有权的变更

1. 限制土地兼并

洪武年间，政府的土地政策在奖励垦荒的同时，也注意到土地兼并问题，曾下诏令加以限制。如洪武三年令：“验其丁力，设田给主，毋许兼并。”二十四年，又“令公侯大官以及民人，……其山场水陆田地，亦照原拨赐则例为主，不许过分占为己有”。洪武五年（公元1372年），朱元璋颁布了申诫公侯的《铁榜》文九款，规定：凡公侯之家“倚恃权豪，欺压良善，虚钱实契，侵夺人田地、房屋、孳畜者”，均据初犯、再犯、三犯，给予不同处罚。同时《大明律》明令禁止官吏在任所置买田宅。“凡有司官吏，不得于见任处所置买田宅，违者笞五十，解任，田宅入官。”本意在于防止官吏利用职权，强取豪夺。

尽管如此，但土地兼并没有得到太多的抑制。事经86年后，英宗天顺二年（公元1458年）再次颁令：“皇亲公侯伯文武大臣，不许强占良民田地，事发坐以重罪”。可见，皇亲公侯伯文武大臣强占土地在不断发生。因此又在成化十六年（公元1480年）下令“诏禁势家侵占民田”。在限制地主豪强兼并土地的同时，也对寺观僧道的兼并土地采取了相应的措施。英宗正统十三年（公元1449年）令：“各处寺观僧道，除洪武年间置买土田，其有续置者，悉令各州有司查照散还于民。”代宗景泰二年（公元1451年）又下诏：“令各处寺观，量存六十亩为业，其余拨与小民佃种纳粮”。

2. 贫民投献

权贵豪门侵夺民产的另一主要方式是贫民投献，早在元代已很盛行。在明代除了贫苦无告的农民为了“托庇势家”，自将田产投献外，还有恶徒奸棍擅将别人田产献于豪势之家，借以邀赏。例如：“又有投献田产之例，有田产者为奸民籍而献诸势要，则悉为势家所有。……万历中，嘉定、青浦间有周星卿，素豪侠。一寡妇，薄有资产，子方幼，有侄阴献其产于势家。势家方坐楼船鼓吹至阅庄，星卿不平，纠强有力者突至索斗，乃惧而去。诉于官，会新令韩某颇以扶抑为己任，遂直其事。此亦可见当时献产恶习，……其他小民，被豪占而不得直者，正不知凡几矣”②。

投献田产之风与明代相始终。到崇祯年间投献之风仍很盛行。据崇祯三年（公元1630年）马如蛟巡按四川时，上疏说州县丞佐吏胥以至生员监生无不接

①② 《廿二史札记·明史·记明乡官虐民之害》。

受投献。

3. 土地占有的集中

据弘治十五年（公元1503年）的统计："官田视民田得七之一"①。在占耕地总数七分之六的民田中，其凭借封建特权而得自侵占和投献的虽占有一定的比重，但就全国而言，仍然是少数。私田的绝大部分，还是得自凭借经济优势而进行的土地兼并，所以买卖程序始终是占有土地的主要方式。正由于各色财富所有者都是争先恐后地在抢购土地，则土地价格必然要因之高涨，且不易买到。

前明中叶，田价甚昂，居间者辗转请益，彼加若干，此加若干，甚至鸡鸣而起，密室成交。谚云：黄昏正是夺田时，此之谓也。② 明代地主争购土地的炽热情形，于此可以概见。这样，所谓民田，实际上都是富民之田，真正耕田的农民，或者只有很少一点土地，或者完全没有土地。顾炎武说："吴中之民，有田者十一，为人佃作者十九"③。不论地主所凭借的是封建特权，还是经济势力，或者两者兼而有之，全国耕地的绝大部分掌握在这类为数不多的地主阶级之手。其中不但有动以万顷计的皇庄和王庄以及勋戚阉宦等庄田，而且有寺观、书院、祠堂等公产，而为数更多的则是千顷万顷的私人大地产，往往一县钱粮系由一两家缙绅乡宦所包办。这样，所谓农民实际上几乎全部都变成佃户了。

4. 科田法

明初的屯田条例对于屯田的扩大，起过重要的促进作用；特别是赏罚条例，刺激了军士屯田的积极性。随着屯田内部的私有土地发展，官府逐渐采取了"科田法"，即采用了民田惯例，定出科则征粮。据万历《凤阳颍州志》载："国初本卫之法……以百亩屯田，余皆为屯军余地，不过纳粮一分而已。"据此，屯军余地则不必纳粮，因它属于私人，不在国家军屯定额之内。这些"不得起科"的私人田地，大都是屯军军官役使士兵垦耕而占为己有的。屯田士兵受到了国家和军官的双重奴役剥削，而被迫逃亡，加上侵占盗卖屯田的现象常常发生，在这种背景下，屯田中的"科田法"产生了。"科田法"的内容为，招人佃种屯地，或开垦荒芜屯地，按民田起科。武宗正德年间，辽东地区的这类"科田"性质的田有二万七千余顷，超过正规屯田一倍多。到崇祯时规定："勿论军种民种，一照民田起科"。同时对新开垦的军屯土地，官府"给予执照，永为己业"。这就在法律上承认了军屯土地私有的合法性。

① 《明史·食货志一·田制》。

② 参见（清）顾公燮：《消夏闲记摘钞·前明田价》下，转引自傅筑夫：《中国经济史论丛（上）》，北京，三联书店，1980。

③ （清）顾炎武：《日知录·苏松二府田赋之重》。

（四）婚姻家庭继承方面的法律规定

1. 结婚的条件

由于法律确认家长的主婚权以及强迫包办、买卖婚姻的合法性，因此，青年男女不存在自主恋爱的婚姻自由。《大明律·户律·婚姻门》明确规定其时的结婚条件："男女定婚之初，若有残疾、老幼、庶出、过房、乞养者，务要两家明白通知，各从所愿，写立婚书，依礼聘嫁"。为此，已报婚书而自悔，男女双方同罪，比唐律只惩罚辄悔的女方，在立法上更进了一步。另一方面与唐律不同的是，对亲民官，豪势之人的婚娶设专条约束。明律增设"娶部民妇女为妻妾"、"强占良家妻女"等专条，严禁府州亲民官在任内娶部民妇女，以及豪势之人强夺奸占良家妻女为妻妾的行为。违者亲民官处杖至徒刑，豪势之人处绞。虽然两种情节处理轻重失平，但表明了朝廷对加强吏治和抑制豪强的措施在法典上得到多方面的强调。

2. 妻妾制度

明律虽形式上规定平民实行一夫一妻制，但"庶人四十以上无子，许选娶一妾"，即以"妻妾"制作为补充。根据身份与特权，明律规定亲王可娶妾媵十人，世子及郡王可娶四人，长子及各将军可娶三人。这种形式上的限定，并不可能解决特权人物随意纳妾的社会问题，从而使女性，特别是出身低微的女性陷于悲惨的境遇而不可自拔。此外，明律禁止"良贱为婚姻"，违者杖八十。关于离婚的"七出"与"义绝"条款与唐律同，不再赘述。

3. 夫妻家庭关系的规定

在家庭关系方面，明律继续维护封建家长的支配权。封建家长拥有惩戒子女的权力，子女必须服从。子女擅自动用家财，要受到相应的处罚。明律规定："凡同居卑幼不由尊长私擅用本家财物者，二十贯笞二十，每二十贯加一等，罪止杖一百"。另外，夫妻关系也不平等，如明律规定："其夫殴妻"，"至死者绞"，"凡妻殴夫"，"至死者斩"。明律全力维护家长对子女的支配权，丈夫对妻子的支配权，意在稳定封建统治的社会基础，防止非礼的"犯上作乱"行为的发生。

4. 新增加的婚姻条款

承袭元律，新列唐律所无的婚姻条款。诸如"典雇妻女"、"逐婿嫁女"、"娶乐人为妻妾"、"僧道娶妻"，及"蒙古色目人婚姻"等等，都是其时社会婚姻家庭关系复杂化的现实反映。同时也表明了明律对社会婚姻家庭关系调整的进一步强化。

5. 嫡长子继承制

在继承方面，明律注重维护封建的嫡长子继承制。明律规定："立嫡子违法

者，杖八十”；对“乞养异姓义子以乱宗族者，杖六十”；“若以子与异姓人为嗣者，罪同，其子归宗”。明律纂注解释说：“嫡子，正妻所生之子，庶长子，众妾所生之子也。立子以嫡，无嫡立长，国家定法”。明确确认嫡长子继承的合法性，意在维护有利于稳定封建秩序的继承关系，以及确保封建家族与家庭财产的不致分割。

第三节　明代司法制度的发展变化

■ 司法机构的特点

（一）中央司法机构

中央司法机构为刑部、大理寺、都察院。一改隋唐以降的大理寺、刑部、御史台体系。

（1）刑部增设十三清吏司，分掌各省刑民案件，加强对地方司法控制。

（2）大理寺掌复核驳正，发现有“情词不明或失出入者”，驳回刑部改判，并再行复核。如此三改不当者，奏请皇帝裁决。①

（3）都察院掌纠察②，设有十三道监察御史。

中央上述三大司法机关统称“三法司”。对重大疑难案件三法司共同会审，称“三司会审”。

（二）地方三级司法机构

地方三级司法机构分省、府（直隶州）、县三级。沿宋制，省级有专门司法机关“提刑按察使司”，“掌一省刑名按劾之事”③。府县仍是知府、知州、知县兼理司法。明代越诉受重惩。

（三）“厂”、“卫”特务司法机关

这既是明代司法的一大特点又是有明一代的一大弊政。“厂”是直属皇帝的特务机关。成祖时“恐外官徇情”设“东厂”，宪宗时又为监督厂、卫而设“西厂”，至武宗为监督东西厂，又设“内行厂”。“卫”是指皇帝亲军十二卫中的“锦衣卫”，下设镇抚司，由皇帝任命亲信“提督”厂卫，多由宦官充当。如竖宦刘谨、魏忠贤等人均把持过厂卫，权倾天下于一时。明末曾下令尽毁锦衣卫刑具，不许再用。

---

① 参见《明史·刑法志二》。

② 主要是纠察百司，司法活动仅限于会审及审理官吏犯罪案件，并无监督法律执行的原则。

③ 《明史·职官志四·按察司》。

诉讼制度的特点

（一）皇帝进一步控制最高司法权

第一，他握有一切死刑和重案的最后裁决权，各类会审均须由刑部“拟律以奏”，然后依旨执行。第二，他亲自审案，任意用刑，如朱元璋凡“有大狱必面讯”，“重案多亲鞫（审理），不委法司”[①]。成祖时又令“重罪必五复奏”[②]。有明一代，皇帝多“任喜怒为生杀”[③]。明初太祖滥刑及作为常制的廷杖姑且不论，仅成祖诛戮建文帝旧臣，其酷刑可谓无所不用其极，对方孝孺凌迟，夷十族，连其朋友门生也不得免，“坐死者 873 人”。其他还有先去齿、断手、再断颈；有用油煎；有先割耳鼻再凌迟；有用铁扫帚扫尽肤肉致人死的[④]，而皇帝竟自称是轻刑之举。[⑤] 这不能不使明代法制遭到极大破坏。

（二）“厂”、“卫”特务性机关参与司法

厂卫之制是皇权高度集中的产物，它几乎凌驾于司法机关之上。被赋予以下司法特权：

1. 侦查缉捕之权

其侦缉范围主要是涉及国家政权的大要案，对一般刑事案不干预，即其他“作奸犯科，自有（法）司存，不宜缉”[⑥]。凡认为要案者“虽王府不免”，民间有人在密室酒后大骂魏忠贤，声未落即被厂卫特务捕到魏府凌迟处死。[⑦]

2. 监督审判之权

依明律，厂卫有讯问权，无判决权。凡厂卫所获人犯“必移镇抚再鞫”[⑧]，但镇抚司只能审讯无权判决。判决权仍归法司独有。所谓：“大狱经讯，即送法司拟罪”[⑨]。弘治时还曾下诏法司：对“厂卫送囚，从公审究，有（冤）枉即与办理，勿拘成案”。

但实际上法司摄于厂卫得宠于皇帝的淫威，对其所交案件，虽然“洞见其情，无敢擅更一字”[⑩]。明知厂卫严刑逼供而定，但“法司不敢平反”。然而法司的不敢过问、改判，不等于其无权过问改判，更不能由此推导出厂卫有判决权，否则，对正确认识“厂”、“卫”司法的历史，是有害而无益的。以往的著述在

---

① 《明史·刑法志二》。

② 《明史·成祖本纪三》。

③ 《明史·解缙传》。

④ 参见《明史纪事本末·壬午殉难》。

⑤ （明）沈德福：《万历野获编·刑部》，北京，中华书局，1959。

⑥⑦⑧ 《明史·刑法志三》。

⑨ 《明史·刑法志三》。《明史·林俊传》载：“祖宗朝以刑狱付法司，以缉获奸盗付镇抚，讯鞫既得，犹必付法司拟罪”。

⑩ 《明史·孙磐传》。

这一点上多是混淆不清的。此外，锦衣卫可派员参与三法司录囚和承天门外的会审，对未直接参与的审判，“东厂”可派人前往“听记”监督，然后直达御听。至于厂卫奉旨所理“诏狱”，三法司即使洞见冤情，也不敢过问，以致其时大臣仍有“法司几成虚设”之叹。

3. 法外施刑之权

厂卫“杀人至惨而不丽于法”①，法外酷刑致死人命亦不负责任。如魏忠贤好用立枷枷人，枷重三百斤，“不数日即死，先后死者六七十人”②。

各种会审制度的形成

（一）九卿会审（又称“圆审”）

是由六部尚书及通政使司的通政使，都察院左都御使，大理寺卿九人会审皇帝交付的案件或已判决但囚犯仍翻供不服之案。

（二）会官审录

即由皇帝直接任命中央各行政机构官吏审理大案重囚的制度。洪武三十年，令五军都督府（总督天下军队的机构）、六部、都察院，六科给事中（稽查六部百司之官，清代归属都察院），通政司（朱元璋所设的接受内外章奏，上达不法冤情的机构），詹事府（太子东宫属之长），以及驸马都尉等共同审理大狱，死罪及冤案奏闻皇帝，其他依律判决。仁宗时又特命内阁学士（皇帝秘书班子）参与会审。

（三）朝审

始于天顺三年（公元 1459 年），英宗命每年霜降之后，三法司会同公侯、伯爵，在吏部尚书（或户部尚书）主持下会审重案囚犯，从此形成制度。清代秋审，朝审皆渊源于此。

（四）大审

始于成化十七年（公元 1481 年），宪宗命司礼监（宦官二十四衙之首）一员③，会同三法司在大理寺共审囚徒，“自此定例，每五年辄大审”④。

上述制度是一种慎刑思想的反映，但却导致多方干预司法，以致皇帝家奴也插手司法，最终结果是司法更加冤滥。有明一代，法律制度与实际执法是两张皮，以任意不任法著称，加速了王朝整个政体的腐朽。

---

① 《明史·刑法志三》。

② 《明史·李应升传》。

③ 《明会要·职官十一·宦官》：手捧钦命的司礼监在堂居中而坐，尚书各官列居左右，从此“九卿抑于内官之下，遂为永制”，三法司“皆视中官意”断之，不敢擅决。

④ 《明史·刑法志二》。

相关案例

1. 钱钞贯文

钞法之行，皆云贯锭。铜钱之行，皆云万千百文。若以钱云文数，一文至千百数万可以言之。以钞云文数，并无奇零十文、五十文。今会稽等县河泊所官张让等故生刁诈，广衍数目，意在昏乱掌钞者。如会稽鱼课钞，本该六千六十七贯二百文，所进钞本却写作六百六万七千二百文。及至关勘合入库缴纳，其钞并非奇零文数，已将各官吏治以重罪。今后敢有如此者，同其罪而罪之。

2. 阻挡耆民赴京

洪武十九年三月二十九日，嘉定县民郭玄二等二名，手执大诰赴京，首告本县首领弓兵杨凤春等害民。经过淳化镇，其巡检何添观刁蹬留难，致使弓兵马德旺索要钞贯，声言差人送赴京来。如此沮坏，除将各人押本处，弓兵马德旺依前大诰行诛，枭令示众，巡检何添观刖足枷令。今后敢有如此者，罪亦如之。

3. 臣民倚法为奸三则

江浦县知县杨立，为钦差旗军到县追徵胡党李茂实盐货事，知县杨立每日于各里长家饮酒，其江浦去京止隔一江，本官并不以公务为重。及见旗军催督追盐，本官先与给事中句端面约，故不答应，却用掌记书写事情，差皂隶送至给事中句端家中。句端接入房内，备写缘由，仍令皂隶将回，传递消息。别无上司明文，却称我于给事中处讨得分晓来了，如今不要追盐，每引止折钞四贯。如此结交近待，欺罔朝廷，事发，凌迟示众。

归安县民慎右三等，明知本都民人许福三、张胜四系是民害，自合即拿赴京，却不合指以绑缚民害为由，恐吓许福三等财物，致被福三等逃躲。因将许福三房屋门户毁坏，鸡鹅羊酒，私宰群饮，诣神祈，然后将许福三等拿来。行至上元县土桥，又行设计，逼令本人虚写借来四十七石文约一纸与我，我只将你作绑虎名色拿去，免致枭令抄扎。行至通济门外，又行设计，将所拿二人分作二起妄告，冒请赏给，以致被拿人告发。免死发广西拿象，人口迁于化外。

苏州府吴县粮长于友本系胡党，数曾犯法，面刺死囚“隐送同罪”。本人因与胡惟庸通谋，其弟于名，职内藏库官，掌管钱帛，偷盗库藏财物，已发宁夏充军，本人亦发凤阳屯种。后本人将“隐关同罪”四字起去，还乡复业，充洪武十八年粮长。至十九年，本区内里长盛宗欲行赴京陈告本人胡党事，其于友

将本人邀回，置礼求免。略得少暇，却率家人及邻里分使胡惟庸钱物者沈革六等二十名，将里长盛宗作害民弓兵绑缚赴京。朕亲面见，其里长盛宗从前分诉于友为恶缘由，党弊昭然。于是命法司发回本贯枭令示众。

4. 妄举有司

河南府新安县主簿宋玘，未任之先，经过洛阳县店主宋二家，意欲再娶。到任后，凭本人为媒，娶王婆婆女为妻。就带伊弟王福舟驴在家，说事过钱，将积年害民老吏甄仪等不行起发，受钞一百五十贯，银二十五两，泯灭原卷姓名，投入井中，容留各吏在县书写害民，本人固自为非。其典史李继业因公会集耆民，发放公事既毕，特谓耆民刘汶兴等一十三名曰："如今主簿朝廷拿去，尔众耆宿赴京保奏去"。耆民对曰："不敢去"。其典史恐民："你不想主簿在前你纳粮时，主簿出贴与你赴潼关近处糴粮上仓。你想这意思，也著去。你若不去保奏主簿，我将纳粮的缘故，即调你他处送纳。"耆老刘汶兴等惧怕，回言："去呵去，无盘缠。"典史云："明日来，我与你盘缠。"及至众老人明日赴县，意在取讨盘缠，并辞县官。其本官闭门不出，令皂隶传方："官人今日病，你老子每去自去"。因此老人自备盘缠，经赴京来妄诉。呜呼！选朕将农民艰苦周折备云前二诰中，其典史李继业终不恻隐于民，乃敢与主簿同恶相济，又恐吓耆民。然耆民刘汶兴等见此恶党，不将典史李继业拿赴京来，辄便听从妄奏，其徒流之罪，有所不免。

5. 民违信牌

民有奸顽难治者如此。往常为有司官吏，动辄差人下乡勾扰，及官吏亲自下乡扰害，其良民被不才官吏、皂隶、弓兵人等酷害至极，无所申诉。以其恃以官威，难以申诉。古人为官者，务必便民，冤者伸之，枉者理之。今不才官吏，无故残害众成家，虐害吾民，所以前编两诰，禁止不准官吏下乡，诸司亦不得差人勾扰，凡有一发公务必合用民者，止时遣牌。前诰所云、三牌不至，方许遣人促拿。诰布天下，有司遵奉。如顽民余永延等故行抗拒，不服牌唤，三牌不至者二百五十一户，有司以状来闻者数矣。又最顽民人刘以能，不止三牌不行，倒将承差人绑缚赴京，以致问出前情，得罪甚不轻矣。今后凡吾良民，但凡有司牌至，不问为何事务，随牌速赴衙门。倘或官吏着令办事，诸等科差，推派不均，自合当官哀告，以诉实情。实情既诉，若官吏不准，生事留难。或收入禁中，或散羁在外，不令还家，致使有妨生理，彼时赴京申诉，必罪有所归。今后良民钦遵朕命毋蹈恶人之非。呜呼！选禁官吏之贪婪，以便民生，其顽民乘禁侮慢官长；及至禁民以责官吏，其官吏贪心勃然而起，其仁义莫知所在。呜呼！选是其难治也。

6. 拖欠秋粮

设置粮长，惟在催徵本区内一万名税粮。其税粮俱系各户自行办纳，本非难办之事，自合依期纳足。其粮长人等，却将各各人户税粮征收入己，故意抵顽，迁延不纳。直至下年秋熟，方勉将下年秋粮补纳上年欠数。盖是奸臣胡、陈并郭桓等在时，仓廒不明，粮数不清，粮长人等惯于虚买实收，妄称足备，自以为得计。不知自洪武十八年以来，朕知其弊，特命户部将各衙门岁用粮米逐月分派，一月置仓一廒，一年置仓一十二廒，仓粮数目精明，难以仍前作弊，因此显出奸顽不纳粮。粮长张时杰等一百六十名，身亡家破。今后粮长务要依期纳足，如是仍蹈前非者，一体治罪不赦。

（参见《御制大诰续编》，见杨一凡：《明大诰研究》，南京，江苏人民出版社，1988。）

本章小结

为适应专制皇权进一步强化的需要，明代的法律制度也有新的变化与发展，其立法原则、法典体例、司法制度基本构成了后来清代的模范，对中国近代法制产生着潜在的影响。

明代的法律以《大明律》为主要法典，它上宗唐永徽律为楷模，在形式上开创了六律的体例，对以后的《大清律》有直接影响。明人叶良佩赞誉明律"详德美意，殆未易以言语殚述也"。"代背棰以臀杖，而断无过百；易黥面以刺臂，而法止贼盗。它如见知严于逃叛，故纵深于捕亡，收孥连坐之条，独于反逆大不道者当之，凡兹皆法之至善者也"。[①] 事实上，明律以法律形式对社会各阶级、阶层的身份作了进一步不平等的规定，并以极严酷的手段制裁任何动摇统治的言行，表明它是维护高度发展的专制王朝的工具。尤其"厂"、"卫"组织执掌司法所造成的司法权的不统一和对人民的荼毒，是历代所未有的。

关键概念

大明律　明大诰　明会典　问刑条例　充军　奸党罪

厂卫　廷杖　都察院　九卿圆审　三法司

① （清）嵇璜等：《续文献通考·刑考二》，4 015 页，《万有文库》本，上海，商务印书馆，1937。

思考题

1. 简述《大明律》和《明大诰》的主要内容。
2. 简述明代奸党罪的主要内容。
3. 简述明代的充军刑。
4. 简述明代的司法机构。
5. 简述“厂卫”制度的主要内容。
6. 论述《大明律》与《明大诰》所体现的明初“重典治国”的立法思想。
7. 论述皇权专制与司法制度的变化和厂卫干预司法。

第十章

“参以国制”与“详译明律”——清代法律制度的发展变革

[学习目标]

通过本章学习，应掌握在清代，随着中央集权体制和皇权的进一步发展，表现在政治和法律方面是：法律指导思想强调“详译明律，参以国制”；立法活动频繁，使清代法律制度在适应传统帝制结构和少数民族政权统治的结合方面有很大发展。特别是法典中对满族贵族特权立法以及少数民族立法，为清代法律制度的完备奠定了基础。其中法典内容方面的《大清律例》、则例、条例、《大清会典》等制度；司法体制方面的三法司与地方司法机构的变化，特别是会审制度的完备，均是本章的重点内容。

清代法律按清王朝入关前后，大致可分为关外法时期与关内法时期。公元1616年，努尔哈赤统一女真各部，建立后金（清的前身）政权。在此之前，满族尚处在由习惯法调整的时代。努尔哈赤在创建后金国的实践中，逐渐认识到立法与执法的重要性，开始在沿用原有民族习惯法，制定、发布一些单行的“谕令”，初步建立起后金政权的法律体制。

清太宗皇太极统治时期，奉行“参汉酌金”的法制指导思想，即既从满族传统的实际出发，又在此基础上吸收明代礼法、汉族法律文化，创建大清国自己的制度。在此期间，满族政权的法制有了很大的发展：

第一，随着专制权威的发展，皇帝的谕令已成为最重要的法律形式；同时，在习惯法被成文法快速取代的过程中，单行条例逐渐成为主要法律形式之一。

第二，建立了比较完整的“八旗”军政合一的制度。“八旗制度”是满族政权的基本政治形式，即按正红、正黄、正蓝、正白及镶红、镶黄、镶蓝、镶白

八旗划分满族部属。“八旗”既是军事组织，也是政治组织；“八旗”成员平时耕牧，战时作战，统归皇帝统辖。由于“八旗”部属实行兵民不分的体制，因此军律也是具有普遍约束力的法律形式。

第三，在行政立法方面，在仿照汉族制度设立“六部”之后，相继颁行各种单行法规，特别是在崇德元年（公元1636年）皇太极即位登基后，颁布了清政权经过修订的一些重要谕令的汇编。

第四，在刑事立法方面，加强了对政治性犯罪和盗贼的镇压，并开始援引汉法典中的“十恶”制度惩罚犯罪，形成了比较系统的刑罚体系。

第五，制定了“离主条例”等单行法规，放松了原有农奴制的人身依附关系，以此调整社会关系和经济关系。

第六，在司法制度上，也逐渐走向规范。

清入关以前的法制建设，反映了处在社会变革时期满族社会的法律关系，奠定了清入关以后的法制建设的基础。其法制的主要内容在关内法时期得到充分的发展与完善。

1644年，乘中原地区一片混乱之机，清兵大举入关，很快打败了李自成的农民军和明朝残余势力，入主中原。入关之初，满族人口不过数十万，一个弱小的、刚刚开始起步的少数民族，如何去统治一个幅员辽阔、历史悠久、人口众多的汉民族，这是摆在清代统治者面前的一个严峻的问题。为了巩固其统治，在中原地区站稳脚跟，清初统治者明智地采取了“以汉治汉”的策略，即快速吸收汉族先进的文化，将自己融入汉文化的体系之中，采用汉族传统的儒家理论和历代相传的政治体制。在法律制度上，清初统治者在原有的“参汉酌金”思想基础上，提出“详译明律，参以国制”的法制指导方针。“详译明律，参以国制”指导思想的内涵，在于全面理解、吸收以明律为代表的汉族前代传统法律文化、法律制度，同时根据清代的实际情况与现实需要（即所谓“国制”），制定出一套既能体现儒家传统法律文化基本精神又适合清代政治实践的法律体系与法律制度。迁都北京后，采取“详译明律，参以国制”的方针，着手全面的立法活动。

第一节 清代立法概况

一、清初“详译明律，参以国制”的立法思想

清代统治者从关外时期起，就重视借鉴明代法制的得失，尤其到皇太极时，已从实践中认识到吸收明代法律文化的重要性，因而形成了“参汉酌金”的立

法原则。“参汉”，就是吸收明代的法制；“酌金”，则是有条件地援用女真族的习惯法。在这一原则指导下，开始将以明律为代表的汉族封建法律意识与原则吸收到有关的法律、法令中。入关以后，为了适应统治的需要和重新立法的迫切要求，在汉官的积极建议下，清代法制建设将“详译明律，参以国制”作为基本的立法指导思想。

这一立法指导思想所强调的就是在立法时既以明律为蓝本，吸收汉族先进的统治经验，汲取有效的内容和制度，又保留满族的民族利益、传统和习俗。在这种立法思想指导下，清律在不断的发展变化中，求得完善。

■ 清入关后的主要立法

（一）《大清律例》的制定与颁行

1.《大清律集解附例》的制定

清入关前，早在后金时已有法律。1636 年皇太极改国号为“清”，此后谕令钦定《盛京定例》及一些单行治罪条例，是习惯法向成文法的过渡阶段。其时“民淳法简，大辟之外惟有鞭笞”。进北京后，令问刑衙门“准依明律”治罪。以后“详译明律，参以国制（入关前旧律），增损裁量，期于平允”。

清顺治三年（1646 年）制成《大清律集解附例》，次年颁布全国。这是清入关后正式颁布并通行全国的第一部成文法典，除个别条款有所增加和删改外，这部大清律典在体例与内容上基本是明律再版，特点是在律文中增加小注。

顺治皇帝在序中重申“详译明律，参以国制”的指导思想。其后的历任皇帝对法律的修订始终没有离开“详译明律，参以国制”的立法指导思想。此后的康熙时又增总注，律末附比引律条 36 条。雍正王朝也对大清律进行了一系列的校正、增损和更定工作。

2.《大清律集解》的修订

雍正元年（公元 1723 年），重修律例，三年（公元 1725 年）完成新的《大清律集解》，“刊布内外”。这是清代一次重要立法，从律文到注均有增损，但体例及律条仍“沿明之旧”，首篇《名例》以下按六部分编，共七部分；内又分有 30 门，将原 460 条减为 436 条，从此清律律文结构基本定型。

3.《大清律例》的完成

乾隆即位，命群臣对大清律逐条考证、补充，重新编辑和详校定例，并由乾隆皇帝亲自逐条改正，不仅删减了律文，而且增删了条例。如删去总注，补入《过失杀伤收赎》一图等。至乾隆五年（公元 1740 年）完成，定名《大清律例》，刊布全国。至此，以明律为蓝本，历经顺治、康熙、雍正、乾隆各朝的修律活动，经过近百年的多次修订，中国历史上最后一部封建法典《大清律例》

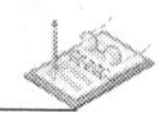

最终定型。它集历代封建法典之大成，比以往的律典更为严密周详。乾隆以后的历代皇帝严格恪守“祖宗成法”，对律典再没有进行过重大修改，只是不断增编条例，直至清末变法修律时制定部门法为止。

《大清律例》共7部分47卷30门436条，附例1 049条，篇目仍是名例律、吏律、户律、礼律、兵律、刑律、工律等部分。卷一，为全部律文的详细目录。卷二，各种图表，附有六赃图、五刑图、狱具图、丧服图等。卷三，具体服制的规定。卷四、卷五，为名例律，规定了刑事惩罚总的原则和通例，以及“十恶”、“八议”、“五刑”等颇具特色的制度，附有条例。卷六至卷三十九为吏、户、礼、兵、刑、工各律的具体规定，附有条例。内容的编排均为：先是罪名，再是罪行，最后是罚责。卷四十至卷四十七为总类，将相应的罪行按刑罚种类的轻重次序进行分类编排，如笞二十，就将所有应笞二十的罪行，按照吏、户、礼、兵、刑、工各律的排列集中在一起。以此类推，一目了然，这种按刑罚为目的编纂形式，是对历代国家法律的一种突破和创新。

（二）清代条例的制定

统治者认为律令有定而“情伪无穷”，十分注重条例的增修。

顺治三年（公元1646年）颁布《大清律集解附例》时，于律文外将所有条例详加酌定，制成《刑部现行则例》，附于《清律》之后，使满族法制传统，通过条例编修融入法典之中，史载：

> 律不尽者著于例。①

康、雍时例已有800余条，为律文一倍，为雍、乾两朝立法奠定了基础。

乾隆时五年小修，十年大修，至同治年间例已增至1 892条。

乾隆朝《大清律例》定本以后，律文未再修改，通过随时修例补充律文内容的不足。乾隆年间定期修例制度化，曾有定制实行条例“五年一小修，十年一大修”的原则，乾隆一朝修例八九次。因此，修订“条例”成为清代经常性的立法工作。随着例的法律效力不断提高，例的数量也不断增多。乾隆五年颁布《大清律例》时，附例1 049条，嘉庆时附例1 573条，至同治时多达1 892条。

例越修越多，必然带来诸多矛盾。一方面，在实际司法活动中，清代审判官员重视律文的基本精神，但在司法操作上更重视条例的指导作用，故条例不

---

① 《光绪会典·刑部》。参见沈云龙主编：《近代中国史料丛刊》第13辑，《光绪会典（光绪己亥敕修）》，198页，台北，文海出版社，1967。

但对律文起到重要的补充作用，而且对司法判决也起到重要的示范作用。另一方面，各朝之例有前后抵触、律外加重的情况，加之“因例破律”，对法制统一适用有所侵害。至今，仍是值得后人在立法理论方面加以研究探讨的问题。

（三）《大清会典》的制定与颁行

1.《会典》的体例沿革

入关前，太宗皇太极崇德年间曾编定行政法规。入关后，综合前代得失和本朝经验，先后五次编修《会典》，康、雍两朝《会典》仿明《会典》体例，《乾隆会典》一改上述体例，分百卷，为使典例不致混淆，将则例分出，自成《乾隆会典则例》一书，与会典“相辅以行”。会典则成为：

> 专以典章会要为义，所载必经久常行之制。①

仍以官职为纲汇集法规。《嘉庆会典》在典例分编基础上，又有“分注法”，几乎句句皆小注，本文简而注文详琐。《光绪会典》百卷，在《嘉庆会典》基础上，略有增损，补进咸、同两朝典章官制改革的内容。

2.《会典》的内容特点

《清会典》是清王朝各个时期规范国家机关和官吏活动，提高统治效能的重要统治手段，在管理封建国家中发挥了重要作用。它记述了清代各朝主要国家机关的职掌、事例、活动规则与有关制度，计有《康熙会典》、《雍正会典》、《乾隆会典》、《嘉庆会典》、《光绪会典》，合称“五朝会典”，也统称《大清会典》。

每部会典体例依据朝廷机构的变化而有所调整。如《康熙会典》是按照宗人府，内阁，吏、户、礼、兵、刑、工六部，理藩院，都察院，通政使司，内务府，大理寺及其他寺、院、府、监等机构分目。《乾隆会典》增八旗都统、步军统领。《嘉庆会典》增军机处。《光绪会典》增总理各国事务衙门等。《清会典》的内容比《唐六典》、《明会典》更为丰富，是清代重要的行政法典。

（四）适用少数民族聚居地区的单行法律

清代为巩固统一的多民族的国家，加强中央对民族聚居区的行政与司法管辖，还制定了适用于少数民族聚居区的法律。在发布的适应少数民族聚居地区经济文化惯例的一系列圣旨、条例基础上，制定了一些单行法规，如《蒙古律例》、《回疆则例》、《钦定西藏章程》等单行法规。此外，清代还制颁了《理藩院则例》，规定了对少数民族事务的管理制度。而且，中央理藩院设有理刑司专管各族地区司法机关上报案件和审查少数民族死刑案件。

---

① 《乾隆会典・凡例》。

清代制定的适用于少数民族聚居地区的单行法规，除对少数民族的风俗习惯特点予以照顾，更重要的是强调中央政府对少数民族聚居区的统辖权，这对巩固统一的多民族国家具有积极的作用。

第二节 清律的基本内容

一、实施政治专制与思想高压

（一）实施政治专制

清代统治者面临阶级矛盾、民族矛盾异常尖锐复杂的社会，为了有效地进行统治，在优待明代降臣和笼络汉族地主阶级知识分子的同时，大力推行政治、思想的高压政策，在政治、思想上进行严格的控制，严禁各种异端邪说、严刑镇压带有任何反抗倾向的行为。

1. 扩大反逆罪的范围

清律援引有关十恶罪的传统规定，并加重处罚。对民众骚乱均用重刑，分别首从判处斩决枭示，斩立决，绞监候，充军烟瘴等刑，一般重于明律。特别是对谋反、谋叛、谋大逆等罪处罚尤为严酷，不仅本人不分首从都凌迟处死，而且16岁以上男子亲属一律处斩，不论是否笃疾、废疾。男性子孙确不知情，年11岁至15岁的，“均交内务府阉割发往新疆等处给官兵为奴”。对儿童行阉割连“刑用重典”的明代也不曾如此。如康熙二十年（公元1681年）平定吴三桂叛乱，吴三桂已死，仍析其骸骨传示天下。其他十恶之罪犯，多发遣充军。

同时，大清律所附条例扩大反逆罪的范围，把奏疏不当或触犯圣讳称为“丧心病狂”、“妄议朝政”，按大逆定罪处刑；为防止利用宗教或结拜兄弟的形式聚众反抗，专定条例以谋反或谋叛按行论处。

2. 严禁臣下结党和宦官干政

为强化皇权，防止臣下结党为奸，吸取亡明教训，清律继续沿袭明律中的“奸党”专条，限制八旗诸王与所属官员同外任官拜见往来，内外官员不得交结营私，甚至彼此私通书信、求索借贷，也要交宗人府计赃论处。雍正还手书《朋党论》，以告诫百官。清代废除了明代的厂卫制度，并严禁宦官干政。顺治时曾立铁牌于宫中，规定太监干政，凌迟处死。

此外，《大清律例·吏律·职制门》还制定有“交结近侍官员”、“上言大臣德政”等条，严防朋党。对王公及大臣防范尤严[①]，律中附例规定：严禁各旗王公与在外任官的旧属僚往来，不许“旧僚巴结上司”、“驱民献媚”，违者“交部

---

① 《清朝野史大观（二）》卷三：记康熙杀鳌拜。上海，上海书店，1981。

从重治罪”[①]。

（二）推行思想高压政策

清代在实行政治高压政策的同时，在思想方面加强控制，严格管理，严格限制异端邪说，对于有损皇权至高无上和封建正统思想统治地位的思想言论，清律都作为妖书妖言罪论处。规定凡造谶纬妖书妖言及任用惑众者，一律处斩。若私存妖书、隐藏不送官者，杖一百，徒三年。

清代统治者以思想言论定罪的另一突出表现就是大兴文字狱。清统治者入关以后，汉民族的反抗情绪日益强烈，为了窒息反清思想，打击不利于封建统治的异端邪说，采用大兴文字狱的镇压手段，以文字著述作为定罪量刑的标准，甚至一文一字、一言一语都可酿为重罪。所谓的文字狱，是指由皇帝直接交办的刑事案件，它以思想言论和文字作为定罪量刑的标准，打击异端邪说。这是传统“造妖书妖言罪”的扩大化，是用法律手段推行思想专制的典型表现。虽然文字狱古已有之，但清代的文字狱的数量和规模却达到了空前的地步，狱案频起，株连甚广，史称盛世的康、雍、乾三朝，所兴的文字狱案多达100余起，造成臣民无不惊恐，为害酷烈。

有清一代文网之密，波及之大，诛戮之广，史无前例，其所兴文字狱明代望尘莫及。大别有如下几类：

因著书发“故国之思”而遭灭族者。著名的有雍正七年吕留良案。案发时其人已死，仍行“戮尸枭示”，女亲属入官为奴，有一门徒也处凌迟，“子孙遣戍”[②]。

因写诗文误触禁忌而被祸者。乾隆时江苏举人徐述夔写诗，被认为“含诽谤意”，结果“开棺戮尸”[③]，其孙处斩。

有误触庙讳御名而遭戮者[④]，还有因私藏明末野史被斩者，等等。文字之祸，有清一代前后相连百余年，甚至诛杀疯癫病人，可谓法制史上血淋淋的一页。

维护满族特权地位

清代是满族贵族建立的少数民族政权，满族成为居于统治地位的民族。因此，清律在继承传统的封建等级制度的同时，特别注重维护满族人的特权，以法律形式确认、保护满族的优越地位。

① 《大清律·吏律·职制门》。

② 《清稗类钞·狱讼类》“吕留良以文字戮尸”案。

③ 《清稗类钞·狱讼类》“徐述夔一柱楼诗”案。

④ 《清稗类钞·狱讼类》“彭家屏以明季野史论斩”案，“王锡侯以字贯被诛”案等。

1. 清律严尊卑贵贱之等和良贱主仆之制

《大清律例·礼律·仪制》专设“服舍违式”之目，明确规定凡官民房舍车服器物，“贵贱各有等第”，违者皆依律惩处。康、雍时虽有“除贱为良”的法令，反映了人身依附关系的减轻，但律上现存良贱严格差别无改变。如律定：奴婢殴凡人，加凡人一等论罪，反之减一等论刑。

2. 制造民族不平等

在民族问题上，统治者以满族为主，联蒙制汉，又联蒙汉以制回疆，制造民族不平等以便分而治之。法律突出保护满族宗室（皇帝本支）、觉罗（皇族远亲）、贵族和旗人各项特权。

3. 维持满族统治的社会经济基础

经济上，法律保障满人（旗人）特殊的经济地位，并给予旗地旗产以特殊的法律保护。清初有圈土地分授旗人之举，以后律定：

> 旗人产业，不准典卖与民。[①]

以维持其满族统治的社会基础，直至清末此条才修改，实际上自清中叶以后“旗人产业”多为坐吃山空的“八旗弟子”典当。

4. 维持满族统治的社会政治基础

政治上，清代律例保证满人控制国家主要职位，让满人世代做高官。为满人安排了平坦的仕途，无须像汉人一样经层层考试，便可进入朝廷为官。位列内阁、六部之上的“宗人府”及“理藩院”、“内务府”则极少汉人染指。其他军政枢要也多以满人居正职，汉人为副。

5. 司法上满族的特殊地位

在司法上，满汉处于不平等地位。满人“若有罪，轻则折罚，重则责惩而加圈禁。若罪大则奏闻以候旨”[②]。因此旗人欺辱其他民族，主要是欺辱汉人的不法之事时有发生，连在京畿之内，雍正皇帝也承认：

> 旗人暴横，小民受累。[③]

除宗室贵族可以享受“八议”等特权优待外，一般满人犯法亦由专门设置

① 《清朝文献通考·赋考五》。

② 《光绪会典·宗人府》。

③ 《畿辅通志》卷二。

的司法机关审理。如宗室贵族的诉讼，由宗人府处理；内务府所辖满人诉讼，由内务府慎刑司审理；在外省的满人诉讼，由满洲将军、都统及地方特设的管理旗人事务的理事厅审理，流刑以上案件上报朝廷；盛京地区（奉天、吉林、黑龙江）的满人诉讼，归盛京将军、盛京刑部及奉天府尹会同审理。有关北京京八旗民事案件，由户部理审处处理。

■ 限制资本主义萌芽发展

明代中期以后，中国传统社会出现了资本主义萌芽。清代随着社会经济活动的不断活跃，资本主义萌芽得到进一步发展。清政府为遏制资本主义萌芽发展，稳固传统的自然经济基础，通过制定律、例规定严刑峻罚，限制资本主义生产关系萌芽的生长。主要表现在：第一，清初颁布“禁海令”、“迁海令”，实行禁海政策，以重刑禁止沿海对外贸易；违法者重至斩刑，失职官吏革职；第二，采用法律手段，限制民间工矿业的发展；第三，继续推行“重农抑商”的政策，实行重税，压制私人商业的发展；第四，实行冶矿业管制，限制其发展。通过实行“禁榷”重税制度。一方面增加了财政收入，另一方面也控制了商品经济的发展，使其处于既能给统治者带来财富，又不致危及统治基础的状况。

■ 刑罚制度的变化

清代承袭明代规定了笞杖徒流死法定五刑制度。但在处罚严重罪犯时又使用了一些酷刑。清代刑罚种类有所增加，且更残酷。其中死刑种类增多：凌迟、凌迟枭示、斩决枭示、斩立决、斩监候、绞立决、绞监候。适用条款也大增。如凌迟由明代 13 条增为 22 条，同治时《大清律例》中适用绞、斩条已达 700 余条。此外，仍不时沿用磔（铡碎）尸、阉割、戴铁杆石墩等酷刑。

1. 凌迟刑

凌迟刑自宋代以后经常使用。清律继承了明律的规定，把凌迟刑作为最重的处罚方法。而且，清律适用凌迟酷刑的范围比明律又有扩大。除明律规定的 13 条罪名清律同样适用凌迟刑外，清律还增加了劫囚、发冢、殴伤业师、殴祖父母、殴父母等 9 条 13 罪。

2. 立决与监候制度

清代律例规定，除凌迟刑外，死刑分斩、绞二种，再分为立决与监候两种情形。一般罪名确实，应该处死者，可判斩立决或绞立决，即在当年的法定执刑期内处死。如罪有可疑，或情有可悯及犯罪情节和社会危害较轻的，则判斩监候或绞监候，在监收押，留待来年秋审分别处理。

3. 发遣刑

指将罪犯或缘坐亲属发往边疆种地当差，或给驻防官兵为奴。康熙年间定有《发遣条例》，使发遣刑制度化。发遣刑重于充军。所以如此，是因为这样“可免各省监狱防范之烦，而该犯等发往为奴；又不至日久复生萌蘖”①。

4. 充军刑

充军刑是从明代承袭而来的重要刑种。清代对充军刑有改易，充军成为独立于“流刑”之外的正式刑种。且将充军定为以下几种：附近（2 000 里）、近边（2 500 里）、边远（3 000 里）、极边和烟瘴（4 000 里），共分五等。充军重于流刑，较死刑轻。

改易之处主要是废明代“永远充军”；为“海禁”之需，除去充军“沿海”条；改“边卫”为“近边”。

5. 迁徙刑

即将罪犯强制迁出 1 000 里外安置，永远不得回原籍。迁徙刑轻于流刑，重于徒刑。

6. 枷号制度

清代对于一些伦理性犯罪及风化犯罪，常附加“枷号”，即将犯人枷铐后置于衙门门口或闹市示众，以示警戒。

第三节　清代司法制度

一、司法机关

（一）中央司法机关

清代的司法审批机关，除为维护满人特殊利益，有特别司法机构宗人府外，普通司法机关一应明旧。清代仿照明代，建立了刑部、大理寺、都察院，共同构成皇帝之下的最高司法审判机关。清代隶属都察院的刑科给事中，对中央会审重案，有监督之权。这三大司法机构既有分工，又有配合制约，组成了一个比较完整的中央司法体制。

1. 刑部

刑部是清代的主审机关，为六部之一，执掌全国“法律刑名”事务。下设 17 清吏司分掌京师和各省审判事务，还设有追捕逃人的督捕司、办理秋审的秋审处、专掌律例修订的修订法律馆。刑部是清代最重要的司法机构，在处理全国法律事

① 《嘉庆会典事例·刑部》。

务方面一直起主导作用。其主要职责有：一是审理中央百官犯罪；二是审核地方上报的重案（死刑应交大理寺复核）；三是审理发生在京师的笞杖刑以上案件；四是处理地方上诉案及秋审事宜；五是主持司法行政与律例修订事宜。

2. 大理寺

大理寺是负责案件复核的“慎刑”机构。依清律规定，大理寺的主要职责是复核死刑案件，平反冤狱，同时参与秋审、热审等会审。如发现刑部定罪量刑有误，可提出封驳。

3. 都察院

都察院是清代全国最高监察机关，负责督察百官风纪、纠弹不法，同时负有监督刑部、大理寺之责。如刑部、大理寺发生严重错案，可提出纠弹。亦可参与重大案件的会审。

清代又把刑部、大理寺、都察院三大司法机构合称为“三法司”。其中，刑部主审、大理寺复核、都察院监督，相互合作、相互制约，共同向皇帝负责。

（二）地方司法机关

清代地方司法机关分为总督（及巡抚）、省按察司、府、州（县）四级。

1. 州（县）为第一审级

州（县）作为第一审级有权决定笞杖刑，徒以上案件上报。一般而言，有关田土、户婚、斗殴诸般“细故”，均由州县自理。对于此类民事案件，一般均由州县或同级机关自行审理和作出判决，无须逐级审转。但命盗重案，州县初审后，应将人犯并案卷一并解赴上级机关审理。

2. 府为第二审级

府负责复审州县上报的刑事案件，提出拟罪意见，上报省按察司。凡应拟判徒刑的案件，由州县初审，依次经府、按察司、督抚逐级审核，最后由督抚作出判决。

3. 省按察司为第三审级

省按察司负责复审各地方上报的徒刑以上案件，并审理军流、死刑案的人犯。对于“审供无异”者，上报督抚，如发现有疑漏，则可驳回重审，或改发本省其他州（县）、府更审。

4. 总督（或巡抚）为第四审级

总督（或巡抚）有权批复徒刑案件，复核军流案件，如无异议，定案并谘报刑部。流刑、充军等案，由各省督抚审结谘报刑部，由刑部有关清吏司核拟批复，由督抚向皇帝具题，最终由“三法司”核拟具奏。对死刑案则须复审，提出意见后移交刑部。

发生在京师的死刑案，则由刑部直接审理，题奏于皇帝，再经三法司拟核。

死刑案最终须经皇帝勾决，才能执行。

在清代，上级司法机关有权受理上诉案件，审核下级机关的判决。省按察使与督抚有权审理地方官吏犯罪的案件。但督、抚对流刑以上案件，只能提出意见，并无最后决定权。只有清代皇帝才拥有死刑的决定权。

（三）对少数民族地区的司法管辖

其一，中央握有直接审判权，理藩院内专设“理刑清吏司”，为少数民族地区上诉审。[①] 会同三法司对重案有判决权。监候案同样入于秋审。此外，中央派大臣、将军、理藩院官吏直接审案。[②]

其二，对少数民族地区基层官吏司法，从审判期限效果、到提送人犯诸方面，定有严格的责任制，违者治罪。

诉讼审判制度

（一）诉讼制度

对于告诉权的限制，清代更为严格。依清代律例，凡依律应属容隐之人，一律不得赴官陈控，包括奴婢、雇工等，均不得控告家长。另外，狱中罪犯不得告举他事。

清代地方司法由州县至督抚共分四个审级，清代律例严格禁止“越诉”行为。案件当事人若不服判决，可逐级上诉申控，但不得越过本管机关直接赴上司申诉，违者即使所控属实亦应笞五十。

清代承袭明代制度，实行审判回避制度。凡主审官吏若与诉讼当事人有亲属、仇嫌关系，均应移交回避，违者笞四十。

（二）会审制度

1. “会小法”与“会大法”

皆为三法司会审形式。前者是死罪案取供后，由大理寺丞、详事与都察院属官御史共赴刑部会审；后者是在前者基础上，由三法司主管官会审，重大的“立决”命案，奏裁。危害较小的“监候”案待秋审审定。

2. 九卿会审

由九卿会同审问，称为九卿会审。凡全国性重大案件，由六部尚书、大理寺卿、都察院左都御史、通政司通政使等九个重要官员组成会审机构会同审理，并将审理结果报请皇帝裁决。这种重要的会审制度称为“九卿会审”。“九卿会审”是从明代的“九卿圆审”发展而来的。清中后期参与的人员多有出入。

① 参见《光绪会典·理藩院》卷六十八。

② 《光绪会典事例》卷九九七。

按照清朝的制度，凡属全国性的重要案件，特别是每年判决的斩监候、绞监候案件，需要由九卿组成最高一级的会审机构会同审理，以示重视。在清代的“秋审”、“朝审”中，一般都有九卿参与会审。

3. 秋审与朝审

(1) 秋审。

在明代会审制度基础上，清代进一步完善重案会审制度，形成秋审、朝审等比较规范的会审体制。“秋审”和“朝审”均为中央对全国死刑（斩、绞监候）案件的会审制度，有对案犯的复查和减缓之意。

“秋审”是清代最重要的死刑复审制度，号称“秋审大典”，因在每年秋天举行而得名。纳入每年秋审的案件，主要是地方上报的斩监候和绞监候的案件。每年秋审之前，各省督抚须对本地斩、绞监候案先行审核或审理，拟具初步意见，并“刊刷检册”，即准备相关文书证词等，呈报刑部秋审处。之后，分送中央九卿詹事科道，以及军机大臣、内阁大学士等重要官员，供秋审时参阅。至当年八月，在北京天安门金水桥西会同审理。“秋审”被视为是国家的大典，所以清统治者很重视，专门制定《秋审条例》，作为进行秋审大典的基本规范。有时皇帝也会亲临，以示重视。

(2) 朝审。

“朝审”是秋审以外的另一重要会审形式。指对刑部判决的重案及京师附近绞、斩监候案件进行的复审，其审判的组织方式与秋审大体相同，时间晚于秋审，于霜降后十日进行。

案件经过秋审或朝审复审程序后，分四种情况处理：第一情实：指罪情属实、罪名恰当者，奏请执行死刑；第二缓决：案情虽属实，但危害性不大者，可减为流 3 000 里，或减为发烟瘴极边充军，或再押监候留，待来年秋审再审；第三可矜：指案情属实，但有可矜或可疑之处，可免于死刑，一般减为徒、流刑罚；第四留养承祀：指案情属实、罪名恰当，但有“亲老丁单”情形（所谓“亲老丁单”就是犯人的父母老病，又无其他子孙扶养者），可以申请“存留（免死）奉亲（扶养父母）”，是否可以留养要奏请皇帝裁决。皇帝有疑问，可扣除待来年秋审再议，“情实”者由御笔勾决后于十月前处决。

作为朝廷极为重视的国家“大典”，秋审与朝审的形式意义重于实质意义。因为全国上千死刑监候案件，在一天之内审结完毕，所以审理只不过是象征性的仪式而已。不过，从宏观上看，秋审、朝审仍然可以视为是清代实行的一种重要的恤刑制度。因为虽然秋审、朝审的审理过程流于形式，但有关各方在审理之前的准备工作是比较仔细的。秋、朝审是皇权对司法权控制的集中体现。如参与者有九卿、詹事、军机大臣、科道（六科给事中，各道御史）等中央官

员，以此形成对司法衙门官员权力的制衡。

4. 热审

"热审"是清前期对发生在京师的笞杖刑案件实行的一种复审形式，是每年暑天疏通监狱，以防在暑热天气瘐毙狱囚，以示宽待的一种制度。

热审之制始于明代永乐二年（公元1404年），清康熙十年（公元1671年）定为常制，"每年（夏季）小满后十日起，至立秋前一日止"为热审期。[①] 非实犯死罪及充军流刑，"俱量予减等"。由大理寺左右二寺官员会同各道御史及刑部承办司共同进行审理，快速决放在监笞杖"轻刑"案犯，以体现所谓"恤刑"。后来一度中止，雍正初又恢复。乾隆后，笞杖轻罪热审时可从轻八折决放，囚犯刑具可暂时除去，秋后补枷。清中叶以后因意义不大，徒有虚文，废止了热审。

相关案例

1. 廖馨受申请留养案（道光六年说帖）（公元1826年）

川督题：缓决斩犯廖馨受补请留养一案。查：犯罪存留养亲原系法外之仁，非为凶犯开幸免之门。实以慰犯亲衰暮之景。且服制内由立决改为监候之案，悉皆情可矜悯之犯。故亲老丁单定案时，虽不准留养，至情实二次改入缓决之后，仍准其随时题请留养。历经办理，有案。

此案廖馨受因与朱馨争闹，顺用竹铳吓放，误伤小功服叔廖其述身死。依"卑幼殴小功尊属、故杀亦斩"律拟斩立决。照例夹签声明，奉旨改为斩候、情实二次，照例改为缓决。今该督查明，犯父廖其贵现年七十一年，家无次丁。取结送部，题请留养。

道光二年（公元1822年），直隶省郭立桢护母点放铁手炮，中伤大功兄郭立陇身死。拟斩立决，改为斩候、情实二次，改缓。因母老丁单，题准留养。在案。

此案原题夹签内，本声明伤由误中，死出不虞，与无故逞凶干犯者有间。既经改为监候，秋审入实二次改缓，自应准其留养。

（《刑案汇览》卷一《名例》，犯罪存留养亲）

2. 陈沈氏伙同拐卖幼女案（乾隆五十六年说帖）（公元1791年）

江苏司：查律载，因人连累致罪，若罪人自首得减，连累人亦准同罪人减

---

① 参见《清史稿·刑法志三》。

等法。注云：谓因别人犯罪、连累以得罪者，如藏匿、引送、资给罪人及保勘供证不实，或失觉察关防、钤束、听使之类等语。细译律注，系专指因他人犯罪后，牵连得罪，并非与本犯共犯一事者而言。

若知人略卖子女，伙同劝卖得赃，则系共犯一罪，与因人连累不同，自应各科各罪，不得因正犯自首减等，亦照本犯一体宽减。

今苏抚咨徐再耕拐卖幼女阿彩案内之媒妇陈沈氏，业经盘出徐再耕拐卖情由，图分钱文，转嘱徐再耕改姓，串卖分赃，系属自行犯法，仍应于徐再耕应得绞罪上减等拟流。

该抚因徐再耕已照闻拿投首例减流，即将该氏于流罪上减等拟徒。核与律意未符。该司于稿尾声明改正，似属照例办理。

（《刑案汇览》卷一《名例》，犯罪共逃）

3. 崔泰洪遗漏簿籍案（道光四年案）（公元1824年）

户部咨送：崔泰洪系承办登记簿专管之帖写，乃将道光二年（公元1822年）分登记簿未经钤印过原朱。虽讯无弊实，究属遗漏。登记簿系存查稽核之件，与移行文书无异。应比依“漏使印信”律，杖六十，免其革役。

该司经承杨藜辉等不能先事查察，均照“不应轻”律，笞四十，亦免革役。

（《续增刑案汇览》卷三，《吏律》，漏使印信）

4. 王石氏诱拐妇女案（嘉庆三年通行本内题准案）（公元1798年）

吏部查刑部审办大兴县民妇王石氏诱令籍隶广东之武举徐朝泰之妻徐谢氏、捏称孀妇、卖与孙怀汾为亲一案。

查律载：官员娶部民妇女为妾者，杖八十；定例：官员犯私罪杖八十者，降三级调用等语。

此案：孙怀汾凭媒买娶徐谢氏为妾。追询系有夫之妇，即赴坊呈送。惟该员系新补顺天府粮马通判，虽非府州县亲民官可比，究由本属置买，应酌减为降一级调用。

（《刑案汇览》卷八，《户律》，娶部民妇女为妻妾）

本章小结

清帝国是中国历史上最末一个君主专制王朝。自1644年满洲贵族入主北京起，至1912年末代皇帝溥仪宣布退位，共十代皇帝，统治中国268年。清代法制总体上是在继承明代法律制度基础上建立起来的，是中国古代数千年相传的

法律制度、法律文化的延续。在承袭明代法制的基本精神、基本框架、主要制度的同时，作为满洲贵族统治的政权，清代法律又增加了许多新的内容，根据社会实际情况的变化，对传统法制又有所完善与发展，立法上的律例关系更加完善，司法上的会审制度更加细腻。

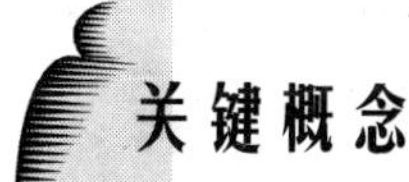

关键概念

大清律　清会典　监候　理藩院　宗人府　文字狱
秋审　朝审

思考题

1. 简述清律制定的指导思想。
2. 简述《大清律例》的制定过程。
3. 简述《大清会典》的编纂。
4. 简述清代的少数民族立法。
5. 简述清代立法的主要内容与特点。
6. 简述清代的司法体制与会审制度。
7. 简述清代秋审制度的主要内容和特点。

第十一章

中华法系的近代化——清末法律制度的变革

［学习目标］

无论从主观上看，还是从客观上去评价，清末的变法修律无疑具有明显的局限性。但无论如何，从清末变法修律开始，中国的法律制度走上了极不平坦的近代化之路。因此，无论从哪个角度观察，清末法律制度的变革都具有极为丰富的内涵。本章的学习重点包括：清末法律变迁的社会背景；清末预备立宪活动及宪法文件；清末对部门法的修订；清末修律的特点和影响；清末司法制度的变化；外国在华领事裁判权制度。

从历史上看，在1840年至1911年的清末时期，中国的法律制度正处在由体系完整、风格独特的古代法律体系向近现代西方化法律体制转变的过程之中。清末成为中国古代法制向近、现代法制转变的重要历史时期。自1840年以后，中国从一个独立的封建主权国家，蜕变为一个半殖民地半封建社会。以外国在华领事裁判权的确立为标志，中国司法制度开始半殖民地化。由于国际、国内、政治、经济、文化等各种因素的作用，其时法律的转变过程也一直处在一种极为复杂的社会环境之中。民族矛盾日益激化，社会危机不断加深，包括预备立宪、官制改革、删修旧律、制定新式法典等诸多内容的法律变革也被社会潮流推上历史舞台。清末变法修律的种种活动，充斥着东方与西方、古代与现代、中国与外国之间的种种矛盾与冲突。在这一范围极为广泛的社会变革中，集中体现了中国数千年传统文化、传统价值观念、传统社会体制与以西方资产阶级为代表的近、现代文化、文明的冲突与融合。

第一节　鸦片战争后中国社会的基本情况和清政权性质的变化

一、鸦片战争后中国社会的基本情况

（一）国际国内环境的变化

1. 列强的外部压迫

自鸦片战争以来，中国已经成为了西方各列强的财源之所在，割地、赔款、治外法权等等，一改往日天朝泱泱大国风采，成为仰人鼻息的奴属。列强环视，英国占据了香港、德国划去的胶州湾在战败后转属日本、俄国侵领我东三省等等。甲午战争后，连素为臣属的日本也凌驾于我国之上，又霸占了朝鲜全境，中国有灭亡之危险。

2. 国内各种社会矛盾的激化

一是政治统治的离心倾向日益明显，地方督抚势力日益强大。自太平天国运动以来，清廷为更加有效地进行镇压，默许了源自地方团练的湘军、淮军等地方军事力量的发展。太平天国运动平息以后，已经壮大起来并逐步形成强大势力的地方军事力量，如曾国藩、胡林翼等对地方的政治经济控制日重，清廷不得不对其首领加以封赏与利诱，承认他们的合法存在，这是清末中央强势集权有所削弱的开端，也可视为太平天国运动对清末政局影响深远的一个方面。其后，经过了白莲教等一系列的会道门地方动乱，地方军事力量在对其进行镇压打击的同时，其地位又得到了进一步的巩固与加强。等到义和团运动兴起并引发列强入京之际，湖广、江浙、两广等东南数省竟联合违抗清廷中央向列强宣战的命令，而擅自与列强订立中立自保的“东南互保”约定。这些都说明了当时清廷中央已非清前期的强势权力政府，政令的制定也必须顾及到地方大员们的利益，完全改变了传统的中央集权的统治机能。

二是清廷内部腐败的加剧和统治集团内部的权利内耗加剧。随着一个王朝统治时间的增加，每个封建政权的后期，都不可避免地出现腐败现象加剧的状况，清政府也不例外。卖官鬻爵、贪污成风已经达到了惊人的地步。如皇后和太后两宫之间就发生过因受财封官而导致的冲突。此外，满汉民族矛盾的上升、国内革命势力的兴起均加剧了各种社会矛盾的恶性发展。

3. 清廷财政压力的增加

一是战争赔款的压力。《辛丑条约》规定：中国应“付诸国偿款海关银四百五十兆两”，同时又规定：上列银两得“照海关两市易为金款、本息用金付给”。正本由中国分 39 年还清，还要加上利息，本利共达 9 亿 8 200 多万两白银。此外，再加上各省的地方赔款，总数在10亿两以上。这个数目相当于至少12年的清廷中央财政总收入。[①]

二是国内工商业的艰难境况。其时的对外贸易以1901年到1903年为例，平均每年进口额4亿7 300万元，出口额3亿1 100万元，入超达1亿6 200万元。与甲午战争前3年相比，进口额增加了一倍以上，出口额增加了86%，入超增加了二倍多。帝国主义列强还在中国办航运、铁路、矿业、棉纺织业等工业实体。清末，外国资本在上海的纺织业占全国的近一半，投资的烟草业超过了中国所有烟厂的七倍，等等。这种状况严重阻碍了民族工商业的发展，从而延缓了清廷经济的近代化健康成长[②]。

三是中央财税政策的不畅。清代之初到中叶，清廷有一套从中央到地方的财政管理体系，把全国的财权牢牢地控制在中央政府的手中，即所谓“财权操自户部，各省不得滥请丝毫”，也就是户部有制天下经费之权。到清末咸丰年间，在镇压太平天国运动中，清廷中央财源匮乏，京饷拨解制度无法继续推行，督抚为解决军需而插手地方财政大权，并为其时的清廷所无奈地予以默认。如曾国藩、胡林翼等设立的军需局、总粮台、厘金局等便是独立于原有财政体系之外的财政机构，从而也使得各省主管财政的官员由直接听命于户部逐渐变为听命于督抚。这样就将各省的财政权完全控制在地方督抚的手中，最终形成了清末“创办厘金，劝捐加课，多由各省分别举办，一纸奏闻；各项报销，已成有名无实，……是后举办新政，筹备自治，地方收支自行经营……隐具独立意味”[③]。甚至到后来，各省督抚对于中央应解之款项也“迁延成风，于应解中央之款项，迟迟不缴，几经颁旨督促，多似置若罔闻，或仍借故拖延”。如清廷为筹集出使经费，光绪三十一年（公元1905年）户部与外务部筹议后，电商各省认解，每年82万两。但后来“各省多藉词推委，未能全数解交”，且有“三年丝毫未解者”。在这种中央统管全国财政职能形同虚设的局面下，清末清廷一系列的举措都因财源的匮乏而备受牵制。如训练“新军”、“兴办新学”、发展实业、组建警察制度等等全因此而捉襟见肘。

（二）宪政、排满、革命、新学等思潮的相互激荡

一是国内民众民主风气的成长。从世界范围来看，19世纪以来，民主政治的风潮激荡于世，不说英、美、法等宪政先声之国家，即使新兴起的德国、意大利、日本也都进行了立宪，设议会，赋予人民以参政权利，连一向以专制强

①② 参见胡绳：《从鸦片战争到五四运动》，450、462页，北京，红旗出版社，1990。

③ 彭雨新：《清末中央与各省财政关系》，见李定一等编：《中国近代史论丛》，第2辑，第5册，3页，台北，中正书局，1964。

硬派著称的沙俄帝国也在日俄战争战败之后，颁行了宪政。中国自鸦片战争后，慑于外力，渐渐接受西方的思潮，有识之士或许不一定赞成以革命手段推翻清朝，但却多认为非变法维新不足以挽救中国于垂危。当时立宪呼声紧随革命运动的进展而日趋高涨。先是康有为、梁启超蒙知遇而倡行新政，虽为后党所扼杀，但二年后后党又在联军进逼出京西逃的行程中下诏颁行新政。而日俄战争的结果又引发了国内上层民众对宪政的向往。

二是新式学堂设立的影响。毛泽东在《论人民民主专政》中的一段话颇能反映当时社会大众的心理：自从1840年鸦片战争失败那时起，先进的中国人，经过千辛万苦，向西方国家寻找真理。洪秀全、康有为、严复和孙中山，代表了在中国共产党出世以前向西方寻找真理的一派人物。那时，求进步的中国人，只要是西方的新道理，什么书也看。向日本、英国、美国、法国、德国派遣留学生之多，达到了惊人的程度。国内废科举，兴学校，好像雨后春笋，努力学习西方。我自己在青年时期，学的也是这些东西。这些是西方资产阶级民主主义的文化，即所谓新学，包括那时的社会学说和自然科学，和中国封建主义的文化即所谓旧学是对立的。学了这些新学的人们，在很长的时期内产生了一种信心，认为这些很可以救中国，除了旧学派，新学派自己表示怀疑的很少。要救国，只有维新，要维新，只有学外国。那时的外国只有西方资本主义国家是进步的，它们成功地建设了资产阶级的现代国家。日本人向西方学习有成效，中国人也想向日本人学。在那时的中国人看来，俄国是落后的，很少人想学俄国。这就是19世纪40年代至20世纪初期中国人学习外国的情形。

■ 清末法制的半殖民地半封建化

（一）近代不平等条约对清末法制的间接影响

近代的中国是中国的昨天，而清末法制又是由几千年来传统的中华法系向近代法律制度转变的开端。其变化之大，影响之深可说于古未有。纵观清末法制的演变，不难看出，近代不平等条约当是导致这一演变的重要因素。自清道光朝中期以后，各资本主义国家先后从海、陆来我国寻求贸易，近代不平等条约由此发端。

1. 清末的不平等条约

所谓条约，其时一般指两个或两个以上的国家关于政治、经济、贸易、法律、文化、军事等方面规定彼此间权利义务的各种协议的总称。条约依国际公法，一般在形式上分为条约、约定、协约、宣言和议定书等几种。此外，为解释条约或加以变更、废除及补充，还有诸如追加条约、别约和续约等。这是近代国际间所通行的主要条约形式。而依条约的性质，一般又分为政治条约、（文化）条约和经济条约三类，当然这仅是相对而言。

我们知道，近代列强攫取在华权益的法律依据多是通商条约，以形式而论它属经济条约的性质，而实际上近代中国的法权、财权以及政权的屡遭侵夺，多源于此类条约。自从1840年鸦片战争导致中英《南京条约》的缔结，开近代不平等条约之端，至清廷于1901年下诏变法之前这一时期，不平等条约总的讲尚未对古老的中华法系在整体形式上有多大触动。表面上《大清律》仍在维持着大清帝国的法统。但此时期不平等条约却在从经济、政治、思想、文化诸方面，起着动摇传统法统根基的作用，并且已有领事裁判权、会审公廨制度、关税权的丧失等开始破坏着这个古老帝国自古以来的司法独立权。经过中日甲午战争、1898年戊戌变法，直至清亡，这一时期，不平等条约才真正从内容到形式对清末法制产生了巨大的具体影响。上述两个时期可概括为不平等条约对清末法制的间接影响和直接影响两个阶段。

2. 近代不平等条约对清末法制的间接影响

随着列强用鸦片和大炮轰开了闭关锁国的清帝国天朝大门，延续几千年的传统社会农业自然经济结构发生了一系列剧变。列强依据不平等条约对中国的商品倾销和资本输出，以亘古未有的速度蚕食着中华法系赖以生存的基础——自给自足的小农自然经济，刺激着国内资本主义发展。据统计，同治三年（公元1864年）输出入总额为1亿530万余两（白银），到光绪十三年（公元1890年）增至2亿1 420余万两（白银）。[①] 至1894年甲午战争前，列强在中国的投资总额已达二三亿美元，依据不平等条约开放的沿江海各通商口岸地区[②]，新兴起大批近代厂矿企业。如光绪四年（公元1878年）直隶总督洋务派首领李鸿章以官商资本银27万两（至光绪八年增至120万两）设开平矿务局于天津，成为近代中国以西方近代工业方式开矿之端。各种新式棉纺织厂，到光绪二十九年（公元1903年）前已达6 066家。[③] 此外，近代银行也随之发达起来，史载："光宣以降，世变益甚，中外银行多所兴设"[④]。上述新出现的社会经济关系，要求有相应的法律规范予以调整。对列强来说，则是借此维护其在华攫得的权益，对国内民族资产阶级来说则是为"实业救国"和与列强"商战"寻求法律保障。这样就形成了内外、朝野各方面对清廷的压力。而以刑为主，诸法合体的传统中华法系面临着这一难以应付的社会剧变，愈发显得衰弱没落。然而以慈禧为

---

① 参见《中国年鉴》（第一回），上海，商务印书馆，1924。

② 至清末开放的通商口岸已达近90处。参见漆树芬：《经济侵略下之中国》，109～117页，北京，三联书店，1954。

③ 参见《中国年鉴》（第一回）。

④ 周葆銮：《中华银行史·自序》，5页，上海，商务印书馆，1919。

首的清廷顽固势力，此时仍奉行“祖宗之法不可变”的保守政策，为此，血腥镇压了资产阶级改良派的宪政运动“戊戌变法”。但结果是使矛盾更加激化。

一方面，列强欲求法律的变通以利其进一步经济掠夺的需要，而对清廷不断施加压力；另一方面，国内资产阶级革命派也因戊戌变法和义和团运动的被镇压，将武力推翻清王朝提上议事日程。面对这一岌岌可危的局面，清廷为求“结与国（列强）之欢心”，消弭人民革命，粉饰其统治，遂用两年前镇压屠杀戊戌六君子的血手，接过了维新派的旗帜，“举戊己两年初举之而复废之政”①，宣布“变通政治”实行“新政”，并煞有介事地下诏：“世有万古不易之常经，无一成罔变之治法……大抵法积则弊，法弊则更……”②。

与上述经济、政治变化同时的，是西方资产阶级近代法律和法学随着列强商品倾销与资本输入传入中国，这在清末的思想界起了一种石破天惊的作用。首先，它打破了自古以来官府垄断律学的状况，几千年来“举凡法学之言，非名隶秋曹者无人问津，名公巨卿，方且以为无足轻重之书，摒弃勿录，甚至有目为不祥之物，远而避之者”③。这种传统观念也为之一变。当时“忧时之士，咸谓非取法欧美不足以图强，“朝野上下，争言变法”④。其次，它使宋元以降一再衰微的法律研究为之一振，知识界开始冲破清廷“祖宗之法不可改”的一贯宗旨，按沈家本的说法是“近今十年来，始有参用西法之议”⑤。但促使清廷最终变更其法制，使超然独立、历阅千载的中华法系玉碎瓦解的，却是1901年以后的不平等条约。

（二）近代不平等条约对清末法制的直接影响

1901年在八国联军枪炮下逼出了《辛丑条约》，其后不久，在中英《续议通商行船条约》中规定：“中国深欲整顿律例，期与各国改同一律，英国允愿尽力协助，如成此举，一俟查悉中国律例情形及其案断办法，及一切相关事实，皆臻完善，英国允弃其领事裁判权”。接着又有日、美、葡等国也作出类似承诺，遂使清廷受宠若惊，随即发布修律上谕，称：“一切现行律例，按照通商交涉情形，参酌各国法律，妥为拟议，务期中外通行，有裨治理”⑥，并成立了专门的修律机构“修订法律馆”和“宪政编查馆”。修订法律大臣沈家本还奏称“方今改订商约，英、美、日、葡四国，均允中国修订法律，首先收回治外法权，实

① 《东方杂志》第1年第1号。

② 《光绪朝东华录·光绪二十六年十二月·丁未谕》，总4601页。

③ 《寄簃文存·序·法学会杂志序》，北京，中国书店，1990。

④ 《清史稿·刑法志一》。

⑤ 《寄簃文存·序·法学会杂志序》。

⑥ 商务印书馆编：《大清光绪新法令》第1册。

变法自强之枢纽，臣等奉命考订法律，恭绎谕旨，原以墨守旧章，授外人以口实，不如酌加甄采，可默收长驾远驭之效"，使"法权渐挽回"。可见，从某种意义上说不平等条约中的上述规定，也许成了清末修律的直接诱因和催化剂。

上述清末修律因不平等条约所引起的诸方面变化，在具体法律条文中也有明确的反映。如《辛丑条约》规定：虐杀外人的城市，停止科举考试五年，永禁组织或加入排外团体，违者处死；而后修订的《大清新刑律》遂有"妨害国交罪"的新增。所谓"团体原宜固结，而断不可有仇视外洋之心，权利固当保全，而断不可有违背条约之举"[①]。不平等条约中规定的领事裁判权，在《大清刑事、民事诉讼法草案》中也予以法律的确认，规定："凡关涉外国人案件具依现行条约审讯"。并且于《大清民律草案》中特别以法律维护外国社团法人的特殊地位。这些媚外压内的法律条款，正是不平等条约在清末法律中具体影响的反映，从而也暴露了清末法律半殖民地的性质。

第二节　清末预备立宪

■ 实行预备立宪的政治背景

近代宪法概念，是随着列强的炮舰政策一起，作为西方文化的一部分传入中国的。宪法一词，虽古已有之，但非近代宪法上的意义。近代宪法的传入，一时间被视为治国的良药和中兴大清的良策，朝野议论纷纷。

1905年清廷提出"仿行宪政"，作为配合，于该年10月成立"考察政治馆"，12月清廷派大臣出洋考察列强国宪政，续派遣留学生分赴各国学习；后于1907年8月更名为"宪政编查馆"。在统治阶级内部宣传了西方宪政，进行了宪政的启蒙教育，使他们对宪政有了一定的认识。

按统治者自己的意图，认为立宪有三大利：一曰皇位永固；二曰外患渐轻；三曰内乱可弭。次年9月颁预备立宪上谕，以"大权统于朝廷，庶政公诸舆论"[②] 为立宪根本原则。随着国内局势日趋动荡，资产阶级立宪运动的发展及国际民主宪政运动的扩大，加之统治阶层内部君主立宪派势力的活动，清政府被迫在内外诸多因素的促使下，于1906年9月1日宣布"预备立宪"。1908年8月27日公布了"预备立宪"计划，即《钦定逐年筹备事宜清单》。其实质所要

① 《大清法规大全・外交部・谕旨》，总2122页，欧学社印行。

② 《光绪朝东华录・光绪三十二年七月・戊申谕》，总5563页。

谋求的目的，正如孙中山所说：这是清廷“谋中央集权，拿宪法作愚民的工具”[1]。

清政府在面临列强蚕食的局面下力求改变，遂派大臣考察各国，以期仿效谋富强。其目的既有抵御外侮，又可平抚民情，既收弭内之功，兼有削藩统权之效。实施预备立宪虽为清廷所被迫而为之，但考察之结果却使统治阶层萌发兼收多重功效念头，因而行之。

官制改革和单行行政法规

（一）官制改革

改革官制是清廷举办“新政”的一项重要内容，也是推行预备立宪的重要环节。清廷预备立宪上谕曾提出：“廓清积弊，明定责成，必从官制入手”[2]。接着便发布了改革官制的上谕，设立了编制馆，指派载泽等 14 人为编纂大臣，命令各总督选派司道人员到京随同参议，谕派庆亲王奕劻、文渊阁大学士孙家鼐、军机大臣翟鸿机总司核定。并于光绪三十二年九月二十日（公元 1909 年 11 月 6 日）颁布《厘定官制谕》，开始改革中央和地方官制。

清廷的官制改革，标榜“其要旨惟在专责成，清积弊，求实事，去浮文”[3]，实际上，它一方面是配合假立宪的活动，粉饰预备立宪骗局，装潢专制制度，并以“厘定官制”为名，拖延立宪时间；另一方面是企图借官制改革的机会，削弱地方督抚的权力，进一步加强满族贵族的中央集权统治。

1. 中央官制改革

早在清廷举办“新政”时就对政府组织机构进行了一些改革。其中一个重要内容是改总理各国事务衙门为外务部。光绪二十六年（公元 1901 年）三月，美、日两国公使代表各国向奕劻、李鸿章交涉改组总理衙门的问题。接着由领衔公使（西班牙公使）葛罗干照会清政府：“将总理各国事务衙门改为外务部，冠于六部之首。管部大臣以近支王公充之。另设尚书二人，侍郎二人。尚书中必须有一人兼军机大臣。侍郎中必须有一人通西文西语。均作为额缺，予以厚禄”[4]。以后在谈判《辛丑条约》的议和大纲中，以及正式签订的《辛丑条约》中都确认关于外务部的设置，“按照诸国酌定”，“中国照允施行”。清廷根据外国侵略者改部和人事安排的旨意，于光绪二十七年六月九日（公元 1901 年 7 月 20 日）发布将总理衙门改为外务部的上谕，任命总理大臣一人，会办大臣二人（其中一人兼尚书）以及其他官员。除此之外还有设置巡警部，建立警察机构和

---

① 《孙中山选集·在东京〈民报〉创刊周年庆祝大会的演说》，82 页，北京，人民出版社，1981。

② 《清末筹备立宪档案史料》，44 页，北京，中华书局，1979。

③ 《大清光绪新法令·厘定官制谕》第 1 册，17 页。

④ 《孝文忠全集·宪稿》。

宪兵机构；编练新军，改革军制等，以达到强化专制制度的目的。

此次改革中央官制，御前会议确定按照“五不议”的原则进行。所谓“五不议”即“军机处事不议”、“内务府事不议”、“旗事不议”、“翰林院事不议”、“太监事不议”。十分明显，“五不议”原则的实质就在于，官制改革根本不能够触动清政府的中枢机构和一些直接为皇帝服务的寄生官僚机构，而这些机构恰恰是清廷专制官僚机构的核心。因此，在“五不议”原则指导下进行的所谓官制改革，结果只不过是某些部院的调整、合并和某些机构名称及官职称号的改变而已。

1906 年 11 月清政府公布中央官制，确定共设置十一部。内阁和军机处照旧未变。此后在宣统年间又增设了海军部，改礼部为典礼院。清廷满族贵族还利用改革官制的机会，来实现排斥汉族官僚，加强中央集权的野心。它形式上声称，任命各部官员“不分满汉”，实际上却将原来各部大臣满汉平分的比例变成满七汉四，一些重要的部，如外务、陆军、度支和农工商等部都操在满人手中，使得满族贵族在中央政府居压倒优势，加强了满族贵族的地位。

2. 地方官制改革

御前官制会议确定的“立宪政治”四大方针之一，就是“废现制之督抚，各省新设之督抚其权限仅与日本府县知事相当，财政、军事权悉收回于中央政府”。因遭到各省督抚反对而被迫搁置。

光绪三十三年六月（公元 1907 年），清廷开始地方官制改革，公布地方官制。为了加强中央权力，特规定：陆军部直接委派督练公所军事参议官，以收回各督抚的军权；度支部派清理财政监督官，以收回各省督抚的财权；将各省督抚的军权、财权分别收归陆军部和度支部。令改各省按察使为提法使，增设巡警、劝业两道，裁撤分守分巡各道，酌留兵备道，分设审判厅，增易佐治员等。由东三省先行开办，直隶、江苏两省试行，其他各省则限 15 年一律办齐。同时，采用明升暗降的手段，将最有权势的汉族官僚直隶总督兼北洋大臣袁世凯和湖广总督张之洞调入中央，担任有名无实的军机大臣，以减少削除地方督抚实权的阻力。

这次所谓官制改革丝毫没有触动清廷专制统治的实质，只是进一步加深了满族贵族和汉族地主官僚之间的对立，加剧了清廷的危机。

（二）警察法律的颁布

随着诸法分立和新刑律的颁布，特别是清末立宪在形式上对人民有所让步。但“宁赠友邦，不与家奴”的清廷，又以大量警察法律使其在宪法大纲中许诺的一点民主自由也成为一种名惠而实不至的东西。

在清廷存在的最后几年，为了加强对全社会的控制，陆续颁布了《结社集会律》、《违警律》、《户口管理规则》、《京师户口调查规则》、《调查户口执行

法》、《各学堂管理通则》等单行法规，企图运用这些法规来限制集会、结社等对清朝统治构成威胁的行为，以达到进一步钳制、防范广大人民的目的。

1.《结社集会律》

宪政编查馆、民政部在“会奏结社集会律折”中表示：“各国既以人民结社集会之自由明定之于宪法，而有特设各种律令以范围之。其中政治社会关系尤重，故国家之防范亦弥严。先事则有呈报，以杜患于未萌；临事则有稽查，以应变于俄顷，上收兼听并观之益，而下鲜嚣张凌乱之风。立宪精义，实存于此”①。所以，该《结社集会律》对所谓的结社、集会“自由”作了严格的限制。首先，“凡秘密结社，一律禁止”。凡违反本条规定“而纠集结社或列入者，均照刑律惩办”②。1909年9月，宪政编查馆在“通咨各省查察集会结社文”中即强调：“如查得以后该项结社集会，有宗旨前后歧异，会章迁改无定，以及限制内不准入会之人杂厕其中，或另有秘密会议情弊，除照限禁、解散、惩治各条外，仍应按照轻重酌加惩罚。以假托会名、秘密会议为最重，应按新刑律罪名处办。”③ 其次，对人民参加合法的集会、结社活动，该《结社集会律》第9条也予以严格的限制。而且，无论何种结社，若民政部或本省督抚及巡察道局、地方官，为维持公安起见，饬令解散或令暂时停办，应及遵照办理”。“无论何种集会或整列游行，巡警或地方官署，为维持公安起见，得量加限禁或饬令解散。”④

2.《违警律》

清光绪三十四年四月初十日（公元1908年5月9日）颁行的《违警律》共45条，对“政务之违警罪”、“公众危害之违警罪”、“交通之违警罪”、“通信之违警罪”、“秩序之违警罪”、“风俗之违警罪”、“财产之违警罪”等众多罪名作了极为苛刻的规定。例如，凡“无故散布谣言”、“于官吏办公处所聚众喧哗不听禁止”、“迁移婚娶生死不遵章程呈报”等，都构成“政务之违警罪”。对于违反《违警律》各款的行为，巡警人员可不持传票，即可“径行传案”⑤。由此足见清廷在政权崩溃前夕对民众的极端恐惧与防范。

（三）户口管理法规及《各学堂管理通则》

基于同一心态，清廷在1907年至1909年陆续公布了《户口管理规则》、

---

① 《大清法规大全·民政部·结社集会律》，总1045页。

② 《结社集会律》第21条、第32条，见《大清法规大全·民政部·结社集会律》，总1048页。

③ 《大清法规大全·民政部·结社集会律》，总1049页。

④ 该《结社集会律》第9条规定：下列人员被禁止参加政事结社及政论集会：（1）常备军人及征调期间之续备、后备军人；（2）巡警官吏；（3）僧道及其他宗教师；（4）各项学堂教习、学生；（5）男子未满二十岁者；（6）妇女；（7）曾处监禁以上之刑者；（8）不识文义者（参见《结社集会律》第19条、第20条，见《大清法规大全·民政部·结社集会律》，总1047页）。

⑤ 《大清法规大全·民政部·违警律》，总1020～1023页。

《暂定京师调查户口规则》、《调查户口执行法》及《各学堂管理通则》等法规，对民众实行严格的户口控制和政治威吓。对于知识分子、学堂学生的政治热情和可能对专制政府造成的危害，清廷尤为感到恐惧，乃千方百计加以限制与控制。

1907年，清廷在"广刊学堂管理禁令定章之上谕"中即表示："比年以来，士习颇见浇漓，每每不能专心力学，勉造通儒；动思逾越范围，干预外事，或侮辱官师，或抗违教令，悖弃圣教，擅改课程，变易衣冠，武断乡里；甚至本省大吏拒而不纳，国家要政任意要求，动辄捏写学堂全体空名，电达枢部，不考事理。肆口诋毁，以至无知狱愚民随声附和，奸徒游匪借端煽惑，大为世道人心之害。……欲挽颓风，非大加整饬不可。着学部通行京外有关学务各衙门，将学堂管理禁令定章广为刊布，严切申明，并将考核劝诫办法，前章有未备者，补行增订，责令实力奉行。"[①] 在清廷发布的《学堂禁令》第9章"各学堂管理通则"中，则规定了学堂学生的"十一不准"；同时强调"以上各条犯者，除立行斥退外，仍分别轻重，酌加惩罚"。该"各学堂管理规则"还规定："所有学堂教习人员，如有明倡异说，干犯国宪及与名教纲常显相违背者，查有实据，轻则斥退，重则革办"[②]。

从清廷公布的此类单行法规的内容看，在清廷存续的最后几年中，在"变法"、"新政"的旗号之下，实际上却在变本加厉地加强对全社会的控制和思想、文化专制。这些单行法规的公布、实施，也从一个侧面说明清廷推行"变法"、"新政"的虚伪性和欺骗性。

■ 制定宪法性文件

（一）《钦定宪法大纲》

1.《钦定宪法大纲》的颁布与传统中华法系的解体

光绪三十四年（公元1908年）迫于内外政治压力，清廷颁布了由宪政编查

---

① 《广刊学堂管理禁令定章上谕》，见《大清法规大全·教育部·谕旨》，总1128页。

② 具体规定是：（1）学生在学堂以专心学业为主，凡不干己事，一概不准与闻；（2）各学堂学生，不准干预国家政治及本学堂事务，妄上条陈；（3）各学堂学生，不准离经叛道，妄发狂言怪论，以及著书妄谈，刊布报章；（4）学生不得私充报馆主笔及访事人；（5）各学堂学生，不准私自购阅稗官小说、谬报、逆书，凡非学科内应用参考书，均不准携带入堂；（6）各学堂学生，凡有向学堂陈诉事情，应告知星期值日学生，代禀本学堂应管长官，不准聚众要求，借端挟制，停课罢学等事；（7）各学堂学生，不准联盟纠众，立会演说及潜附他人党会；（8）各学堂学生，不准干预地方词讼及抗粮阻捐等事；（9）各学堂学生，不准逾闲荡检，故犯有伤礼教之事；（10）各学堂学生，遇有本学堂增添规则、新施禁令，概不准任意阻挠，抗不遵行；（11）各学堂学生，不准传布谣言，捏造黑白及拨弄是非（参见《大清法规大全·教育部·学堂管理任用》，总1531页）。

馆制定的《钦定宪法大纲》，成为中国法制史上首部具有近代宪法意义的法律文件，用资产阶级宪法形式为君主专制制度披上了合法外衣。宪法的产生，要求其他法律与其相适应，这就必然导致旧有中华法系诸法合体的破裂，从而使清末立宪成为中华法系解体的开端。

2.《钦定宪法大纲》的主要内容

《大纲》由庆亲王奕劻等奏进，慈禧亲自裁定。内容基本抄自1898年日本宪法。《大纲》共23条，由正文"君上大权"和附录"臣民权利义务"两部分组成。对此，宪政编查馆和资政院关于《大纲》的奏折作了明确说明："首列（君上）大权事项，以明君为臣纲之义。次列臣民权利义务事项，以示民为邦本之义，虽君民上下同处于法律范围之内，而大权仍统于朝廷。"

"君上大权"共14条，开宗明义规定："大清皇帝统治大清帝国，万世一系，永永尊戴"。"君上神圣尊严，不可侵犯"。本着这一精神，赋予了皇帝颁行法律、发交议案，召集或解散议会，设官制禄、黜陟百司，统率陆海军队、宣战媾和、订立条约，派遣命名臣子，宣布紧急戒严和以诏令限制臣民自由，以及总揽司法审判等大权。与日本宪法所赋予天皇的权力相比，有过之而无不及。日本宪法规定："国务各大臣辅弼天皇而负责。凡法律敕谕及其他关于国务之诏敕，须大臣副署。"从而命名宪法赋予天皇的种种大权，受到国务大臣的限制。而《大纲》取消了有关责任内阁制的规定，皇帝权力漫无限制，只不过是使绝对集权的君主专制主义，进一步用宪法加以巩固罢了。正如《大纲》的起草者所解释的："立法、行政、司法则皆总揽于统治大权，故一言以蔽之，宪法者所以巩固君权，兼以保护臣民者也。"

"臣民权利义务"共9条，重心是纳税、当兵及遵守法律等项义务。至于权利和自由，非常简单，只规定：在法律范围内，所有言论、著作、出版、集会、结社等事，准其自由，臣民非依法规定，不受逮捕监禁处罚；以及进行诉讼，专受司法机关审判等项。

《钦定宪法大纲》未给人民以任何真正的民主权利，只是使君权宪法化而已，因而激起了朝野普遍的不满，立宪派也大失所望。梁启超说：这个宪法大纲是"涂饰耳目，敷衍门面"①。

3.《钦定宪法大纲》的历史意义

其一，清王朝的《钦定宪法大纲》所确立的君主立宪政制在当时的历史条件下，不失民主政治的成分，客观上对当时人们思想起到不小的冲击作用。所以，《钦定宪法大纲》作为中国历史上第一部具有近代意义的宪法有其值得肯定

① 《辛亥革命》第4册，155页，上海，上海人民出版社，1957。

的价值。

其二，《钦定宪法大纲》虽带有浓厚的封建性，但毕竟同旧有的传统封建法典不同，它打破了传统中华法系的传统结构，使宪法作为根本大法独立于刑法、民法等普通法之外，全面、集中地规定了国家与社会制度的基本原则。

其三，《钦定宪法大纲》的结构比较完整。由于各国的历史特点和文化传统不尽相同，很多国家的宪法结构也不完全一致。宪法的结构通常由宪法的名称、序言（现在世界上大约有 150 部宪法，有序言的 91 部，没有序言的 59 部）、正文部分、修改程序和实施日期等四方面组成。《钦定宪法大纲》则具备了名称、正文、附录、实施日期（清廷定为光绪四十二年即 1916 年颁布，1908 年光绪死去，则改为宣统八年）。所以，从结构上看，《钦定宪法大纲》是比较完整的。

（二）《宪法重大信条十九条》

1911 年 10 月 10 日，发生了辛亥革命，各省纷纷响应，宣布独立。立宪派和一些手握重兵的将领上书、兵谏，敦促立即公布宪法、召开国会。在内外压力下，清廷令资政院迅速草拟宪法，仅用了三天时间便制定和通过了《宪法重大信条十九条》，通称《十九信条》，于 1911 年 11 月 3 日公布。

《十九信条》与《钦定宪法大纲》比较，在体例与内容上均有不同。一是采用英国式“虚君共和”的责任内阁制。二是形式上限制了皇权，扩大了国会权力。规定皇权以宪法明定者为限。皇位继承顺序由宪法规定。宪法由资政院起草议决，皇帝颁行。宪法修正提案权归国会。总理大臣由国会公选，皇帝任命。皇帝直接统率海陆军，但对内使用，须依国会议决之特别条件。国际条约非经国会议决，不得缔结。官制官规以法律规定。三是它属临时宪法。《大纲》仅是清廷对立宪要求的一个许诺，以此作为 9 年以后制定宪法的准则。而《十九信条》则已成为一种临时宪法，具有宪法性质。它明确规定关于国会权限条文，“国会未开会以前，资政院适用之”。即在国会成立前，由资政院代行国会权力。清廷重新起用袁世凯，即据《十九信条》于 1911 年 11 月 8 日“选举”袁世凯，并由皇帝任命其为总理大臣的。但《十九信条》仍以“大清帝国之皇帝万世不易”、“皇帝神圣不可侵犯”为基本精神，人民的民主权利只字未提。《十九信条》未能挽回清廷的厄运，1912 年 2 月 12 日清帝溥仪宣布退位。至此，结束了中国 2 000 多年的封建帝制统治。

■ 制定《谘议局章程》和《资政院院章》

（一）《谘议局章程》

“谘议局”是清末“预备立宪”过程中清政府设立的地方咨询机构，于 1909

年开始在各省设立。谘议局的筹建，始于1907年。

光绪三十四年六月（公元1908年7月），宪政编查馆草拟了《谘议局章程》及《谘议局议员选举章程》，经奏准朝廷后公布。依照这两个章程的规定，谘议局以“钦遵谕旨为各省采取舆论之地，以指陈通省利病、筹计地方治安”为宗旨[①]，其权限包括讨论本省兴革事宜、预算决算、税收、公债以及选举资政院议员、申复资政院或本省督抚的咨询等等。但谘议局所议定事项，可决权全在本省督抚。本省督抚对于谘议局，不仅有监督、裁夺的权力，而且有令其停会及奏请解散之权。按照这两个章程的规定，咨议局议员的选举资格和被选举的资格极为苛刻。因此，谘议局并不具备资本主义制度下地方议会的性质，实际上只不过是清廷玩弄“立宪”政治把戏的一个点缀品。

（二）《资政院院章》

“资政院”是清廷在清末“预备立宪”过程中设立的中央“咨询机关”，于1910年设立。同“谘议局”一样，资政院的筹备工作也始于1907年。

宣统元年七月初八日（公元1909年8月23日），清廷公布近70条条文的《资政院院章》。清廷在以皇帝宣统名义发布的“颁行资政院院章谕”中表示，该《资政院院章》“与现定谘议局章程，实相表里，即为将来上、下议院法之始基”[②]。《资政院院章》第1条云：“资政院钦遵谕旨，以取决公论，预立上下议院基础为宗旨。”所以，该院章规定资政院可以“议决”国家的预决算、税法及公债，议定宪法以外的新法典及法律修改事件及其他“奉特旨交议事件”。但是，资政院的一切决议，须会同军机大臣或各部行政大臣具奏，“请旨裁夺”，而且，皇帝可以以特旨谕令的形式令资政院停会，乃至解散。[③] 资政院的议员分“钦选”与“民选”两部分。所谓“钦选”者包括以下7类人：宗室王公世爵；满汉世爵；外藩（蒙藏回）王公世爵；宗室觉罗；各部、院衙门官四品以下、七品以上者，但审判官、检察官及巡警官不在其列；硕学通儒；纳税多额者。很显然，“钦选”议员大部分是宗室王公、高官显贵。“民选”议员则是由各省谘议局议员“互选”产生，但最后要由各省督抚“圈定”。可见，这种“资政院”只不过是承旨办事的御用机构，而根本不是近现代意义上的国家议会。

---

① 《咨议局章程》第1条，见《大清法规大全·宪政部·谘议局》，总99页。

② 《大清法规大全·宪政部·谕旨》，总65页。

③ 参见《资政院院章》第52条、第53条，见《大清法规大全·宪政部·资政院》，总76页。

第三节　清廷的其他立法

一、立法的指导思想

（一）“参考古今，博稽中外”的修律方针

清末修订法律，是适应列强需要和维护传统体制相妥协的产物，随着一系列不平等条约的签订，列强在中国攫取了各种经济、政治特权及领事裁判权，使中国传统法制受到冲击。面对这一挑战，腐朽的清廷反应迟钝，顽固恪守“祖宗之法”，拒绝变法。但明于国际情势的知识分子及清廷官员中的有识之士，视领事裁判权为中国的耻辱，传统法制又是导致这一耻辱的因素之一。希望对外取消领事裁判权，对内改良法制，从而有“戊戌变法”。庚子事变后，清廷被迫宣布预备立宪和修订法律。

同时，列强为保住在华既得利益和特权，企图缓解与清廷的矛盾，利用朝野渴望争取独立自主，收回领事裁判权的心理，向清廷施加压力，把改良法治作为列强放弃领事裁判权的前提，逼使清廷走出闭塞无知的愚昧状态。企图将清末的中国改造成为一个利于资本输入，保证列强经济掠夺，有能力防止内乱、稳定政局的半殖民地国家。1902 年初，英、日、美、葡等国在与清廷续订商约过程中表示，中国整顿律例，以期与列强法律改同一律，他们愿尽力协助，以成此举。“一俟查悉中国律例情形及其审断方法及一切相关事宜皆臻完善”，“即允放弃其治外法权”①。列强这种的许诺，迷惑了清廷。张之洞、刘坤一、袁世凯等人为迎合列强，应付内忧外患，联名奏请要求改良法制。1902 年 5 月 13 日，清廷发布谕旨：“现在通商交涉事益繁多，著派沈家本、伍廷芳将一切现行律例，按照交涉情形，参酌各国法律，悉心考订，妥为拟议，务期中外通行，有裨治理”②。照此谕旨，修订法律大臣沈家本等人提出了“参考古今，博稽中外”③，“专以模范列强为宗旨”④ 的具体修律方针，得到清廷批准。从此，依此方针正式开始全面改革传统法律制度。

在列强依据不平等条约对清廷施加经济、政治以至武力的胁迫和假言放弃领事裁判权的利诱下，清政府不得不仰列强鼻息以度日。按修律上谕说法是

① 《中英续议通商行船条约十六款》，见《大清法规大全·外交部·条约》，总 2160 页。

② 《大清光绪新法令》第 1 册。

③ 《寄簃文存·序·重刻明律序》。

④ 《清末筹备立宪档案史料》，852 页。

“通商交涉事益繁多”① 使然。质言之，不妨说是基于“通商交涉”而签订的一系列不平等条约来修律。正确评价这一立法思想，诚然其实质是屈从列强的意志，但客观上却因此而删改了旧法中野蛮落后的法律规范，无疑有其历史的进步意义。当然“旧律义关伦常诸条，不可率行变革”②，这也是所谓“中体西用”贯穿修律始终的原则。上述立法思想从根本上决定了清末修律的结果只能是一个传统的中华法系实质与近代资产阶级大陆法系外壳相结合的产物。体现在法律体系上的，则是几千年重刑轻民、诸法合体的中华法系为近代诸法分立的法律体系所取代。

（二）清末修律的目的及实质

1. 以资产阶级法律形式掩盖君主专制统治

清末修律，是为救偏补弊，适应新的社会问题，是自救自强的不得已之举。以叶赫那拉氏慈禧为首的清廷，与历史上的任何统治者一样，在现实的统治方式及其功能没有被穷尽以前，是不愿冒风险寻求“变法”的，而清末的修律正是在传统的统治方式无法继续维持的情况下，不得已的选择。只想以此仿效西方法律形式以渡时艰，实际上仍怀有固守旧法统的愿望。《钦定宪法大纲》的颁行证明了此点。《大清现行刑律》及清廷关于《大清新刑律》的争论也明证了此点。

以《大清新刑律》而论，仍以维护封建君主专制为核心，将相当于封建律典的“大逆大不敬”的《侵犯皇室罪》作为《分则》首章。设定了“危害乘舆车驾”、“不敬皇帝缌麻以上宗”阑入太庙山陵宫殿禁宛”、“向太庙山陵宫殿禁宛内射箭放弹投砖石”、“犯跸”等罪名。修订法律馆在《奏进呈刑律分则草案折》中申明：“本章于旧律之大逆，大不敬外，更规定对于宗室之危害罪，不敬罪，不过修正文辞及处分之阶级，以冀较旧律为明确，至于大旨盖无增损也”。不仅如此，还把旧律“谋反”扩大为分则第二章《内乱罪》，规定分别处死刑、无期和有期徒刑。在上述同一奏折中称：“旧律以谋反为谋危社稷，本案改为内乱，因其事不仅谋危社稷一项，凡关于国权、国土、国宪，滥用暴力冀谋变更者均是。故范围较前加广。内乱之罪往昔之见解，以为臣民对于祖国而谋不轨之谓，自今世法律思想推之，关于一国之内政而犯大罪，应不问犯者是否己国臣民，故本案并不限定何国之国籍。”

2. 配合预备立宪缓和矛盾抵制革命

清末修律的目的是为“预备立宪”装饰门面，阻止革命。

甲午战争后，特别是1905年日俄战争胜败分晓后，专制的沙俄败于君宪的

① 《大清光绪新法令》第1册。

② 《清末筹备立宪档案史料》，869页。

日本，清廷眼见专制难于维持，转而接受君宪。在立宪派及直隶总督袁世凯、湖广总督张之洞等的立宪奏请下遂打出了“预备立宪”的招牌，取法日本预备立宪的先例，派五大臣出国考察各国宪政，调查中国行君主立宪的可能性，并设立宪政编查馆研究各国宪政，编制法规。在此基础上，清廷于1908年8月27日公布准备实行宪政的计划：确定1908年至1916年以9年为“预备立宪”期限，制定实施刑律、民律、商律、刑诉律、民诉律等法典，宣布从1917年始行宪政。这显然是以“预备”为借口，缓和国内外矛盾。《钦定宪法大纲》使国人识破了清廷“大权统于朝廷，庶政公诸舆论”的诡计。此后民主宪政运动及反清武装革命愈演愈烈，最后的“十九信条”这一企图挽救清廷命运的“稻草”，转瞬之间便被辛亥革命的浪涛所吞没。清末修律未能挽回岌岌可危的清王朝，却为后来的民国法制奠定了基础。

3. 清末立法的实质

清末立法具有封建性和买办性的特点，体现着深刻的半殖民地半封建性质。如《大清现行刑律》主要着眼点之一是确保统治阶级的私有财产和政治特权，《咨议局章程》、《资政院院章》与《大清新刑律》的《妨害选举罪》一章，保证了封建地主和官僚买办当选进入政治机构，继续确认封建家族制度，以法律确认列强在华特权。1903年后，清廷颁布了一系列工商法规，客观上促进了民族资本主义的发展。

清末修律得以迅速打破封建法统，改革旧律刑罚制度中残酷、野蛮的落后内容，使诸律分立，确立一系列新的法律制度，客观上促使中国法制走向近代发展轨道。但由于列强出于保持中国落后状态的掠夺目的，导致了近代中国法制发展的畸形与缓慢。

■ 立法概况

1901年，慈禧下诏变法、行新政，改革法制就作为“新政”内容之一。为适应“新政”的需要，清廷在立宪活动的同时，着手对旧律进行大规模变通改订。1902年又颁布修订法律的上谕，随即设立专门机关——修订法律馆。由当时对中西法律均有研究的刑部左侍郎沈家本主持。[①] 该馆继承历代封建法制传

---

① 据《清史稿·刑法志》的记载，在1900年八国联军入侵北京后不久，即有“条陈时事者，颇稍稍议及刑律”。光绪二十八年（公元1902年），直隶总督袁世凯、两江总督刘坤一、湖广总督张之洞联名会保刑部左侍郎沈家本、出使美国大臣伍廷芳主持修订法律。该保奏得到朝廷首肯，清廷随即发布“修订法律、改进司法谕”：“现在通商交涉事益繁多，着派沈家本、伍廷芳将一切现行律例，按照交涉情形，参酌各国法律，悉心考订，妥为拟议，务期中外通行，有裨治理”。以修订刑律为中心的清末修订法律的活动由此展开（参见《大清法规大全·法律部·谕旨》，总1659页）。

统，视刑律为王朝最基本法律，决定首先修订刑律。

（一）《大清现行刑律》与《大清新刑律》

因旧律中大部分属刑事法规，故刑法的修订便首当其冲。一方面传统的“重刑轻民”思想及一般人心目中“法”刑”不分的观念仍根深蒂固，另一方面刑律又恰恰是列强攫得领事裁判权的借口①，所以对抱有收回治外法权幻想的清廷和修律大臣们来说，刑法的修订实处于一个关乎修律成败的特殊地位。正因如此，在整个清末修律中刑法遂成一部进行最久、修改最多的法典。

清末刑法的修订，大体上可以分为两个基本方面：一为删修旧律旧例，改订刑罚制度，废除一些残酷的刑种和明显不合潮流的制度。这一方面以公布《大清现行刑律》为代表。二为制定并公布中国历史上第一部近代意义上的专门刑法典《大清新刑律》。

（二）商律修订的背景与过程

清末传统官商一体的社会政治经济结构，成为商律修订的直接现实基础。早在1872年，李鸿章便从传统社会王朝榷盐的制度中，引入了一个“官督商办”的概念。给清末传统官商二者的结合提供了一个新的渠道。在不足十年的期间，便产生了一个典型的代表人物———盛宣怀。其后的一个阶段是以张之洞为代表的“官商合办”的近代工矿企业的发展。直到20世纪初，才最终孕育出了一些地处沿海省份等地方的民族工商业。

1. 商律修订的背景及其酝酿过程

随着近代工商业的发展，与列强的所谓“商战”一度促成了“同治中兴”的假象，随之产生了对商法的迫切需求，使清廷的传统工商政策也发生了一系列的变化，由“重农抑商”，不制定单独的商法，逐渐变为“农商并重”，提高商人的社会政治地位。

商律修订的酝酿过程大致可归纳为以下几个阶段：

早在光绪二十六年二月（公元1901年3月），出使俄奥国大臣杨儒就在给朝廷的奏章中提出制定商律的建议。同年六月，刘坤一和张之洞在第三次会奏变法事宜中，也提出同样的主张，他们认为：“欧美商律最为详明，其国家又多方护持，是以商务日兴。中国素轻商贾，不讲商律，于是市井之徒苟图私利，彼此相欺，巧者亏逃，拙者受累，以故视集股为畏途，遂不能与洋商争衡。……必中国定有商律，则华商有恃无恐，贩运之大公司可成，制造之大工厂可设，……华商情形较熟，工价较低，费用较省。十年以后，华商即可自立，骎

① 参见《寄簃文存·奏议·删除律例内重法折》。

骎乎并可与洋商相角矣"[①]。光绪二十八年三月（1902年3月），清廷发布的上谕称："近来地利日兴，商务日广，如矿律、路律、商律等类，皆应妥议专条"[②]，商事立法遂作为法律改革的一项任务被列入日程。

光绪二十九年三月（公元1903年4月）在宣布成立商部的上谕中再次强调："自积习相沿，视工商为末务。国计民生日益贫弱……总期扫除官习，联络一气，不得有丝毫隔阂"[③]。"倘有不肖官吏仍前需索刁难，著即随时严查参办，勿稍徇纵"[④]。因而当清廷决定实行变法后，制定商律的问题便很快被提上了日程。

其后在光绪三十三年五月（公元1907年6月），时任大理院正卿的张仁黼在其"修订法律请派大臣会订折"中，进一步指出了修订商律的方法，奏称："他如商律，虽有端倪，然法人之制，殊未能备，而海商之法，更待补葺。凡民法商法修订之始，皆当广为调查各省民情风俗所习为故常，而于法律不相违悖，且为法律所许者，即前条所谓不成文法，用为根据，加以制裁，而后能便民。此则编纂法典之要义也"[⑤]。

2. 商律修订的过程及结构

清末的商事立法，按其前后修订过程大致可分为两个阶段。

（1）光绪二十九年（公元1903年）到光绪三十三年（公元1907年）为第一阶段。

光绪二十九年三月二十五日，清廷指派载振、伍廷芳和时任北洋大臣与直隶总督的袁世凯拟定商律。同年七月十六日设立商部后，载振为尚书，伍廷芳为左侍郎，主要根据当时的需要，由商部负责制定和颁布了一些应急的法律、法规。其时所定商事法规主要有：

1）《钦定大清商律》。由商部制定，光绪二十九年十二月五日（公元1904年1月21日）奏准颁行。该律由《商人通例》和《公司律》组成。其中《商人通例》第9条，分别规定了商人的意义和条件以及妇女经商、商号、商业账簿等方面的问题，具有商法总则的性质；《公司律》第131条，分为公司分类及创办呈报法、股份、股东权利各事宜、董事、查账人、董事会议、众股东会议、账目、更改公司章程、停闭、罚例，共11节。内容较为简略，但它毕竟是中国第一部独立的商法，颁布后一直使用到民国三年（1914年），民国北京政府颁布新的《商人通例》和《公司条例》后，方告失效。在中国商法史上占有重要的

① 《张文襄公全集》卷五十四。

② 《清实录（五八）·德宗景皇帝实录（七）》，537页，北京，中华书局，1987。

③ 《光绪朝东华录·光绪二十九年三月·庚展谕》，总5013页。

④ 《清实录（五八）·德宗景皇帝实录（七）》，879页。

⑤ 《清末筹备立宪档案史料》，836页。

地位。

2）《公司注册试办章程》，由商部制定，光绪三十年五月（公元 1904 年 6 月）奏准颁行。共 18 条，内容较为简单、粗糙。

3）《商标注册试办章程》与《商标注册试办章程细目》。由商部制定，光绪三十年六月（公元 1904 年 7 月）奏准颁行。其中章程 28 条，细目 23 条，内容较为详细。

4）《破产律》。由商部起草，脱稿后送沈家本、伍廷芳共同商定，于光绪三十二年四月（公元 1906 年 5 月）奏准颁行。全律分呈报破产、选举董事、债主会议、清算账目、处分财产、有心倒骗、清偿展限、呈请销案、附则，共 9 节 69 条。颁行后不久，因上海钱业大亨等所请，宣布第 40 条关于“经手帑项公款的商家倒闭”的规定暂缓实行。第二年十月（公元 1907 年 11 月），农工商部又奏请将该律交修订法律馆统筹编纂，但由于措辞含糊，未明确提出该律停止使用，因而有的地区仍在执行。

总之，由于时间仓促，这一时期所订商法大都比较简单，而且门类不全，不能满足朝廷与社会的需要。

（2）光绪三十三年后至宣统三年为第二阶段。

经过光绪三十二年（公元 1906 年）官制改革，商事立法改由修订法律馆负责，主要法典由修订法律馆主持起草，各单行法规仍由有关部门拟订。由于有了几年的立法经验，因而所订法律趋向成熟，但由于清室覆亡，大都未能颁行。

按时间顺序，这一阶段未及颁行的商法草案有：

1）《大清商律草案》，亦称《志田案》。光绪三十四年八月（公元 1908 年 9 月）修订法律馆聘日本法学博士志田钾太郎起草，自宣统元年起陆续脱稿。共分五编：

第一编总则，下分法例、商业、商业登记、商号、营业所、商业账簿、商业所用人、商业学徒、代办商，共 9 章 103 条。

第二编商行为，下分通则、买卖、行铺营业、承揽运送业、运送营业、仓库营业、损害保险营业、生命保险营业，共 8 章 236 条。

第三编公司律，分 6 编 16 章。第 1 编总则，下设法例、通则 2 章；第 2 编合名公司，下设设立、内部之关系、外部之关系、股东之入股及退股、解散 5 章；第 3 编合资公司；第 4 编股份公司，下分设立、股份、股东总会、董事、监察员、会计、公司债、定章之变更、解散，共 9 章；第 5 编股份合资公司；第 6 编罚则；共 312 条。

第四编票据法，分 3 编 15 章。第 1 编总则，下设法例、通则 2 章；第 2 编汇票，下设汇票之发行及款式、票背签名、承诺、代人承诺、保证、满期日、付款、拒绝承诺及拒绝付款之场合、执票人之请求偿还权、代人付款、副票及草票、汇票之伪造变造及遗失、时效，共12章；第3编期票，下设期票1章；共94条。

第五编海船律，分6编11章。第1编总则，下设法例、通则2章；第2编海船关系人，分所有者、海员2章；第3编海船契约，分运送物品契约、运送旅客契约、保险契约3章；第4编海损，分共同海损、海船之冲突2章；第5编海难之救助；第6编海船债权之担保，分法定债权、抵当权2章；共263条。

全律合计1 008条，体例严谨，内容周详，但有不少脱离中国实际之处。由于该律是按照商法典的规模和要求来编纂的，因而起草的过程较长，至辛亥革命爆发，尚未全部定稿。已完成者中有些也未经修订法律馆审核，因而均未颁行。

2）《交易行律草案》。光绪三十四年（公元1908年）起草。

3）《破产律草案》。修订法律馆聘日本法学士松冈义正起草，宣统元年（公元1909年）完成，共337条，内容较为周详。

4）《保险规则草案》。农工商部（公元1906年改商部为农工商部与邮传部）拟订。共124条，经宪政编查馆厘正后，于宣统二年八月（公元1910年9月）奏交资政院审议。

5）《改订大清商律草案》。农工商部拟订，宣统二年十一月（公元1910年12月）奏交资政院审议。共分总则、公司二编。总则编分商人、商人能力、商业注册、商号、商业账簿、商业使用人、代理商，共7章86条；公司编分总纲、无限公司、两合公司、股份有限公司、股份两合公司、罚例，共6章281条。内容远较《钦定大清商律》完整、周密，是一部比较成熟的商法草案。1914年，民国北京政府将其略加修改后，改为《商人通例》和《公司条例》颁布使用。

这一阶段已颁行的商事单行法规主要有：

1）《银行则例》，度支部订。光绪三十四年正月（公元1908年2月）奏准颁行。

2）《银行注册章程》8条，度支部订。光绪三十四年六月（公元1908年7月）奏准颁行。

3）《大小轮船公司注册给照章程》20条，邮传部订。宣统二年三月（公元1910年4月）奏准颁行。

4）《运送章程》。其中正文54条，分为总则、运送承办人、运送营业者3章；附则2条。大约相当于当时外国商行为法中有关运送营业的部分，是一部比较成熟的单行法规。农工商部起草，宣统二年八月（公元1910年9月）奏交资政院审议，十二月奏准颁行。

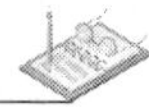

此外，清政府还制定和颁布了一些与商法有密切关系的法规，如《商会简明章程》、《华商办理农工商实业爵赏章程》、《奖励华商公司章程》、《改订奖励华商公司章程》等。

（三）民律修订的过程

1. 修律计划与三点宗旨

清末修律之初主要着眼于对《大清律》的修订和《大清新刑律》的制定，民事立法的修订直到光绪三十三年五月（公元1907年6月）才受到朝廷的重视。

沈家本作为其时的修订法律大臣和传统士大夫阶层的一分子，他不仅从理论上说明继承传统法律文化的必要，而且从感情上，也为古老悠久的中国古代法文化而自豪。他曾用大量时间，悉心考订古代法律，提出了许多独到精深的见解。在有关古代民事法律方面也有阐述。他说："民事、刑事性质各异，虽同一法庭，而办法要宜有区别。"又如他在《释借贷》一文中，详尽考证了"借"、"贷"二字的本意，并以唐、明律为例，从法律上加以剖析。本着综古今而折其衷的观点，他指出："方今修订民律，其中债权一编，名词必须确定，斯义例为分明，即如贷、借二者，为此编中重要之端"。他关于借贷的经典性概括和解释，就以后的民国时期的法学家来说，也是"无出其右者"。此外，沈家本在大量的"奏议"、"论"、"说"中，也为中国近代民商事立法起到了奠基铺路的作用。如《变通旗民交产旧制折》，反映了他在民法方面的民族平等观点。又比如《删除同姓为婚律议》、《妇女离异律例偶笺》、《再醮妇主婚人说》、《变通异姓为嗣说》等文中，也都或多或少地体现出他所具有的近代民事、婚姻、继承等法律观点。

其时的大理院正卿张仁黼在其"修订法律请派大臣会订折"中奏称："人与人之关系，则属乎私法"，"私法如民法、商法是"。"至民法为刑措之原，小民争端多起于轻微细故，于此而得其平，则争端可息，不致酿为刑事。现今各国皆注重民法，谓民法之范围愈大，则刑法之范围愈小，良有以也"。民政部大臣善耆也在给朝廷的奏折中提出制定民法的主张。

光绪三十三年九月，宪政编查馆正式将民法的编纂列入修律计划。第二年十月（公元1908年11月），修订法律馆在沈家本主持下聘请日本法学士松冈义正为顾问，开始民法的起草。宣统元年二月（公元1909年3月），内阁侍读学士甘大璋奏请将民律中与礼教牵涉较多的亲属、继承二编，分出改由礼学馆起草，然后会同修订法律馆一起商定。为起草民律，修订法律馆专设一科，"科设总纂一人，纂修、协修各四人，调查一人或二人。又设咨议官访通晓法政、品端学粹之员，分省延请，以备随时咨商"。此外，"凡各省习惯及各国成例，得分别派员或咨请出使大臣调查"。

修订法律馆和礼学馆在起草民律过程中，强调以下三点作为宗旨：

一是“注重世界最普通之法则”；广泛吸收大陆法系国家民法的一般原则和具体规定。

二是“原本后出最精确之法理”；“采用各国新制”以便与列强相交涉。

三是“求最适于中国民情之法”和“期于改进上最有利益之法”。

一方面“或本诸经义、或参诸道德、或取诸现行法制”；另一方面，“依据调查之资料，参照各国之法例，斟酌各省之报告，详甚草订”，以便从中国传统的礼教民俗中吸取相应的规范。[①]

2. 修律的过程及意义

在修订法律馆组织下，由松冈义正起草的民律总则、债权、物权三编全部完稿，礼学馆负责起草的亲属、继承二编也相继完成，共 36 章，1 569 条。修订法律馆将五编依此排定，名为《大清民律草案》。至宣统三年八月（公元 1911 年 9 月），并将前三编缮成黄册，奏请交内阁核订。后二编准备会同礼学馆商定后，再行奏进。但未等这些工作进行完毕，清廷便因辛亥革命被推翻。

《大清民律草案》为我们今天回视历史提供了一个很好的例证：德国民法典的制定颁行，为解决法典的民族性与本土化前后经历了近三十年，其间形成了著名的学派之争；而清末的民律草案从开始议论到编订完成不足三年；且这三年正值王朝大厦将倾之时，或许惟其如此，才使得民律草案的修订留下了更多的政治诉求的痕迹：为收回“治外法权”，为“模范列强”，为“推行宪政”，等等；背负着如此沉重的历史使命，已使得具体的立法者们，无心也无力顾及法典本身的“法律问题”了。在这里我们还暂且不论参与法律的修订者们究竟是以法律家的身份还是以政治家的身份在完成着这一历史性的使命，其中的诸多因素实在值得后人深思。

（四）诉讼法与法院组织法的制定过程

1.《刑事民事诉讼法草案》的制定

中国传统法律一向是诸法合体，程序法不单独编纂。清廷颁布修订法律谕旨后，修订法律馆大臣认为刑法和诉讼法关系，不可偏废，于是在修订刑律同时，开始了诉讼立法工作。沈家本等人认为，实体法与诉讼法相互为用，日本之所以能在明治维新后收回治外法权，“推原其故，未始不由于裁判诉讼咸得其宜”[②]，另一方面，鉴于历史传统形成的刑、民状况不分的事实，于光绪三十一年（公元

① 参见《中华民国暂行民律草案》，转引自曾宪义主编：《新编中国法制史》，济南，山东人民出版社，1987。

② 《大清法规大全·法律部·法典草案一》，总 1907 页。

1905年）提出制定简明诉讼法，将民事诉讼与刑事诉讼规定在一部法典中。

2.《各级审判厅试办章程》的制定

法部受命对《大清刑事民事诉讼法》详核妥拟后，鉴于各级审判厅即将普遍举办，亟需程序性法律规范的情况，立即着手编纂“暂行诉讼法”。为调和传统文化和近代文化间的矛盾，法部以直隶总督袁世凯奏定的《天津府属审判厅试办章程》为基础，兼采沈家本奏呈的《法院编制法草案》，于光绪三十三年十一月（公元1907年12月14日）编成《各级审判厅试办章程》。

3.《刑事诉讼律草案》和《民事诉讼律草案》

在各省督抚对《刑事民事诉讼法草案》提出种种意见时，修订法律馆就已有了制定新的诉讼法的打算，并将此计划列入《钦定逐年筹备事宜清单》。光绪三十三年十一月（公元1907年12月）奏准的办事章程中，明确把刑事诉讼律、民事诉讼律的调查起草作为该馆第二科的职掌，开始重新编纂诉讼法典。光绪三十四年十月（公元1908年11月）聘日本法学家松冈义正等为法律顾问后，又安排由冈田朝太郎和松冈义正分别协助起草刑事诉讼律和民事诉讼律，至宣统二年十二月（公元1911年1月27日），相继编成《刑事诉讼律草案》和《民事诉讼律草案》。

4.《大理院审判编制法》与《法院编制法》

清廷配合“预备立宪”，大理寺改大理院，专任审判。为明确大理院职权，法部随之拟定《大理院审判编制法》，由清廷于1906年12月颁行。该法分《总纲》、《大理院》、《京师高等审判厅》、《城内外地方审判厅》、《城献局》5节，计45条。它引入了资产阶级“司法独立”原则，确立四级三审制，审检合署，审判合议等制度。是模仿资产阶级国家制定的我国第一个单行法院组织法规。

■ 法律的基本内容和特点

（一）《大清现行刑律》与《大清新刑律》

1.《大清现行刑律》

1904年5月15日，修订法律馆开馆办公，着手对《大清律例》行删改、修并、续纂，以此作为一部在新刑律颁布以前的过渡性法典。“预备立宪”诏令颁布后，修订《大清律例》被纳入《钦定逐年筹备事宜清单》。1908年修订完成，定名《大清现行刑律》，分30门，计389条，附例1 327条，及《禁烟条例》12条，《秋审条例》165条，于1910年5月15日公布施行。

该律虽在《大清律例》基础上修订而成，篇目、内容仍不脱旧律窠臼，但作为近代社会产物，已具有过渡性法典的性质。主要表现为：

第一，改律名为《刑律》。封建法典一般称律，如《唐律》、《大明律》、《大清律》等，《大清律现行刑律》则以“刑律”为名。这显然是受西方当时法学理论的影响。

第二，取消《大清律例》中按吏、户、礼、兵、刑、工六部称呼名称而设的六律总目，现行刑律篇目，自名例至河防分30门36卷。这是新旧法典体例折中的结果。

第三，改革刑罚，废除凌迟、枭首、戮尸、缘坐、刺字等酷刑（当然，仅仅是条文规定上如此）。从立法上肯定了清末以来刑罚改革的成果，诸如肯定充改为安置，军流徒酌改为习艺，笞杖改为罚金，秋审可矜人犯承案改流，满汉同刑制，死缓人犯秋审等。并把这些改革统一起来，以罚金、徒、流、遣、死五刑取代原有笞、杖、徒、流、死五刑，将《大清现行刑律》律条及附例内各项罪名，一律按新五刑厘定。

第四，废除过时法条，增加新罪名。废除了体现民族压迫的维护满族人特权的条款，计法条1条，条例40条。删除了“良贱相殴”条、“良贱相奸”条，并将条文中“奴婢”改为“雇工人”，打破了封建法律中“良贱之异”的原则，取消了奴婢在法律上不平等的“律比畜产”地位。同时，又据近代交通运输、工业企业发展，增加了毁坏铁路、电讯等新罪名和定例。由于上述变化，有的称该法是“大加改良的”，“王朝颁行的最后而且是最进步的一部刑法典”。但它颁行于辛亥革命前夕，因而未实施多久。

2.《大清新刑律》

从1905年《大清新刑律》草订到1910年12月颁布，历时5年之久。

清廷在修订《大清现行刑律》同时，也开始制定新刑律。1906年，沈家本又聘请日本法学博士冈田朝太郎帮同考订，并遴选一批法学专家分别纂辑。前后历3年，四次易稿，于1907年下半年编成《大清新刑律草案》，上奏清廷。修订法律大臣沈家本等人在“奏进呈刑律草案折”中，指出新律于旧律变通者“厥有五端”：“一曰更定刑名。一曰酌减死罪。一曰死刑唯一。一曰删除比附。一曰惩治教育”[①]。1910年11月5日由宪政编查馆审查、核订告竣，定名《大清新刑律》。但此草案“经宪政编查馆奏交部、院及疆臣核议，签驳者众”[②]。特别是由于受到以张之洞、劳乃宣为首的“礼教派”的强烈反对和攻击，修订法律馆不得不将此草案收回，并重新草拟。直到1911年1月25日，清廷据资政院和宪政编查馆会奏，才正式公布经过多次修改的《大清新刑律》，预定在宣统五年

---

① 《大清光绪新法令》第19册，26～28页。

② 《清史稿·刑法志一》。

正式施行。但公布后不久，清王朝即告覆亡，故《大清新刑律》并未正式施行。

(1)《大清新刑律》的结构变化。

《大清新刑律》分总则、分则两编，共53章，411条，附《暂行章程》5条，其主要特点是：

其一，仿资产阶级刑法体例。一是将非科刑定罪的内容一概删除，使其成为中国历史上第一部近代化的专门的刑法典。提高了刑法的地位，与用刑罚手段调整各种社会关系的封建法典相比，在一定程度上减轻了司法镇压的残酷性。二是确定新的刑法体系，结果是几千年封建传统的刑律在形式上变明清以来六部分立的体例而为近代刑法的总则与分则的体例。在刑法典结构上分为“总则”、“分则”两编。“总则”本质上虽无异于封建律典的“名例”，但其内容却丰富完备。“分则”以罪名为纲领，分章规定各类犯罪及刑罚，抛弃了传统律典中章名既不概括罪名，又不便检索的缺点。

其二，采取资产阶级国家刑罚体系。随近代文明的发展，古老的刑罚体系必然发生动摇。以流刑为例，交通的发达，边疆的开发，必然使它失去惩罚的作用，因此，该律仿效资产阶级国家刑法，确定了一个以自由刑为中心，由主刑、从刑组成的新体系。规定主刑为死刑、无期徒刑、有期徒刑、拘役、罚金，从刑为褫夺公权和没收。废除了以封建乡土观念为基础，同时又有“以邻为壑”作用的流刑，废除了折磨肉体的笞刑、杖刑，将身体刑排除在刑罚体系之外。同时大大减少死刑条数，且规定：“死刑用绞，于狱内执行之”。罪大恶极的用斩。

(2)《大清新刑律》的内容变化。

其一，吸收资产阶级刑法制度。一是采用罪刑法定原则，规定：“法律无正条者，不问何种行为，不为罪”。否定了罪刑擅断和诏敕断罪。引进缓刑、伪释、时效制度，专设缓刑、伪释、时效章，开有利罪犯自新之路，也具有人道主义色彩。采取对青少年犯实行感化教育，确定对刑事责任年龄以下的青少年犯罪，施以感化教育，开我国感化教育青少年犯之先河。仿效资产阶级刑法，创设妨害选举罪、妨害交通罪、妨害料水罪、妨害卫生罪、妨害安全信用名誉及秘密罪等章。这些内容，客观上有利于维护人民群众的正当权益。二是适应帝国主义国家侵略的现实，效法资产阶级刑法设妨害国交罪章，实质是确保列强在华特权，出卖民族利益。

其二，《大清新刑律》对封建刑法制度作了大量删削，尤其是删去了以家天下和宗法制为根据的“八议”、请、减、赎、“十恶”和“存留养宗”等封建法律内容，取消了旧律中残酷的刑罚规范及“官秩”、“良贱”、“服制”等规范。

该律虽未及施行，但它却是中国历史上首部仿效资产阶级刑法原则、体例制定的刑法典，深刻影响了我国半殖民地、半封建社会的刑事立法。

3. 修律中的“礼法之争”

所谓“礼法之争”，是指在清末变法修律过程中，以张之洞、劳乃宣为代表的“礼教派”与以修订法律大臣沈家本为代表的“法理派”围绕《大清新刑律》等新式法典的修订而产生的理论争执。

（1）“法理派”与“礼教派”。

清末修律过程中“法理派”与“礼教派”之争，主要集中在光绪三十二年（公元1906年）修订法律馆上奏《大清民事刑事诉讼律》及次年上奏《新刑律草案》以后[①]。修订法律大臣沈家本等人，由于对清朝所面临的社会危机、对西方国家的政治法律制度有比较深入的了解，因而主张中国应该大幅度地引进西方近、现代的法律理论与观念，运用“国家主义”等政治法律理论来改革中国旧有的法律制度。在修订《大清新刑律》、《大清民事刑事诉讼律》过程中，沈家本主持的修订法律馆经常运用西方国家的“通行法理”来对抗保守派的攻击，因而被称为“法理派”。而以曾出任湖广总督、后任军机大臣的张之洞、江苏提学使劳乃宣为代表，包括直隶总督袁世凯等“封疆大吏”与地方督抚在内的清廷上层官僚、贵族，则对变法修律持反对、消极的态度。在大势所趋、变法修律已成定局后，他们又对沈家本等主持的修订法律馆百般挑剔和刁难，要求修订新律应“浑道德与法律与一体”，尤不应偏离中国数千年相传的“礼教民情”，故而被称作“礼教派”。

（2）法理派与礼教派争论的焦点。

就制定《大清新刑律》而言，法理派与礼教派争论的焦点主要集中在以下几方面：

其一，关于“干犯名义”条存废问题。“干犯名义”是传统法律中的一个重要罪名，专指子孙控告祖父母、父母的行为。按照儒家的理论，亲属之间理应

---

① 围绕这两部草案，礼教派利用政治上的优势，发动各省督抚及实力派，挥动“纲常名教”等传统大棒对以沈家本为代表的法律草案起草者进行围攻和抨击，而沈家本等人则运用近、现代西方法理百般解释、争论。双方争执的核心，在于如何理解并在新律中处理法律与道德的关系问题，亦即如何对待中国数千年相传的“纲常名教”的问题。“法理派”从西方近、现代法学理论出发，认为应该采用部门法分立的方式，按照各自的范围、特点来制定新的法律，建立起新的法律体系。因此，在修订《大清民事刑事诉讼律》和《大清新刑律》时，在不违背和损害君主专制制度的前提之下，大量引进和采用了“罪刑法定”、“正当防卫”等概念与制度，试图取消“干犯名义”、“存留养亲”制度，以及一些明显因亲属关系而设立的罪名与制度，主张将实体法与程序法分离，并使道德与刑法、犯罪有所区分。而礼教派则认为，“三纲五常”及其所体现的传统社会秩序，是天地间的唯一正理，是中国数千年来赖之以存在的“根本”，是绝对不可以稍有改变的。变法修律只能在“中学为体、西学为用”的框架内，在形式上采纳一些西方的法律术语，而不能从根本上去触动传统的纲常名教。法理派所作出的这些改变，是对“三纲五常”等传统秩序的背叛，完全背离了变法修律的宗旨，实在不应该被朝廷接受。

相互包庇、隐瞒犯罪。亲属相互告言，“亏教伤情，莫此为大”①。明清律中，子孙控告祖父母谓之“干犯名义”，亦属十恶之条。清末修律过程中，沈家本等人从西方国家通行的法理出发，提出“干犯名义”属“告诉之事，应于编纂《判决录》时，于诬告罪中详叙办法，不必另立专条”②。而礼教派则认为“中国素重纲常，故于干犯名义之条，立法特为严重”③，由此足见“干犯名义”条款大干礼教之事，是传统伦理的根本所在，因而绝不能在新刑律中没有反映。

其二，关于“存留养亲”制度。“存留养亲”是传统法律中的一项重要制度。一般而言，“存留养亲”多适用于独子斗殴杀人之案。在此类案件中，若有“亲老丁单”，即凶犯系家中独子、父母年老有病、家中又无其他男丁情形，考虑到其父母年老无人侍养，又无其他男丁继承宗嗣，经有关部门代为声请，得到皇帝特许以后，可免其死罪，施以一定处罚以后，令其回家“孝养其亲”。自南北朝时成为定制以后，围绕“存留养亲”的条件、限制等问题，各代形成了一整套制度。长期以来，“存留养亲”一直被视为“仁政”的重要标志。沈家本等人认为：“古无罪人留养之法”，而且嘉庆六年上谕中也明白表示过：“是承祀、留养，非以施仁，实以长奸，转以诱人犯法”。因此，“存留养亲”不编入新刑律草案，“似尚无悖于礼教”④。礼教派认为，“存留养亲”是宣扬“仁政”、鼓励孝道的重要方式，不能随便就排除在新律之外。

其三，关于“无夫奸”及“亲属相奸”等问题。依照传统伦理，“奸非”是严重违反道德的行为，故传统刑律有严厉的处罚条款。“亲属相奸”更是“大犯礼教之事，故旧律定罪极重”。因此，礼教派认为在新律中也应有特别的规定。法理派则认为，“无夫妇女犯奸，欧洲法律并无治罪之文”。“此事有关风化，当于教育上别筹办法，不必编入刑律之中”⑤。至于亲属相奸，“此等行同禽兽，固大乖礼教，然究为个人之过恶，未害及于社会，旧律重至立决，未免过严”。因此，对此等行为，依“和奸有夫之妇”条款处以三年有期徒刑即可，“毋庸另立专条”⑥。

其四，关于“子孙违反教令”问题。“子孙违反教令”是传统法律中一条针对子孙卑幼“不听教令”，弹性很大的条款。只要子孙违背了尊长的意志、命令，即可构成此罪名。隋唐以后，各代法律都有此罪条，给予违反父母、尊长意志的子孙以惩罚。清律之中，除规定子孙违反教令处以杖刑以外，还赋予尊

① 因此，自孔子以下，各代儒生皆主张“亲属相隐”。汉代以后，“亲属相容隐”正式成为一条国家律法。隋唐以后，控告祖父母、父母的行为，被列入“十恶”中的“不孝”。

② 《寄簃文存·跋·书劳提学新刑律草案说帖后》。

③ 《大清法规大全·法律部·谕旨》，总1660页。

④⑤⑥ 《寄簃文存·跋·书劳提学新刑律草案说帖后》。

长“送惩权”，即对于多次触犯父母尊长者，尊长可以直接将其呈送官府，要求将其发遣。礼教派认为，这样“子孙治罪之权，全在祖父母、父母，实为教孝之盛轨”。法理派则指出：“违反教令出乎家庭，此全是教育上事，应别设感化院之类，以弘教育之方。此无关于刑事，不必规定于刑律中也。”[①]

其五，关于子孙卑幼能否对尊长行使正当防卫权问题。礼教派认为，按照中国传统的伦理，“天下无不是之父母”[②]，子孙对父母、祖父母的教训、惩治，最多像舜帝那样“大杖则走，小杖则受”，只有接受的道理，而绝无“正当防卫”之说。法理派则认为：“国家刑法，是君主对于全国人民的一种限制。父杀其子，君主治以不慈之罪；子杀其父，则治以不孝之罪”，唯有如此“方为平允”。

在修订新刑律的过程中，要使中国刑法拉近与西方刑法的距离，势必要引进包括“正当防卫”在内的一系列先进的刑法制度，同时也势必要对中国传统的价值观念、刑法制度作出一些调整和改变。而在实际上，这些局部的、细微的改变，都让礼教派不能容允，并引起了保守势力的激烈反对和攻击。在修律的方向和宗旨等问题上，礼教派的观点，实际上就代表了包括清朝廷、社会上层贵族官僚、食古不化的封建士大夫在内的保守势力的观念和态度。因此，在清宣统元年（公元1909年）正月二十七日，清廷针对修律过程中的争议，正式发布上谕，明确表示：“惟是刑法之源，本乎礼教。中外各国礼教不同，故刑法亦因之而异。……良以三纲五常，阐自唐、虞，圣帝明王兢兢保守，实为数千年相传之国粹，立国之大本。今寰海大通，国际每多交涉，固不宜默守故常，致失通变宜民之意，但祇可采彼所长，益我所短。凡我旧律义关伦常诸条，不可率行变革，庶以维天理民彝于不敝。该大臣务本此意，以为修改宗旨，是为至要”[③]。因而清末修律过程中的“礼法之争”，其必然结局就是法理派的退让和妥协。

（3）争论妥协的结果——“暂行章程”。

由于传统保守的礼教派以张之洞、劳乃宣为首，借签注、核订、议决之机，责难新刑律违背传统礼教、家族主义等儒学思想，攻击新刑律与“三纲”相刺谬，破坏男女之别，尊卑长幼之序。坚持把封建律典中“无夫奸”、“子孙违反教令”、“干犯名义”、“存留养亲”等内容特别规定于新刑律之中；煽动士大夫阶层反对新刑律；甚至呼吁朝廷对修律者兴师问罪，使“新刑律几有根本推翻

---

① 《寄簃文存·跋·书劳提学新刑律草案说帖后》。

② 瞿同祖：《中国法律与中国社会》，15页，北京，中华书局，1981。

③ 《大清法规大全·法律部·谕旨》，总1660页。

之势”。清廷偏袒这一派意见，下谕明示：“凡我旧律义关伦常诸条，不可率行变革，庶以维天理民彝于不敝”。法部据此在新刑律后加上5条《附则》，称《暂行章程》。规定了无夫妇女通奸罪，对尊亲属有犯不得适用正当防卫，加重卑幼对尊长、妻对夫杀伤害等罪的刑罚，减轻尊长对卑幼、夫对妻杀伤等罪的刑罚等等，以符合“凡我义关伦常诸条不可率行变革”的宗旨。刑法的修订，充分表现出顽固的中华法系与近代资本主义法系的抗争。

清末商法的内容十分广泛，涉及公司、商标、破产、海商、票据、保险等多方面。几乎在20世纪初的主要商事法典，在其时均有涉猎，以下主要就当时有代表性的商事法规内容归纳分析如下：

（二）商律的主要内容和特点

1. 清末商律的主要内容

（1）以法律的形式规定了奖励工商业的政策，肯定了近代资本主义企业的合法地位。

《钦定大清商律》第23条规定：“凡现已设立与嗣后设立之公司及局厂、行号，铺店等均可向商部注册，以享一体保护之利益”；《华商办理农工商实业爵赏章程》规定：凡商人所办实业有利国民生计者，皆可按资本额大小及所用工人多寡，分别授以子爵、男爵、卿等爵秩，以显其荣；《改订奖励华商公司章程》规定：凡集股办公司股金在20万元以上者，可按其所集股金数额，分别授以农工商部顾问官、议员等职衔，并相应地授以一至七品顶戴，使之在礼仪方面受优待等等。可以说自秦汉以来“以法律贱商人”的朝廷政策至此在立法上得以改变。

（2）规定了商人的法律地位及从事商事活动所应遵循的一般规则。

《钦定大清商律》规定：男子16岁以上方可为商；商人必须立有账簿，并定期结账，商业账簿及与贸易有关的往来信件至少要保存10年。

《改订商律草案》（亦称《志田案》。修订法律馆聘日本法学博士志田钾太郎起草，自宣统元年起陆续脱稿）规定：“凡有独立订结契约负担义务之能力者均得为商人”（第7条）；“商人得以其姓名或各种字样作为商号”（第20条），但不得在同一区域使用同种行业中他人已注册之商号；商业主人可以雇用商业使用人，也可由他人代理经营，但都要遵守法律的有关规定；商人账簿应按规定的方式记载、结算、保存，等等。

（3）规定了公司的法律地位、种类，各种公司的组织机构、内部关系及外部关系、成立、变更、解散及会计制度等。

《钦定大清商律》规定：“凡凑集资本共营贸易者名为公司”。公司共分四种：合资公司、合资有限公司、股份公司、股份有限公司（第1条）；公司必须设置经理；股份公司和股份有限公司必须设董事局和查账人，并定期举行股东大会，讨论决定公司的重大问题；设立合资有限公司，必须订立合同，呈报商部注册后，方准开办；设立股份公司和股份有限公司，除订立创办合同外，还须待股数招齐，并经股东大会审查无误后，方可呈报商部注册开办；公司欲增加股本，必须经股东大会决议并呈报商部注册；公司账目每年至少结算一次，必须确有赢利，方可分派股息，但至少须将赢利的1/20用作公积金；公司如股本亏蚀及半或存续期满或股东低于法定人数，即作为停闭。停闭后要由专人进行清理。

《改订商律草案》规定：公司分为无限公司、两合公司、股份有限公司、股份两合公司四种。凡公司均认为法人，公司非经注册不能着手开办，并不能对抗第三者；创办无限公司和两合公司须订立议据，联名签押；无限公司资本及两合公司的无限资本均有执行公司业务之权利，并负其义务；两合公司的有限资本有查阅公司账簿、监督公司营业的权利；股份有限公司必须有七名以上认股者为创办人，创办人须订立公司章程，待股数招足并第一次股银交齐后方可招集创立总会，成立公司，并呈请官厅注册开办；股份两合公司以无限责任资本和有限责任股东组成，如无限责任资本全部脱退，可改为股份有限公司，如有限股东全部脱退，可改为无限公司，等等。

（4）具体规定了买卖、行铺营业、承揽运送业、运送营业、仓库营业、保险营业等商事行为的性质、经营规则、有关当事人间的权利义务关系等。

《志田案》第2编规定，以自己的名义就他人之计算而担任贩卖或买入动产或有价证券的营业谓之行铺营业；行铺须以商人之注意为其所任之行为；于陆上、河川或其他国内水上运送物品或旅客的行业谓之运送业；旅客之运送人非证明自己或其使用人关于运送无怠于注意之处，对于旅客因运送所受之损害不得免赔偿之责，等等。

（5）对于海上运输这一特殊行业的有关问题作了系统的规定。

《志田案》第5编详细地规定了海船所有人、船长及船员的权力、职责，他们和旅客及货主的关系，以及海上运输中各种意外事件的处理原则等。可视为后世海商法的开端。

（6）对商事活动中经常使用的票据的性质、种类、款式、发行、流通、收回及当事人间的权利义务作了系统规定。可视为后世票据法的开端。

（7）规定了破产的条件、呈报破产的方法、清偿债务的方法及对有心倒骗的处理办法等。

《破产律》规定，商人遇有破产事项，应赴地方官及商会呈报，待查明后进行破产宣告；宣告破产后应选举专门人员负责清理有关事务，并召开债主会议，

商议清偿办法；待账目核算清楚后，将破产财团按平均成数摊还各债主；对有心倒骗者分别以监禁或罚金处罚之。

此外，清末商法还规定了公司及各种行铺注册的效力、注册时所必备的手续、注册的程序和办法，以及商会的性质、组织、职责、活动方式等。

2. 清末商律的基本特点

清末商法的特点可以简要归纳为以下几点：

第一，在法律渊源上，它主要模仿德、日、英等资本主义国家的商法，同时也吸收了一些中国的商事习惯。如《钦定大清商律》主要仿自英、日公司法和商法；《改订商律草案》主要仿自日本明治三十二年（公元1899年）商法，同时也从德国1900年商法中吸收了一些内容；《志田案》中除票据法主要仿自1900年起草的《海牙统一票据条例草案》外，其余主要模仿日本1899年商法和德国1900年商法。此外，也都采用了传统中国商事习惯的条文。《钦定大清商律》中，此类条文有28条，《改订商律草案》中有30余条；特别是《破产律》，“沿袭中国习惯者居多，采用外国条文者少”，主要根据中国的习惯拟成。这是清末商法的一个重要特点。

第二，在立法原则上，充分照顾商事活动的简便性及敏捷性要求，从各国商法和中国商事习惯中采取了大量的与商为便的规定。如《钦定大清商律》关于一般商业注册与否听其自便，以及公司只要符合法定条件均可成立的规定；《改订商律草案》关于无限公司的内部关系以从定章为主，及无论何种公司都可变更其种类的规定等，都属于这种规定。但关于商业登记、商业使用人、商业代理人等方面的规定都付阙如。如《钦定大清商律》中“商人通例”仅有9条，其《公司律》中关于无限公司和合资有限公司的条文也很少，特别是对合资有限公司的资本额和公司机构未作任何规定。

第三，在具体内容上，带有一些封建残余和半殖民地法的烙印。如《钦定大清商律》关于商人能力规定，男子16岁以上有完全的商人能力，可独立为商，妇女则只在上无父兄或本商病废而子弟幼弱、尚未成丁的情况下，方可为商（第3条）；有夫之妇经商，不仅须经丈夫许可，而且遇有钱债纠葛，本夫不能辞其责。实际上是不承认妇女的独立地位。

此外，上述立法中对外国公司均无规定。日本公司法关于外国公司专设一章，清末商法模仿日本商法之处颇多，唯关于这个问题不采日制。这其中的政治利害取舍恐怕多于立法本身的考虑。

清末商法是在清末的政治动荡环境中形成的，这就决定了它必然带有特定历史时期的种种特点。其时的立法者最关注的是皇权的稳固，而与法律相关的最直接明显的政治指标就是“收回治外法权”。这一在当时十分现实的政治功利目的左右着法律的颁行，即决定着制定哪些法律、如何制定这些法律；而对这些法律是否适合国情，是否从法学的角度加以分析，实在是难以详于顾及。结果便是在短短的五六年中，将西方孕育了近百年的法典和法律制度，用于我们"接轨"的立法目的而引入。这当中的得失教训，在又过了百年之后的我们面前，仍有许多值得回味的东西。

（三）《大清民律草案》的结构与内容

《大清民律草案》共有5编，按其编纂结构和内容的特点可分为前后两个部分，即总则、债权、物权前三编与亲属、继承后两编。

1. 清末民律草案前三编以"模范列强"为主

民律前三编主要受起草者日本法学士松冈义正的影响，以日本明治二十九年（公元1896年）《民法典》为蓝本，同时参酌德国和瑞士《民法典》，其结构则是取自1900年的德国《民法典》，对中国旧有习惯未加参酌。

第1编总则，它采取了私有财产所有权不可侵犯、契约自由、过失致人损害应予赔偿等资产阶级民法的一些基本原则。下设各章分别是法例、人、法人、物、法律行为、期间及期日、时效、权利之行使及担保共8章。分别对自然人的权利能力、行为能力、责任能力、住所、人格保护及法人的意义和成立要件、法人的各项民事权利、社团法人、财团法人，以及意思表示、契约行为、代理行为、取得时效、消灭时效等民法上的根本概念和法律关系作了规定。如在总则编中规定：契约必须经双方同意才能成立，"要约经拒绝者，失其效力"（第204条），契约的变更亦须经双方同意，"要约定有承诺期间者，不得撤回"（第201条），"要约人于承诺前死亡或失其能力者，其契约仍得成立"（第209条）等。

第2编债权，分别规定了债权的标的、效力、让与、承认、消灭以及各种形式的债的意义和有关当事人的权利义务等。下分通则、契约、广告、发行指示券、发行无记名证券、管理事务、不当得利、侵权行为共8章，引用的条文具有典型的大陆法系风格。如在债权编规定："因故意或过失侵他人之权利而不法者，于因加害而生之损害负赔偿之义务"（第945条），"官吏公吏及其他依法令从事公务之职员，因故意或过失违背应尽之职务，向第三人加损害者，对于第三人负赔偿之义务"（第984条），"为某种事业使用他人者，于被使用人执行事业加损害于第三人时，负赔偿之义务"（第952条）。而对中国传统社会中民间普遍存在的习惯性规则缺乏相应的法律调整。

第3编物权，主要规定了对各种形式的财产权的法律保护及财产使用内容等。下分通则、所有权、地上权、永佃权、地役权、担保物权、占有权共7章。如在物权编中规定："所有人于法令之限制内得自由使用、收益、处分其所有

物”，他人不得干涉（第983条）。

2. 清末民律草案后两编以“固守国粹为宗”

后两编因由清廷礼学馆主持起草之故，虽然条文中采纳了一些资产阶级的法律规定，但更多的是注重吸收中国传统社会历代相沿的礼教民俗。

第4编亲属，分别对亲属关系的种类和范围、家庭制度、婚姻制度、未成年人和成年人的监护、亲属间的扶养等作了规定。下分定名、取义，下设通则、家制、婚姻、亲子、监护、亲属会、扶养之义务共7章。其具体法律条文成为清末东西方法律文化交融的一个缩影。如关于家庭制度的条文规定：“家政统摄于家长”（第1318条），“家长以一家中之最尊长者为之”（第1312条），“家属尊卑之分以亲等及其长幼为序”（第1313条），妇女只在“家中无男丁或有男丁而未成年”的情况下，才得为家长（第1316条）；关于婚姻的条文规定：男子不满30岁，女子不满25岁，无论结婚、离婚都须父母同意，否则无效。

第5编继承，分别规定了自然继承的范围及顺位、遗嘱继承的办法和效力、尚未确定继承人的遗产的处置办法，以及对债权人和受遗人利益的法律保护等。第1章包括定名、范围及次序，以下分别是通则、继承、遗嘱、特留财产、无人承认之继承、债权人或受遗人之权利共6章。继承编中同样体现着浓厚的传统色彩，如关于继承权特别规定不可以抛弃，即使受继人有不利益之事，亦不得抛弃继承。在这里家族的传承观念，远远重于个人的物质利害得失。

《大清民律草案》从整体结构上来说，确实代表了其时最先进的民法理论，唯其如此，这一草案的完成，恰恰也成为清末修订的大部分法典一味强调“与国际接轨”，而罔顾本国社会实际这一通病的又一典型。而其法典内容上所体现出的前后两部分的差异，则又成为近代东西方两种法律文化交融的例证。在这里以一个具体的视角叙述着“中体西用”的理论与实践。就法典本身来说，《大清民律草案》不是一部成熟的法律草案，但却是中国历史上第一部民法典。它对以后中华民国的民事立法产生了深远的影响。

（四）诉讼法与法院组织法的内容特点

1.《刑事民事诉讼法草案》的内容特点

光绪三十二年四月（公元1906年4月），拟成《刑事民事诉讼法草案》上奏清廷，请求在刑法和民法之前颁行。该草案共5章260条，另附“颁行例”3条。第1章为总纲，主要规定了刑事诉讼和民事诉讼的区别，诉讼时限、诉讼公堂、各类惩罚等；第2章为刑事规则，主要规定了逮捕、拘传、搜查、传唤、关提、拘留、取保、审讯、裁判、执行、开释等刑事诉讼程序；第3章为民事规则，具体规定了传唤、诉讼标的500元以下和500元以上的案件的诉讼、审讯、拘提被告、判案后查报产物、监禁被告、查封在逃被告产物、减成偿债及破产物、和解等民事诉讼程序；第 4 章为刑事、民事通用规则，主要是关于律师、陪审、证人、上诉的规定；第 5 章为中外交涉案件的处理规则，规定涉外案件依当时的条约审讯。

由于负责起草的伍廷芳曾留学英国，对英美法较有研究，因而该草案的内容多采自英美法，与大陆法国家的程序法有所不同，采用了资产阶级的陪审制度、律师制度，是我国首次将诉讼法规单独编纂的尝试。有鉴于此，清廷于同年 4 月 26 日下谕，该法内容“于现在民情风俗能否通行，着该将军督抚，都统等体察情形，悉心研究其中有无扞格之处，即行缕析条分据实具奏”。之后，各省覆奏纷纷反对，对该草案加以批驳，“或以为舆情未洽，或以为人材未备，或以为关键多疏，或以为滞碍难行”，一致拟请暂缓施行。特别是湖广总督张之洞攻击最烈，认为它“过沿西制，于中国礼教似有乖违，且未尽合法理，诚恐法权难挽”①。据此，清廷于光绪三十四年九月（公元 1908 年 10 月）奏准由修订法律馆会同法部对该草案“详加覆核，妥善拟定”，加以修改。但这时修订法律馆已决定将刑事诉讼律和民事诉讼律分开，重新起草，因而《刑事民事诉讼法草案》在实际上成了废案。

2.《各级审判厅试办章程》的内容特点

该《章程》分总则、审判原则、诉讼、各级检察厅通则和附则 5 章，计 120 条。光绪三十四年（公元 1909 年），经宪政编查馆详核开始施行。该《章程》是一部关于法院组织和民刑事诉讼的综合法典，也是法院组织、刑事、民事诉讼法颁布前的过渡性法典。它删除了《大清刑事民事诉讼法草案》中曾规定的陪审制度和律师制度，但仍采用了一些近代法院的组织结构和诉讼术语、审判制度等。如四级三审制、预审制、检察制度等。因新的刑事、民事诉讼法难产，该《章程》一直存续至清亡，且在民国北京政府统治时期改头换面实施达十年之久。

3.《刑事诉讼律草案》与《民事诉讼律草案》的内容特点

(1)《刑事诉讼律草案》。

该法成为我国首部独立的刑事诉讼法典草案。它引进了一系列资产阶级诉讼制度，如辩护制度、感化教育制度等。同时结合实际作了一些改进，如将资产阶级法院组织中的级别管辖移入诉讼法典。草案共分 6 编 515 条。第 1 编总则，下设审判衙门、当事人、诉讼行为 3 章；第 2 编第一审，下设公诉、公判 2 章；第 3 编上诉，下设通则、控告、上告、抗告 4 章；第 4 编再理，下设再诉、再审、非常上告 3 章；第 5 编特别诉讼程序，下设大理院特别权限之诉讼程序、

① 《光绪朝东华录·光绪三十四年九月·法部奏》，总 5997 页。

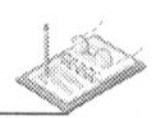

感化教育及监禁处分程序 2 章；第 6 编裁判之执行。主要模仿日本 1890 年《刑事诉讼法》，内容远较《刑事民事诉讼法草案》完备。其主要内容包括：其一，诉讼方式上采用告劾式，审判衙门只管审判，不管纠问；其二，对刑事案件实行公诉，公诉权由检察官行使，并规定有预审程序，预审权亦由检察厅行使；其三，采取资产阶级“自由心证”、“直接审判”、“言辞辩论”等原则，对证据的证明力及其取舍，不预设定，要求审判衙门对案件关系人及有关的物品直接进行讯问调查，允许原被告双方辩论；其四，规定原被告待遇平等，被告人除自行辩护外，还可请辩护人及辅佐人代为辩护；其五，实行审判公开的原则和三审终审制；其六，规定当事人对案件无处分权，禁止当事人私自了结；其七，实行干涉主义，规定审判官为查明案情，可调查一切有关事宜，不受当事人言辞的拘束。

（2）《民事诉讼律草案》。

该法是我国首部独立的民事诉讼法典草案，它以德国民诉法为蓝本，参照日本、奥地利、匈牙利民诉法，结合中国传统法律及习俗制定而成。采用了资本主义国家通用的“当事人主义”、“法院不干涉原则”及“辩论原则”等，但许多条文有脱离中国社会实际之处。该草案共分 4 编 800 条。第 1 编审判衙门，下设事物管辖、土地管辖、指定管辖、合意管辖、审判衙门职员之回避拒却及引避 5 章；第 2 编当事人，下设能力、多数当事人、诉讼代理人、诉讼辅佐人、诉讼费用、诉讼担保、诉讼救助 7 章；第 3 编通常诉讼程序，下设总则、地方审判厅之第一审诉讼程序、初级审判厅之诉讼程序、上诉程序、再审程序 5 章；第 4 编特别诉讼程序，下设督促程序、证书诉讼、保全诉讼、公示催告程序、人事诉讼 5 章。

这两部草案虽由于清廷的灭亡，未能颁行，但并未完全归于废弃。民国初年，北京政府曾多次援用施行《刑事诉讼律草案》的某些条文，并于 1912 年在修订该草案的基础上，编成《刑事诉讼条例》514 条，公布使用。《民事诉讼律草案》第 1 编的第 1 章至第 4 章也于 1912 年被援用。1921 年，广东政府将该草案略加修改，编成《修正民事诉讼律》800 条，北京政府将其加以若干修正，编成《民事诉讼条例》755 条，同年公布，第二年施行。

4. 法院组织法的内容特点

（1）《大理院审判编制法》的制定。清廷配合“预备立宪”，大理寺改大理院，专任审判。为明确大理院职权，法部随之拟定《大理院审判编制法》，由清廷于公元 1906 年 12 月颁行。该法分总纲、大理院、京师高等审判厅、城内外地方审判厅、城献局 5 节，计 45 条。它引入了资产阶级“司法独立”原则，确立四级三审制，审检合署、审判合议等制度。是模仿资产阶级国家制定的我国第一个单行法院组织法规。

（2）《法院编制法》的颁布。因《大理院审判编制法》仅限京师地区适用，加之《钦定逐年筹备事宜清单》所列颁布《法院编制法》的日期 1908 年迫近，因此，修订法律馆于光绪三十三年八月（公元 1907 年 9 月 9 日）草成《法院编制法》，经宪政编查馆审核，由清廷于宣统元年十二月二十八日（公元 1910 年 2 月 7 日）颁行。该法分 16 章，共 164 条。它依据日本《裁判所构成法》编订，主要内容是："审判衙门通则"、各级审判机构、法庭秩序、"审判衙门之用语"、"判断之评议及决议"、"检察厅"、"推事及检察官之任用"、"法律上之辅助"、"司法行政之职务及监督权"等。采用了"司法独立"等资产阶级司法原则，使资产阶级司法制度逐步在清末在"文本意义"上得以确立。

此外，为配合该法实施，宪政编查馆及时拟订了《初级暨地方审判厅管辖案件暂行章程》、《法官考试录用暂行章程》、《司法区域分划暂行章程》，经奏准，与该法同时施行。

第四节　司法制度

■ 司法机关的变化

清廷于 1906 年 9 月颁布"仿行预备立宪"诏令的次日，宣布仿照资产阶级国家"三权分立"原则"更定官制"，使司法与行政分立，一改几千年来司法行政合一的体制。

（一）"司法独立"原则下的中央司法机构改革

1. 刑部改法部

光绪三十二年九月（公元 1906 年 10 月）清廷下诏将刑部改为法部，专任司法行政。

2. 大理寺改大理院

前述同一诏令将大理寺改为大理院，作为全国最高审判机关。同年颁布了由大理院拟定的《大理院审判编制法》，规定了京师地方的司法机构改革。

宣统元年（公元 1910 年）抄袭日本《裁判所构成法》编订颁布的《法院编制法》，进一步确认：大理院为最高审判机关，并有统一解释法令权。大理院设正卿一名，少卿一名，负全院事务之责。内设刑事科，民事科，各设推丞一名，负责本科事务。下设庭，庭设庭长。至此，正式废除三法司制度，确立了近代中央司法机关的规模。

3. 设总检察厅

随着法部和大理院的设立，将最初置于法部内的总检察厅改设于大理院，作为最高检察机关。《法院编制法》第 11 章检察厅规定：总检察厅设厅丞一名，二名以上检察官。独立行使检察权，取消了自明代以来的都察院。

（二）“四级三审制”与地方司法机构的设立

1. 京师地方审判机构

《法院编制法》确立了由下至上的城（乡）谳局，地方审判厅，高等审判厅和大理院的四级三审制，次年颁行《各级审判厅试办章程》，俨然一幅资产阶级法制的形象。

2. 各省地方审判机构

1906 年始，决定各省设高等审判厅，府（直隶州）设地方审判厅，州县设初级审判厅，将四级三审制推向全国。此后由《法院编制法》固定下来。

3. 地方审判机构的组成

（1）初级审判厅由一至二人以上推事组成。地方审判厅，在京师设厅丞一名，在各省地方设厅长一名负责全厅事务，厅内分民、刑庭，设庭长，置二名以上推事。高等审判厅设厅丞一名，负责全厅事务，厅内分民、刑庭，设庭长，置二名以上推事。

（2）地方各级审判厅内设检察厅。初级检察厅设一至二名以上检察官，地方检察厅、高等检察厅分设一名检察长，二名以上检察官。

此外，各省按察使改名提法司，作为地方司法行政机关。实际上以上改革除京师、天津等个别地方外并未普遍推行。而京师法院审理刑讯，仍是老一套，法律规定多是徒具虚名而已。

三、诉讼审判制度的改革

（一）确定司法独立原则

《大理院审判编制法》规定：自大理院以下及本院所属各级审判厅，“关于司法裁判全不受行政衙门干涉，以重国家司法独立大权而保人民身体财产。”宪政编查馆《核订法院编制法并另拟各项暂行章程折》重申这一原则，并将其贯彻于《法院编制法》中。虽然实际上尚有出入，但这毕竟是司法独立在中国的立法先声，是对传统的皇帝总揽司法权的否定。

（二）区别刑事、民事诉讼

《各级审判厅试办章程》规定：“凡审判案件，分别刑事民事二项”。区别是：“凡因诉讼而审定理之曲直者属民事案件”。从而结束了中央审判衙门以审判刑事案件为主，地方审判衙门刑、民诉讼不分的历史。《大理院审判编制法》

还确定大理院及所属法院分设刑庭、民庭，分别审理刑事、民事案件。

（三）审判权、检察权分立

古代监察机关御史台、都察院，职权主要是“纠弹百官”，同时享有对疑难重案的审判参与权。实质上是监察、审判权兼有。

1906年11月，清廷改组司法机构，明定总检察厅专司法律监督之责，使检察权与审判权分立。《大理院审判编制法》规定：“凡大理院以下审判厅局均须设有检察官。其检察局附属该衙署之内。检察官于刑事有提起公诉之责。检察官可请求用正当之法律”。《各级审判厅试办章程》和《法院编制法》还明确规定了检察机关依刑事诉讼律及其他法令，有搜查处分，提起公诉，实行公诉，监察判决执行等权力。依民事诉讼律及其他法令，对民事案件有为诉讼当事人或公益代表人行特定事宜之权。从此，资产阶级检察制度开始在中国逐步建立。

（四）承认辩护制度

古代刑事审判采用纠问式为主的方式，没有辩护制度存在的余地，理论上实行有罪推定。

1906年的《大清刑事民事诉讼法》首次确定辩护制度，规定：“凡律师俱准在各公堂为人辩案。”但因守旧势力反对未及颁行。直到1910年的《法院编制法》才承认律师和律师出庭辩护的制度，规定：“律师在法庭代理诉讼或辩护案件，其言语举动如有不当，审判长禁止其代理、辩护。其作律师而为诉令代理人或辩护人者，亦同”。此后中国始有律师制度。

（五）狱政制度的改革与“模范监狱”的设立

1. 狱政制度的改革

（1）制定《大清监狱律草案》。近代刑法理论认为，刑事法律是：“全体刑法”，包括刑法、诉讼法、监狱法，因此，在“模范列强”的清末立法活动中，产生了刑律、诉讼律、监狱律关系论。在此理论支配下，为配合刑律、诉讼律的实施，修订法律馆大臣沈家本聘请日本监狱学家注河滋次郎，于1910年起草了《大清监狱律草案》，也是近代改良监狱的第一张蓝图。该“草案”规定：监狱是执行自由刑、限制受刑人自由，使受教化、服国法而后复归社会的场所。监狱分男、女监和少年监。该“草案”虽因清亡未及颁行，但对改进监管仍有意义，并成为民国制定监狱法的蓝本。

（2）改革监狱管理机构。清代监狱属原刑部提牢厅管理。1906年改革官制，法部将旧刑部十七司裁并。其中专设典狱司，置郎中三人，员外、主事各四人，分管直省监狱、警察、习艺所，以及罪犯名册、衣粮费用和编纂监狱法规及统计书表等。

2. “模范监狱”的设立

（1）建立罪犯习艺所。1902 年，山西巡抚赵尔巽奏准设立罪犯习艺所，收受被判充军、流、徒刑等罪犯和不孝及奸、盗、诈伪的犯人，使其接受农业、手工业等职业训练，成为建立犯人劳动农场或工厂之始。此后，全国各地纷纷效法，著名的有：顺天府习艺所、江苏省习艺所，开创了改造罪犯的新路。

（2）设立模范监狱。1903 年经清廷批准，仿资本主义国家监狱，建立京师模范监狱。它建筑新颖，管理严明，设有监狱办公楼、杂居监、分房监、工场、女监、病监。一扫以往狱室鄙陋，囚系惨刻的状况，成为中国第一个近代建筑构造和管理方式的监狱。因管理体制的改变亦遭到传统势力反对，指责“模范监狱颐养罪囚，人亦何乐而不犯罪”。但终因改善犯人处境，便于监管，因而得以推广，各省仿效，如奉天模范监狱等。促进了国家监狱设施和管理的近代化。

《大清律例》规定：妇女涉讼到堂及女“未决犯”，交官媒收押听候审判。官媒乘机敲诈勒索，蹂躏残害。为此，1908 年 10 月 17 日法部奏准革除官媒，建立女犯看守所。改变了“妇女凡一涉讼，差役需索于前，官媒留难于后，生命财产俱蹈危机”的状况。

三、领事裁判权与会审公廨制度的确立

（一）外国在华领事裁判权的攫得

所谓领事裁判权，乃是外国侵略者强迫中国缔结的不平等条约中所规定的一种非法特权。它的主要内容是：凡在中国享有领事裁判权的国家，其在中国的侨民不受中国法律的管辖，不论其发生任何违背中国法律的违法犯罪行为，或成为民事诉讼或刑事诉讼的当事人时，中国司法机关无权裁判，只能由该国的领事等人员或设在中国的司法机构依据其本国法律裁判。故名曰：“领事裁判权”。①

1.《对华条约草案》与《备忘录》

外国侵略者对于攫得在华领事裁判权是蓄谋已久的。英国政府早在 1840 年 6 月正式发动鸦片战争前四个月，即同年的 2 月 20 日，就预拟了准备在战胜中国后迫使中国签订的《对华条约草案》，意欲迫使清政府割让香港，并向中国索取多项特权。该草案说明如果中国当局拒绝割让香港，则须以草案所附《备忘录》各项条款所替代。《备忘录》中的第 7 款就明确规定了领事裁判权原则，该条款说：“为了在来华的不列颠臣民中维持良好的秩序，并防止彼等与中国臣民

① 以往对“领事裁判权”与“治外法权”二者多有混淆，参见拙文《试析治外法权与领事裁判权》，载《郑州大学学报》，2005（5）。

之争执与冲突起见，不列颠监督官或总领事，经其本国命令后，得自由设立法庭，制定管辖在华不列颠臣民之规章与条例。任何不列颠臣民在中国领土内犯有任何罪行恶行，应受监督官或总领事为此目的所开设之法庭审理，如实属有罪，其惩处由不列颠当局执行之。不列颠在华臣民在一切诉讼中身为被告时，统由上述法庭审理”①。但在1842年8月签订《南京条约》时，道光皇帝和清廷屈服于侵略者的压力，接受了侵略者提出的割让香港等一系列要求，因此，《南京条约》未包括领事裁判权的内容。

2. 领事裁判权的确立

领事裁判权的确立，始于1843年7月22日在香港公布的《中英五口通商章程及税则》和同年10月8日签订的《中英五口通商附粘善后条款》（即《虎门条约》）。这两个法律文件是作为《南京条约》的附约和补充。事实上可以说在《中英五口通商章程及税则》中就已确立了领事裁判权制度，规定：“英人华民交涉词讼一款”，英国领事有权“查察”、“听诉”，“其英人如何科罪，由英国议定章程、法律，发给管事官（即领事）照办”②。但当时规定的适用范围限于五个通商口岸。而在《虎门条约》中则又规定，英国人违背禁约，“擅到内地远游者”，也要交“英国管事官依情处罪”，中国人“不得擅自殴打伤害，致伤和好”③。这样就将领事裁判权的范围扩大到了内地。1844年订立的中美《五口贸易章程》（即《望厦条约》）把领事裁判权的范围由五口进而扩大到各个港口城市，同时也不限于在中国的美国侨民与中国人之间，或美国侨民之间的民刑事案件要由美国领事审讯，甚至美国侨民与其他外国侨民在中国发生诉讼，“应听两造查照各本国所立条约办理，中国官员均不得过问”④。此后，法国、俄国、德国、日本等近20个国家也都援英美先例，相继取得了这种特权。总之，依照不平等条约，不论中外混合案件或外国侨民之间的案件，或多国侨民之间的混合案件，根据所谓“被告主义原则”，都由被告到所属国的领事法院接受裁判。

3. 会审制度的形成

1853年9月，上海小刀会起义，攻陷上海县城，杀死上海知县袁祖德，活捉苏松太道吴惟彰，建立“大明国”。当时有许多华人逃入租界避难，而清廷地方官无暇顾及租界事务，英美法三国驻上海领事便趁机修改了1845年上海道台宫慕久与英国首任驻上海领事巴富尔签订的《上海租地章程》，擅自另订《上海

---

① 《英国外交部档案》，参见胡滨译：《英国档案有关鸦片战争资料选译》下册，北京，中华书局，1993。

② 王铁崖编：《中外旧约章汇编》第1册，42页，北京，三联书店，1957。

③ 《中外旧约章汇编》第1册，35页。

④ 《中外旧约章汇编》，第1册，54页。

英美法租界地章程》，并根据章程规定在租界内成立了由外国领事直接控制的“工部局”和巡捕房，攫取了对于租界内纯属华人和无约国人的司法管辖权。此后又进一步确认，“中国官厅对于居住租界内之华人行使管辖权时”须先得外国领事同意。中国官厅的拘票非先经过外国领事加签，不得拘捕租界内任何人。

1858年在第二次鸦片战争中，俄、美、英、法各国强迫清政府分别订立《天津条约》，强行确定中国官员与外国领事的“会审制度”。对于中国人与外国侨民之间发生的争讼，在调解不成时，即由中国地方官与领事官“会同审断”。1864年清廷与英、美、法三国驻上海领事协议在租界内设立会审公廨，并于1868年订立《上海洋泾浜设馆会审章程》。以后又在汉口、哈尔滨、厦门鼓浪屿等地设立了会审机关。这些会审机关名义上还是中国司法机关，形式上规定华洋互控的混合案件，由“华官”与外国领事会审，纯属华人之间的诉讼案件，“即听中国委员自行讯断，各国领事官毋得干预”。但事实上，不仅直接与外国人有关的华洋案件，外国领事有权参加会审，就是无约国侨民之间的诉讼以及外国人雇佣的中国人的诉讼，外国领事也得参与会审。名为“会审”，实则会审公廨完全为外国领事一手把持，任意断案。

（二）行使领事裁判权的司法机构

外国侵略者不仅凭借不平等条约确立了外人在华领事裁判权的原则，而且在中国领土上设立了行使领事裁判权的外国司法机构。

行使领事裁判权的机构大体有如下几种：首先，作为第一审级的低级法院，主要是领事法院（设于各领事区，由领事兼理司法）和由公使或使馆人员组成的法院。其次，是作为上诉审的法院。但是，侵华各国关于行使领事裁判权机构的设立情况也有差异，例如，英国第一审是各领事法院，第二审是设在上海的英国驻华高等法院（它同时也负责初审法定专属高等法院管辖的案件），第三审是设在英国本土的枢密院。但又规定其设在新疆疏勒的领事法院，要依据英属印度的法典审判案件，其上诉审为印度五河省高等法院，妄图把我国神圣领土新疆视为英属殖民地印度的一部分。美国与英国大致相同。法国第一审为法国驻华领事法院，第二审为法国殖民地越南西贡法院，第三审是法国巴黎大理院。日本与法国有某些近似，它在中国也仅有负责第一审的领事法院，上诉案件则须转送日本国内的法院审理。有的侵略国家在中国还设有“西牢”（外国监狱）。由此可见，外国侵略者不仅强行攫取了在中国的领事裁判权，设立了行使领事裁判权的机构，而且竟公然确定在中国设立的行使领事裁判权的机构，为其殖民地法院及本国法院的下级司法机关。

（三）领事裁判权制度确立的后果

领事裁判权是外国列强干涉中国内政，操纵中国司法的重要手段。它严重破坏了中国的司法主权。鸦片战争以前，中国是一个领土完整、主权独立的国家。从唐宋直到明清，在唐律、明律、清律的“名例律”中，都规定了关于“化外人”的条款。来中国的外国人必须遵守中国政府的法律、法令。同时，他们的合法权益也受中国政府的保护，中国政府对来华的外国人拥有完全的司法管辖权，外国人在中国领土上发生的犯罪行为，或外国人与中国人之间、或外国人之间发生诉讼纠纷时，都必须服从中国司法机关的裁判。唐《永徽律》中“化外人相犯”的专条规定：“诸化外人，同类自相犯者，各依本俗法；异类相犯者，以法律论”。在“疏议”中进一步解释说：“化外人，谓番夷之国，别立君长者，各有风俗，制法不同。其有同类自相犯者，须问本国之制，依其俗法断之。异类相犯者，若高丽之与百济相犯之类，皆以国家法律，论定刑名”[①]。即同一国家外国人间发生诉讼纠纷，依据他们本国法律处理；不同国家的外国人之间或外国人与中国人之间的诉讼纠纷，都依据唐代法律处理。由此可见：唐代在对来华的外国人行使司法管辖权问题上，既坚持维护国家的主权，又注意尊重对方的风俗法制。《大明律》和《大清律》中都有“化外人有犯”的专条，规定凡化外人犯罪者，具依中国法律断处，而领事裁判权乃是鸦片战争后外国侵略者强迫中国订立不平等条约的产物，是中国丧失完整独立的司法主权的突出体现。它不仅使中国的司法机关对涉外案件无权管辖，而且在中国领土上允许外国司法机关行使权力，并执行外国法律，结果在中国竟出现了“外人不受中国之刑章，而华人反就外国之裁判”[②] 的怪现象，这正是中国司法制度半殖民地化的深刻写照。

领事裁判权的确立也是庇护外国侵略者在中国逞凶肆暴、走私贩毒的护身符。外国侵略者可以凭借领事裁判权，在中国杀人越货、横行无忌，而逍遥法外。鸦片商人及其他罪犯，也可以依靠领事裁判权的庇护，走私舞弊，胡作非为，而中国法律却不能加以制裁。在外国侵略者眼里，中国被看作是冒险家的乐园。

领事裁判权是外国侵略者肆意侵害中国人民的生命财产、镇压中国人民革命运动的工具。在1903年轰动中外的“苏报”案中，著名革命家邹容、章太炎就遭到上海租界工部局巡捕房逮捕，关入租界监狱“西牢”。会审公廨组织额外公堂审讯章、邹，最后判处章太炎三年监禁，邹容二年监禁，他们在西牢内屡遭非刑拷打，备受非人待遇。章太炎以其切身经历揭露了西牢的黑暗，使人“咋舌眦裂”，“同系五百人一岁死者百六十人”[③]。邹容就是因在西牢监禁期间被

---

① 《唐律疏议·名例》“化外人相犯”条。

② 《清史稿·刑法志三》。

③ 张庸：《章太炎先生问答》。

残酷折磨而夺去年轻生命的。

对于外国侵略者这种严重损害中国人民利益，恣意破坏中国司法主权的制度，奉行丧权卖国政策的清政府竟然在新起草的法规中加以肯定。1906年编成的《大清刑事民事诉讼律》规定了“中外交涉案件处理规则”，确认：“凡关涉外国人案件具依现行条约审讯”。外国人在中国犯罪，一律由其本国领事按各该国的法律审理，等等，反映了清末法律的半殖民地特色，暴露了清廷一味屈从帝国主义意志，投降卖国的嘴脸。显然，领事裁判权制度的确立及其在清末立法中的确认，乃是清王朝法律制度半殖民地化的一个重要标志。

外国在华领事裁判权，是帝国主义套在中国人民身上的一副沉重枷锁。领事裁判权自1843年确立之后，历经清王朝、北京（北洋）政府和南京国民政府时期，直到1943年才在形式上被宣布废除，在中国一直存在百年之久。

相关案例

1. 多福咆哮上司案（光绪七年案）（公元1881年）

刑部奏：已革防御多福先因刁难情节，本无冤抑；复以不干己事辄至该管大臣寓所，藉端求见、申诉，不复拦阻、咆哮、凶横，实属意存挟制。

惟寓所究与衙门有间，自应比例量减问拟。多福应比照“刁徒直入衙门、挟制官吏、拟军”例上量减一等，拟杖一百、徒三年。系职官，从重，发往军台效力赎罪。

（《新增刑案汇览》卷十二，《刑律》，骂制使及本管长官）

2. 谌桀模投递匿名书函案（光绪七年案）（公元1881年）

东抚奏：已革同知谌桀模投递匿名书函，委因痰疾妄作。查律载：奉制命出使而官吏骂之者，杖一百。此案：已革同知谌桀模因患痰疾，妄作书函，误遣马夫周顺赴臣署投递。虽由病狂所致，事出无心，亦非告言人罪，惟无端作书、谩骂上司，事后悔惧、欲行谒见辩诉，又在官厅与巡捕官员高声喧闹，究属不合，自应按律问拟。

同知谌桀模合依“奉制命出使而官吏骂之者、杖一百”律，拟杖一百；业已奏参革职，应毋庸议。

（《新增刑案汇览》卷十二，《刑律》，佐职统属骂长官）

3. 举人陈朝柱试卷墨不符案（光绪九年案）（公元1883年）

江抚奏：礼部咨查江西省壬午科举人陈朝柱试卷墨不符一案。

陈成选充当誊录，于所誊试卷并不细心誊写，辄将“庸庸”（出自《书经·康诰》）二字错写、刮改；并墨卷内旁改“犹迟”二字，被压字戒尺压住，未经看出、照誊。

虽不关乎去取，究属粗心玩忽。陈成选应请照“不应重”律，拟杖八十，折责，革役。

举人陈朝柱于所作文字细对涂改，并无不合。其于誊录如何、誊改错误，讯不知情，应免置议。

（《刑案汇览新编》卷十四，不应为）

4. 杨乃武案

1872年（同治十一年），浙江余杭城豆腐店伙葛品莲，娶毕秀姑为妻，租赁举人杨乃武房屋一间，比邻而居，时杨丧妻不久，葛怀疑其妻毕氏与杨暗中勾搭，葛母亦从中拨弄是非，但终无实据。次年初冬葛暴病身亡，葛母旋向余杭县控告毕氏谋杀亲夫。县令轻信浮言，臆断葛系中毒丧命，遂将毕氏拘押刑讯。毕氏受刑不过，诬服。杨遂被拘审，但矢口否认。经酷刑，杨也诬服。案报省后，浙江巡抚杨昌睿亦不深究，拟判毕秀姑凌迟处死，杨乃武斩首示众。1874年（同治十四年）刑部复核本案时，悬而未决，指派浙江学政胡瑞澜承办。胡不顾案情破绽，只管日夜刑讯人犯。毕、杨料难翻案，仍屈供如前，直到第二年给事中边宝泉上奏清廷，对杨案提出异议，浙籍京官亦联名上书请勘。清廷遂下令刑部复查，移棺京师，当众开棺验尸。结果验明葛品莲实系病死，并无中毒。至此，这一轰动朝野、历时2年的案件始得大白，杨昌睿以下审办官员均受处分。因毕秀姑面貌清秀，喜穿绿衣，腰系白裙，故有绰号“小白菜”。后人循此案情编成戏曲《杨乃武与小白菜》。

5. 杨月楼案

杨月楼，名久昌，安徽人。清末著名京剧演员。1873年（同治十二年），到上海演出，风靡一时。为广东富商女韦阿宝所爱，经韦乳母王氏相助，双方母亲同意，为二人主持成婚。韦阿宝之叔告杨诱拐其侄女，卷逃家中财物。十月初三，韦与杨被巡捕房逮捕。经上海县令严刑逼供，屈打成招。县令将供词造卷上报。杨岳母韦王氏具状到县衙鸣冤，出示婚书庚贴。县认为母无权为女主婚，传韦阿宝之父从广东到庭。其父认为良贱不能通婚，拒不承认杨韦婚事。虽不承认杨诱拐韦阿宝，但不肯领女回家。县令维持原判，将阿宝发善堂，交官媒择配，杨月楼再行杖500。依诱拐律拟罪充军发配。王氏掌嘴200，荷枷游街示众。此案曾轰动社会，一些社会名流曾出面营救。次年，江苏巡抚和提刑

按察司上报刑部，处杨充军 4 000 里，发遣黑龙江。第二年 3 月批复，时值 1875 年（光绪元年），慈禧大赦天下，杨遂被开释。韦阿宝已官媒出嫁，下落不明。

本章小结

公元 1840 年（清道光二十年），英国政府以清廷在广东销毁鸦片、阻碍自由通商为借口，悍然发动了蓄谋已久的“鸦片战争”。1842 年，通过战争手段取得政治、军事胜利的英国政府强迫腐败的清王朝与之签订了《中英南京条约》，迫使中国政府割让香港，并赔偿侵略者巨额款项。以鸦片战争为标志，中国从此由一个主权独立的封建国家，蜕变为一个半封建半殖民地社会。自此至 1911 年，清廷虽然仍然维持着对中国内地大部分地区的实际统治，但随着一系列不平等条约的签订，在沿海地区、重要通商口岸，中国政府逐渐丧失了部分领土主权和行政、司法管辖权。基于对于 1840 年以后中国社会的特殊性的认识，学术界习惯上都把清朝在 1840 年至 1911 年间的统治称为“清末时期”。

1840 年以后，以英国为首的西方列强对中国所进行的政治、经济、文化、军事全面侵略，引发了中国社会各个方面的深刻剧变。这种深刻社会剧变在法律方面，有两个明显的表现：1843 年以后西方列强在华领事裁判权的确立，是清廷的司法制度半殖民地化的明显标志；而 1901 年以后，清廷在民族危机、民主革命等多种压力下，被迫进行的内容广泛、意义重大的变法修律活动，则直接导致了中华法系母法系统的解体。

关键概念

清末变法　预备立宪　钦定宪法大纲　十九信条
沈家本　修订法律馆　谘议局　资政院
官制改革　大清现行刑律　大清新刑律　暂行章程
礼法之争　外国在华领事裁判权　会审公廨　法部
大理院

思考题

1. 说明清末变法修律的社会背景。

2. 简述清末预备立宪的主要活动及宪法文件。
3. 简述清末修律的指导思想、基本特点和影响。
4. 简述清末变法的主要内容及其历史意义。
5. 简述清末变法过程中刑法的修订。
6. 简述清末变法过程中民、商法典的修订。
7. 简述外国在华领事裁判权制度。
8. 简述清末司法体制改革。

第十二章

共和国体与专制制度——中华民国时期的法律制度

［学习目标］

通过本章的学习，应注意掌握各个时期的宪政立法、民刑事立法，以及各个时期有代表性的法律原则和司法体制上的特点。以下分四节概述这一历史时期的法制变化过程。

1911年10月10日，爆发了辛亥革命，它是以孙中山为领导的资产阶级民主革命运动的成果。它推翻了清王朝，结束了延续两千多年的君主专制制度，首次在中华大地上升起了民主共和国的旗帜，创建了中华民国。中华民国历届政府在大陆上共存在了36年又6个月，在这段历史中先后出现了三个中央政权，即：

以孙中山为临时大总统的中华民国临时政府，史称“南京临时政府”，存在的时间是1912年1月至同年3月。

以北洋军阀首领袁世凯、段祺瑞、曹锟和奉系军阀张作霖为首，先后把持的设在北京的中华民国政府，史称“北洋政府”，存在的时间是1912年至1928年。

以蒋介石为元首的中华民国国民政府，史称“南京国民政府”，存在时间是1927年至1949年底。

此外，还先后同时并存过一些地方性、相对峙的政权。包括孙中山领导的“广州护法政府”；国共合作的“广州国民政府”和“武汉国民政府”；中国共产党领导的革命根据地政权，如中华苏维埃共和国及以后的陕甘宁边区及各地方抗日民主政府和解放区人民民主政府。

这一历史时期，还出现了两个伪政府，一是爱新觉罗·溥仪作傀儡皇帝的“满洲国”政府；二是汉奸汪精卫在日本扶植下成立的“南京国民政府”。本章从略。

1921年中国共产党成立，1927—1930年中国共产党创建了多个农村根据地。1931年以江西瑞金为中心的中央革命根据地面积达5万多平方公里，人口250万，县城21座。同年11月7日在瑞金宣告成立中华苏维埃共和国。此时期制定了中国共产党最初的一系列法律法规，是中共早期法治实践的纪录。

1937年后为团结抗日，实行国共两党合作，以陕甘宁边区政府为中心，各根据地政权转变为抗日民主政权。至1945年，中国共产党领导的各抗日根据地分布在全国19个省的一部或大部，下辖行政公署22个，专员公署90个，县政府635个，人口9 550万，军队91万，民兵220万。此时期的法制建设主要是服务于抗战，总结以往法治实践中的经验教训。在法律思想与法律制度的建设等方面，均有长足的发展。

1946年国民党南京国民政府发动内战，至1949年4月21日共产党领导的中国人民解放军占领南京，中华民国南京国民政府被推翻。1949年10月1日成立中华人民共和国，定都北京。此时期各大解放区人民政府的法治实践和具体立法为中华人民共和国的法制奠定了最初的最直接的基础。

第一节　南京临时政府的法律制度

南京临时政府重视以法治国，在存续的三个月内，颁布了三十余件法律、法令，揭开了中国资产阶级民主革命法制的新篇章。

■ 《修正中华民国临时政府组织大纲》与《中华民国临时约法》的制定

（一）《修正中华民国临时政府组织大纲》的产生

1. 产生的背景与经过

武昌起义后，各省纷纷宣布脱离清廷独立，承继清末变法以来地方自治政治理论的余绪，先后组成各省军政府，省自为政。从1911年11月15日至12月3日，各省都督府代表联合会（简称各省代表会），先后在上海、汉口等地举行会议。同年12月2日，在汉口各省代表会上，推选江苏代表雷奋（立宪派人）、马君武（同盟会员）、湖北代表王正廷（同盟会员）3人为起草员，拟定《临时政府组织大纲（草案）》。3日，各省代表会议决《临时政府组织大纲》4章21条，并于即日宣布。此后又作3次修改。南京临时政府成立后，于1912年1月

2 日在南京公布《修正中华民国临时政府组织大纲》，成为中华民国第一部全国性的临时宪法性文件。

2. 主要内容和特点

《修正中华民国临时政府组织大纲》共 4 章 21 条。第 1 章包括“临时大总统、副总统”，规定了中华民国临时大总统、副总统的产生及其权限。第 2 章包括“参议院”，规定了参议院的组成、议员的产生以及参议院的职权。第 3 章包括“行政各部”，规定了临时大总统下设行政各部、部长的任免及其权限。第 4 章包括“附则”，规定《临时政府组织大纲》的施行期限至中华民国宪法成立之日止。

《修正中华民国临时政府组织大纲》的特点是：

（1）受美国宪法影响，基本上采用总统制共和政体。

（2）中央国家机关权力分配实行资产阶级三权分立原则。

（3）采取一院制的议会政制体制，参议院是国家立法机关。

《修正中华民国临时政府组织大纲》实际上还只是一个“国家之构成法”，即政府组织法，但在当时却起着临时宪法的作用。它使以孙中山为首的中华民国第一届政府得以依法成立，树立起法治的良好开端。以此为法律基础，在南京举行的各省代表会于 1911 年 12 月 29 日选举孙中山为中华民国南京临时政府第一任临时大总统。1912 年元旦，中华民国南京临时政府宣告成立。

（二）制定《中华民国临时约法》的历史背景

《中华民国临时约法》简称《临时约法》，是南京临时政府制定的主要法律文件，也是其法制精神的集中体现。

1912 年 3 月 11 日由临时大总统孙中山颁布的《中华民国临时约法》，是辛亥革命的积极成果，也是当时国内资产阶级革命党人、立宪派及以袁世凯为首的大地主买办资产阶级等各派政治势力，在列强暗中干预下，相互斗争妥协的产物。

临时政府从成立之日起，就面临国内外反动势力的威胁，列强打着“中立”的幌子，从外交、财政、军事等方面对临时政府施加压力，使其接受与北京以袁世凯为首的反动势力进行妥协的“南北和谈”。袁一方面凭借军事实力，陈兵汉阳，逼使临时政府交出政权；另一方面胁迫清帝退位，并以此作为迫使临时政府交出权力的筹码。对此临时政府内也形成革命与妥协两派对立的局面。临时政府本是根据宣布独立的十七省“都督府代表联合会议”制定的《临时政府组织大纲》组建的。资产阶级革命派是政权的主体，但由于有立宪派、旧官僚、军阀参加，故从开始其内部就非团结一致。立宪派作为资产阶级上层和部分大地主阶级的代表，拥有经济实力，能操纵地方政权。他们极力主张与袁氏和平妥协，以便在以后的权力分配上进行政治投机，获取个人地位与私利。结果使革命派独力难支，不得已而接受“南北和谈”，进而交出政权以换取形式上的民国南北统一，免遭内战与新生民国的夭折。

（三）颁布《中华民国临时约法》的过程与目的

在民国政权将易手于袁氏的局势下，1912 年 2 月 8 日在“南北议和”妥协基础上和孙中山主张之下，南京临时参议院召开制定约法会议。一个月后完成了《临时约法》的起草、讨论和三读通过的立法程序①，于袁氏在北京宣誓就任临时大总统次日（同年 3 月 11 日），孙中山签署公布。

约法的目的在力图用法律制约袁氏，防范其专权，用以保卫新生的民国政体。立宪派之同意《临时约法》，是图谋借此作为向袁索取个人权位的政治筹码，而袁表示“谨守约法”，意图是以退为进，用合法手段篡夺政权，为其日后窃国称帝铺平道路。《临时约法》即是在这三种势力围绕政权问题又斗争又妥协的特殊历史条件下产生的。

■ 《中华民国临时约法》的性质和基本内容

《临时约法》是中国历史上具有资产阶级民主共和国宪法性质的文件，共 7 章 56 条。7 章分别是：总纲、人民、参议院、临时大总统副总统、国务员、法院、附则。它以孙中山的民权主义为理论基础，吸收西方资产阶级国家“三权分立”、“私有财产神圣不可侵犯”、“平等自由”等宪法原则而制定的，集中反映了中国资产阶级民主革命精神。

（一）《临时约法》确认中华民国是民主共和国

“总纲”规定：“中华民国由中华人民组织之”（第 1 条）。“中华民国之主权，属于国民全体”（第 2 条）。在编纂体例上，将“人民”一章列于“参议院”和“临时大总统副总统”两章之前，以示“主权在民”，“民权”至上的思想。以根本法形式宣告“朕即国家”的君主专制制度的灭亡和资产阶级民主共和国的诞生。

（二）《临时约法》仿效欧美建立“三权分立”政治制度

“总纲”规定：“中华民国以参议院，临时大总统、国务员、法院、行使其统治权”（第 4 条）。第 3 至第 6 章规定：以参议院行使立法权；临时大总统代表临时政府总揽政务，公布法律；国务员辅佐临时大总统负其责任；法院依法律审判民事诉讼及刑事诉讼。将立法、行政、司法三权分隶于参议院、临时大总统、国务员、法院，使之相互监督制衡，防止个人独裁，彻底否定了君主集权

① 临时参议院于 1912 年 2 月 6 日至 3 月 8 日三读通过。参见曾宪义主编：《中国法制史》。

专制政体，体现了民主精神。

（三）《临时约法》具体规定了人民权利义务和私有财产权

“人民”一章规定：“中华民国人民”享有“一律平等”的权利，“无种族、阶级、宗教之区别”（第5条）。享有身体、家宅“保有财产及营业”，言论、著作、游行、集会、结社等自由权，也有纳税、服兵役的义务。有史以来首次以宪法形式赋予资产阶级“天赋人权”、“自由、平等、博爱”等民主思想以法律效力，公开否定了自古以来尊卑有等、贵贱有别的等级特权制度，冲破了君臣父子，“三纲五常”、封建礼教的精神藩篱，具有资产阶级民主性和一定的人民性。“保有财产及营业之自由”肯定了资本主义生产关系的合法地位，冲击了“重农抑商”传统政策，反映了发展资本主义的愿望，有历史进步意义。

但《临时约法》也反映出资产阶级固有的软弱性与局限性。

(1)《临时约法》没有也不可能提出一个彻底反帝反封建的革命纲领，未设反帝条款。反映出民族资产阶级对帝国主义心存畏惧，抱有幻想。

(2)《临时约法》没有废除封建土地所有制的内容，连同盟会纲领中的“平均地权”口号在《临时约法》中也未有反映。说明与封建主义有千丝万缕联系的中国民族资产阶级，没有也不可能根本解决土地问题，削弱了激励农民参加革命的号召力量，使其民主光泽大为减色。

(3)《临时约法》是允诺人民享有许多民主自由权利，但未提供实现它的物质基础，这些权利是可望不可及的，而所谓主权在民原则不过是现实中的地主资产阶级专政的代称。

《中华民国临时约法》的特点

《临时约法》与近代中国其他宪法相比，具有自己的历史特点，明确显示出资产阶级革命派限制袁世凯专权，保卫共和的意图。

（一）《临时约法》规定的政权形式和权力关系为防袁专权独裁

《临时约法》在政体上，将原《临时政府组织大纲》规定的总统制改为责任内阁制，并相对扩大参议院职权。责任内阁制的特点是内阁（政府）对国会负责。总统公布法律命令须内阁成员副署。约法第5章“国务员”规定：“国务员于临时大总统提出法律案，公布法律，及发布命令时，须副署之”（第45条）。以此限制总统专断。约法在国家机关权力分配上扩大参议院职权，缩小总统职权，总统的许多大权“须提交参议院议决”、“须得参议院之同意”方能行使，从而削夺了临时大总统单独行使任何重大职权的能力。不仅如此，参议院除拥有议决法律、预决算、税法及质询国务员等职权外，尚享有对“认为有谋叛行为”的临时大总统，行弹劾之权（第19条），将临时大总统置于国会监督之下。

（二）规定了修改《临时约法》的严格程序

为防袁世凯擅自变更、破坏约法，规定了严格的修改程序。约法第7章“附则”规定：“本约法由参议院议员三分之二以上之出席，出席占四分之三之可决，得增修之”（第55条），强调《临时约法》的神圣不可侵犯性。这种严格的修改程序，在近代宪法史上是绝无仅有的。

但由于政权已交出，又缺乏强大实力和人民的支持，单凭一纸约法无力制止袁氏的反动。历史证明了资产阶级以法护国，以法限袁希望的幻灭。

■ 《中华民国临时约法》诞生的历史意义

《临时约法》首次以根本大法的形式废除了封建帝制和等级特权制度，确立了资产阶级民主共和国的国家制度。首次赋予人民久已渴望的民主、平等、自由以法律效力，是中国历史上亘古未有的伟大创举。它的诞生，确认了辛亥革命的积极成果，使资产阶级民主共和思想开始深入人心，唤起了人民民主意识的觉醒，为以后反对帝制复辟奠定了思想基础。

《临时约法》确立的民主法制原则，在中国法制史上也是创举，在维护民主权利，一切依法办事，彻底否定积弊已久的君主乾纲独断、以言代法的封建法统等方面，都产生了深远影响。

■ 其他革命法令的主要内容和特点

民国初造，设立法制局进行频繁立法活动，在三个月中制定颁布了保障民权、革除社会陋习、整顿吏治等内容广泛的法令。与《临时约法》一样闪烁着民主革命的光彩。

（一）保障人权废除封建等级特权

临时政府据“自由，胥属平等”的资产阶级民主原则和“自由、博爱”精神，颁布了一系列保障人权，废除封建等级特权的法令。

1. 解除“贱民”身份，禁止买卖人口

3月17日颁布《大总统通令开放疍户、惰民等，许其一体享有公权私权文》。宣布解放“贱民”，废除前清法制对闽粤“疍户”，江浙“惰民”、河南“丐户”、“义民”[①] 等所谓“贱民”和“雉（剃）发者”、“优倡隶卒”等人的歧视限制。申令他们应与平民一样，规定：“对于国家社会之一切权利，公权若选

① 疍户：广东，福建沿海水上生活之居民。惰民：堕民，传为宋代罪俘后裔。丐户：明清对惰民的别称。义民：罪犯沦为奴婢。

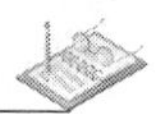

举、参政等，私权若居住、言论、出版、集会、信教之自由等，均许一体享有，毋稍歧异，以重人权而彰公理”①。3月2日颁布的《大总统令内务部禁止买卖人口文》，令该部迅即编定暂行条例，今后不得再有买卖人口之事，违者处罚。从前有关契约全部解除，视为雇主雇人关系，不得再有主奴名分。② 不久孙中山又对外交部，广东都督颁发令文：“严行禁止贩卖猪仔（洋人对华工侮辱性称呼）”以“尊重人权，保全国体”③。

2. 提高女权

孙中山认为：“天赋人权，男女并非悬殊，平等大公，心同此理”。且“女子多才，创立民国，多建功勋”，故而倡议参议院通过赋予女子以参政权的议案。④ 使千百年来备受歧视压迫的中国妇女，参加各级政权的权利受到了应有的重视。

3. 取消官僚特权与革除官厅陋习

临时政府本着官厅职员“乃人民之公仆，本非特殊之阶级，何取非分之名称”的精神，发布了《革除前清官厅称呼文》，废除清代标志等级尊卑的“大人、老爷”等名称，此后官厅人员以官职相称，民间普通以“先生”、“君”相称⑤，以维护人际平等与人格尊严。

（二）发扬“国魂”革除封建恶习

传统社会的陈规陋习阻碍社会进步，临时政府颁行了一系列“除旧布新”的法令。

1. 禁烟禁赌

为禁绝鸦片，发布了《大总统令内务部通饬禁烟文》。要求吸食者屏绝恶习，若沉湎忘返者，将立法“剥夺其选举一切公权”⑥。为切实禁烟，首先对政府公职人员中的违法者严肃清理，并由内务部设局任官，认真禁止。临时政府认为赌博是“最为社会之害，非法在所必禁”，内务部特令中央、地方各有关部门严切注意，无论何项赌博，一体禁除。

人民宴会游饮集会场所，概不准重蹈赌博旧习。售卖赌具者自行销毁，“嗣后永远不准出售”。规定：“倘有违犯，各按现行律科罪”⑦。

2. 劝禁缠足

临时政府《劝禁缠足文》指出，缠足恶习，虽害一人，却病及子孙，“害家凶国，莫此为甚”，对女子危害尤巨，造成生理缺陷，行动不便，“教育莫施，

---

①②③④ 《近代史资料·辛亥革命资料》，302、216、311～312、69～70页，北京，中华书局，1961。

⑤⑥⑦ 《近代史资料·辛亥革命资料》，216、235、280、233页。

世事罔闻”，不能独立谋生，服务社会。因此，为“培国本”，务必革除此等恶习，要求内务部“通饬各省一律劝禁。其有违令者，予其家属以相当之罚”①。

3. 临时政府发布《晓示人民一律剪辫文》

指出“编辫之制”是随清军入关而带来的满族习俗，也是民族压迫的一个重要象征。它成为近代列强侮辱华人人格的口实。为“涤旧染之行，作新国之民”，“除虏俗而壮观瞻”，要求：“凡未去辫者，于令到之日，限二十日，一律剪除净尽，有不遵者，（以）违法论”②。同时还行易服，以中山装取代拖遢萎靡的长袍补褂，给人焕然一新的面貌。

（三）整饬吏治任人唯贤

临时政府认为，清末仕途腐败，是促其灭亡的一个重要原因。“民国成立，万端更始……肃整吏治，时不可失”③。任贤选能是整饬吏治的关键，为此特颁《整饬官方慎重铨选文》，要求内务部总长、次长，悉心考察，慎重用人勿使滥竽充数。除有特别缘故外，一人不得兼两职，“以肃官方而饬吏治”④。同时，以考试取才作为“尚公去私”、选用贤能的主要手段。为此法制局拟定《文官考试委员会官职令》、《文官考试令》、《外交官及领事官考试令》等法令草案，由大总统咨参议院议决，以求用得其人。

严格要求官吏为民公仆，是整饬吏治的另一重要内容。对政府官吏滥用职权，坑害百姓，要严惩不贷。如当时江苏山阳县令擅刑杀人之案，孙中山亲自电令沪军都督秉公讯办，“以彰国法而平公愤”⑤。又如江苏省内务司官吏马某，因在通告及告示中有谩骂讪笑人民之词，内务部认为“殊失民国执政官体及尊重地方人民之态度”⑥，特咨司法部，请立即令南京审判厅察究。从而体现了官吏是人民公仆的民主国家原则，与封建官吏形成鲜明对照。

南京临时政府的司法制度

（一）建立新型的司法机关

为贯彻三权分立，实现司法独立的资产阶级法治原则，中央设“临时中央审判所”（亦称“裁判所”），作为全国最高审判机关，依《修正中华民国临时政府组织大纲》规定，裁判所由临时大总统征得参议院同意之后设立，《临时约法》改称法院，由临时大总统和司法总长分别任命的法官组成。地方审判机构的设置未及制定新法，暂沿清末司法改革后的体制，称“审判厅”，分县、府、省三级，行四级三审制。

法官独立审判，不受上级官厅干涉。各级地方审判厅内设同级检察厅，行

①② 《近代史资料·辛亥革命资料》，216、235、280、233页。

③④⑤⑥ 《近代史资料·辛亥革命资料》，353、280、92、375页。

使监督之权。为根本改造司法机关，临时政府法制局拟定了《法官考试委员会官职令》，《法官考试令》草案，要求所有司法人员，必须经法官考试合格，方能使用。规定："法官在任中不得减俸或转职，非依法律受刑罚宣告，或应免职之惩戒处分，不得解职"。从而确保司法机关不受干涉，独立行使职权，一改过去行政干预，操纵司法的状况。

（二）改革审判制度

临时政府仿照西方文明的审判方式，对专制野蛮的封建审判制度加以改革，其主要内容之一是废除刑讯体罚。刑讯一端为传统法律确认的制度，蹂躏人权，枉纵之狱丛生，乃封建苛政。临时政府为"提倡人道，注重民生"，保障人权，认为必须立即废除，并陆续颁布《大总统令内务司法两部通饬所属禁止刑讯文》、《司法部咨各省都督停止刑讯文》、《大总统令内务司法部通饬所属禁止体罚文》。宣布："不论行政司法官署，及何种案件，一概不准刑讯。……其从前不法刑具，悉令费毁。"

由中央司法部随时派员巡视各地，若有滥用刑讯体罚的"不肖官司"，定予严惩、革职，并治以应得之罪。①

（三）采用律师制度

为确保诉讼当事人合法权益，南京临时政府在草拟《中央裁判所官职令草案》的同时，仿照西方国家律师制度草拟了《律师法草案》。事实上，律师辩护制度，公审制度，陪审制度，在临时政府司法实践中已经采用。如 2 月下旬审理江苏山阳县令擅杀案，就由司法部派出精通中外法律的官员承审，由知名人士陪审，并允许聘请辩护士到庭辩护，在中国司法史上是史无前例的。上述律令，因临时政府存在时间短暂，大多未及实施，但其除旧布新之功是不能抹煞的。

■ 南京临时政府法制建设的经验教训

列宁曾说，判断历史的功绩，不是根据历史活动家没有提供现代所要求的东西，而是根据他们比他们的前辈提供了新的东西。临时政府所制定颁布的一系列法律令，较之传统王朝，对中国社会作出了无可比拟的贡献。临时政府的法制具有鲜明的反封建专制的进步性，给几千年封建法制笼罩下的中国带来了一线新的曙光，民主共和、主权在民、平等自由、保障人权、司法独立、法制原则等等开始深入人民，体现了民主主义思想和法律观，对提高人民民主觉悟，争取人权，维护国家尊严，具有很大启蒙作用，意义深远，也为今天提供了历史借鉴。

---

① 参见《近代史资料·辛亥革命资料》，215～216 页。

以孙中山为首的资产阶级革命派，在民主法制创建上的历史功绩，应当引起我们的珍视和研究。但因南北对峙，没有实际上的统一政权，只是“电报统一”，致令不能遍达。随政权交出，法令多成空文。但在中国近代法制史上，这恰似昙花一现的法制却占有其重要的历史地位。

第二节 民国北京政府的法律制度

北京政府是由北洋系[①]军阀首领袁世凯篡夺辛亥革命成果以后建立起来的，通称北洋政府。从1912年4月1日孙中山正式宣布解除临时大总统职务起，到1928年6月奉系军阀张作霖从北京退回关外止，是北洋军阀实际统治时期。这16年中，以北洋军阀袁世凯、段祺瑞、曹锟和奉系军阀张作霖为首，在各帝国主义国家势力操纵下，均以“中华民国”为名，先后把持设在北京的中华民国政府，通称北京政府。较之清末更进一步投靠与利用帝国主义列强，出卖国家主权和民族利益，因而其法制具有明显的封建与买办性。

■ 北京政府的立法概况

(一) 制宪活动

1. “天坛宪草”的制定

袁氏就任临时大总统之初，尚受《临时约法》束缚，按约法规定：“本约法施行后，限十个月内由临时大总统召集国会”。为此，袁氏被迫于1912年8月10日公布由参议院制定的《中华民国国会组织法》，规定国会由参、众两院组成。两院的产生、议员任期及职权和会议制度等也均予规定，幻想以议会政治限制袁氏专横，确保民主共和国体。这虽不合袁意，但为利用国会爬上正式大总统宝座，并进而制定宪法，取消《临时约法》，袁氏不仅签发了《国会组织法》，且公布了《参议院议员选举法》、《众议院议员选举法》，并进行议员选举。结果以同盟会为基础改组的国民党在选举中取得绝对优势。

1913年4月8日，民国首届国会正式召开。之后按《国会组织法》规定，由参、众两院各选出委员30名，组成“宪法起草委员会”，集会北京天坛祈年殿，开始宪法起草工作。

其时，袁氏一面打击国民党势力，一面以争取国际承认民国为由，提出先选举总统后制定宪法，并策动19省区都督通电同意。国会迫于袁氏压力，改变

① 清末有北洋大臣之设，袁世凯曾任此职务，故将其属下的一派军阀称为“北洋军阀”。

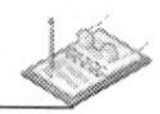

先制定《宪法》，后选举总统的程序，决定先行议决《宪法》中关于选举总统的部分。1913年10月4日，参众两院通过并宣布了《大总统选举法》，10月10日在袁世凯的武力威胁下，国会未等制定《先法》，就把他选为正式人总统。在此之后，为了限制袁世凯的权力，国会中的革命派议员拟定了宪法草案，同年10月31日国会"宪法起草委员会"三读通过了《中华民国宪法草案》（即"天坛宪草"）共11章113条。这部宪草采用了资产阶级宪法的形式和原则，肯定了中华民国为资产阶级共和国。虽有很大妥协性，但这个宪法草案仍规定国会有较大的权力，还规定采取责任内阁制，从而限制了袁世凯的权力，束缚了袁世凯的手脚，使其深为不满。他施展种种手段，使国会达不到法定人数，无法继续开会。并且在1914年1月10日下令解散国会，"天坛宪草"未及公布便成了废纸。

2.《中华民国约法》的实质

1913年11月初，袁世凯在国会解散后，便以自己的亲信组成"中央政治会议"作为立法机关，取代国会修改《临时约法》。但政治会议感到太露骨，因此建议另设立法机关。经一番筹划，这个政治会议秉承袁世凯的旨意，议决设立了一个所谓"改造民国国家之根本法"的机关———"约法会议"，由"约法会议"修改《临时约法》，着手拟定新约法草案。1914年2月18日"约法会议"开幕，3月20日，袁氏向约法会议提出了《增修临时约法大纲》咨文案，列举了7个修改意见，其中有：宪法起草权属于总统及参政院；公民权利之褫夺与恢复，总统得自由行之；总统有紧急命令之权；总统有紧急处分财产之权，等等。约法会议据此精神，在美国宪法顾问古德诺的直接策划与参与下，拟定出《中华民国约法》，同年5月1日正式公布，时人讥称其为"袁记约法"。至此《中华民国临时约法》被正式废除。新制定的《中华民国约法》分10章，计国家、人民、大总统、立法、行政、司法、参议院、会计、制定宪法程序、附则，共68条。与《临时约法》相比，其显著特点是：

第一，废除责任内阁制，行总统制。约法第14条规定："大总统为国之元首，总揽统治权"，"行政以大总统为首长，置国务卿一人赞襄之"。从而以附属于总统的国务卿，代替以前牵制总统的内阁总理。

第二，无限扩张总统权力，如规定大总统对外可以代表国家宣战、媾和或者缔结条约；对内可统率全国海陆军；制定官制官规不再经参议院议决；任免国务员、外交大使，无须参议院同意。还有宣告大赦、特赦、减刑、复权之权；发布命令、赦令之权；财政紧急处分权；宣告戒严权；任命法官、组织法院司法之权，等等。特别赋予总统财政紧急处分权和发布教令权，把袁世凯总统的权力扩大到完全和封建专制的皇帝一样。其后，依据《中华民国约法》成立的参政院，又公布了《修正大总统选举法》，使总统任期改为10年，而且可以连选连任。还规定换届之时，参政院可以议决现任总统连任，且毋须改选；总统继位人可由现任总统指定，甚至还可以推荐自己的儿子。

第三，废除国会制，设立立法院。约法规定：立法院为立法机关，表面上采用一院制，立法院有议决法律、预算、募集公债等诸多职权。但立法院受总统领导，且无权弹劾总统，而总统却有解散立法院之权。另设参政院，作为大总统的咨询机构，且规定在立法院未成立前，由参政院代行其职，而袁氏执政时期立法院则始终未成立。袁氏凭借这部独裁性的“袁记约法”任命亲信官僚政客组成参政院，并假手参政院复辟帝制，终于做了83天的洪宪皇帝。

3.《中华民国宪法》的制定和公布

袁世凯死后，开始了北洋军阀各派系间的混战局面。1922年6月，直系军阀控制北京政权，为利用“法统”作工具以达政治目的，一方面宣布再行《临时约法》，另一方面又重开国会，继续修订“天坛宪草”。曹琨急于想当总统，和国会议员间进行了一场丑恶交易，结果曹氏以每票5 000元贿赂国会议员当选了总统，国人蔑称此届国会是“猪仔国会”，曹氏是“贿选总统”。500多卖身议员以十余年前未完成的“天坛宪草”为蓝本，几易其稿，仅用一周时间通过了二读、三读，完成了一部《中华民国宪法》，即“贿选宪法”。1923年10月10日，在辛亥革命12周年之际，这位以“法统重光”为旗号的直系军阀曹琨，举行了总统就职和宪法公布典礼。这是近代史上中华民国首部正式颁行的《宪法》。该宪法分13章141条，主要内容及特点是：

第一，以资产阶级共和国粉饰军阀独裁专制。该法第1条规定：“中华民国永远为统一民主国”。且明定：“国体不得为修改之议题”。实则其时既非民主又不统一，曹氏也不打算实行宪政。所以该法将当时一些所谓“先进”宪法条款或新思潮均抄袭下来。如规定：大总统各项权力行使，须依法律或经国会同意；任命国务总理须经众议院同意；众议院对大总统、国务员有弹劾权，等等。事实是有兵便有权，大总统作为一派军阀首领，决不会受制于无实权的国会。该法《地方制度》一章规定：省设省务院，省务员由省民直接选举；县设县长，县长由县民直接选举。这几近痴人说梦。

第二，以资产阶级民主自由掩盖军阀独裁统治。该法规定：中华民国人民一律平等，无种族、阶级、宗教区别，人民依法享有保有财产、营业、言论、著作、刊行、集会、结社、通信秘密、居住迁徙、信教等自由，有请愿、诉讼、选举、被选举等权利。事实则相反，仅1923年2月7日京汉铁路总罢工，武汉江岸一地，吴佩孚的军警当场就杀害工人37人，伤200多人，逮捕林祥谦等60多人。

北京政府的制宪活动，是对《临时约法》的背叛，孙中山针对袁氏废弃《临时约法》，发动了“二次革命”；针对段祺瑞拒绝恢复《临时约法》，发动了“护法

战争”。“贿选宪法”出笼后，也遭到孙中山领导的国民党和中国共产党的反对，全国各地纷纷通电声讨，不及一年，曹琨政权垮台，该宪法也成历史遗物。

（二）其他立法活动

北京政府是清末政权的继续和发展。袁世凯于1912年3月10日在北京宣誓就任中华民国临时大总统时，即发布《暂行援用前清法律及新刑律令》：“现在民国法律，未经议定颁布，所有从前施行之法律及新刑律，除与民国国体抵触各条应失效力外，余均暂行援用，以资遵守”①。北京政府的立法活动，是以援用前清法律为始点的。

1. 行政立法

其一是关于行政体制方面法律的修订。袁世凯窃取政权后，取消了《中华民国临时约法》确立的责任内阁制，废除了资产阶级国会制，将北京政府的行政体制规定为总统制，为袁世凯从行政体制上复辟帝制奠定了基础。接着又修订了《大总统选举法》，使其成为终身总统，并于1916年正式改中华民国为中华帝国。袁世凯死后，控制北京政府的段祺瑞不得不重新改组从中央到地方的行政体制，宣布恢复《临时约法》和国会的同时，撤销了袁世凯时期的行政机构，从形式上实行《临时约法》所规定的国家行政体制，但维护军阀专制统治的实质并无改变。

其二是修订颁布了一些单行行政法规，对官吏的考试、甄选、官等、官俸及纠弹、惩戒诸方面多有具体立法规定。如在官吏的考试任用方面，1915年至1917年先后颁布过有关文官、外交官、领事官、司法官等职官的考试令，1919年制定和颁行了《文官高等考试法》、《文官普通考试法》及《外交官领事官考试法》。关于官吏的纠弹惩戒方面，北京政府先后颁行了10多种法令，如1913年的《文官惩戒法草案》，1914年的《纠弹法》、《官吏犯罪特别管辖令》、《官吏违法惩罚令》，1915年的《司法官惩戒法》、《审计官惩戒法》，1918年的《文官惩戒条例》，之后又有《官吏犯赃治罪条例》。关于官吏的抚恤，1915年公布了《文官恤金令》，规定文官恤金分为终身恤金、一次恤金、遗族恤金三种。

2. 刑事立法

袁世凯发布暂时援用前清法律命令后，又令法部对《大清新刑律》进行删修。将该律中与“民国国体”抵触各条，如“侵犯皇室罪”、“伪造制书罪”，“伪造御玺国宝罪”等加以删除；将律文中带有明显封建帝制性质的名词概念加以修改，如“帝国”改为“中华民国”，“臣民”改为“人民”，“覆奏”改为“覆准”，“恩赦”改为“赦免”等等。并取消附加《暂行章程》5条，更名为

① 参见《近代史资料辛亥革命资料》，308页。

《暂行新刑律》，实与《大清新刑律》没什么两样。该律从1912年施行，直到1928年南京国民政府刑法典颁布。

1914年，袁氏为复辟帝制，企图以"礼教"、"重典"胁服人心，于12月24日颁布《暂行刑律补充条例》共15条，内容与清的《暂行章程》5条性质相同，且有扩充，并分别加重刑罚。如1915年，袁世凯御用的"法律编查会"，聘请日本法学家冈田朝太郎参加拟定第一个"刑法草案"，其中增加了"侵犯大总统"和"私盐罪"两章。1918年的段祺瑞政府设立"修订法律馆"，拟定了第二个"刑法草案"，体系上有所变化，更多地采用资产阶级的刑法原则和内容。此外，北京政府还制定了一些单行刑事法规，主要有《戒严法》、《惩治盗匪法》、《治安警察法》、《陆军刑事条例》、《海军刑事条例》等。

3. 民、商事立法

大理院据袁氏暂准援用前清法律的命令，发布大理院上字第504号判例说："民国民法法典，尚未颁行，前清之现行律除裁判部分及与国体有抵触者外，当然继续有效。至前清现行律虽名为现行刑律，而除刑事部分外，关于民商事之规定，仍属不少，自不能以名称为刑律之故，即误会其为已废"。又在上字第938号判例中说："前清现行律关于民事各条，除与国体及嗣后颁行成文法相抵触之部分外，仍应认为继续有效"。这即所谓"现行律民事有效部分"。它包括《大清现行刑律》中的"服制图"、"服制"、"名例"中有关条款和"户役"、"田宅"、"婚姻"、"钱债"等内容，以及清《户部则例》中户口、田赋、税租等条款。直到1929年10月南京国民政府公布民法典，"现行律民事有效部分"才告废止。

在实施"现行律民事有效部分"的同时，北京政府也颁布了一些民商事单行法规，主要有《矿业条例》、《不动产登记条例》、《商人通则》、《公司条例》、《商标法》等。此外，袁世凯于1915年授意"法律编查会"，在前清民律草案基础上吸收民国北京政府历年大理院判例，编订成一部新的《民律草案》。后于1925年至1926年分总则、债、物权、亲属、继承五编陆续公布，计1745条。时值段祺瑞政府垮台，故未正式通过。

4. 诉讼法与法院组织法

北京政府成立之初，沿用清末诉讼律典，后据需要对一些条文加以修正，并以单行法规形式公布，如1912年5月颁布《民刑事诉讼律草案管辖各节》、《县知事审理诉讼暂行章程》等。在此基础上，于1921年编成《民事诉讼条例》，1922年1月编成《刑事诉讼条例》，在"东省特别区法院"试行，这些条例，分别规定了有关管辖制度以及第一审、上诉审和执行等各环节的具体程序。关于法院组织，初用清末《各级审判厅试办章程》及《法院编制法》，并修正刊

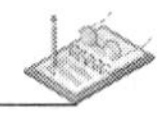

行，之后又行多次修订。此外还公布了《暂行各县地方分庭组织法》、《东省特别区域法院编制条例》等法规。

同时，从1912年到1927年，大理院汇编的判例、解释例也成为其时的诉讼法规的重要法律渊源。

北京政府法律的主要内容和特点

（一）援用旧律行威吓报复主义刑法原则

北洋政府法律的特点，突出体现在以中华民国之名，行军阀专制之实。具体体现为《暂行刑律补充条例》的颁行。如其中增设对嫡母、继母出于虐待行为，夫之尊亲属出于义绝或虐待行为的防卫过当罪，藏匿刑事暂保释人罪，强制亲属卖奸或为娼罪，奸良家无夫妇女罪，强卖和卖其被扶助养育保护之人罪，和奸有夫之妇罪等。尊亲属轻伤卑幼免除处罪，行亲权之父母为惩戒子女可请求法院施以六个月以下监禁处分等。

此外，颁布《徒刑改遣条例》，将清末已废的遣刑重加恢复，规定：凡无期徒刑、有期徒刑五年以上罪犯，所犯为内乱、外患、强盗等罪改为遣刑，发往吉林、黑龙江、新疆、甘肃、川边、云南、贵州、广西，允许改遣犯人携带亲属，到配所后编入当地户籍。

又公布《易笞条例》，重新恢复临时政府明令废止的笞刑。规定：16岁以上60岁以下男子，犯奸非、和诱、盗窃等罪，应处三个月以下有期徒刑、拘役或百元以下罚金折易监禁者，照刑期一日改易笞刑二下，这简直是古代折杖法的复萌。

（二）严刑峻罚镇压革命

《暂行新刑律》专设《内乱罪》一章，规定："意图颠覆政府，僭窃土地及其他紊乱国宪而起暴动者为内乱罪"。其矛头就是指向革命活动。对该罪处罚严酷，"首魁"处死刑或无期徒刑；"执重要事务者"死刑或无期徒刑或一等有期徒刑；"附和随行者"二至四等有期徒刑；二等以上有期徒刑并处褫夺公权。凡意图内乱、聚众掠夺公署之兵器、弹药、船舰、钱粮及其他军需品或携带兵器、公然占据都市城寨及其他军用之地者，均以内乱既遂论处。内乱罪的预备犯或阴谋犯，处一至三等有期徒刑。预知内乱而供兵器、弹药、船舰、钱粮及其他军需品者，处无期徒刑或二等以上有期徒刑。之后颁布的《惩治盗匪法》又进一步加重内乱罪的刑罚等级，规定一律处死刑，且一再延长施行期限。

为钳制人民群众一切活动，颁布了一系列剥夺人民民主权利的法规。1912年颁布的《戒严法》规定：遇有战争及其他非常事变，大总统可宣布全国或某地区戒严。地方司令官可宣布所在地区临时戒严。戒严时，所在地司令官有权停止集会、结社或新闻、杂志、图画、告白等，禁止输出可供军需的民用物品，或停止海陆交通等。1914 年 3 月公布的《预戒条例》、《治安警察条例》和 1915 年 11 月颁行的《违警罚法》，赋予行政官署有禁锢全国人民思想、限制群众行动的权力，把人民置于严密的法律监督之下。上述法规规定：行政官署可以“维护公共秩序之安全及保障人民之自由幸福”为口实，对所谓的无一定职业、常有狂暴言论行为者，及对他人欲行妨害者和不知检束者，常有破坏社会道德或阻挠地方公益之言论行为者，等等，发布预戒命令；对结社、集会、集体游行、张贴图画、演讲、罢工等，行使警察权；对妨害安宁、秩序、公务、交通、风俗、卫生、他人身体财产及证告、伪证、湮没证据者，分别处以拘留、罚金、训诫三种主罚和没收、停止营业、勒令歇业三种从罚。

（三）维护地主、官僚买办阶级利益

北京政府以法律保护地主土地所有权和封建地租剥削。大理院判例上字第 210 号规定：“如典产到期，经典买主催告，原业主仍逾期不赎时，亦得为绝业之主张。”“现行律民事有效部分”的“典买田宅”条及其条例规定：若将已典卖与人的田宅重复典卖的，以所得价钱计赃准盗窃论，追价还主，田宅从原典买主为业。典限未满而业主强赎者，依律治罪。如此合法地使地主兼并农民土地。又如“盗卖、冒认地主田宅”条及其条例：田一亩，屋一间以下处五等罚；每田五亩，屋三间加一等，罪止徒二年。若系官田宅，则各加二等。如雇工、庄头因主人外出而私盗卖所遗田产至 50 亩者，流 3 000 里。对地租，也规定每年按期缴纳，不因地主怠于行使而减轻，也不因积欠而免除。

北京政府先后还颁行了《中华汇业银行则例》、《中国银行则例》、《交通银行则例》、《实业银行章程》、《新华储蓄银行章程》等银行法规。确认这些全部为官僚买办阶级垄断的股份有限公司的银行，受政府委托可经理国库，募集资金或举借外债，发行国币等等，即掌握国家的经济命脉，官僚买办从中得到大量回扣利益。北京政府统治时期，所借外债总额近 13 亿元，仅此一项就得到回扣 6 500 万元。①

法律还保护军阀官僚恣意掠夺人民财富和国家资源。据不完全统计，北京政府的军阀官僚私产 6.6540 亿银元，其中拥有千万元以上私产的计 24 人，曹琨，张作霖两人各达 5 000 万元，相当于政府全年财政总收入的一倍。

《所得税条例》规定：“军官在从军中所得之俸给”“不属营利事业之一时所得”，免纳所得税。使军阀官僚利用职务之便大肆搜刮民财，并用来大量圈购土地，购置房产，投资矿山、工厂、商店等。张作霖在东北有土地 150 万亩。徐世昌则是天津租界房地产大业主。

① 参见黄逸峰等：《旧中国的买办阶级》，115 页，上海，上海人民出版社，1982。

《不动产登记条例》又使军阀官僚的财产合法化，他们只需向有关审判厅或县公署登记，便可永享土地及建筑物的所有权等权益。

（四）确认帝国主义列强在华利益

北京政府统治时期，列强在华资本不断扩张，为确认其经济侵夺的合法，《矿产条例》规定：外国人与中国人合股可取得开采矿藏权。解释例统字 911 号又规定："外国教堂依条约应特制认为法人，得享有土地所有权"。为帝国主义在中国随意开矿设厂、抢占土地、掠夺资源提供了法律保障。

为保护列强在华政治特权，《暂行新刑律》专立《妨害国交罪》章，设"损坏、除去、污秽外国国旗、国章罪"、"私与外国开战罪"、"违背中立命令罪"等，严禁中国人民的反帝活动，《陆军刑事条例》又规定："凡未受宣战之告知，或已受休战媾和之告知，无故对外开战者，处死刑"。

司法制度

（一）司法机关体系

其时司法机关体系庞杂，法院有普通、兼理司法、特别法院和平政院之分。

1. 普通法院系统———大理院、高等审判厅、地方审判厅、初等审判厅

（1）大理院。是最高审判机关。设院长 1 人，总理全院事务。下设民事庭和刑事庭。各庭设庭长 1 人，推事若干人。审判案件时，由推事 5 人组成合议庭，以庭长为审判长。在离京师较远或交通不便的省高等审判厅内设立大理院分院。推事由大理院选任，或由所在高等审判厅推事兼任。

（2）高等审判厅。设厅长 1 人，下设民事庭和刑事庭。由推事 3 人组成合议庭，由庭长任审判长。高等审判厅也可在所属地方审判厅设立分庭。

（3）地方审判厅。在城市设置。受理二审案件或重要的一审案件。属于第一审者，由推事 1 人独任。属于第二审者，采用合议制。

（4）初等审判厅。审理第一审的轻微的刑事案件或诉讼标的价值较小的民事案件。1915 年 6 月废除初级审判厅，行三级三审制。

按照北京政府法院组织法的规定，检察系统设总检察厅、高等检察厅、地方检察厅、初等检察厅。它们分别设置于各该级审判厅官署内。由检察长、检察官组成。对刑事案件负责行使侦查、提起公诉与监督判决执行等检察权。对有关社会公益及风俗的民事案件，以国家代表身份参加。

2. 兼理司法法院

指未设普通法院各县所设的兼理司法机关。1913 年，北京政府在未设普通法院的各县建立审检所，由县知事专负检察业务，但人员由县知事呈请高等审判厅委用。1914 年颁行《县知事审理诉讼暂行章程》，1917 年颁行《县司法公

署组织章程》，对县兼理司法的制度有所改进，如将检察，审判分开，县知事专司检察，但都未能实行。

3. 特别法院

分军事审判机关和地方特别审判机关两类。前者依《海军审判条例》、《陆军审判条例》审判，海陆军分设高等军法会审、军法会审、临时军法会审三种组织，审理军人犯罪案件。后者是临时在少数民族地区或特别区域设立的司法组织，即特区法院。如热河都统署、归绥都统署、察哈尔各旗等，设审判处，但不用检察制度。又如东三省特别区，在哈尔滨设高等审判厅及地方分庭，并相应设主任检察官。

4. 平政院

主管行政诉讼。《平政院编制令》规定：平政院察理行政官吏之违法不正行为，就行政诉讼及纠弹事件行使审判权。平政院设院长 1 人，评事 15 人。平政院还设肃政厅，置都肃政史 1 人，肃政史 16 人，纠弹行政官吏之违宪违纪事件，并得提起行政诉讼，监视平政院裁决之执行。南京国民政府时期改平政院为行政法院。

（二）诉讼审判的主要特点

1. 运用判例和解释例

北京政府确认大理院的判例与解释例具有法律效力。在司法审判中，大量运用判例和解释例。从 1912 年到 1927 年的 15 年中，单从《大清律例》中就抄袭了 1 892 条。到 1927 年止，大理院汇编的判例达 3 900 条，解释例达 2 000多条，判例和解释例汇编共 6 000 多条。判例和解释例比法条更适合统治需要，为北洋军阀政府任意解释法律、罗织罪名提供了便利，成为任意残害人民的工具。

2. 四级三审制

在审判管辖上，北京政府基本上实行四级三审制。轻微案件由初等审判厅作第一审，稍重的案件由地方审判厅作第一审。高等审判厅不受理第一审案件，大理院可以作为“内乱”及“妨碍国交”、“外患”等罪的第一审及终审机关。在审级及管辖问题上，北京政府前后也曾出现过一些反复。1914 年，袁世凯为巩固独裁专制统治，裁并地方审判、检察厅以及初等审判、检察厅，审、检归县知事兼理。但两年后，因人民强烈反对复辟帝制，又恢复了地方审判厅，增设大理院分院、高等审判厅、地方审判厅等。之后，段祺瑞政府重新恢复审、检制度。在审判机构设置上，除保留大理院、高等审判厅、地方审判厅外，在县一级设立地方审判厅或司法公署，管理当地刑、民案件，从而使四级三审制确立下来。

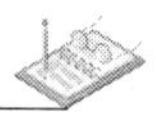

3. 县知事兼理司法

北京政府时期，由于四级制的审判系统，特别是初等审判厅没有全面建立起来，因此，在未设立初等审判厅的地方，就由县知事兼理司法。1914年颁布的《县知事兼理司法事务暂行条例》规定，凡未设法院的地方各县之司法事务，"委托县知事处理之"。由县知事行使审判权和检察权，称为兼理司法县公署。这不仅是对南京临时政府《文官试验章程草案》的反动，而且是对封建社会府县官主管司法审判的公开复活，突出体现了北京政府统治时期地方传统的影响及社会现实的无奈。

4. 军事审判取代普通审判

北京政府统治时期，由于各派军阀连年混战，全国经常处于战争时期或戒严时期，军法审判机关和军法审判在司法审判中占有突出的地位。北京政府设有高等军法会审、军法会审和临时军法会审等三种军事审判机构。军法会审机构不仅审理军人违反《陆军刑事条例》和《海军刑事条例》的案件，而且把续备、后备和退役军人以及军属，也包括在军法审判的范围内。同时军法会审机构的审判活动，还随意强行审判其他非军人案件，任意残害革命志士和人民群众，充分暴露了北京政府军事审判机构的反动实质。

审判中，军法和军法会审重于其他审判，一般司法审判只是军法审判的补充。依照《海军审判条例》、《陆军审判条例》规定，军人犯海、陆军刑事条例，或刑律所列之罪，或违警罚法及其他法律所定之罪，以及军人附带民事诉讼；非军人犯军法条例规定之罪，均依军法会审之判。这样，军人、平民犯罪，刑、民案件各由军法会审审判，军事审判机关成为实际上最重要的审判机构。不仅如此，军法会审机构还可援用《惩治盗匪法》、《戒严法》，随时随地审理案件。由于军阀战乱不断，政府的审判权实际上为军阀官僚把持，草菅人命，无法可言。

5. 扩大帝国主义列强的在华领事裁判权

当时在华外侨达35万多人①，为便于侨民诉讼，北京政府继续承认领事裁判权，并赋予无领事裁判权国家侨民一些法律特权。1913年颁布《约定华洋诉讼办法》规定：审理涉外（华洋）诉讼案件以地方衙门为第一审，不服则以该省通商交涉使衙门或外交特派交涉员署为上诉机关，从而自毁司法体系与审判权的统一行使。1920年公布《审理无领事裁判权国人民犯罪变通处刑办法文》，更规定：如该国人犯重罪，依《暂行新刑律》应处死刑，而本国已废止死刑，酌处无期徒刑，且在判决理由书内声明，从而扩大了领事裁判权。另一方面，在个案审理中对领事裁判权原则的适用多有所限制。

① 参见黄逸平：《中国近代经济史论文选》，175页，上海，上海人民出版社，1985。

（三）狱政制度

北京政府成立后，改清法部典狱司为司法部监狱司，管理全国监狱。1913年12月据袁氏援用前清法律的命令，修订《大清监狱律草案》并予公布，定名《监狱规则》，成为民国首部监狱法典。依刑罚分监狱为徒刑监、拘役监；依性别分男监、女监；依年龄分成年监、幼年监，开中国设立女监、幼年监之先例。监狱设典狱长1人，看守长3人，投出1人，另设男女看守、教诲师、医生、药剂师若干人，实行典狱长负责制。全国设监狱及分监约80多处。

第一次世界大战，中国加入协约国，随协约国胜利，国际地位有所提高，政府在国内压力下不得不在巴黎和会与华盛顿会议上同列强交涉收回领事裁判权事宜。列强一面拒绝废止该权力，一面同意派员来华考察刑罚、审判及监狱状况后再作决定。北京政府遂仿西方各国对监狱进行改良，如设立模范监狱，构筑新式监狱等。但因军阀战事颇繁，狱政不遑顾及，使改良流于形式，无实质性变化。

第三节　南京国民政府的法律制度

1927年4月12日，依靠北伐战争获得军权的蒋介石，背弃孙中山的“新三民主义”，在中外反动势力的扶持下，于上海发动了一次成功的政变，以死亡几十人的代价，稳住了上海的局势，宣布清除共产党，与当时仍为国共两党合作的武汉国民政府相对抗，成立了南京国民政府，直至1949年底被迫退居台湾省，结束了它在全中国的22年统治。这时期的法律制度是集清末以来近五十年中国近代法制变革之大成。以资产阶级的法律形式，形成了“六法全书”体系。

一、国民政府立法概况

（一）立法指导思想

南京国民政府以民国南京临时政府的正统继承者自居，自称“三民主义”是其法制渊源和指导思想。1929年3月12日，国民党“三大”通过《确定总理遗教为训政时期中华民国根本法决议》，规定：“中国国民党中央执行委员会应根据总理遗教，编制过去党之一切法令规章，以成统一系统”，“确定总理所著三民主义，五权宪法，建国方略，建国大纲及地方自治开始实行法为训政时期中华民国最高之根本法”。用三民主义的权威掩盖其“以党治国一党专政”的立法指导思想和基本原则。而所谓“以党治国”即是以一党专政行蒋氏独裁。在法典具体编制上，主要承清末、北京政府法律，采取资产阶级国家的法律体系、

法律原则和形式，充塞传统法律内容。后期，随政权法西斯化，又抄袭法西斯国家的法律原则。

（二）立法机构

南京国民政府的立法机关是立法院。1928 年 10 月，国民党中常会（中央执行委员会常务会议的简称）通过《中华民国国民政府组织法》，据孙中山“五权宪法”理论，规定立法院为最高立法机关，有权议决法律案、预算案、大赦案、宣战案、媾和案及其他重要国际条约。规定国民政府由立法、行政、司法、监察、考试五院组成。由于政府是在国民党全国代表大会和以总裁为首的中央执行委员会的直接领导下（去台前夕改为国民大会和总统），这种一党专政蒋氏独裁的政体，决定了政府立法院只能听命于国民党中央，受制于蒋氏。据统计，立法院通过的 500 件法律案中，大多秉承国民党中央和蒋氏个人旨意，或由国民党中央提出。因此立法院实是国民党、蒋氏的御用机关。

（三）法律体系

由制定法、判例、解释例和党规党法、蒋氏手谕等构成。

南京国民政府成立后，从 1928 年始进行大规模立法活动，先后制定了宪法（约法）、民法、刑法、商事法、诉讼法、法院组织法及其他单行法规、特别法规。这些法律的汇编通称“六法全书”（一说民、商法合一、加行政法），是南京国民政府成文法总称。

南京国民政府司法院，最高法院继续援用北京政府大理院的判例、解释例，并于实践中大量增补。司法院从 1929 年 2 月 16 日至 1948 年 6 月 23 日，仅解释例就达 4 097 号。上述判例、解释例是制定法的重要补充。

党规党法、蒋氏手谕、命令是重要的法律形式，具有最高法律效力。1932 年 5 月 31 日，国民党中常会通过《宣传品审查标准》，适用于党报及全国各种报纸杂志，成为政府的新闻法。1930 年 2 月公布《党员犯罪加重处罚暂行法》，适用于党员和非党员现任职官。1940 年蒋氏给江西省主席熊式辉指示：“凡有共党嫌疑之人，可免公布罪状，立行枪毙。”此后成为各级政府残害共产党人的法律根据。

因为国内社会性质、阶级关系依旧，国际列强仍凭借条约享有领事裁判权。南京国民政府继续清末以来的修律方针，“采择各国法规”、“参酌世界立法趋势”。所以仍是仿抄帝国主义国家法律，加以中国传统内容，不同以前者，是继德、意、日法西斯政权建立，也抄袭了一些法西斯国家法律。

（四）法统的四个阶段

南京国民政府的法统经历了形成、确立、战时应付和最后维持四个时期。

（1）1927 年 4 月南京国民政府成立至 1928 年 10 月立法院成立止，是国民政府法统形成时期。

其间，政府根据国民党中央政治会议决议，于 1927 年 8 月 12 日通令："一应法律，在未制定颁行之前，凡从前施行之各种实体法、诉讼法及一切法令，除与中国国民党党纲或与国民政府法令抵触外，一律暂时援用"。同时，授权国民党中央执行委员会政治会议决议一切法律。在北京政府修订的法律草案基础上，制定了《中华民国刑法》、《中华民国国民政府组织法》等。初步建立起政府的法统。

(2) 1928 年 10 月公布政府组织法到 1937 年 7 月抗战爆发，是国民政府法统确立时期。

南京国民政府据国民党中央政治会议规定的立法原则，进行了一系列立法活动，制定和修订了《训政纲领》、《中华民国训政时期约法》、《中华民国宪法草案》，修订的《中华民国国民政府组织法》，《中华民国民法》、《公司法》、《票据法》、《海商法》、《保险法》、《破产法》，修正的《中华民国刑法》、《中华民国民事诉讼法》、《中华民国刑事诉讼法》、《法院组织法》等。同时配合"围剿"中共，公布了一系列特别法，诸如《危害民国紧急治罪法》、《共产党人自首法》、《惩治盗匪暂行办法》等。至此，南京国民政府的"六法体系"建成。

(3) 1937 年 7 月抗战爆发至 1945 年 8 月日本投降，是国民政府法统的战时应付时期。

抗战期间，因国共合作，南京国民政府立法以单行法规、特别法规为主，是南京国民政府法统应付战局的时期。其时颁布了大量战时法规，如《战时军律》、《惩治汉奸条例》、《国家总动员法》、《妨害兵役治罪条例》、《出征抗敌军人婚姻保障条例》、《优待出征抗敌军人家属条例》等。此时，南京国民政府被迫停止公开打击中国共产党，但仍秘密颁行《共产党问题处置办法》、《防止异党活动办法》等迫害共产党的法律。

(4) 1945 年 8 月抗日战争结束到 1949 年 9 月南京国民政府被推翻，是国民政府法统的最后维持时期。

其时，南京国民政府一方面大搞制宪把戏，企图使蒋氏独裁政体披上合法外衣，公布了《中华民国宪法》；另一方面依恃美援和武力，拒绝中共及朝野各界关于实现和平、民主、建立联合政府的正义要求，积极准备和悍然发动全面内战，必欲置中共于死地而后快。为此，南京国民政府颁布《戡乱总动员令》、《戒严法》、《戡乱时期危害国家紧急治罪条例》、《动员戡乱时期临时条款》等法律。但随着南京国民政府在大陆统治的迅速崩溃，其法统也被胜利了的共产党人彻底废除。

(五) 立法特点

(1) 立法权受制于国民党中央，是国民政府立法的首要特点，也是国民党

"以党治国"的体现。

立法院成立前，立法权直接由国民党中央执行委员会政治会议行使。1928年该会议决定："一切法律，概须由政治会议议决"。同年3月国民党政府公布的《立法程序法》规定："（国民党）中央政治会议得议决一切法律，由中央执行委员会交国民政府公布之。"

立法院成立后，国民党中央仍控制着立法权。国民党中央常务委员会常务会议1932年6月通过的《立法程序纲领》规定：有权直接向立法院提出法律案的机关以国民党中央政治会议为先。一切法律案，除国民党中央自行提出者由其自定原则外，其他任何机关提出的法律案，均得拟定法律案的原则草案，送请政治会议决议。立法院对政治会议所定原则不得变更，有意见可向政治会议陈述。各种法律案原则，政治会议先交立法院审议，然后再送政治会议最后决定。立法院通过的法律案，在政府未公布前，政治会议认为有修改必要时，以决议案发交立法院依法修改。南京国民政府的根本法、基本法律及一些重要法律的提案及其立法原则，多由国民党中央提交或提出。

（2）特别法效力高于普通法，是国民政府立法的又一特点。

南京国民政府特别法，适用于特定时、空和人、事，在南京国民政府统治的22年中，所颁布的特别法数量繁多，超过普通法无数倍，尤以特别刑事法规、法令最突出。如《暂行反革命治罪法》，多次补充修改的《中华民国战时军律》等等。国民政府继续奉行北京政府"特别法应先于普通法，如特别法无规定者，始适用普通法"的原则。南京国民政府普通法的制定、修改，其立法程序要经立法院议决，由政府正式颁布。而特别法则不经立法院议决，直接由政府发布；或由军事委员会及其他各部、会运行制定、公布；甚至由国民党中央或地方党部秘密颁发。特别法的产生连资产阶级民主的形式也不要了。这种立法现象，是同国共两党的激烈斗争分不开的。

■ "六法全书"的主要内容及特点

（一）约法和宪法

1.《训政纲领》和《训政时期约法》

1928年，南京国民政府以"北伐"成功，据孙中山所设计的建国程序，宣布"军政时期"结束，"训政时期"开始，实行"约法之治"。1928年10月3日国民党中常会召开第172次会议，制定并通过了《训政纲领》六条，作为"训政时期"政纲，基本内容是：确立国民党为最高"训政"者；国民党全国代表大会代行国民大会职权，为最高国家权力机关；国民党中央执行委员会（其核心是政治会议）是国家最高权力机关的常设机关。蒋氏以党魁身份直接控制政治会议，凌驾于党和政府之上，集党、政、军权于一身。《训政纲领》还规定了“政权”和“治权”的划分。

1930年“中原大战”后，蒋氏为谋求党内统一，缓和派系间矛盾，决定召开国民会议，制定《训政时期约法》。1931年3月2日，国民党中常会通过“制定训政约法案”，推定吴敬恒、王宠惠、于右任等组成约法起草委员会，以《训政纲领》为基础，据国民党中央常委会决定的约法原则，拟定训政约法草案。经国民党中央常委会和中央执行委员会分别审议通过后，提交于1931年5月5日召开的、由国民党指派的所谓“国民会议”讨论。5月12日“国民会议”讨论并通过《中华民国训政时期约法》，6月1日由政府正式公布。

该法共8章89条，主要内容是：中华民国“主权属于国民全体”，国体“永为统一共和国”。但人民的政权，即选举、罢免、创制、复决四种权力的行使，由国民党政府训导之。实则人民只有纳税、服兵役、服从法律的义务。该法的核心精神，是以根本法的形式确认训政时期国民党为最高“训政”者，代行国民大会的统治权。约法的解释权属国民党中央执行委员会。《训政时期约法》之本质是本着“以党治国”的精神肯定国民党一党专政的制度。

2.《中华民国宪法草案》

《训政时期约法》公布不久，发生“九·一八”事变。中国共产党发表停止内战，一致抗日的《为抗日救国告全国同胞书》。群众抗日运动高涨，对此，国民党于1932年12月召开国民党四届三中全会，决定采纳孙科等29人提出的“集中民族力量挽救民族危亡案”，宣布1935年3月召开国民大会议决宪法，责成立法院从速起草宪法草案。经3年又4个月时间的草拟、修订的《中华民国宪法草案》于1936年5月5日由政府正式公布。因其公布日期，又称“五五宪草”。

该草案共8章148条，结构与《训政时期约法》基本相同。只是将原约法中“训政纲领”（第3章）改为“国民大会”；第6章“中央与地方之权限”分为“中央政府”、“地方制度”两章，第8章“附则”易名为“宪法的施行及修正”。南京国民政府标榜该草案遵奉孙中山遗教制定，是“还政于民”实行宪政之始，体现了三民主义、五权宪法精神。实际上草案中的五权分治形式赋予总统极大权力。五权制实则总统独裁制。故该宪草不过是蹈袭袁世凯《中华民国约法》的故伎。

3.《中华民国宪法》

抗战胜利后，政府慑于全国各界、各党派要求和平、民主的呼声，以及中国共产党关于成立联合政府的宣言，不得不在“双十协定”基础上于1946年

1月在重庆召开政协会议（史称旧政协），通过政治协商，解决召开国民大会、改组政府、制定宪法等问题。同时，南京国民政府在美国支持下，以“和平”作幌子积极准备发动全面内战。1946年政府便撕毁政协协议，向解放区（中共控制区域）发动全面进攻。并于11月15日单独召开国民大会，制定《中华民国宪法》，同年12月25日国民大会通过了以“五五宪草”为底本的《中华民国宪法》。1947年1月1日南京国民政府将其公布，定于1947年12月25日施行。

该《宪法》共14章175条。第1章“总纲”标榜：“中华民国基于三民主义，为民有、民治、民享之民主共和国”。“主权属于国民全体”。

第2章“人民之权利义务”，罗列众多，但规定为“防止妨碍他人自由，避免紧急危难，维持社会秩序，增进公益所必要”，“以法律限制之”。

第3章“国民大会”，规定国民大会“代表全国国民行使政权”，即根据国民党提议行使选举、罢免总统、副总统权。国民大会六年召开一次，闭会期间无常设机构。

第4章“总统”，确立总统制，赋予总统至高无上的权力。

第5章“行政”、第6章“立法”、第7章“司法”、第8章“考试”、第9章“监察”，即政府行使的五种“治权”。行政院为最高国家行政机关，立法院为最高国家立法机关，监察院为国家最高监察机关，司法院为国家最高司法机关，考试院为国家最高考试机关。

第10章“中央与地方之权限”，规定中央与地方的权限划分。

第11章“地方制度”，规定省、县自治。

第12章“选举、罢免、创制、复决”，即国民行使的四种“政权”。规定年满20岁国民有依法选举之权，年满23岁有依法被选举权，原选举区有依法罢免被选举人之权。至于创制、复决权则由法律规定。

第13章“基本国策”，宣称内政外交以三民主义为基本原则，“保卫国家安全，维护世界和平”，“尊重条约及联合国宪章”。

第14章“宪法之施行及修改”，赋予司法院以解释权，确立严格修改程序。

蒋介石利用《中华民国宪法》，于1948年3月29日召开国民大会，4月19日被选举为大总统，随即指使御用国民大会制定《动员戡乱时期临时条款》，由国民政府于1948年5月10日公布施行。规定“总统在动员戡乱时期，为避免国家或人民遭遇紧急危难，应付财政经济上重大变故，得经行政院会议之决议，为紧急处分，不受宪法第三十九条或第四十三条所规定程序之限制”。且决定在1950年12月25日前，召开国民大会临时会议，修改宪法各条使《动员戡乱时期临时条款》永久化。然而共产党人的胜利，使蒋氏的计划破灭了。

4. 南京国民政府制宪活动的目的和宪法的特点

第一，以根本法形式确认国民党一党专政，典型的如《训政时期约法》。该法使国民党全国代表大会及其常设机关中央执行委员会，成为政府最高权力机关。因此，将施行期为6年的《训政时期约法》无限展延，使该法自1931年公布至1948年“行宪”，施行了17年。为保持这一一党专制政体，历次制宪，均以《训政时期约法》为圭臬。

第二，以“五权分立”的国家机构组织形式，掩盖蒋氏独裁。由于南京国民政府主要组成人员均由国民党中央执行委员会选任，按党章中央执行委员会权力集中在常务会议，而后者权力又集中于党总裁蒋氏手中。《中华民国宪法》虽规定五院各自独立行使职权，但又规定了一个大权独揽的总统，而不对任何机关负责，凌驾于五院之上。且司法、行政、考试三院正副院长由总统提名任命，立法、监察两院正副院长实际上是变相由总统任命，使五院不啻是总统的五个手指头，只能唯命是从。加之又有依宪法产出的《动员戡乱时期临时条款》，恰似当年希特勒得到了“授权法”一般，使蒋氏更可合法地为所欲为了。

第三，抄袭资产阶级宪法原则粉饰法西斯式统治。就宪法条文讲，规定“政权”交由国民大会行使。而国大代表绝大多数只代表蒋氏并不代表国民。从席位上便一目了然：国民党席位占45%以上，此外还有追随国民党的青年党、民社党。因此，国民大会全受国民党中央钳制。什么“主权属于国民全体”，什么“民有、民治、民享之民主共和国”，均不过是聋子的耳朵。

第四，设置种种法律限制，剥夺人民权利和自由。宪法所罗列的权利、自由，除宗教信仰一项外，其他一律附加“依法”限制或停止的但书。如此，政府仍恐不及，还颁布一些单行法规来达到加以限制的目的。如《戒严法》等等。据此可随时“合法”地将宪法中规定的人民权利自由加以冻结。

第五，确立半殖民地半封建的社会经济制度。《训政时期约法》第4章“国民生计”、“五五宪草”，第8章“国民经济”、《中华民国宪法》第13章“基本国策”均以此为宗旨。规定：国家应兴建油、煤、金、矿业和创办国营航业。工商业之专利、专卖、特许权属于中央（约法）。附着于土地的矿藏以及经济上可供公众利用的天然资源属于国家所有，公用事业及其他独占性企业以国家公营为原则，金融机构应依法交由国家管理（“五五宪草”、《宪法》）等等。使民族资本的发展多受阻碍，而同国家政权相结合的官僚资本，都依凭宪法得以在短期内形成为国家垄断资本。正因如此，“四大家族”在他们当权的22年中，垄断了全国的经济命脉。

南京国民政府在“平均地权”、“节制资本”口号下，保护封建地主阶级土地所有权，80%的土地为地主阶级占有。这就是宪法保护土地所有权的实质。

第六，承认列强在华特权。《中华民国宪法》“基本国策”一章专定“外交”一节，规定：“敦睦邦交、尊重条约”，“保护侨民权益，促进国际合作”，认为是国家基本外交政策。这就实际等于以宪法形式承认了近百年来列强强加于我们的一系列不平等条约，并为其合法性提供了新的最高的法律根据，这不是出卖国家主权和民族利益，又能作何解释呢?

（二）民法及其关系法规

1.《中华民国民法》的制定及其渊源和结构

南京国民政府成立后，为适应社会经济关系的需要，于1928年开始起草民法典。在继承清末及北京政府民律草案的立法精神，抄袭资本主义国家，特别是德、日等国在垄断资本主义时期的民事立法原则和法律条文基础上，本着民商合一原则，结合传统习惯，分期编订而成。国民政府分别于1929年5月23日公布民法第1编“总则”，11月22日公布第2编“债”，1930年11月30日公布第3编“物权”，12月26日公布第4编“亲属”，第5编“继承”。共1223条，从1929年10月10日起陆续施行。

此外，还颁布了《著作权法》、《出版法》、《建筑法》、《房屋租赁条例》等单行民事法规。

2. 民法的主要内容和特点

（1）维护土地权益。《中华民国民法》第837条“租金减免请求之限制”规定：“地上权人纵因不可抗力，妨害其田地之使用，不得请求免除或减少租金”。还设定永佃权，以使佃农勤于耕作，改良土壤，增加收入，但同时在第846条又规定：“永佃权人拖欠地租达二年之总额者，除如有习惯外，土地所有人得撤佃。”

（2）保护债权人利益。《中华民国民法》第203、205条规定：法定利率为5.5%，而约定利率则高达20%。第231、233条规定：债务人迟延给付时，债权人得请求赔偿因迟延而产生的损害，对因不可抗力产生之损害，也应负责，迟延债务，以支付金钱为标的者，债权人得请求依法定利率计算因迟延而应交付之利息。如约定利率较高者，仍从约定利率。第227条还规定，债务人不为给付或不为定金之给付者，债权人得申请法院强制执行，并得请求损害赔偿。

（3）承认事实上不平等的民事法律关系。《中华民国民法》第765条规定：“所有人于法令限制之范围内，得自由使用、收益，处分其所有物，并排除他人之干涉。”

该法第767条规定：“所有人对于无权占有或侵夺其所有物者，得请求返还之，对于防害其所有权者，得请求防止。有妨害其所有权之虞者，得请求防止之。”

（4）保护婚姻家庭关系。确认传统婚姻制度。《中华民国民法》亲属编规定：未成年人订立婚约，应得法定代理人之同意。如解除和违反婚姻，必须负赔偿之责。对童养媳，政府的解释例确认："童养媳虽未成婚，子死如许。然既因交有聘金，发生童养关系，则援孀妇再醮之例，子父自可主婚"。"过门童养媳于成年后之相当时间，无反对之意思表示者，应认为婚约同意"。

在早婚习俗流行的当时，这些规定无异于为父母包办子女婚姻提供了法律依据。南京国民政府的解释例和判例还确认买卖婚姻。判例确认聘财是订婚形式要件，聘财须依礼纳送，入赘亦得有聘财。解释例确认："习惯上买卖婚姻如经双方合意，虽出银实具有财礼之性质者，其婚姻应认为有效。"

（5）确认男尊女卑的父家长统治权。《中华民国民法》亲属编第 6 章"家"规定：家置家长。家长由亲属团体中推室之。无推室时，从家中之最尊者为之。尊集团者以年长者为之。家长管理家务。第 2 章"婚姻"规定：妻姓冠以夫姓。子女从夫姓。妻以夫之住所为住所。夫妻联合财产由夫管理。子女之特有财产由父管理。父母对子女行使亲权的意见不一致时，由父行使之。这些规定，使妇女在家庭中处于几无权利的地位，是中国数千年的封建家庭制度的延续。

（6）确认传统的继承制度。《中华民国民法》第 5 编"继承"及其有关判例、解释例规定：直系血亲卑亲属为第一顺序继承人，以亲等近者为先。妻无权继承夫之遗产，即使当时无人继承，也不得视为该妇财产。守节妇可代理应继承人，承受夫产，进行管理，但不能成为财产继承人，更不得滥行处分。女子继承财产，应以未嫁之女为限。养子女的应继份为婚生子女的 1/2。上述继承权受侵犯，继承人或法定代理人可以请求法院，用强力恢复原状。

（7）确认外国在华权益。民法赋予外国法人与中国法人同样的权利能力。《民法总则施行法》第 12 条规定：给认许之外国法人，于法令限制内与同种类之中国法人有同一之权利能力。司法院 1936 年 4 月 20 日解释：外侨在中国组织团体，如经当地党部许可，则关于设立程序监督办法，应与国内人民团体一律待遇。从而使帝国主义垄断资本在中国进行经济掠夺合法化。不仅如此，国民政府还给予垄断资本以各种优惠待遇。民法允许外国货币在中国境内可直接充当债务关系支付手段。土地法还允许外国资本家在中国随意购买土地。1946 年 4 月 29 日修正公布的《中华民国土地法》规定：外国人为住所、商店及工厂、教堂、医院、外侨子弟学校、使领馆、公益团体之会所和工场之用途，有权租赁或购买土地。为外国取得中国国土提供了法律依据。

（三）刑法及其关系法

1. 刑法体系

南京国民政府十分重视运用刑法手段维护统治。南京国民政府成立之初，

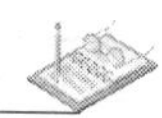

援用北京政府《暂行新刑律》，同时，即着手修订刑法典和各项单行刑事法规。

南京国民政府的刑法典有两部，即1928年刑法和1935年新刑法。1927年4月，司法部长王宠惠主持修订刑法，主要以北京政府《暂行新刑律》及《第二次刑法修正案》为蓝本，在吸收日、德等国家的刑法原则基础上，改订而成。经国民党第二届中央执行委员会会议议决，国民党中常会通过，于1928年3月10日由政府公布，原定同年7月1日施行，后延期至9月1日施行。《中华民国刑法》分两编，共48章387条，是我国历史上首部以“刑法”相称的刑法典。

随国内形势发展，矛盾激化，南京国民政府为加强司法镇压，于1931年12月成立刑法起草委员会重新修订刑法典，1934年完成，1935年1月1日由南京国民政府公布，同年7月1日施行，仍名为《中华民国刑法》，通称“新刑法”。该法分两编，共47章357条。南京国民政府称该法以三民主义为立法宗旨，立法原则采罪刑法定主义，主观人格主义、社会防卫主义，并注重传统伦理观念，等等。其实，该法典除将一部分特别法内容分别纳入有关条文外，就是增加了德、意等国带有法西斯性质的刑法内容，特别是增加“保安处分”专章。此外，新刑法将刑事责任年龄提高为18岁，对于普通犯罪采从轻处罚原则，而对触犯统治权的“内乱罪”、“外患罪、“杀人罪”、“强盗罪”、“渎职罪”等“危险极大者”，从严、从重惩处。

南京国民政府在不同时期，还颁布了大量单行刑事法规，主要有《暂行反革命治罪法》、《惩治盗匪暂行条例》、《惩治盗匪暂行办法》、《危害民国紧急治罪法》、《惩治汉奸条例》、《妨害国家总动员惩罚暂行条例》、《戡乱时期危害国家紧急治罪条例》、《惩治叛乱条例》以及《陆海空军刑法》等。

司法机关关于刑法方面的判例与解释例，在南京国民政府的判例法中占重要地位，仅司法院关于1928年刑法的解释例就有340件。以上构成了南京国民政府的刑法体系。

2. 刑法的主要内容和特点

（1）镇压社会的反抗运动。刑法主要锋芒指向人民的反帝、反封、反官僚资产阶级的斗争，尤其是指向领导人民进行上述斗争的中国共产党。1928年3月9日南京国民政府公布《暂行反革命治罪法》，将“意图颠覆中国国民党及国民政府或破坏三民主义而起暴动者”，定为“反革命罪”，“首魁，死刑；执行重要事务者，死刑或无期徒刑；附和随行者，二等或四等有期徒刑”。司法院第16号、第21号解释称：“共产党案件，应依反革命论罪”。“共产党员仅有宣传行为，应依反革命罪条例办理”。

1928年刑法和新刑法分则第1条均规定，意图以非法方法破坏国本，变更国宪，窃据国土，颠覆政府而着手实行者，处7年以上有期徒刑，首谋者处无期徒刑，预备或阴谋犯者，处6月以上5年以下有期徒刑。1936年8月31日施行《惩治盗匪暂行办法》，即系因围剿工农红军之“军事尚未结束”而制定，对反抗南京国民政府的行为一律视为“盗匪”，处以死刑。南京国民政府在逃离大陆前夕，于1949年6月21日公布《惩治叛乱条例》，对反对内战的人民和军人一律宣布为叛徒，规定处以死刑。充分反映出刑法的残酷性和法西斯性。

(2) 维护社会经济秩序。保护私有财产的规定，占法典全部罪名的三分之一，涉及社会经济秩序的各个方面。南京国民政府尤嫌不足，还颁有大量特别法律加以补充。1939年2月3日颁行《取缔敌伪钞票办法》严禁收受所谓敌伪钞票，对收藏、转运、行使者处死刑或无期徒刑。1941年5月21日颁行《非常时期违反糖食管理治罪暂行条例》，规定严厉惩罚违法者。1946年2月15日颁行《取缔违反限议价条例》，规定：凡违反政府关于对国家总动员物资及民生日用品加以限制的价格，和由各当地政府同业公会等组织物价评议会议定的价格者，分别处以重罚或拘役。

(3) 维护一般社会秩序。1928年刑法和新刑法都设置了“妨害秩序罪”、“公共危险罪”等，都可科以死刑，无期徒刑或最高有期徒刑（15年）。如1940年7月14日公布的《非常时期维持治安紧急办法》，对刑法典规定的“妨害秩序罪”、“公共危险罪”，要求：“军警应当场逮捕或解散，于必要时，并要以武力或其他有效方法排除其抗拒”。

(4) 援用资产阶级刑法原则，掩饰法西斯统治。刑法“依据最新刑法学说，并采取世界各国最新立法例”，大量抄袭了资产阶级刑法原则。诸如罪刑法定原则，罪法等价原则，罪刑人道主义等等。1935年刑法第1条规定：“行为之处罚，以行为时之法律有明文规定者为限。”并在“总则”中作了进一步限定和阐述：“以处罚故意为原则，处罚过失为例外”。“行为非出于故意或过失者，不罚。过失行为之处罚，以有特别规定者为限”。

另一方面，加重处罚累犯。分刑罚为主、从刑，以自由刑为中心。采用假释、缓刑制度，未满18岁已满80岁的罪犯不处死刑或无期徒刑，等等。

然而，在刑法典之外颁布了大量特别刑法，破坏了上述原则。1939年国民党秘密颁行《共产党问题处置办法》和《防止异党活动办法》就是如此。前者规定：“党政军各机关对付共党之态度，中央可示宽大，地方务须谨严，下级积极斗争。在分工上，党部负斗争责任，政府处调和地位，军队则为后盾。”后者规定：“制裁共党活动，应尽量运用民众力量，党政机关避免直接出面，尤其避免党派斗争之痕迹”。“以组织打击组织，仍为对共党必要方针，无论政治、军事、经济多方面，均应加强本党党团及特种组织之活动”。“共党各种组织活动，应运用公开与秘密等方法及本党组织力量，予以打击与破坏，以阻止其发展”。

上述规定使特务组织无法无天。

(5) 援用"保安处分"，残害共产党人和爱国志士。保安处分本意是为保持社会秩序、预防犯罪发生所采取的一种社会防卫措施，用以补刑法之不足。适用对象不限于有犯罪行为者，还包括有犯罪嫌疑或有社会危害者。保安处分是20世纪刑法新学派理论之一（教育刑论）。它主张：国家对罪犯论罪科刑，不是对恶行的报应，而是为了通过一般预防和特别预防，达到教育改造罪犯的目的，以保卫社会安全。因这一措施必于统治者以预防犯罪为名，不按法律程序，随意逮捕或关押革命者，因此为德、日等法西斯国家刑法典采用。国民政府仿效1930年意大利刑法典，专列"保安处分"章规定适用原则，保安处分的宣告与执行及处分种类。其中处分种类七种：感化教育，监护处分，禁戒处分，强制工作，强制治疗，保护管束，驱逐出境。极大地便利了政府以公开形式残害共产党人和爱国志士。只要政府认为谁是有"犯罪之虞"的所谓"思想犯"、"阴谋犯"等，可以保安处分为名关进劳动场、集中营、接受特务机关的肉体和精神摧残、折磨。无数仁人志士就死于"保安处分"。

(6) 维护传统宗法家庭制度。与国民政府政权性质相适应，刑法中保留了大量传统内容。为维护封建宗法制家庭，亲属间犯罪可据不同情况加、减或免除刑罚。1928年刑法第181条，1935年刑法第170条"加重诬告罪"规定，意图陷害直系血亲尊亲属，有悖伦常，因而加重其刑。同时，司法院第1322号解释例解释：如系直系血亲尊亲属诬告卑幼，只依普通诬告论罪。1935年刑法第162条"普通放纵罪"第5项"亲属间便利脱逃罪"规定：犯此罪者减轻处罚。第167条规定："配偶、五亲等内之血亲或二亲等内之姻亲：图利犯人或依法逮捕、拘禁之脱逃人，而犯藏匿犯人罪和淹灭证据罪者，减轻或免除其刑。"这乃是古代传统法律"同居相隐"原则的再现。1928年刑法第341条，1935年刑法第324条还规定：直系血亲配偶或同财共居亲属间犯"盗窃"章所列各罪者，得免除其刑罚。这是缘法循情的传统立法精神的再现。

(7) 维护外国在华权益。刑法典设"妨害国交罪"，规定：侵害友邦元首或代表，加重其刑1/3。意图侮辱外国，而公然损坏、除去或污辱其国旗、国章者，处有期徒刑、拘役或罚金。

（四）商事单行法规

1. 商法的制定

南京国民政府采取民商合一的体制，一般的商事法律是民法的一部分，没有独立商法典，但另外制定单行商事法规。南京国民政府成立之初，继续援用北京政府颁布的《商人通例》、《商事公断处章程》，调整各种商事活动。1929年，国民党中央政治会议决定民商合一的原则。从1929年到1946年南京国民政府先后制定、修正公布《票据法》、《公司法》、《海商法》、《保险法》、《银行法》等，作为民法特制法。

《票据法》是有关商业上各种支付手段（有价证券）的法规。据北京政府《票据法草案》和国民党中央政治会议议决的《票据法》立法原则 19 条，参酌德、日、英、美、法等国票据法规和我国商业习惯而制定。分总则、汇票、本票、支票、附则，共 5 章 139 条。经立法院通过，由南京国民政府于 1929 年 10 月 30 日公布施行。

《公司法》是规定公司的组织、活动的法规。南京国民政府成立不久，鉴于公司增易的状况，据国民党中央政治会议确立的立法原则，参酌德、法等国《公司法》，于 1929 年 11 月拟定。分通则、无限公司、两合公司、股份有限公司、股份两合公司和罚则，共 6 章 233 条。经立法院通过，由南京国民政府于 1929 年 12 月 26 日公布，定于 1931 年 7 月 1 日施行。抗战后，南京国民政府为配合"第一期经济建设"，加强公司管理和以四大家族为首的大买办对公司的控制，适应美国经济掠夺需要，改变以往以大陆法系公司法为楷模的立法内容，于 1946 年 4 月 12 日，依照英美法系公司法重新修正颁行。1946 年《公司法》分定义、通则、无限公司、两合公司、有限公司、股份有限公司、股份两合公司、外国公司、公司之登记及认许和附则，共 10 章 361 条。

《海商法》是调整海上企业商事活动的法规。1929 年 11 月，由南京国民政府立法院参照清《海船法草案》和北京政府《海船法草案》制定，分总则、船舶、海员、运送契约、船舶碰撞、救助及抢救、共同海损、海上保险，共 8 章 174 条。经立法院批准，由南京国民政府于 1929 年 12 月 30 日公布，1931 年 1 月 1 日施行。因其多抄自日本，不甚合国情，很难实施。

《保险法》是有关保险组织、业务范围的法规。南京国民政府在北京政府《保险契约法草案》的基础上，参照意、日保险立法，由南京国民政府立法院商法起草委员会拟定，于 1929 年 12 月 30 日由南京国民政府公布。1935 年重加修正，1937 年 1 月 11 日公布，分总则、损失保险、人身保险、附则，共 4 章 98 条。公布后始终未施行。

2. 商法的本质和特点

在金融方面，南京国民政府于 1928 年 10 月 26 日公布《中央银行条例》，1939 年 5 月 23 日公布《中央银行法》，确定中央银行为国家银行，享有发行兑换券、铸造国币、经理国库、发行内外公债等特权。凭此特权，从 1928 年到 1936 年间其资产总额从 4 700 余万元增至 12 亿 3 100 余万元。增长 25 倍多。[①]

① 参见黄逸峰等：《旧中国的买办阶级》，162 页。

从而确立了官僚、买办资本的金融垄断地位。

在开办公司方面，1946 年《公司法》第 147 条、第 149 条、第 213 条规定：公司表决权依股数而定，每股有一表决权。股份占总数十分之一以上的股东，才有权对董事监察人提起诉讼，这成为资本雄厚的官僚、买办控制垄断公司的法律依据。且该法第 20 条吸收欧洲垄断资本主义的参与制，规定公司“如为他公司之有限责任股东时，其所有投资总额不得超过本公司实收股本二分之一。但投资于生产事业或以投资为专业者不在此限”，这使官僚买办资本通过认购股票手段，进入其他公司和企业。商法在商业、工业、农业诸方面为官僚买办垄断资本张目。

南京国民政府《票据法》的目的在于：方便大地主、大资产阶级结算债权债务，收受安全可靠迅速，调剂资金短缺。该法确立“流通证券”制度，规定公司债票、债券、保险单、海运载货证券、仓库提单，及汇票、支票、本票等，均可以通过交付或背书相互转让，进入流通。

商法中 1946 年《公司法》增设“外国公司”专章，确定外国公司可在中国自由营业，或设分公司，享受与中国公司同等权利。从而为帝国主义垄断资本支配、控制中国经济命脉提供了合法条件。由于海运业多为外国资本操纵，故《海商法》成为直接服务于帝国主义垄断资本的工具。

（五）诉讼法与法院组织法

1. 诉讼法及其关系法规

南京国民政府成立之初，援用广州军政府和北京政府颁行的刑事诉讼法、民事诉讼法。1927 年国民政府第 29 次会议决定：最高法院和西南各省继续援用广州军政府 1921 年 3 月 2 日公布的《民事诉讼律》和《刑事诉讼律》，其他各省则继续适用北京政府颁布的《民事诉讼条例》和《刑事诉讼条例》。为统一法制，促进实体法的推行，南京国民政府随即于 1928 年制定出刑事、民事诉讼法典，以及相关单行诉讼法规，建立起诉讼法体系。

南京国民政府 1928 年的《刑事诉讼法》以北京政府的《刑事诉讼条例》为蓝本，参照刑法典制定。该法分总则、第一审、上诉、抗告、非常上诉、再审、简易程序、执行、附带民事诉讼，共 9 编 513 条。为适应刑法典的修改，南京国民政府于 1931 年对《刑事诉讼法》也进行了修订，1935 年 1 月 1 日公布，同年 7 月 1 日施行。修正后的该法仍为 9 编，次序有所调整，内容也有较大变化，增加 3 条，计 516 条。1945 年南京国民政府又对该法再行修正，并颁行。

抗日战争爆发后，南京国民政府于 1940 年 7 月 1 日颁布《非常时期刑事诉讼条例》。1944 年 1 月 12 日又公布《特种刑事案件诉讼条例》，同年 11 月 12 日施行。抗战胜利后，南京国民政府颁行《复员后办理刑事诉讼补充条例》以取代《非常时期刑事诉讼条例》，上述法规，成为《刑事诉讼法》的重要补充。

与此同时，南京国民政府也开始制定《民事诉讼法》。司法部以北京政府《民事诉讼条例》为蓝本，1928 年 7 月拟定《民事诉讼法草案》5 编，经法制局审查，政治会议修正，立法院讨论通过了第 1 至第 5 编前 3 章，由南京国民政府 1930 年 12 月 26 日公布。第 5 编第 4 章关于人事诉讼程序部分，1930 年 12 月据民法典《亲属》、《继承》两编重新起草，经立法院通过，由南京国民政府 1931 年 2 月 13 日公布，定于 1932 年 5 月 20 日施行。至此，全部《民事诉讼法》告成，分总则、第一审程序、上诉程序、再审程序、特别诉讼程序，共 5 编 600 条。为与修改后的民法典相适应，南京国民政府立法院于 1934 年 12 月 19 日通过了修订的《民事诉讼法》，由南京国民政府于 1935 年 2 月 1 日公布，同年 1 月 1 日施行。修订后的该法分总则、第一审程序、上诉程序、抗告程序、再审程序、督促程序、保全程序、公示催告程序、人事诉讼程序，共 9 编 636 条。1945 年 12 月 26 日，南京国民政府又对其再行修正。

此外，南京国民政府援用、制定了一些单行诉讼法规，主要有《县知事审理诉讼暂行章程》、《审理无约国人民民刑诉讼须知》、《战争罪犯审判办法》、《反革命案件陪审暂行法》、《陆海空军审判法》、《民事调解法》等。

2. 法院组织法

南京国民政府的《法院组织法》制定，始于 1928 年。司法院据北京政府《法院编制法》，先于 1928 年 8 月草拟《暂行法院组织法草案》。1930 年 6 月又拟出《法院组织法草案》。后经多次修正，于 1932 年 10 月 8 日通过《法院组织法》，南京国民政府于同年 10 月 28 日公布，1935 年 2 月 1 日施行。该法分总则、地方法院、高等法院、最高法院、检察署及检察官之配置等，共 15 章 91 条。

1948 年南京国民政府公布《特种刑事法庭组织条例》11 条，及《最高法院组织法》等法规。

■ 司法制度

（一）司法机关体系

1. 司法院

南京国民政府最高司法机关是司法院。1928 年《中华民国国民政府组织法》规定：司法院为国民政府最高司法机关，掌握司法审判，司法行政官吏惩戒及行政审判之职权。

司法院之下设立各级法院。司法院院长总理全院事务，经最高法院院长及所属各庭庭长会议议决后，统一行使解释法令及变更判例之权。1947 年《中华民国宪法》规定：司法院为国家最高司法机关，有掌握民事、刑事、行政诉讼

之审判及公务员之惩戒、解释宪法，并有统一解释法律及命令之权。

2. 普通法院

法院是据 1932 年《法院组织法》建立起来的，有普通法院、特别法庭之分。前者分地方、高等、最高法院三级，行三级三审制。地方法院设于县、市，大市设分院，管辖一审民刑事案件及非诉案件。地方法院设院长一人，总理全院行政事务。院内设推事若干人。推事在六人以上的，分设刑事、民事庭。各庭置庭长一人，负责该庭审判事务。

高等法院设于省会、特别区、首都和院辖市，大省可设分院。管辖内乱、外患及妨害国家罪等刑事一审案件；不服地方法院及分院一审判决而上诉的民刑事案件和不服地方法院及分院裁定而抗告的案件。高等法院设院长一人，总理全院事务，并监督分院及地方法院。院内设刑事庭、民事庭，各置庭长一人，负责各该庭事务。

最高法院设于国民政府所在地。管辖不服高等法院及其分院的一审判决；不服高等法院及其分院的一审民、刑事案件判决；不服高等法院及其分院裁定而抗告的案件；非常上诉案件。最高法院设院长一人，总理全院事务。院内设民事庭、刑事庭，各置庭长一人负责各该庭事务。

在审判实践中，三级三审制未完全实行。《刑事诉讼法》规定："上诉于第三审法院，非以判决违背法令为理由不得为之。"实际上变三审制为二审制。特别是据《特种刑事案件诉讼条例》，对"危害民国"经司法警察官署移送的案件，不须经检察官提起公诉，法院可径行判决，且不得上诉，只能声请复判，复判后还可作出重于原判的刑罚，这就使三审制成了一审制。

国民政府实行审检合署制，将各级检察机构设于法院。最高法院内设检察署、置检察官若干人，以一人为检察长，地方各级法院内设检察处，置检察官若干人，以一人为首席检察官。其检察官为一人时不设首席检察官。检察机关任务，依照《法院组织法》规定：实施侦查、提起公诉、协助自诉、担当自诉、指挥刑事裁判的执行，及其他法令所定职务的执行。检察长及首席检察官有权监督下级检察官，提调其侦查的案件亲自处理、或移转给所属其他检察官承办。检察机关实行垂直领导。最高法院和检察署均受司法行政部监督。

3. 特别法庭

特别法庭是据特别法规而设置的，行法西斯审判制度。1948 年为加强镇压，迫害共产党人和爱国志士，南京国民政府颁布《特种刑事法庭组织条例》，设特种刑事法庭，分中央、高等特种刑事法庭二级。前者设于首都，隶属司法院，设庭长一人，总理行政、兼任审判长，监督该庭事务。置审判官若干人。检察官一至三人。中央特种刑事法庭复判高等特种刑事法庭判决的案件。高等特种刑事法庭设于重庆、兰州两地，设庭长1人总理行政、兼任审判长，监督该庭事务。置审判官若干人，检察官1～3人。高等特种审判庭受理《戡乱时期危害国家紧急治罪条例》所规定的案件。

军事审判组织称军法会审，也属特种法庭。军法会审分简易、普通、高等军法会审三种。前者设在各种指挥部、各军部、各独立师部、各独立旅部或该管高级长官驻所。以各该部高级军法官一人为审判长、军法官二人为审判官组成，审判所属上尉以下官佐上兵及同等军人犯罪者。普通军法会审的设置处所与前者相同，以高于或等于被告级别的审判长一人，审判官二人组成，审判所属校官及同等军队犯罪者。高等军法会审设在总司令部或军政部、海军部。以高于或等于被告级别的审判长一人、审判官二人组成，审判将官及同等军人犯罪者。军法会审行二审终审制，第二审称复审，据总司令或军政部长、海军部长或该管最高级长官的命令进行。实际上是一审终审。不准旁听审判，军事检察官由各级司令部副官或军法官、宪兵官长，卫戍司令部或警备部稽查官长担任。

4. 其他特殊审判机关

国民党各级党部操纵司法审判权。《监察委员会组织条例》赋予各级监察委员会稽核同级政府施政方针，调阅当地党政机关案卷之权。其中包括参加同级司法机关审判活动之权。南京国民政府1929年公布施行的《反革命案件陪审暂行法》规定：该法施行期间，法院受理反革命案件，适用陪审制。规定："陪审员就居住各该高等法院或分院所在地之中国国民党党员，年龄在二十五岁以上者选充之。"而当地最高一级党部对此类案件的一审判决声明不同意时，检察官立即上诉于最高法院。

南京国民政府军事机关，在戒严时期也有司法审判权。《戒严法》规定：凡戒严时期警戒地域内的地方行政官和司法官处理有关军事事务，应受该地最高司令官指挥。接战地域内地方行政司法事务，移归该地最高司令官掌管，地方行政官及司法官应受该司令官指挥。接战地域内刑法规定的内乱、外患、防害秩序、公共危险等罪，军事机关可自行审判或交法院审判。接战地域内无法院或与其管辖的法院交通断绝时，刑民事案件均得由该地军事机关审判。国民政府往往以戒严之名，控制地方司法审判权。

特务机关也控制司法审判权。国民党建有一套严密的特务组织，其中最大的是"国民党中央调查统计局"即"中统"，以及"国民政府军事委员会调查统计局"，即"军统"。这些机关秉承蒋介石旨意，置政府"法纪"于不顾，不经法律程序而非法逮捕审讯，肆意屠杀共产党人和革命人民。

（二）审判制度

为保证实体法的实施，法院逐渐形成一套完整的审判制度。现就有代表性

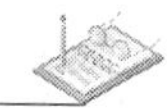

的几点分述如下：

1. “一告九不理”———对九种提起的诉讼不予立案处理

一是管辖不合规定不受理。诉讼法所设管辖繁杂。《刑事诉讼法》规定有事物、土地、牵连、指定、移转管辖 5 种。《民事诉讼法》规定有普通、特别、选择、指定、合意管辖 5 种。其中特别管辖又因财产权、业务涉讼等有 12 种之划分。如《民事诉讼法》第 240 条规定：原告之诉的诉讼事体不属普通法院之权限者，法院应以裁定驳回。

二是当事人不适格不受理。即案件须由某种特定人才能起诉，否则拒不受理。如《民事诉讼法》规定：原告或被告无当事人能力即无权利能力者，法院应以裁定驳回。

三是未经合法代理不受理。《民事诉讼法》规定：原告或被告无诉讼能力，未由法定代理人合理代理者；由诉讼代理人起诉，而其代理权有欠缺者，法院应以裁定驳回。

四是起诉不合程式不受理。诉讼程序繁多，起诉程序复杂。以民诉为例：程序分第一审程序、第二审程序、第三审程序、抗告程序、再审程序、督促程序、保全程序、公示催告程序、人事诉讼程序九种。人事诉讼程序中又分婚姻事件程序、亲子关系事件程序、禁治产事件程序、宣告死亡事件程序四种。而每种程序都有法定提起程式，诸如诉状格式、内容等。如起诉不合程式或不具备所有要件，法院拒绝受理。

五是不缴纳诉讼费不受理。诉讼法实行败诉者缴费原则，法定收费标准十分高昂。当事人如不能按标准预先支付诉讼费，法院拒绝受理。

六是一事不再理，即对已生效判决或裁定之案件，除法律特别规定外，不再起诉和受理。1935 年《民事诉讼法》第 253 条规定：“当事人不得就已起诉之事件，于诉讼系属中，更行起诉。”《刑事诉讼法》第 231 条规定：“曾经判决确定者”，“为不起诉之处分”。

七是不告不理，即对未经起诉的事情，法院不得进行审理。在审理中，法院受原告起诉范围的约束，告谁审理谁，告什么审理什么，不审理诉讼请求范围以外的问题。1935 年《刑事诉讼法》规定：“起诉之效力不及于检察官所指被告以外之人。”“法院不得就未经起诉之犯罪审判”。

八是已经成立和解者不受理。《民事诉讼法》规定：“当事人得以合意停止诉讼程序”。

九是非以违背法令为理由，第三审不受理。即上诉第三审的理由，不是因为判决不适用法律的规则，或者适用不当，第三审法院拒不受理。

2. “自由心证”

即对证据的取舍和对证明力的判断，法律不预先规定，由法官据其法律意识和内心确信，自由行判断。这是仿效资产阶级国家法律原则而确定的一项审判原则。1935年《刑事诉讼法》第269条规定："证据之证明力，由法院自由判断之。"《民事诉讼法》第222条也规定："法院为判决时，应斟酌全辩论意旨及调查证据之结果，依自由心证，判断事实之真伪。"

3. "不干涉主义"

这是民诉中采用的一项诉讼原则，即诉讼活动依当事人意思决定，不得就当事人未申明的事项判决，一切全凭当事人意思行事。1935年《民事诉讼法》规定："原告于判决确定前得撤回诉全部或一部。"《中华民国六法理由判解汇编》说明制定该条理由是：采用不干涉主义。《民事诉讼法》还规定：言词辩论以当事人声明应当受裁判的事项开始。法院不得就当事人未声明的事项作出判决。不干涉主义是资产阶级国家为标榜"契约自由"，相应地在民诉中作的规定，国民政府将其抄来，在广大劳动阶层大多数不懂法律、无钱请律师的状况下，法院审理采不干涉主义的本身就是一种干涉，使有产者获得有利的判决。

（三）狱政制度

南京国民政府以北京政府监狱法规为蓝本，制定了一系列监狱法规。如1928年10月公布的《监狱规则》，1929年公布的《反省院条例》，1930年公布的《军人监狱规则》，1932年公布的《拘留所规则》，1928年和1930年分别公布的《管收民事被告人规则》和《看守所暂行章程》等等。1946年南京国民政府在总结以往经验基础上，全面修订监狱法规，公布了《监狱行刑法》、《监狱条例》、《行刑累进处遇条例》、《羁押法》和《看守所条例》等，把监狱立法推向新的阶段。

南京国民政府监狱分普通、特别监狱两种。前者分男监、女监、徒刑监、拘役监、幼年监和累犯监。隶属司法行政部。部内设监狱司，专掌其事。监狱内部设典狱长一人，总理监狱事务。下设三科两所，科设主任看守长，所设主任，分别主管各项事务。监狱管理从1946年起，行累进制，用记分方式考察犯人的行状。

特别监狱有军人监狱、反省院和特别感化院等。军人监狱是监察被处徒刑或拘役刑的陆海空军人及依法令受军法裁判的非军人。军人监狱分中央军人监狱和各省军人监狱。前者设于首都，直属军政部，受陆军署军法司监督指挥。各省军人监狱由军政部命令所在地最高军事机关监督。国民政府时期设中央军人监狱一所，另设江苏军人监狱及其分监、浙江军人监狱、江西军人监狱、湖北军人监狱。此外，设有海军军港监狱。

反省院是专门监禁迫害共产党人、爱国志士的场所，有普通反省院、军人反省院之分。前者设在首都和各省，隶属司法行政部。反省院设院长一人，管理全

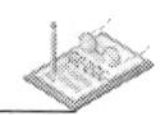

院事务。下设总务、管理、训育三个部，以训育部为主。进反省院者均受政府的所谓长期训育。后者设在首都，院长由军政部军法司司长兼任，专门监禁犯反革命罪或经中央军事最高机关送交的军人。其内部组织、管理措施与前者相同。

特别感化院是专门监禁战时投降共产党的军人的场所，隶属于政府军事机关。先后设有第一集团军司令部西南执行部特别感化院和军事委员会委员长南昌行营感化院。其组织、管理方法与反省院大致相同。不同者，感化院可以家在共产党占领的根据地等理由，永远监禁被感化者。

此外，南京国民政府还设有一些法西斯特种监狱，秘密关押和残杀共产党人、爱国志士，如重庆、上饶，息峰等地的“集中营”。它仍隶属国民党特务机构，可不履行任何法律手续而逮捕人犯，对被监禁者多是既不审判也不释放，滥施酷刑，任意杀害。典型的有设在重庆，由“军统”头子戴笠和美国特务头子梅乐斯直接领导的“中美特种技术合作所”，它下设“白公馆”、“渣滓洞”两座集中营，所用酷刑有130多种，先后杀害爱国将领杨虎城，共产党员车耀先、江竹筠等达200多人。

（四）律师与公证制度

中国近代律师公证制度，始于北京政府时期。1912年9月制定的《律师暂行章程》、《律师登录暂行章程》，是中国律师立法之始。1920年东三省特别区域法院沿用俄国旧例亦办理公证，是中国公证制度的滥觞。南京国民政府在此基础上，先后制定、公布了有关律师、公证法规，建立起适合统治需要的律师公证制度。

1.《律师法》与律师制度

1927年7月23日，南京国民政府公布施行的《律师章程》分职务、资格、证书、名簿、义务、公会、惩戒，共7章38条。1933年对其加以修正。以此为基础，1941年南京国民政府公布了《律师法》，计51条。其后，南京国民政府于1945年4月和1948年3月对该法又加以修正。依照《律师法》，充当律师应具备下列资格：一是中华民国人民，经律师考试及格者；二是曾任推事或检察官；或者曾在专门以上学校讲授主要法律科目两年以上；或者法科三年毕业，曾任荐任司法行政官，办理民刑事案件两年以上；或者曾任立法委员3年以上，经检核及格者。凡背叛中华民国证据确实者，或曾受一年有期徒刑之宣告者，或曾受律师除名之处分者，或曾任公务员而受撤职之惩戒处分者，或亏空公款者，或受破产宣告尚未复权者，不得充当律师。已经担任者撤销其资格。

该法规定：律师受当事人委托，依法院法令，在法院执行法定职务，办理其他法律文件。律师也可依特别法规定，在军事或其他审判机关执行职务。律师违反《律师法》及有关法律，依情节轻重，除受刑罚处罚外，还应受警告或申诫，或两月以上两年以下停止职务或除名的惩戒处分。

据该法及有关法规规定：律师须向政府法院登录，须加入律师公会，只能在所登录的法院执行职务，非加入律师公会，不得执行职务。律师公会受南京国民政府司法行政部和所在地地方法院首席检察官的指挥监督。

国民政府成立之初，沿用北京政府《无领事裁判权国律师出庭暂行章程》，允许外国律师参与涉外诉讼。1944 年 3 月颁布《外国人在中国充任律师办法》，允许外国律师参加各种诉讼，不过对其作了限制规定：外国人在中国担任律师，其所在国法律必须允许中国人充当律师，并且应参加中国的律师资格考试，遵守中国的法律法令，出庭时应使用中国语言，违法犯罪时，除依法惩处外，得吊销律师证书。但因政府腐败，这些规定形同虚设。

2.《公证法》与公证制度

1935 年政府公布《公证暂行规则》。次年公布《公证暂行规则试行细则》，并以首都为施行区域。1939 年和 1942 年，各省高等、地方法院分批成立公证处。南京国民政府 1943 年 3 月公布《公证法》，1944 年起全国施行。该法规定：地方法院设公证处办理公证，必要时，地方法院可在辖区内设公证分处。设专职公证人负责，或由地方法院推事负责。

公证处的公证事项，分公证法律行为和公证私权事实。公证人可应当事人或其他关系人要求，就法律行为或私权事实作出公证书。公证人也可就当事人或其他关系人所作成的私权证书予以认证。法律行为包括债权、债务的契约行为；物权取得、设立、丧失、变更行为；商事行为及涉及私权的其他法律行为。私权事实包括时效、不当得利、无因管理、侵权行为、债务履行或不履行、不动产相邻关系、无主物先占等及其他涉及私权的事实。据不完全统计，1937 年全国法院受理公证事件 1 000 余件。至 1947 年增至 10 万余件，截止到 1947 年全国开办公证的地方法院计 550 处，其中已设专职公证人员的有 104 处。①

《公证法》颁行后，南京国民政府又饬令各地方法院，聘请当地士绅，担任公证劝道，并采取提留分成方式给予报酬，使公证权操纵在地方豪绅手中。

第四节　新民主主义时期人民民主政权的法律制度

一、工农民主政权的宪法性文件和政权组织

（一）《中华苏维埃共和国宪法大纲》的主要内容及特点

1.《宪法大纲》的制定经过

早在井冈山革命斗争时期，毛泽东就曾倡议由党中央制定“一个整个民权

① 参见展恒举：《中国近代法制史》，302 页，台北，商务印书馆，1973。

革命的政纲”，“使各地有所遵循”。1930 年 7 月党中央成立“中国工农兵苏维埃第一次全国代表大会中央准备委员会”，负责草拟宪法。1931 年 11 月 7 日苏维埃第一次全国工农兵代表大会在江西瑞金召开，通过了该《宪法大纲》。1934 年 1 月的第二次代表大会作了某些修改，最主要的是在第 1 条内增加“同中农巩固的联合”条文①。这是毛泽东代表的正确路线同王明“左”倾路线斗争的积极成果。

2.《宪法大纲》的主要内容

《宪法大纲》遵循中共中央提出的“制宪七大原则”，规定苏维埃政权的性质、政治制度、公民权利义务、外交政策等内容，共 17 条。主要内容是：

（1）规定了苏维埃国家性质：“是工人和农民的民主专政国家”。所谓专政，一是将地主资产阶级（军阀、官僚、地主、资本家、豪绅、僧侣及一切剥削者）拒绝于政权之外；二是剥夺他们的言论、出版、集会、结社等自由；三是使用革命武力和法庭镇压一切反革命复辟活动。

（2）规定了苏维埃国家政治制度是工农兵代表大会。保证工农大众参加国家管理，便于工人阶级及其政党的领导，实行民主集中制和议行合一原则，是根据革命实践及苏联经验建立的新式民主制度。

（3）规定了苏维埃国家公民的权利和义务。包括政治、经济、文化等各方面。工农兵及一切劳苦民众享有广泛的民主权利。各级政府采取切实有效措施，提供力所能及的物质保障条件。

（4）规定了苏维埃国家的外交政策。宣布中华民族完全自由独立，不承认帝国主义在中国的特权及不平等条约。与世界无产阶级和被压迫民族站在一起，苏联是巩固的同盟者。对受迫害的世界革命者给予保护。对居住在苏区从事劳动的外国人给予法定的政治权利。

3.《宪法大纲》的意义

它是第一部由劳动人民制定，确保人民民主制度的根本大法，是共产党领导人民反帝反封建的工农民主专政的伟大纲领。它同资产阶级的约法以及民国政府制定的宪法有本质的区别。尽管受到“左”的影响，仍是划时代的宪法性文件。它的颁行为以后制定民主宪法提供了宝贵经验。

（二）苏区的政权组织

1. 中央政权的组织机构及其职权

中华苏维埃共和国成立后，即建立起中央临时政府的组织机构，后来在实

① 参见《中国新民主主义革命时期根据地法制文献选编》，第 1 卷，12 页，北京，中国社会科学出版社，1981。

践中又经过调整，到1934年2月17日正式公布《中华苏维埃共和国中央苏维埃组织法》[①]，规定中央政权的组织机构及其职权如下：

(1) 全国苏维埃代表大会。

全国苏维埃代表大会，是中华苏维埃共和国的最高政权机关。由各省、中央直属市、县苏维埃代表大会及红军所选举出来的代表组成。大会每两年一次，由中央执行委员会召集。如遇特别情形不能按期召集时，得延期召集。遇必要时亦可召集临时代表大会，由执行委员会自动召集或应代表全国人口1/3的地方苏维埃的要求，由执行委员会召集。

全国苏维埃代表大会听取中央执行委员会的报告并讨论之，制定和修改宪法及其他法律，决定全国的大政方针，改选中央执行委员会。

(2) 中央执行委员会。

中央执行委员会由全国苏维埃代表大会选出，是代表大会闭会期间的最高政权机关。它对代表大会负责并报告工作。执委会的名额不得超过585人。执委会的全体会议，每六个月一次，由执委会主席团召集。如遇特别情形不能按期召集时，得延期召集。由主席团决议，或半数以上执行委员之要求，得召集执委会的临时会议。

中央执行委员会可颁布各法律和法令，审核和批准一切关于全国政治上、经济上的政策，改变国家机关的设置，停止和变更执委会主席团、人民委员会及其他机关的法令和决议。选举执委会主席团、主席和副主席，选任人民委员会及其主席。[②]

(3) 中央执行委员会主席团。

中央执行委员会主席团，是中央执行委员会选出的，作为执委会闭会期间的最高政权机关。它对执委会负责并报告工作。主席团人数不得超过25人，设主席1人，副主席2～4人。

中央执行委员会主席团的权力：监督宪法、法律和执委会的各种命令及决议的实施；有停止或变更人民委员会和各人民委员部的决议和法令之权；有停止或变更各省苏维埃代表大会及其执行委员会的决议或命令之权；有颁布各种法律、命令之权；有审查和批准人民委员会和各人民委员部及其他所属机关所提出的法令、条例和命令之权；解决人民委员会与各人民委员部之间的关系问题及各省苏维埃之间的关系问题。

(4) 人民委员会。

人民委员会是中央执行委员会的行政机关，负有指挥全国行政的责任。人民

① 参见《中国新民主主义革命时期根据地法制文献选编》，第2卷，85～95页。

② 参见《中国新民主主义革命时期根据地法制文献选编》，第2卷，87～88页。

委员会及其主席由中央执行委员会选任。被选任为人民委员的，应为中央执行委员会的委员。人民委员会对中央执行委员会及其主席团负责并报告工作。人民委员会由人民委员会主席，各人民委员及工农检察委员会主席组成。人民委员这个名称只有人民委员会的委员才能用，中央和地方的其他委员不得用这个名称。

人民委员会的权力：在中央执行委员会所指定的范围内得颁布各种法令和条例，并得采取适当的行政方针，以维持行政上的迅速和秩序。其决议及所颁布的各种法令和条例，须报告中央执行委员会主席团。决议如与大政方针有关系者，应提交中央执行委员会或主席团审查批准。但遇紧急事项得先行解决，并报告中央执委会或主席团。它有审查、修改或停止各人民委员部所提出的法令及其决议之权。各人民委员部及各省苏维埃执行委员会，如对人民委员会的决议和各种法令有不同意见，可向中央执行委员会或其主席团提出意见，但不得停止执行。

在人民委员会之下，设外交、劳动、土地、军事、财政、国民经济、粮食、教育、内务、司法共十个人民委员部，以及革命军事委员会、工农检察委员会和国家政治保卫局。①

（5）最高法院。

最高法院是中央执行委员会下设的审判机关。设院长一人，副院长二人，由中央执行委员会主席团委任。另外，最高法院附设检察长一人，副检察长一人，检察员若干人。正副检察长由中央执行委员会主席团委任。实际上最高法院未曾建立，只组织临时最高法庭，执行最高法院的职权。

（6）审计委员会。

审计委员会，是中央执行委员会下设的审计机关。其职权为：审核国家的岁入与岁出；监督国家预算之执行。委员会由五至九人组成，由中央执行委员会主席团委任，其中正副主任各一人。②

2. 地方政权的组织机构及其职权

为统一地方政权的组织机构。1931 年 11 月中央执行委员会第一次全体会议通过颁布了《苏维埃地方政府的暂行组织条例》，1933 年 12 月又颁布了《中华苏维埃共和国地方苏维埃暂行组织法（草案）》③，规定地方政权为省、县、区、乡四级。在市镇设市和市区苏维埃。

（1）省县区政权的组织机构。

省县区（包括中央、省和县直属的市）政权的组织为：省县区苏维埃代表

①②③ 参见《中国新民主主义革命时期根据地法制文献选编》，第 2 卷，94～95、93～94、25～78 页。

大会，省县区执行委员会，省县区执行委员会主席团。

其一，省县区苏维埃代表大会。省县区苏维埃代表大会为省县区各该级地方最高政权机关，由各下一级的苏维埃代表大会和各级所属红军所选出的代表组成。省苏维埃代表大会每年一次，由各执行委员会召集。代表大会的任务是：听取和讨论执行委员会的工作报告，讨论和决定本地方范围内苏维埃工作的方针，选举本级执行委员会（省县一年一次，区半年一次）。

其二，省县区执行委员会。省县区执行委员会，为各级苏维埃代表大会闭会期间的各地最高政权机关。省执行委员会议每四个月一次，县每两个月一次，区每月一次，市每月一次，由各主席团召集。省县区执行委员会须向本级苏维埃代表大会做工作报告，向所属下一级的苏维埃代表大会做工作报告，向上一级苏维埃执行委员会做工作报告。

其三，省县区执行委员会主席团。省县区执行委员会主席团，为各级执行委员会闭会期间的各地最高政权机关。主席团由各执行委员会推选。主席团推选主席一人，副主席一至二人。主席团会议，省每七天一次，县五天一次，区三天一次。

省县区（中央、省和县直属的市）执行委员会及其主席团，直接负责领导本地方的政务。下设：劳动、土地、军事、财政、国民经济、粮食、教育、内务、裁判等部，工农检察委员会，国家政治保卫分局。省还设审计委员会。省军事部的工作归并于军区指挥部，不另设立。国家政治保卫局在区设特派员。各部、委、局属系统垂直领导，成为垂直的组织系统，下级绝对服从上级，受同级执行委员会及其主席团的指导和节制。主席团没有停止各部、委、局执行其上级的命令之权。如主席团对于各该部（委、局）上级的命令有异议时，应提到上级执行委员会或主席团解决，未得上级执行委员会或主席团的指示之前，不得停止各部（委、局）执行其上级的命令。各部部长、副部长，委员会主任、副主任的选任，须报告上级执行委员会或主席团，经过上级各部、委审查后委任；非得各部、委上级的同意，不能随便调动；除不称职者外，不随执行委员会的改选而更换。①

（2）乡（市）政权的组织。

乡（包括市之下的“市区”，和隶属于区的市）政权的组织为：苏维埃全体代表会议、主席团。苏维埃全体代表会议为全乡（市区或市）最高政权机关，由全乡（市区或市）选举大会所选出的代表组成。全体代表会议下不设执行委员会，由全体代表会议选举5～7人（在居民5万人以上的市，以9～11人）组

① 参见《中国新民主主义革命时期根据地法制文献选编》，第2卷，50～74页。

织主席团，为代表会议闭会期间的最高政权机关。主席团推选主席 1 人，副主席 1～2 人，其下不分科。

（3）地方政权的职权。

根据《苏维埃地方政府的暂行组织条例》和《中华苏维埃共和国地方苏维埃暂行组织法（草案）》[①] 规定，省县区乡（市）各级苏维埃的职权有：

其一，执行中央政权机关的一切法律、命令、决议与指示，执行各该上级机关的命令、决议与指示。

其二，决定并执行本区域内关于各种苏维埃建设工作的计划。办理土地、人口、婚姻、劳动、工商、文教、卫生、市政、救灾以及组织地方武装、帮助红军作战等事宜。

其三，解决一切地方性质的问题。

其四，统一本区域内各级苏维埃机关的行政工作。

省苏维埃代表大会及其执行委员会对于全省各级苏维埃有监督之权；县苏维埃代表大会及其执行委员会对于全县各级苏维埃有监督之权。下级苏维埃机关绝对服从上级苏维埃机关。下级苏维埃的决议、命令及指示有违背中央政权机关的法律、命令、决议、指示及该管上级机关的命令、决议、指示者，上级苏维埃得予取消。下级苏维埃机关如有违抗上级苏维埃机关的命令、决议、指示者，各该上级苏维埃机关得将其一部改造或全部解散。

（4）基层政权的工作制度和群众性组织。

乡（市区与区属市）苏维埃，是苏维埃政权组织的基层政权。区以上各级苏维埃政权完全建筑于乡（市）苏维埃的基础之上，各级苏维埃的法律命令与决议，都要经过乡（市）苏维埃传达到群众中去，并由他们发动群众来执行。但基层政权——乡（市）苏维埃规定的常驻人员很少，工作直接依靠于民众，广大民众直接参加乡（市）苏维埃的工作。其表现是：

其一，经常代表会议制度。乡（市）苏维埃全体代表会议，每 10 天（在居民 5 万人以上的市，每 20 天）一次，代表的任务：一方面是代表选举他们的选民到苏维埃工作，传达选民意见，将选民所要进行的工作提到乡（市）苏维埃去讨论；另一方面是将上级苏维埃所要进行的工作经过代表会或主席团讨论之后，传达到群众中去，领导各代表所在范围的居民坚决执行上级苏维埃的命令和指示，执行乡（市）苏维埃的决议。

其二，代表与居民固定联系制度和代表主任制度。为使代表与居民密切联系，便于吸收居民的意见，并领导工作，建立代表与居民固定联系制度和代表

① 参见《中国新民主主义革命时期根据地法制文献选编》，第 2 卷，25～78 页。

主任制度。[①]

其三，组织群众性的专门委员会。乡（市）苏维埃，不设部或科，而组织群众性的专门委员会，以吸引群众中的积极分子参加各委员会的工作。不但乡（市）有各种委员会，村也有某些必要的委员会。乡可组织 25 个委员会，市可组织 28 个委员会，并得按照当地工作需要情况增加或减少。这样便把苏维埃工作组织成了网，使广大民众直接参加苏维埃的工作。[②]

基层政权的工作群众化，直接依靠于民众，同广大民众结合起来发挥它的作用，保证了苏维埃政权巩固的基础。

■ 工农民主政权土地法规的制定

（一）土地法规的三个发展阶段

（1）初期（1927—1931 年）。1927 年党的“八七”会议确定的土地革命方针政策，是土地立法的指导思想。这一时期的立法主要是《井冈山土地法》、《兴国土地法》、闽西《关于土地问题决议案》。[③] 这些法规是在毛泽东的指导和影响下制定的，基本立法思想正确，但反映出缺乏经验，也存在一些错误。

（2）中期（1931—1934 年），以 1931 年的《中华苏维埃共和国土地法》为代表。[④] 它适用时间最长，受“左”倾思想干扰很大，错误严重。

（3）后期（1934—1937 年），以共和国《土地政策新的改变》和《中共中央关于抗日根据地土地政策的决定》为代表。[⑤] 为实行抗日民族统一战线，发布《中央关于改变对富农的策略的决定》及《停止没收地主土地》的政策，排除“左”的干扰，使立法走入正轨。[⑥]

（二）土地立法的主要内容和意义

这一时期的土地立法主要规定了以下几项大的内容：一是没收土地财产的对

---

① 代表与居民固定联系制度。依照代表与居民住所的远近，将全体居民适当分配于各个代表的领导之下。通常以居民 30 人至七八十人置于一个代表的领导下，使各个代表对于其领导下一定范围内的居民发生固定的关系。代表主任制度。按代表住所远近，在三个至七个（或五个至九个）代表中，由主席团指定一个为代表主任，在主席团许可的范围内分配和指导其领导下各代表的工作，传达乡（市）苏维埃主席团的通知于其领导下各代表，召集其领导下的居民开会，解决居民中的较小的问题，必要时得参加主席团会议。

② 参见《中国新民主主义革命时期根据地法制文献选编》，第 2 卷，25～45 页。

③ 参见《中央革命根据地史料选编》下册，361～397 页，南昌，江西人民出版社，1983。

④ 参见《中国新民主主义革命时期根据地法制文献选编》，第 4 卷，15～19 页。

⑤ 参见《陕甘宁革命根据地史料选集》第 2 辑，368～372 页，兰州，甘肃人民出版社，1981。

⑥ 参见《第一、二次国内革命战争时期土地斗争史料选编》，834～837 页，北京，人民出版社，1981。

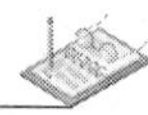

象和范围，二是土地财产分配的标准和方法，以及土地所有权等方面的内容。[①] 其意义在于调动了农民革命和生产的积极性，为探索土地立法积累了经验。

工农民主政权刑事法规的制定

（一）立法概况与立法原则

为严厉打击反革命活动，惩办其他犯罪分子，保卫工农民主政权，各地苏维埃政府颁行了许多《惩治反革命条例》、《政治犯自首条例》等。

1931 年 12 月共和国中央执行委员会通过的第 6 号训令，确立了反革命罪犯处理原则；1932 年 4 月的第 11 号训令规定了审理反革命案件的原则和程序。为各地修订起草肃反条例与法令提供了法律依据。[②]

1934 年 4 月颁行的《中华苏维埃共和国惩治反革命条例》[③] 既是这一时期立法司法经验的结晶，也是代表性法规。

上述立法的主要原则是：分清首要和附和，区别对待；对自首、自新者实行减免刑罚；罪行法定主义与类推原则相结合；废止肉刑，实行革命的人道主义；实行按阶级成分及功绩定罪量刑。

（二）犯罪种类

主要有两种：

1. 反革命罪

确立了两个构成要件：其一，危害的客体须是苏维埃政府及革命利益；其二，犯罪主要目的须是意图保持或恢复地主资产阶级反动统治。凡具备二要件者，不论以何种方式均依反革命罪论处。

2. 一般刑事犯罪

值得一提的是浪费罪的规定。1932 年 12 月中央执行委员会《关于惩治贪污浪费行为第 26 号训令》规定，凡工作人员玩忽职守而浪费公款，致使国家受到重大损失者，即构成浪费罪。这是一项应予肯定的经验。

（三）刑罚制度

散见于各地和中央刑事法规中的刑罚条款，主要包括以下几类：

（1）死刑。适用较多，一般情况下须经特区政府批准，一律枪决执行。

（2）监禁。即有期徒刑。最高 10 年，最低 3 个月。

（3）拘役及强迫劳动。拘役一般是“一月未满一日以上”；强迫劳动有 3 日、半年，长不过 1 年。

---

① 参见《中国新民主主义革命时期根据地法制文献选编》，第 4 卷，15～19 页。

②③ 参见《中国新民主主义革命时期根据地法制文献选编》，第 3 卷，4 页。

（4）褫夺公权。一般指剥夺参加政权、群众组织选举和充当红军的资格、权利。适用于监禁刑以上的罪犯。多为附加刑，亦可作独立刑种适用。

（5）没收财产。一是没收犯罪所用之物，二是没收犯罪者本人财产一部或全部。

（6）驱逐出境。将反革命分子赶出苏区。

（7）罚金。对犯罪分子科处罚金，多作为独立刑适用。

上述刑事法规在同反革命和刑事犯罪的斗争中起过重大作用，积累了丰富经验，但也发生过适用中的扩大化错误。

■ 工农民主政权劳动立法与婚姻法规的制定

（一）劳动立法概况

根据中共“六大”的劳动政策，各地先后制定了一些关于劳动问题的决议和法令。中央工农政权建立后，制定了《中华苏维埃共和国劳动法》[①]，于1931年10月又颁布修订的第二个劳动法。对某些过高的福利要求作了适当限制，增加了调整农村劳动条文。废除对工人的各种封建性剥削，规定了工人的各种权利。但有些“左”的政策规定，并未得到根本纠正。

（二）婚姻法规的制定

1.《中华苏维埃共和国婚姻法》的制定

随着劳动群众的翻身解放，新的婚姻家庭关系随之孕育成熟。工农民主政权相应制定了一些婚姻法。如1930年3月《闽西第一次工农兵代表大会婚姻法》，1931年7月《鄂豫皖工农兵第二次代表大会婚姻问题决议案》等。

1931年12月在上述立法基础上制定了《共和国婚姻条例》。经过几年实践、修订后，于1934年4月公布了《中华苏维埃共和国婚姻法》[②]。起草过程中针对离婚后子女利益的保护等问题，进行了尖锐争论，批驳了封建夫权。对以后婚姻家庭立法产生了重大影响，成为当时的代表性法规。

2.婚姻法的主要内容

（1）基本原则。男女婚姻自由，严禁强迫、包办、买卖婚姻，废除童养媳和强迫守寡；实行一夫一妻制，并严禁蓄婢纳妾。

（2）结婚与离婚。结婚须具备实质要件和形式要件。结婚须双方自愿；达法定婚龄；无禁婚的血族关系和疾病；须去乡、市、区苏维埃登记领取结婚证，才是合法婚姻。离婚自由。

（3）离婚后财产处理和子女抚养。离婚后原土地财产、债务各自处理。婚

---

①② 参见《中国新民主主义革命时期根据地法制文献选编》，第4卷，569～582、792～795页。

后增加的财产男女平分。离婚前所生子女及怀孕小孩归女方抚养；年长的子女由谁抚养，尊重子女意见。

（4）保护军婚。红军战士之妻要求离婚，必须其夫同意。

3. 婚姻法的意义

广大妇女从传统的封建婚姻制度下得到解放，实现男女婚姻自由，建立了新民主主义婚姻制度，是中国家庭婚姻史上的重大变革。

■ 工农民主政权的新型司法体制和审判制度

（一）司法体制

工农民主政权在局部地区打碎国民党反动国家机器的基础上，总结各地司法经验，颁布了裁判条例、司法程序训令①，形成了初具规模的司法机关。

新的司法体制否定了资产阶级三权分立的原则，实行各级司法机构受同级政府领导的体制。这种政审合一的体制适于战争需要，利于政府政策法令的执行及对司法的领导。实行“审检合一”，检察机关附设于审判机关内。审判权和司法行政权在中央采用分立制，在地方则采用“合一制”②。依上述原则，所设立的司法机关主要有：

（1）中央设临时最高法庭。地方为省、县、区各级裁判部。由部长、裁判员、书记员组成。省、县裁判部设裁判委员会，各级裁判部设刑庭和民庭。省县裁判部有权判决警告、罚款、没收财产、强迫劳动、监禁、枪决等刑事处罚和民事案件。区裁判部审理不重要的案件，判处强迫劳动或监禁的期限在一年以内。

（2）检察机关附设于同级司法机关内。最高法庭设检察长一人、副检察长一人，检察员若干人。省、县裁判部各设检察员。区裁判部无检察员编制。各级检察员受同级裁判机关负责人领导，其职责是进行预审、起诉等工作。

（二）审判原则

（1）司法机关统一行使审判权。其他机关无司法权。

（2）废止肉刑，重视证据，依靠群众审判反革命分子。

（三）实行四级二审终审制

1. 实行四级二审终审制

在特殊地区及紧急情况下，对反革命、豪绅、地主犯罪，剥夺上诉权，一审终审。

2. 审判公开

涉及秘密的可用秘密方式，但宣判仍应公开。有助于群众监督和法制教育。

---

①② 参见《中国新民主主义革命时期根据地法制文献选编》，第3卷，306～312页。

3. 人民陪审

无选举权者不得充当陪审员。主审与陪审员意见分歧，以主审为准。陪审员不脱产，选举产生。

4. 巡回审判

这是一种崭新的审判方式。由各级裁判部在案发地点就地调查，在群众参与旁听下就地解决案件。多为具有重大意义的典型案件或群众性的刑事案件。

5. 死刑复核

不论被告是否上诉，一律报请上级审判机关复核批准。须上诉期满，被告、原告未上诉与抗诉，上级审判机关批准，原死刑判决方生效。

6. 合议制度和辩护制度

（四）劳动感化院

重视犯人的教育改造。1932 年 8 月颁布《劳动感化院暂行章程》[①]，规定了狱政的指导思想及管理制度，是新民主主义狱政制度的雏形。

■ 抗日民主政权的宪法性文件和政权组织

（一）《施政纲领》和《人权条例》的制定及其意义

1.《施政纲领》的制定

抗日民主政权以 1937 年 8 月 25 日公布的《抗日救国十大纲领》为准绳，继承发扬苏区法制传统，建立起切合国情的抗日民主法制。标志着新民主主义法制的形成和重大发展。

继 1938 年《晋察冀边区军政民代表大会宣言》之后，陕甘宁边区政府于 1939 年 1 月公布了《陕甘宁边区抗战时期施政纲领》[②]。前期纲领规定了“三民主义”的内容，具有革命民主主义的特色，奠定了边区民主政治的初步基础，为其他根据地树立了榜样。

后期，由于日寇对抗日根据地的大扫荡，加上国民党对边区的包围封锁，使抗日军民面临极端严重的物质困难。中国人民的抗日战争进入了最艰难的时期。为了适应这种新的情况，最大限度地调动抗日军民的积极性，巩固各抗日阶级、各党派和各民族的团结，争取时局好转，粉碎日寇扫荡和国民党积极反共封锁边区，赢得抗日战争的胜利，各抗日根据地制定了新的《施政纲领》。主要有 1940 年《晋冀鲁豫边区政府施政纲领》、《晋察冀边区目前施政纲领》，1941 年《陕甘宁边区施政纲领》，1942 年《对巩固和建设晋西北的施政纲领》，

① 参见《中国新民主主义革命时期根据地法制文献选编》，第 3 卷，313～315 页。

② 参见《中国新民主主义革命时期根据地法制文献选编》，第 1 卷，31～35 页。

1944 年《山东省战时施政纲领》。这些《施政纲领》以 1941 年《陕甘宁边区施政纲领》为代表，均有保障抗战、加强团结、健全民主、发展经济、普及文化教育的规定。《陕甘宁边区施政纲领》增加了“三三制”政权组织形式和保障人权等崭新内容。

2.《施政纲领》的主要内容

（1）关于保障抗战的规定。团结边区内各阶级、党派，发挥一切人力、物力、财力抗战。严厉镇压汉奸及反共分子。

（2）关于加强团结的规定。坚持抗日民族统一战线方针，团结边区内各抗日阶级、工人、农民、地主、资本家。主要措施是：调节各阶级的关系，地主减租息，农民交租息；改善工作生活，资本家有利可图；一致对外共同抗日。

（3）关于健全民主制度的规定。将其提到保证全国人民团结的高度。规定几项重大措施：

一是普遍、直接、平等、无记名投票的选举制度；二是保障一切抗日人民的选举与被选举权；三是“三三制”政权组织原则；四是保障一切抗日党派、团体、人民的人权、财权及各项自由；五是人民享有用任何方式控告任何公务人员非法行为的权利；六是男女平等，提高妇女地位，保护其特殊利益；七是反对民族歧视，实行民族平等、自治、尊重宗教信仰、风俗习惯。

（4）关于发展经济的规定。从“发展经济、保障供给”总方针出发，发展农、林、牧业、手工业和工业，奖励扶助私人企业，保障经营自由。实施外贸统治。贯彻统筹统支的财政制度。征收统一累进税，维护法币，巩固边币。

（5）关于普及文化教育的规定。举办各类学校，普及免费义务教育。尊重知识分子，提高边区人民政治文化水平。

3.《施政纲领》的意义

以反对日本帝国主义，保护抗日人民，调节各抗日阶级利益，改善工农生活，镇压汉奸反动派为基本出发点。全面系统反映了抗日民族统一战线的要求和抗战时期的宪政主张，是贯彻《施政纲领》基本经验的科学概括与总结。

4.陕甘宁边区《人权条例》的主要内容和意义

在《施政纲领》保障人权原则指导下，各主要抗日根据地都制定了《保障人权条例》。如 1940 年 11 月的《山东省人权保障条例》，1941 年 11 月的《晋冀鲁豫边区保障人民权利暂行条例》，1942 年 2 月《陕甘宁边区保障人权财权条例》，1943 年 2 月的《渤海区人权保障条例执行规则》，1944 年《苏中区人权保障条例》等等。有的抗日根据地，如鄂豫边区为了切实保障人权，建立良好的社会秩序，结合本区的实际情况，由参议会通过了有关的提案。以专门立法保障人权是其时法制建设的重要经验。《山东省人权保障条例》和《陕甘宁边区保障人权财权条例》[1] 具有典型性。这两个《条例》的主要内容有：

（1）规定人权的法律概念。即："边区一切抗日人民，不分民族、阶级、党派、性别、职业与宗教，都有言论、出版、集会、结社、居住、迁徙及思想之自由，并享有平等之民主权利"。说明当时人权的主要内容有两个方面：一是抗日人民各项自由权，二是抗日人民民主平等权。

（2）规定保障人权的重要措施。司法、公安机关逮捕人犯须证据充分，依法执行；其他任何机关、部队、团体不得对任何人逮捕、审问、处罚，但现行犯例外；过去反对边区逃亡在外的地主、富农，返回家园遵守法令，一律不咎既往，依法保护，禁止侵犯其人权。

此外，特别规定了对侵犯人权者的惩处办法。如《山东省人权保障条例》规定：凡各级政府公务人员违法侵害人民之自由或权利者，除依法惩办外，应负刑事及民事责任，被害人得就其所受损害依法请求赔偿。

在保障人权的司法实践中，创造了宝贵经验。如公务员违犯《人权条例》，从严治罪；犯罪不准株连等。为加强团结一致抗日，巩固边区政权，起到了积极作用，是抗日民主政权法制建设的一条重要经验。其意义主要体现在以下几方面：

其一，深刻地体现了当时边区施政纲领确立的保障人权的立法原则，促进了抗日根据地民主法制建设的深入发展。

其二，有利于团结一切可以团结的力量，调动一切可以调动的积极因素，去完成民族解放的艰巨任务。

其三，有利于克服根据地内存在的一些侵犯人权的现象，增强各级干部的法制观念，更好地维护人民群众的合法权益，建立良好的社会秩序。

（二）政权组织

与各级参议会组织相适应，抗日战争时期各根据地政府组织机构的设置也有三级、四级不等。如陕甘宁边区为边区政府、县政府、乡（市）政府三级；山东解放区则为省战时行政委员会（原战时工作推行委员会）、行政区公署、县政府、村公所四级。此外，各根据地均设行政督察专员公署和区公署（所）分别作为边区政府和县政府的派出辅佐机构。

1. 边区政府及其职能

边区政府或边区行政委员会，是抗日战争时各根据地综理各边区政务的最高行政机关。其机构设置、人员编制均由专门组织法规作详细规定。如《陕甘宁边区政府组织条例》规定："陕甘宁边区政府由陕甘宁边区参议会选委员十三

[1] 参见《中国新民主主义革命时期根据地法制文献选编》，第1卷，89～94页。

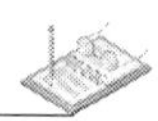

人，组织边区政府委员会，呈请国民政府加以委任。陕甘宁边区设主席一人，副主席一人，由陕甘宁边区参议会在边区政府委员中选举之”。

其他根据地的规定大体相同，只是政府或行政委员的人数不一。边区政府内设各种职能部门，主持全边区各种行政工作。

各根据地边区政府或行政委员会作为全边区的最高行政机关，其职权比较广泛。如《陕甘宁边区政府组织条例》规定：陕甘宁边区综理全边区政务，受陕甘宁边区参议会之监督。陕甘宁边区政府对于边区行政有颁发命令权，制定边区单行条例及规程权；对所属各机关之命令或处分，认为有违背法令，逾越权限，或其他不当情形时，有停止或撤销权；执行权，即执行国民政府委托事项，执行边区参议会议决案事项以及执行边区政府决议之选举、预决算、所属行政人员任免、咨调地方部队及督促所属军警绥靖地方、边区地政设施及变更、处分公产或筹划边区公营事业等事项。陕甘宁边区政府主席的职权是：召集边区政府委员会，开会时为主席；代表边区政府，执行边区政府委员会之议决案；代表边区政府，监督全边区行政机关执行职务；处理边区政府日常及紧急事务。

2. 行政公署及其职能

各根据地行政公署的设置不一。陕甘宁边区不设行政公署，其他根据地行政公署的设置大约有两种情况：一种是不作一级政府机构，而只是边区一级政府的派出机构；另一种情况是本身为一级政府机构。晋察冀边区和晋冀鲁豫边区设置的行政公署，属前一种情况，而山东、晋西北行政公署则属后者。《山东省行政公署组织条例》规定：为适应战时环境，将全省划分为若干行政区，设行政公署。行政公署为行政区之行政最高领导机关。行政委员会由行政区临时参议会选举行政委员 7～11 人。其职权为负责执行临时参议会之决议，在不抵触省法令范围内，可依照本行政区参议会之决议发挥独立自主精神，决定地方兴革事宜，但重大问题，须呈请上级政府批准。行政公署设立行政各处（科）。

3. 行政督察专员公署及其职能

各根据地一般均设行政专员督察公署，习惯上简称“专员公署”。此非一级政府组织，一般作为边区政府派出之督导机构。如 1943 年《修正陕甘宁边区行政督察专员公署组织条例》规定：“为加强县政权领导，提高行政效率起见，边区政府将边区所属县（市）划分为五个行政区，分设行政督察专员公署，为边区政府代表机关。分区专员公署之设立与命名，须经边区政府委员会决议，由边区政府依命令行之”。专员公署设专员一人，必要时得设副专员一人，均由边区政府任命。[①]

4. 县政府及其职能

各抗日根据地均设县政府，作为各该地区推行政务之枢纽，各根据地均以专门条例规定其组织机构设置，其组织严密，机构健全，以承担各县繁重的行政事务。根据县政府组织条例，县长、县政府委员均由县议会选举产生，组成县政府委员会，县长及政府委员的任期，一般为2年。1943年《修正陕甘宁边区县政府组织暂行条例草案》规定："县政府委员会对上级政府及县参议会负责，为县政府之权力机关"[②]。

陕甘宁边区县政府1943年以前设6科加秘书室。1943年简政后，修正条例则规定县政府设政务、事务秘书各一人，一、二两科，保安科及自卫大队。有些地区增设县佐公署、县政府办事处或县政府行署等，一般为县政府之辅佐机构，低于县而高于区，内部机构设置也较县政府简单。在陕甘宁边区，凡未经县参议会或临时参议会正式选举县政府委员会之县，得成立县务委员会，临时代行县政府综理县内行政事宜。

县政府委员会的职权为：决议执行边区政府及专员公署令行重要事项；县参议会之重要决议事项；县政府各部门工作计划；县财政收支及预决算事项；所属主要干部任免之建议事项；县单行条例颁发事项；县兴革事项及其他县政委员会认为应讨论事项。同时，该条例草案还规定县政府的指示与政令；发扬民主政治，加强乡（市）政权工作。组织人民经济生活，发展公私生产、改善人民生活，保证抗战供应；推行财政、粮政、建立地方财政；推行各项抗战动员，加强拥军工作与优抗工作；建设民兵，加强保卫工作，巩固地方治安、维护社会秩序；管理该县各级政府干部之登记、审查、任免、调动、考绩、奖惩等事项；进行干部教育、改进国民教育；调解人民纠纷，公平处理民刑案件；监督上级政府驻在该县的附设机关。县政府在不抵触边区政府法规下，得颁发单行条例，但须呈请边区政府核准。县政府下设各科之职掌与边区政府对口。其他根据地的规定较陕甘宁简单，但职权相近。

5. 区公署（所）及其职能

各抗日根据地多设区公署（所），但一般不是一级政府组织，仅为县政府之

① 行政督察专员公署的职权主要为：掌握贯彻边区政府法令与指示，对边区政府负责。统一领导督察该分区所辖各县之一切行政事宜；组织与领导人民武装，协同军队维持地方治安；监督和指导驻在该分区的边区政府各附属机关，监督所属各县财政经费之收支，处理所属各县之间的争议等。专员公署设政务、事务秘书各一人，精简后仅设一二两科和保安处。参见《中国新民主主义革命时期根据地法制文献选编》，第2卷，215～218页。

② 《中国新民主主义革命时期根据地法制文献选编》，第2卷，226～229页。

辅佐或助理机关。但也有例外，如盐阜区，根据《盐阜区区级政府组织法》，区不仅有区公民代表大会，且置区政府，为一级政府机构。区政府行政长官由区公民代表大会选举产生。一般情况下，各根据地均在区公署内设区长一人，公署（所）内不设科室，而以区助理员或区员分工处理各项行政事务。但盐阜区除设区员外，还可以设各种经常或临时性委员会。

区公署（所）职权主要为：传达上级指示、命令、法令及反映政情等事项；计划督导所辖各乡民政、财政、经济建设、文化教育及应兴应革事项；组织训练自卫队，进行全区锄奸保安等。区助理员或区员分掌上级政府职能部门对口事项。

6. 乡（市）政府或村公所及其职能

多数根据地以乡或村为民主政权基层单位，设乡（市）政府或村公所。乡（市）政府和村公所的性质略有不同，而不仅仅是名称上的差异。陕甘宁边区乡（市）一级采议行合一制，乡（市）参议会为乡（市）政府最高政权机关，乡市参议会休会期间，乡（市）长负乡（市）行政最高责任，乡（市）政府委员会为乡（市）最高政权机关，乡（市）参议会休会时，则由乡政府综理所有政务。乡政府下设行政村，行政村下设自然村。村长协助乡政府工作，处理本村事务。乡政府之干部，除乡长、文书外，均不脱离生产。其他根据地不同于陕甘宁边区，以村公所为执行机关。如晋察冀边区村公所设村长、副村长各一人，由村民代表会主席、副主席兼任并报上级政府委任，各委员由村民代表会选举产生。盐阜区则设村政府，村政府组织构成复杂。有村公民大会，村行政委员会，村镇公民小组长会及各种专门工作委员会等。作为最低一级行政机构，其职权主要在于进行地方自治，完成上级下达的任务。[1]

抗日民主政权时期边区政府的立法特点及主要立法

（一）立法特点

（1）按中共中央的方针政策，从根据地实际出发，继承工农民主政权立法实践中的优良传统，又有新的发展，集中体现了中共的抗日民族统一战线政策。如在劳动立法中提出劳资两利的原则；土地立法中提出不但照顾农民的利益，也要兼顾地主富农的利益，既减租减息又交租交息，保障地权、债权等；在婚姻立法中明确地提出了“男女平等”的立法原则等。制定《施政纲领》、部门法规、单行条例加以贯彻落实。

（2）根据当时形势的发展变化，各抗日民主政权在修订原有法律的同时，

① 参见《中国新民主主义革命时期根据地法制文献选编》，第2卷，237～238页。

颁行了一批新的法律法规。如制定专门的人权保障条例，惩治汉奸条例，军民诉讼条例，优待移难民垦荒条例，奖励科学技术法令，危害军队、妨害公务法令，惩治破坏坚壁清野财物法令等等。

（3）承认南京国民政府的法律地位。允许各抗日民主政权在立法和司法工作中，有原则、有选择地援引国民政府的一些法律。关于援用的原则，边区政府明确规定："一、适合抗战团结的需要；二、适合民主政策；三、适合边区历史环境；四、适合广大人民的利益"①。

（二）土地法规的制定及其主要内容

陕甘宁边区从1937年4月开始土地立法。1937年8月颁布的《抗日救国十大纲领》确立了"减租减息"的原则。各根据地以此为指导制定本地区的土地法规。陕甘宁边区土地立法最有代表性。

1940年以前，重点在保护农民既得利益，确认农民分得地主土地的所有权。1939年《陕甘宁边区土地条例》② 是这一时期的重大成果。1940年7月以后，重点转为减租减息、保障佃权和低利借贷上。先后制定有1942年《陕甘宁边区土地租佃条例草案》及1944年《陕甘宁边区地权条例》③。上述土地立法的主要内容是：

1. 土地所有权

一是公有土地所有权归边区政府，二是私有土地所有权人在法定范围内可自由使用、收益、处分（买卖、典当、抵押、赠与、继承）。不论公、私土地所有权均受法律保护，强调保护农民土地所有权。

2. 减租交租

陕甘宁边区地租主要有以下几种，即定租，活租，伙种，按庄稼、按原租额减10％至12％。收租人不得多收、预收、收取押租及欠租作息；承租人不得短少租额。

3. 保障佃权

减租条例定有四项收回租地的条件。除此条件外出租人不得随意收回租地。

4. 减租减息，低利借贷

现存债务减息。付息过本一倍，停利还本；过本两倍，本利停付，借贷关系视为消灭。

土地立法的意义在于减轻了封建剥削，激发了农民抗日积极性，调整了农村阶级关系，加强了各阶级团结，为民族解放战争奠定了基础。在团结地主富

---

① 陕甘宁边区高等法院：《论边区司法答客问》（1944年4月20日）。参见《解放日报》，1944-04-20。

②③ 参见《中国新民主主义革命时期根据地法制文献选编》，第4卷，195～199页、209～212页。

农抗日方面发挥了极为重要的作用。

（三）劳动法规的制定及其主要内容

劳动立法体现了“调节劳资双方利益，团结资本家抗日”的原则。吸取苏区劳动立法的经验教训，1942年的《陕甘宁边区劳动保护条例草案》及1941年晋冀鲁豫边区的《劳工保护暂行条例》[①] 较为典型。劳动立法的主要内容可分为四部分：

1. 关于工人权利的规定

工人有组织工会的权利。雇主开除工人事先得工会同意。

2. 关于工时、工资、劳动保护的规定

实行8～10小时工作制。因工会工作请假，全年在15天内的，工资照发。工资标准由工会、雇主、工人三方协商，男女同工同酬。

3. 关于保护女工、青工、童工的规定

规定青工、童工工时较短，且工作须以不妨害其身体之健康与教育为原则。禁止女工从事繁重的、有害健康的及地下工作。禁止哺乳女工、孕妇、童工做夜工。女工产假两个月，工资照发。哺乳女工每日给适当哺乳时间。对安全卫生亦有规定。

4. 关于劳动合同与集体合同的规定

缔结劳动合同以劳资双方自愿为原则。集体合同由工会代表工人与公营厂方或资方以协议方式订立。合同内容包括工时、工资、福利待遇、双方权利义务等。合同内容不违犯现行法律，否则无效。对合同纠纷的解决也详予规定。

5. 关于奖励技术发明的规定

按照陕甘宁、晋冀鲁豫等边区劳动法规的规定，工人或其他人对边区的农、林、牧、畜、水利、工矿等生产事业有发明创造或推广现有技术而获得成就者，政府给予荣誉和物质奖励。各根据地规定的物质奖励为现金，奖金最高为4 000元～5 000元。

这些劳动立法对发挥工人积极性，团结资产阶级抗日起了很大作用。

（四）婚姻继承法规的制定及其主要内容

陕甘宁边区政府成立初期，沿用中央工农民主政权的婚姻法。1939年《陕甘宁边区婚姻条例》经五年实践，于1944年通过了《修正陕甘宁边区婚姻条例》，增加了不少新内容。1942年的《陕甘宁边区继承条例》、1943年的《陕甘宁边区抗属离婚处理方法》[②]，使结婚女子的继承权和抗日军人婚姻，得到法律

① 参见《中国新民主主义革命时期根据地法制文献选编》，第4卷，659～667页。

② 参见《中国新民主主义革命时期根据地法制文献选编》，第4卷，807～808页。

保护。婚姻立法的内容及发展可分为五点：

1. 立法原则的发展

在苏区婚姻立法原则基础上，提出了男女平等的原则。继承苏区保护红军婚姻的原则，确立保护抗日军人婚约与婚姻的原则。除确知其夫死亡、逃跑、投敌外，未经军人同意不得离婚。并对娶抗日军人配偶，或和诱、通奸者处以刑罚。

2. 结婚年龄和法定手续

婚龄趋于下降。亲属间禁止结婚的限制更趋严格。

3. 离婚原则和具体条件

规定婚姻关系非具备一定条件不准离婚。凡重婚，感情不和，无法同居，通奸，虐待对方，恶意遗弃对方，谋害对方，生死不明3年以上，有不治恶疾或不能人道，一方不务正业劝解无效影响对方生活，或其他重大事由，准予离婚。女方怀孕分娩期间，男方不得离婚，待产后一定期间如具备离婚条件，可办理离婚。

4. 离婚后财产处理更合理

继承了苏区的规定并有修改。对共同债务原则上共同清偿。对赡养费规定男方给女方最多以3年为限。

5. 离婚后子女抚养教育的规定

在继承苏区立法基础上又有修改。确定了女方再婚，新夫的抚养责任。确保非婚生子女合法利益。严禁杀害、抛弃致死私生子，严禁堕胎、溺婴，违者以杀人罪、违反人道罪论处。

婚姻立法解放了妇女，婚姻自由、自主、自愿成了结婚信条，爱情、平等、意志代替了包办、压迫、金钱。在贯彻婚姻法中积累了丰富经验，主要有：

其一，加强边区政治经济文化建设，奠定婚姻立法基础。

其二，法律教育与适当处罚结合，保证婚姻法贯彻执行。

其三，司法机关与群众结合，依法处理有关案件。

其四，坚决贯彻婚姻条例，反对“左”、“右”两种倾向。创立了“犹豫期”① 制度。

6. 在遗产继承方面遵循男女平等、奉养父母的原则

《陕甘宁边区继承条例》对继承方式、继承范围顺序、遗嘱形式及保障继承权的措施均予规定。如配偶双方遗产相互继承，有子女的与子女共同继承，无

① 通常为1～2个月。参见《中国新民主主义革命时期根据地法制文献选编》，第4卷，864页。

子女的由一方全部继承；男方死时尚未继承的，寡妇与子女均有代位继承权等。

（五）刑事法规的制定及主要内容特点

运用刑罚手段，惩治汉奸反动派，是保卫边区和抗战的一项重要任务。陕甘宁边区制定的刑事法规主要有1939年《抗战时期惩治汉奸条例》、《抗战时期惩治盗匪条例》、《惩治贪污条例》、《禁烟禁毒条例》，1941年《破坏金融法令惩罚条例》等。

1. 刑法原则的发展

边区政权创造性地发展了新民主主义刑法原则。其主要原则有三条：

（1）镇压与宽大相结合的原则。对汉奸分子除绝对不愿悔改者外，不问过去行为如何，一律实行宽大政策，给予政治上、生活上的出路。对绝对不愿悔改者，依法严办绝不放任。在实施中区分首要与胁从，惩办主要施于首要分子，宽大主要施于胁从分子。

（2）贯彻保障人权原则。不放过一个敌探奸细，不错办冤枉一个好人。

（3）反对威吓报复，实行感化教育原则。特点是以无产阶级思想克服和改造罪犯地主资产阶级腐朽没落思想。反对惩办主义，用说服方法帮助其认识错误；反对报复主义，减少罪犯痛苦，以利于其安心守法、彻底改造。实践证明这样做效果显著。

2. 主要犯罪种类的变化

各个边区刑事立法确定的主要罪名有：

（1）汉奸罪。凡以破坏抗战为目的的行为均构成汉奸罪，立法中有明确规定。

（2）盗匪罪。凡以抢劫为目的的各种法律规定的犯罪行为，均构成盗匪罪。

（3）破坏边区罪。凡以破坏边区为目的的各种法律规定的犯罪行为，均构成该罪。

（4）破坏坚壁财物罪。是敌后根据地特有罪名。坚壁财物也叫空室清野财物[①]。凡勾结敌伪挖索上述财物，或毁损、窃盗上述财物等行为，均构成该罪。

除上述重大刑事犯罪，还有破坏经济秩序，妨害社会秩序，侵害人身权利、民主权利，侵犯财产，妨害婚姻家庭等方面的普通刑事犯罪。

3. 趋于完善的刑罚制度

各根据地刑罚措施主要有以下几种：

---

① 该财物指：因防止日寇汉奸破坏与掠夺而藏于地窖、山沟等隐蔽所的一切公私财物及土石堵塞的建筑物。打击这类犯罪对保护边区财物，防止敌伪破坏，克服物质困难，保证反扫荡胜利，起过重要作用。

（1）死刑。只对汉奸、盗匪、敌特及破坏边区的反革命首要分子判处死刑。宣判死刑，要向群众公布，行刑有检查员临场监验。一律用枪决。

（2）无期徒刑。各边区规定不一。实际上未适用，有的边区则予废止。

（3）有期徒刑。初期为最高5年，最低6个月。1942年3月后最高为10年或15年，实践中多为10年。

（4）拘役（又称劳役或苦役）。凡判处二个月以下，一日以上；或三个月以下的罪犯，不由监所拘押，而是实行劳动改造，称拘役。多用于轻微刑事犯罪。

（5）教育释放。多适用于轻微犯罪。经一定时间关押教育，多则一个月，少则几天，不再判劳役，即行释放。

（6）当庭训诫。对犯极轻微罪行者在法庭上予以训诫，讲明道理指明错误，使其不再犯。

除上述主刑外，从刑有：

1）褫夺公权。多数边区有此刑罚。指剥夺犯罪分子选举与被选举权、担任公职及公职候选人之权，主要适用于汉奸、敌特、反动分子。从性质来讲是较重的刑罚。刑期一至五年，自徒刑完毕日起算。一年以上徒刑才附加褫夺公权。

2）没收财产。主要适用于汉奸、盗匪。对象是动产与不动产，违禁品、犯罪所用之物及非法所得也予以没收。

3）罚金。司法机关强制罪犯向边区政府交纳一定金钱的从刑。分并科、选科、易科、专科四种形式。主要用于以谋财为动机的犯罪。

4. 刑事立法群众化及主要经验

发动群众，制定“锄奸公约”，在锄奸剿匪斗争中正确执行不放过一个特务，不错办一个好人的政策，保证这一斗争健康发展。

■ 抗日民主政权时期边区的司法制度

为保证各项实体法的顺利实施，各根据地制定颁布了许多诉讼审判方面的法律法规。如1939年4月，陕甘宁边区政府颁布的《陕甘宁边区高等法院组织条例》，1943年1月颁布的《陕甘宁边区军民诉讼暂行条例》，1943年3月颁布的《陕甘宁边区县司法处组织条例草案》，1940年5月颁布的《晋察冀边区陪审暂行办法》，以及1942年1月颁布的《晋西北巡回审判办法》等。这些法规成为抗日民主政权司法组织建立和进行活动的法律依据。

（一）司法机关及其职权

1. 边区高等法院

边区最高司法机关，负责全区审判及司法行政工作。下设刑庭、民庭，各庭长、推事负责审判，必要时组织巡回法庭。还设有检察处、书记室、看守所、监狱。

2. 高等法院分庭

1943年为便利诉讼，加强对县司法领导而设置的，是高等法院派出机关。审理所辖分区县司法处一审上诉案件，是二审机关，由分庭庭长（专员兼任）、推事、书记员组成。

3. 县司法处

初期只有一个裁判员主持审判业务。1940年成立由县委书记、县长、裁判员、保安科长、保安大队长组成的裁判委员会。1941年执行“三三制”原则被取消。重大案件交县政府委员会或政务会议决定。

4. 边区政府审判委员会

1942年8月设立。职权是解释法令，审理高等法院一审及二审刑事上诉案和一审民事诉案及行政诉讼案、婚姻案、死刑复核案。1944年9月因精兵简政而撤销。

5. 检察机关

高等法院设检察员，在院长领导下独立行使检察权。一度设高等检察处，1942年精兵简政撤销。实行审检合一制。职权是侦查、起诉。监督判决执行。

（二）诉讼原则的发展

1. 调查研究、实事求是的原则

毛泽东等边区领导人以身作则贯彻这一原则，为司法干部作出了典范。这一原则写进了边区民事诉讼法草案。

2. 相信依靠群众的原则

创造了许多依靠群众的诉讼组织形式。一是群众公审。主要是汉奸、反革命、敌特、盗匪等政治性案件和人命案。二是就地审判。指初审机关采用的审判方式。具体做法是审判员携卷下乡，亲赴出事地点，深入群众调查研究，在有威望、有能力的群众参与下，将舆论法律融为一体，就地判决。这种方式结案迅速，当事人省钱省时，有利生产。三是巡回审判。是高等法院及其分庭运用的审判方式。一般是携卷到出事地点，结合调查研究进行审判。同时受理新的上诉案，检查所属司法处审判及监管工作。

3. 法律面前人人平等的原则

1941 年 11 月边区第二届参议会宣布：边区“法律保护各个革命阶级的利益，纠正资本主义国家各个阶级在法律面前的虚伪平等，而代之以真正的实质的平等”①。从而揭开了法律面前人人平等的新篇章。

各根据地宪法性文件规定，凡赞成抗日民主的地主、富农、资本家与工人、农民在人权、财权、参政权和民主自由权各方面，平等地受法律保护。犯法，则适用同一法律定罪量刑。法律还规定，不论党员或群众，首长或公务员或民众，指挥员或战士；不论其资格、功劳、地位，任何人犯法均依法处理。黄克功死刑案就是典型的例子，为边区民主法制添了光彩。为真正贯彻这一原则，边区《施政纲领》规定了中共党员犯法从重治罪，体现了无产阶级政党严于律己的精神。

（三）主要的审判制度

1. 审级制度与上诉制度

基本是二级终审制。县司法处一审（初审），高等法院及分庭二审（终审）。1942 年以边区政府审判委员会为第三审，一度实行三审终审制，但 1944 年又恢复二级终审制②。民事案件上诉期 15 天，刑事案件上诉期 10 天。

2. 审判公开和人民陪审、辩护制度

除法律另有规定，一律公开审判。当事人可请有法律知识的人或亲属充当刑事辩护人或民事代理人。人民陪审制度是审判工作民主化的标志，也是群众监督司法工作的组织形式。

3. 复核和审判监督制度

少数死刑案判决书须高等法院复核核准，始得宣判；宣判后不论被告是否上诉，须再呈边区政府复核，经主席批准才能行刑。战时不在此限。1942 年 5 月将复核权交专署代行。审判监督制度分两种，一是上级对下级监督，主要是审核案件，解决疑难；二是群众监督，指司法机关向同级参议会报告工作，听取意见，执行参议会决议案。

（四）马锡五审判方式

这是把群众路线的工作方法，创造性地运用到审判工作中去的司法民主的崭新形式。

---

① 林伯渠：《陕甘宁边区政府工作报告》（1941 年 11 月 8 日），转引自杨永华：《陕甘宁边区法制史稿》，59 页，西安，陕西人民出版社，1992。

② 参见《中国新民主主义革命时期根据地法制文献选编》，第 4 卷，78 页。

1. 马锡五[①]审判方式的特点

一是深入农村，调查研究，实事求是地了解案情；二是依靠群众，教育群众，尊重群众意见；三是方便群众诉讼，手续简便，不拘形式。

2. 马锡五审判方式的产生和意义

整风运动为其产生奠定了思想基础，群众智慧是其产生的力量源泉。这一方式是在巡回审判基础上成长起来的，是司法工作的一面旗帜。

---

① 马锡五，陕西保安（志丹）县人。1899 年 1 月 8 日出生。1930 年参加革命工作，参与创建陕甘苏区的斗争。历任陕甘省粮食部部长，国民经济部部长和陕甘宁省苏维埃主席等职。抗日战争时期，1942 年 10 月任命马锡五为陇东专署专员，年 3 月依照边区政府的命令兼任边区高等法院陇东分庭庭长，开始从事司法工作。1946 年边区参议会上被选为边区高等法院院长。中华人民共和国成立后担任最高人民法院西北分院院长。1954 年被任命为最高人民法院副院长。1962 年 4 月 10 日于北京病逝。

马锡五自兼任陕甘宁边区陇东分庭庭长后，采取巡回审判方式，依靠群众，深入进行调查研究，运用审判与调解相结合的方法，纠正了一审判决中的若干错案，及时审结了一些缠讼多年的疑难案件，减轻了人民的讼累，因而被群众称作“马青天”，边区政府称之为“马锡五审判方式”。

在马锡五审理的案例中，最著名的要属封捧与张柏的婚姻上诉案。陕甘宁边区陇东分区华池县居民封彦贵，有个女儿乳名封捧儿。在女儿 3 岁时，由其父包办，与张金才次子张柏订了婚。到 1942 年封彦贵见女儿长大成人，婚礼大增，为了从女儿身上多捞聘金，封彦贵一面以“婚姻自主”为口实，与张家解除婚约，一面却以法币 2 400 元，硬币 48 元，暗中许给城壕川张某之子为妻。此事被张金才发觉后，由华池县司法处撤销了后一婚约。1943 年 2 月封捧儿到一亲戚家吃喜酒，与张柏第一次见面。封捧儿表示愿意与张柏结婚。但其父却在同年 3 月，又以法币 8 000 元、硬币 20 元，哔叽布 4 匹，许给庆阳财主朱寿昌为妻。封捧儿不屈从父命，暗中将此情告知张家。张金才得知后，当即纠集其弟等 20 多人，夜奔 40 里，闯入封家抢亲。封彦贵告到县司法处。裁判员偏信封彦贵的控告，即以抢亲罪判处张金才徒刑 6 个月，并宣布张柏与封捧儿的婚姻无效。宣判之后，原被告双方都表示不服，附近群众也很不满意，适值马锡五到华池县巡视工作，封捧儿便向马专员口头上诉。

马锡五受理此案后，深入到区乡干部和群众中了解真实案情和一般舆论趋向。最后召集当地群众进行公开审判；除讯问各该当事人的要求和理由外，还广泛征询群众意见。群众认为张家深夜抢亲，既伤风化，并有碍治安，使乡邻惊恐，以为盗贼临门，应受到法律惩罚。对于封捧儿与张柏的婚姻问题，一致认为不应拆散。取得以上共识后，当庭宣布以下判决：（1）封捧儿与张柏双方皆同意结婚，按婚姻自主原则，其婚姻准予有效。（2）张金才等黑夜抢亲，有碍社会治安，因而判处有期徒刑，其他附和者给以严厉批评。（3）封彦贵以女儿为财物，多次高价出卖，违反婚姻法规，处以劳役，以示警戒。宣判之后，受罚者认为自己罪有应得，口服心服，群众认为是非分明，表示拥护。封捧儿与张柏的婚姻受到法律保障，更是皆大欢喜。总之，通过这一案例惩罚了违法者，正确宣传了边区的婚姻法律，提高了民众的法制观念。

这一案件的正确处理，为抗日根据地的司法工作树立了一面旗帜。因而赢得了边区政府以及人民群众的好评。边区参议会副议长谢觉哉在 1943 年 12 月 20 日接见并专门听取马锡五关于办案经验的汇报后，称赞说：“你不只是个好专员，还是个好审判员”，“你为司法工作创造了好经验”（吉世霖，《谢老司法轶事》（八），载《法制周报》，1982－06－05）。1944 年 1 月 6 日，林伯渠主席在《边区政府一年工作总结》的报告中指出：“提倡马锡五同志的审判方式，以便教育群众”。毛泽东主席在 1944 年 3 月 5 日写的《关于路线学习、工作作风和时局问题》一文中，谈到机关干部工作作风存在的问题之后，指出：我们的机关中，也有好的首长，如马专员会审官司，老百姓说他是“青天”（参见《马锡五审判方式》，北京，法律出版社，1983）。

其意义是：它的出现、推广，培养了大批优秀司法干部，解决了积年疑难案件，减少争讼、促进团结，利于生产、保证抗日，使新民主主义司法制度落到实处。

（五）人民调解的法律化

1. 调解的原则

其一，调解须双方自愿，不得强迫命令或威胁。

其二，调解须以法律为准绳，照顾善良风俗。不是无原则无条件的息事宁人。违背法令不利抗战的，政府有权宣布撤销。

其三，调解不是诉讼必经程序。任何个人、机关不得阻止当事人的起诉权。司法机关不得以未经调解而拒绝受理。

2. 调解制度的内容

（1）调解范围。初期仅限某些民事案件，后来甚至命案也调解。总结经验后确定民事纠纷除法律另有规定外，均可调解；轻微刑事案也可调解；社会危险性较大的刑事案件不属调解范围。

（2）调解种类主要有四种，依主持调解的个人或单位不同，分为：

其一，民间调解。群众自己解决纠纷的好形式。由当事人双方各自邀请地邻、亲友、劳动英雄、有威信和公正的人士参加，评议曲直提出调解方案，劝导双方息讼。它机动灵活，不拘形式，省钱省时，有利生产团结。边区政府号召最好百分之百的争执在乡村中自己解决。有的村成为几年无人打官司的模范村。

其二，群众团体调解。有的专设调解委员会。

其三，政府调解。在基层政权组织下调解纠纷。

其四，司法调解。是司法机关处理案件形式之一。达成的调解协议，对双方有强制效力，须无条件执行。

（3）调解处理方式。一般有赔礼道歉、认错、赔偿损失或抚慰金，及其他善良习惯。

（4）调解和解书。一般包括双方争执简要事由，调解成立方式，和解的原则，以及调解人姓名、签字、盖章等。对促成和巩固调解成果有重要作用。

（5）调解纪律。主要规定调解人须奉公守法，不受贿舞弊，尊重当事人人权，不乱打乱罚等。目的在保证公正，取得民众信赖，维护调解声誉。

3. 调解制度的意义

调解的意义特别重大。它解决矛盾，增强民间和睦团结，利于抗日民族解放事业；增强民众法制观念，减少纷争，利于司法机关集中精力处理重大刑民案件，提高办案质量；为解放战争和新中国的人民调解工作提供了丰富的历史

经验，是人民司法的一大特色和补充。

■ 解放区人民民主政权时期的宪法性文件和民主政权的建设

（一）宪法性文件

主要来自解放区各人民政权的施政纲领，中国人民解放军宣言、布告。包括1946年4月的《陕甘宁边区宪法原则》，1948年8月的《华北人民政府施政方针》，1947年10月的《中国人民解放军宣言》，1949年4月的《中国人民解放军布告》等。

1.《陕甘宁边区宪法原则》的主要内容

1946年4月边区第三届参议会通过。分为“政权组织”、“人民权利”、“司法”、“经济”、“文化”五部分，分别作了许多新的规定。其主要内容分四部分：

（1）确立边区、县、乡人民代表会议为管理政权机关，各级权力机关开始由抗日时的参议会过渡为人民代表会议制度。为新中国基本政治制度奠定了初步基础。

（2）规定人民政治上行使的各项自由权利，受政府指导与物质帮助。边区人民不分民族一律平等。

（3）规定除司法机关、公安机关依法执行职务外，任何机关、团体不得有逮捕审讯行为。人民有权以任何方式控告失职的任何公务员。司法独立不受任何干涉。

（4）经济上采取公营、合作、私营三种方式，组织一切人力、财力促进经济繁荣，为消灭贫穷而斗争。做到劳动者有职业，企业有发展机会，普及提高人民文化水平，确立耕者有其田的原则。

2.《华北人民政府施政方针》

1948年8月华北临时人民代表大会通过了人民政府基本任务及有关各项政策，是当时具有宪法性质的代表性文件。其主要内容有：

（1）规定华北人民政府基本任务是继续进攻敌人，支援前线，争取全国胜利；有计划、有步骤地进行建设和恢复发展生产；继续建设为战争和生产服务的民主政治；培养干部，吸收人才，奠定新中国的基础。

（2）规定实现基本任务的方针政策是：政治方面健全人民代表大会制度；保障人民民主权利及自由与安全；破除迷信；保护守法的外国人及合法的文化宗教活动。经济方面发展农业，颁发土地证确认地权；建立农民生产合作互助组织；促进城乡经济交流；发展工商业，贯彻公私兼顾、劳资两利方针；文化教育方面建立正规教育制度，提高大众文化水平；建立广泛的文化统一战线，团结知识分子为建设事业服务。

3.《中国人民解放军宣言》

1947年10月10日解放军发布的政治宣言。提出了“打倒蒋介石，解放全中国”的政治任务，制定了实现这一政治任务的基本政策，敲响了国民党南京国民政府的丧钟。

4.《中国人民解放军布告》

1949年4月宣布：第一，对国民党军政人员区别对待；第二，消灭封建剥削制度的步骤和政策；第三，保护人民合法利益的具体措施；第四，保护外侨政策。共8章，成为推进革命取得全国胜利的一个纲领性文件。

（二）地方人民政府的成立

随着阶级关系的变化和全国解放战争的胜利发展，解放区不断扩大逐步连成一片，为了适应新形势的发展，成立了大区人民政府。在新解放区的大中城市成立了军事管制委员会。此外，还在内蒙古成立了第一个少数民族的自治政府。在大区人民政府之下，建立了省（市）、县、乡甚至村的政权，大区人民政府内的各行政机构、司法机构及其他有关的机构也得到进一步健全和发展。这些都为1949年后全国政权的组织建设奠定了基础，提供了直接的经验。

1. 大行政区人民政府

随着解放战争的胜利发展，全国解放区除华东解放区外，其他如东北、西北、华北、中原解放区都先后成立了大区人民政府，统一领导各该地区的政务工作。

（1）东北解放区。东北解放区人民政府成立时间较早。1946年8月在哈尔滨召开了东北各省市代表联席会议，通过了《东北各省市民主政府共同施政纲领》和《东北各省市（特别市）行政联合办事处组织大纲》，组织了东北行政委员会。辽沈战役后，东北全境解放，此后在整个东北解放区建立了村、县、省各级民主政权。1949年8月，东北人民代表会议在沈阳开幕，成立东北人民政府。

（2）华北解放区。1948年5月由晋察冀解放区和晋冀鲁豫解放区合并而成，设立华北联合行政委员会，为该解放区最高行政机关。8月7日华北临时人民代表大会在石家庄召开，通过了《华北人民政府组织大纲》，成立了华北人民政府，综理全华北区政务。尔后陆续建起区内的省、县、市、村四级政权。华北人民政府的建立，不仅对华北人民的政治、经济、文化生活有很大意义，而且对联系其他各解放区，支援南线作战，恢复与发展生产发挥了极大的作用。特别是为1949年后中央人民政府各机关的建立奠定了基础。1949年10月25日，政务院呈请中央人民政府委员会宣布由政务院接管华北人民政府，其所辖五省二市划归中央直辖。27日华北人民政府奉命撤销建制。

（3）中原解放区。1947年7月，晋冀鲁豫解放军收复了一年前撤离的中原

解放区，与华东解放军配合作战又开辟了豫陕边、桐柏、江汉等解放区，迅速扩大了中原解放区的领域，先后建立起豫西、豫皖苏、鄂豫、皖西、桐柏、江汉、陕南等行政公署。1949年3月，中原解放区召开临时人民代表大会，选举产生政府委员与主席，成立了中原临时人民政府，到1950年2月奉命撤销，为中南军政委员会所取代。

（4）西北解放区。1949年2月，陕甘宁边区已与晋绥解放区连接起来，为了争取大西北的全面早日解放，陕甘宁边区参议会常驻议员、边区政府委员与晋绥解放区的代表召开联席会议，接受晋绥行署及晋绥临时参议会的请求，决定两个解放区合并，成立陕甘宁边区政府。根据4月9日通过的《陕甘宁边区政府暂行组织规程》规定：合并后的边区政府最高行政机关称陕甘宁边区政府，原晋绥边区行政公署撤销，划为晋南、晋西北两个公署，统归陕甘宁边区政府领导，扩大了政府组织机构，并规定了具体的权限。西安解放后，边区政府迁至西安市。1950年1月建立西北军政委员会，陕甘宁边区政府建制随之撤销。

（5）华东解放区。直到20世纪50年代初才成立华东军政委员会。

2. 城市军事管制委员会

解放战争后期，根据中共中央1948年11月15日发布的《关于军事管制问题的指示》的精神，解放军在占领大中城市时，建立军事管制委员会，对该城市实行军事管制。军事管制的目的是迅速肃清国民党残余势力，建立新秩序，以保障国家和人民生命财产的安全。实行军管的城市成立军事管制委员会，作为新解放区城市的过渡性的政权组织形式。

1949年2月，北平市率先成立军事管制委员会，开始接管工作①；4月23日占领南京，成立南京市军事管制委员会；稍后，武汉、西安、上海相继解放，也都成立军事管制委员会。军事管制委员会在人民解放军总部、军区及前线司令部的领导下，为该城市军事管制期间统一的军政机关。

军管会组织在各城市基本相同：设有主任、副主任、秘书长各一人，下设警备司令部（兼防空司令部）、市政府（设市长、副市长各一人，下设民政、财政、建设、工商、劳动及法院等机构）、财经接管部、交通接管部、文化接管部及公安处；这些部门分别掌理相应的职权。军管会内设有秘书处、行政处，负责处理军管会对内对外的日常工作及内部管理、生活供应、文牍等工作。

军管会的特点：首先不是由人民选举产生，而是由解放军总部及军区委任人员组成。其次，在形式上它是一个军事性质高度集中的对敌专政机构，但实质上它则是人民民主政权的一种表现形式。最后，设立军管会仅限于解放战争

① 参见《中国新民主主义革命时期根据地法制文献选编》，第2卷，498、470～473页。

后期新解放的大中城市，并非所有城镇都设此机构。

总之，军事管制委员会是在一定历史条件下，在特定地区实行人民民主专政的一种过渡性的政权组织形式，它对于肃清反革命势力，镇压敌人的破坏和捣乱，巩固人民民主政权，创造了一条成功的经验。

3. 内蒙古自治政府

1947年4月《内蒙古自治政府暂行组织大纲》规定：内蒙古自治区域内，以内蒙古参议会为权力机关，参议会由内蒙古蒙古民族人民及其他民族人民选举之，参议会闭会期间，以内蒙古自治政府为最高行政机关。①

自治区临时参议会由内蒙古人民代表会议选举产生，行使最高权力，参议会主要由蒙古族代表构成，但也有适当名额的汉、回各族参议员，任期三年。临时参议会选出议长，副议长和驻会参议员若干人，驻会参议员对临时参议会负完全责任。

内蒙古自治政府由临时参议会选出主席、副主席及委员若干人组成，任期三年，自治政府对临时参议会负完全责任。自治政府下设办公厅、民政部、军事部、财政经济部、文化教育部、公安部、民族委员会、参事厅和最高法院分院等机构。各厅、部长及委员长由政府主席从委员中任命。自治政府有权制定公布单行法。

内蒙古自治区地方行政区划分三级。自治区下辖盟、旗、县、市以及区（称努图克、游牧区称苏木）、街或村（称嘎查，游牧区称巴格）。各级地方行政区之权力机关为各级代表大会。各级地方政府均为民选，由自治区或各旗政府分别委任。②

■ 解放区人民民主政权时期的土地、经济与劳动立法

（一）“五四指示”与《中国土地法大纲》的制定

抗战胜利之初，解放区仍实行减租减息政策。内战再起，地主与农民矛盾日益尖锐，为发动农民准备自卫战争，1946年5月4日党中央发布该指示，因其发布日期，又叫“五四指示”。决定改减租减息为没收地主土地的政策，拉开了解放区土地立法的序幕。

1947年10月10日，党中央召开全国土地会议，制定公布了该《大纲》③，共16条。规定废除封建性及半封建性土地剥削的土地制度，实行耕者有其田制

---

① 参见《中国新民主主义革命时期根据地法制文献选编》，第2卷，498、470～473页。

② 参见《中国新民主主义革命时期根据地法制文献选编》，第2卷，473页。

③ 参见《中国新民主主义革命时期根据地法制文献选编》，第4卷，423～426页。

度。其主要内容是：

（1）规定土改基本任务是废除封建、半封建性剥削的土地制度，实行耕者有其田制度。

（2）规定土改须遵守的原则是依靠贫雇农，团结中农，保护工商者，正确对待地主富农。

（3）规定保护土改的司法措施。对一切对抗或破坏土地法大纲规定的罪犯，组织人民法庭予以审判和处分。

该《大纲》总结了中国共产党二十多年土地革命基本经验教训，是一个正确的土地纲领，体现了土地改革总路线。调动了农民革命与生产的积极性，为保证战争胜利起了决定性作用。

（二）经济与劳动立法

1. 经济立法

中共中央提出的没收官僚资本，没收地主土地，保护民族工商业的三大经济纲领，成为解放区土地、经济、劳动立法的指导原则。

这一时期的经济民事立法主要内容是规定了没收官僚资本，保护民族工商业，以及处理城市房屋问题，处理私人借贷问题的原则。

2. 劳动立法的特点

（1）立法方针与内容。

以“发展生产，繁荣经济，公私兼顾，劳资两利”为方针，各地政府及全国劳动大会、工会工作会议等先后制定了决议和法规。规定了工厂设管委会和职代会；依靠工人阶级建设城市，管理生产；实行劳动保险制度；处理劳资关系及争议；提高了工人革命及生产积极性。

（2）劳动立法的主要特点。

一是依靠工人阶级建设、管理城市，管理生产。建立管委会及职代会。

二是实行劳动保险制度，提高工人阶级革命与生产积极性。

三是贯彻劳资两利原则，合理调处劳动争议。调处程序是协商、调解、仲裁和判决。

■ 解放区人民民主政权时期的婚姻、继承立法

（一）婚姻立法的特点

1. 制定处理城市婚姻政策

纠正城市有人对婚姻自由的错误理解，根据边区原有立法结合城市特点作了具体规定。对解放妇女，纠正错误的男女关系，粉碎反动派造谣起了很大作用。

2. 强调离婚的政治条件

男女间阶级地位、社会成分、政治思想及立场观点，往往是双方感情根本不合的重要原因，这是当时的特点，因此这一规定符合时代要求，是正确的。

3. 确定了离婚后土地问题的处理原则

男女分得土地归个人所有。寡妇改嫁可带走归她本人的全部私产，任何人不得阻止干涉。

4. 规定干部离婚原则和程序

其一，坚持“夫妻感情意志是否根本不合”的离婚原则。对不正确思想行为一方批评教育或限期改正。对采用威胁、利诱、欺骗等手段制造离婚理由，原则上不准离婚。如感情意志根本不合，无法同居，劝说无效，一方不同意仍判决离婚，但财产上须多照顾他方。

其二，离婚程序分为：一方提出离婚，须向被告所在地县政府提出；双方协议离婚也向县政府申请，发给离婚证方为合法，不得私下了结。受理干部离婚，当事人须服从政府判决，不服的上诉。未取得正式离婚手续前擅自再婚者，以重婚论罪。

（二）继承方面的立法

1. 华北人民政府司法部关于继承问题的解答

1948 年华北人民政府《关于继承问题的解答》[①] 是解放战争时期具有代表性的继承法规，其内容涉及妇女继承权问题。该《解答》突出强调男女平等的原则。这是解放区人民政府继承法的鲜明特色。同时强调“男女无论结婚与否都有继承权”。特别在土改这种新的形势下，法律确认了妇女的地权，规定在土地改革中男儿分得一份土地，女儿也同样分得一份土地，规定：“男儿有继承父母的财产权，女儿也同样有继承父母的财产权”。但是，贯彻男女平等的原则，还须从实际情况出发。针对土地平分后形成的社会的家庭共有经济形态，《解答》规定：女子出嫁，如在婆家分得财产，则享受婆家共有经济之继承权，同时不再享有娘家财产继承权；如在娘家分得土地，出嫁后带走，也丧失了继承权，若未带走，则婆家与娘家共同协商，继承其应得之一份。分配遗产时规定：“男儿经营父母的土地出过一定的劳力，女儿没有劳力或出劳力很少，可以少继承一部分”[②]。由于有了这些规定，使土地改革中妇女取得的经济权益得到切实保障。

---

① 参见张晋藩总主编，张希坡本卷主编：《中国法制通史》，第 10 卷，576～577 页，北京，法律出版社，1999。

② 转引自同上书，577 页。

2.《哈尔滨市处理继承办法草案》

1949年哈尔滨市人民政府制定了《哈尔滨市处理继承办法草案》，是当时解放区比较具体的继承法规。其主要内容是：

（1）法定继承。它是以继承人与被继承人之间的婚姻、血缘关系为基础而确定的。在死亡人没有遗嘱的情况下，推定其本人的意思是把遗产留给他最亲近的亲属。法律规定的继承人的范围和顺序是：配偶（包括同居三年以上的姘居关系人）、直系卑亲属（包括养子女）、无劳动能力的父母，在被继承人临死之前曾连续受被继承人抚养一年以上丧失劳动能力者；与被继承人在同一经济生活单位，且又为其生活所必需者。同一顺序的继承人有数人时，原则上按人数平均继承，但同时又规定法院可参照各继承人的经济情况，按其需要分配遗产。继承人中在被继承人之前死亡的，其继承部分由该继承人的继承人代位继承。

（2）遗嘱继承。遗嘱是被继承人生前对遗产所作的处分行为。草案规定须是在财产所有人未侵害未成年人或丧失劳动能力的人的前提下，得以遗嘱将其财产赠与国家机关、社会公益团体（不是封建迷信团体）或经济地位显然低于继承人的个人。

（3）对于一些特殊情况的规定。《哈尔滨市处理继承办法草案》对继承人失踪、死亡等情况作出了规定。当失踪人失踪满五年时法院得宣告为死亡人。但失踪人遭遇特别灾难者满三年即可宣告死亡。自死亡宣告时起，其继承人开始继承。继承人不知其被继承人死亡或受死亡宣告、或继承人所在不明时，法院应通知或公示催告，限期呈报承认继承，逾期不呈报视为放弃继承权。

当继承人为其他社会主义国家或新民主主义国家的公民时，他有权继承中国人的动产或不动产的使用收益权，而其他外国人仅能继承中国人之动产。被继承人为社会主义国家或新民主主义国家的公民，其继承权的确定依本国习惯。

该《草案》还规定：无继承权的财产应归国库。但若被继承人为其他社会主义国家或新民主主义国家之公民，其财产归该国国库。

（4）贯彻男女平等的继承原则。该《草案》第4条规定："女子与男子享有平等继承权，不因出嫁或寡妇改嫁而受影响"①。虽然原则上男女具有相等的继承权，但事实上许多人仍否认女方的继承权，并且认为丈夫死后其遗产由子女继承。因此，哈尔滨市法院明文规定：寡妇有代位继承权。

《哈尔滨市处理继承办法草案》的颁布和执行，保护了广大人民的利益，维护了社会秩序，也丰富了解放区的司法实践，并为新中国的继承法打下了良好

① 转引自《中国法制通史》，第10卷，578页。

的基础。

解放区人民民主政权时期的刑事法律规范

（一）犯罪种类

1. 战争罪

《惩处战争罪犯命令》[①] 规定：罪大恶极的内战祸首及战犯务必抓获归案，依法严办。又提出凡能真心悔改、确有表现，不论何人，给予宽大待遇。

2. 反革命罪

主要指下述几类重点打击对象：

一是反动党团及特务组织，他们是进行反革命活动的骨干力量，应分别情况严加惩处和管制。二是土匪，他们是国民党残余势力，对罪大恶极的匪首依法严厉镇压。三是恶霸分子，他们是地主阶级最反动的分子，是封建势力政治代表和国民党反动统治在乡村的基础，须集中力量打击。四是反动会道门首要分子，他们利用封建迷信进行反革命活动。须解散其组织，停止其活动，惩办其首要分子。被胁迫、诱骗参加者，一经退出停止活动，一律不予追究。

3. 贪污盗窃罪

各解放区人民政府都作了具体规定，对贪污分子，依其认罪态度、贪污数额及情节轻重，分别判处死刑、无期或有期徒刑，并追缴赃物、赃款。

4. 破坏婚姻自由与奸淫罪

各解放区政府制定有相关条例、规定。如强迫结婚、同居者，处二年以下有期徒刑；强奸幼女或以其他手段奸淫妇女者，处八年以下或五年以下徒刑。

（二）刑事立法的主要任务及原则

主要任务是打击反动阶级的破坏活动。为此各边区、大行政区、各地军管会及人民政府先后制定了刑事法规。

刑法原则的重大发展是明确规定“首恶必办，胁从者不问，立功者受奖”的方针。这一方针极大地丰富和发展了新民主主义刑事立法原则。

（三）刑罚制度的变化

与抗日战争时期相比，相同点是：都规定了死刑、有期徒刑、劳役、罚金及褫夺公权、没收财产。不同点是：某些刑罚及执行上的变化，主要有两点：

（1）创造了新的刑种“管制”。解放区民主政权总结经验，适应处理、改造大批反革命分子的需要，把将某些反动或破坏分子交由群众监督改造的做法，

---

① 参见《中国新民主主义革命时期法制建设资料选编》，第2册，297～298页。

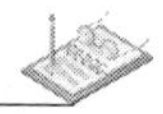

加以制度化，定名为“管制”。“管制”指反动分子向政府登记后，将其交当地政府及群众监督改造，每日或每周须向指定机关报告其行动，限制其自由。它是发动群众对敌专政，改造罪犯的好形式。

（2）调整某些刑罚执行制度。主要是取消了抗日战争时期一度实行的交乡执行刑罚的制度。一般规定案情较重者收监执行，刑期不长者教育释放，不再执行。随形势发展，广泛应用缓刑、假释制度势在必行。

■ 解放区的司法制度

（一）人民法院的建立

（1）废除国民党政府司法制度，建立各级人民法院和保证土改的人民法庭。各解放区均设立了大行政区、省、县三级司法机关，一律改称人民法院，沿用抗日时期各项制度。①

（2）为保卫土改顺利进行，建立人民法庭。人民法庭不同于地方法院，是县以下基层农会以贫雇农为骨干，并有政府代表参加的群众性临时审判机关，专门审判一切违抗、破坏土地法的案件。一般由县政府委派审判员和农民代表会选举的审判员二至四人组成，互推一人为主任审判员，主持审判。可判决罪犯当众坦白、赔偿、罚款、劳役、褫夺公权。判处徒刑、死刑须经上级政府批准。它是农民打击反动地富分子避免乱打乱杀的重要措施。② 但在各地的实践中仍有滥杀现象发生。

（二）实施新的法治原则

1. 实行人民民主法制原则

严禁乱打乱杀使用肉刑，坚持有反必肃、有错必纠的方针。简化诉讼手续，执行群众路线的审判方式。放宽上诉制度，一般刑事上诉期是 7～10 天，民事的则为 20 天。严格复核制度，由过去的两级终审制普遍改为三级终审制，加强对下级司法机关的检查监督。同时规定了各级法院受理案件的权限范围。

2. 废除国民党政府法统和“六法全书”，确立解放区司法原则

即有法律、命令、条例、决议者，服从其规定；无前述规定者，服从新民主主义政策。③ 以此来审理各种案件。

新民主主义时期人民民主政权法制，是中国共产党领导人民长期艰苦奋斗的结果。优良的革命传统、丰富的经验以及深刻的历史教训，对建设加强具有中国特色的社会主义法制，均有重大意义。

---

①② 参见《中国新民主主义革命时期法制建设资料选编》，第 4 册，181～202 页。

③ 参见《中国新民主主义革命时期根据地法制文献选编》，第 1 卷，85～87 页。

相关案例

1. 黄治铨上诉案

［统字第八十号：民国二年四月十五日大理院覆福建高等审判厅电（补登）］

福建高等审判厅鉴：依法院编制法第九十条，被害人当然无上诉权，部令不过饬遵该法办理，凡在该法颁布以后之被害人上诉，自不应受理。但被害人自可向检察厅请求检察官提起上诉。大理院洽印。

［附：福建高等审判厅原电］

司法部大理院钧鉴：查接管卷内二月二十号准高等检察官片送尸亲黄治铨等地方审判厅元年十二月二十六号黄家成被刺案内所为林斯琛、黄乃裳二人无罪判决不服控诉一案。前查黄治铨系于一月一号在地方检厅上诉，核于法定期间相符，当经分庭正在调查，适阅三月六号公报内载司法部指令七十六号内开，总检察厅指令被害人无上诉权等因。此案黄治铨系已故黄家成之父，为被害人家属，按照指令不得上诉，惟该上诉人之日期，系在未奉指令以前，可否准予受理，乞示遵。福建高等审判厅叩元。

（《大理院解释例全文》，台北，成文出版社有限公司，1972。）

2. 制售含鸦片毒质戒烟药丸案

［统字第五十八号：民国二年十一月十三日大理院覆福建高等审判厅函］

径覆者：准贵厅七月十五日函请解释戒烟丸中含有鸦片各毒质者，能否依刑律第二百六十六条处断等因到院，本院查刑律鸦片烟，自系指广义而言，凡以鸦片掺和制造之物，不问其为丸药为他种形式，皆得依该条处断。相应函复贵厅查照可也。此复。

［附：福建高等审判厅原函］

敬启者：准福建禁烟局总办咨开，奉民政长令，奉内务部通令各省，将制造售卖戒烟丸药各铺户，严加禁止等因，当经出示严禁，限十月内所有城乡各处，制售戒烟丸各店一律闭歇，并通饬各属遵办在案。惟此项丸药，多含吗啡、鸦片各毒质，名为戒烟，实则流毒。既经禁止，如有制造及私卖私买各种烟丸者，可否援照贩卖鸦片烟律治罪，应请转请核示等因。并附丸药一小瓶，并洋文化验单前来。查新刑律二百六十六条所载，原仅指鸦片烟而言，惟此项贩卖烟丸，若谨照三百七条规定办理，则所科罚者，不过罚金，不足以示惩儆，恐贩烟者皆趋于贩卖烟丸，吸烟者亦改为吸食烟丸，阳避鸦片之名，阴滋鸦片之害，与厉行禁烟之旨，恐殊不能达到。且据上海化验局验明该丸含鸦片质极多，

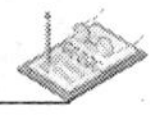

似亦非寻常违背法令，贩卖药品者所得比。惟事关解释法律，应将禁烟局送来洋文化验单译文各一件，随文送请钧院核示，以便遵办。此上。

（《大理院解释例全文》）

3. 杀害仇人中伤旁人案

［统字第四百三十一号：民国五年四月十九日大理院覆吉林高等审判厅函］

径覆者：准贵厅函开，兹有甲与乙有仇，乙与丙、丁、戊在屋环坐。甲由窗隙用枪向乙施放，中伤乙、丙、丁、戊四人，均未致死。是甲对于乙，已有致死之决心，虽乙幸未殒命，究应论以杀人未遂，固无疑义。惟致伤丙、丁、戊者，甲应科何罪，于此有三说焉：（子）说谓甲对于丙、丁、戊虽无杀人之故意，而丙、丁、戊与乙环坐一室，甲当用枪击乙之时，其能伤于丙、丁、戊者，当然为甲所能预见，与手段错误者不同，应依被害人数，各论以杀人未遂罪；（丑）说谓甲对于丙、丁、戊不惟无意致死，亦并无意伤害，不过因不注意而致伤害，应各论以过失伤害罪；（寅）说谓甲施放一枪击伤乙、丙、丁、戊四人，是一行为而生数结果，理应以行为之数定标准，不能以结果之数定标准。合依刑律第二十六条处断。三说孰是，未敢臆断，理合函请迅予解释等因到院。本院查本案情形，以甲有无预见为断，若有预见，应从子说；若无预见，则分别有无过失，而断定其应否论过失杀伤。相应函复贵厅查照。此覆。

（《大理院解释例全文》）

4. 金树仁不法案

金树仁，字德庵，1883 年生于甘肃河州。是清末拔贡。1926 年任新疆省省公署政务厅长。1927 年任新疆省民政厅长。1928 年受国民党南京政府委任，任新疆省政府主席兼总司令边防督办。1933 年 4 月，新疆发生兵变，金树仁被大军阀盛世才等人以武力赶出迪化，被迫下野，假道苏联返回南京。同年以“危害民国罪”被国民党政府逮捕，被控告犯下四大罪状：一、擅自与苏联订立新苏通商协定，未得到政府批准；二、抢夺哈密地区人民耕地，引起兵变后，又派兵残杀人民；三、侵占公款，私取黄金，贪污自肥；四、在迪化西大桥，纵兵烧杀当地百姓。1935 年 4 月 5 日，江苏省高等法院依法对其进行立案审理，判处金树仁有期徒刑三年六个月，褫夺公权五年。10 月 10 日，正值民国国庆，蒋介石以国民政府的名义，以金“因公获罪，情有可怜”，明令予以特赦。

（《中华法案大辞典》，北京，中国国际广播出版社，1992。）

5. 梁鸿志组设伪政府案

梁鸿志是福建长乐人，1938年3月24日，梁鸿志经日本特务机关长臼田宽三策动，出面组织伪中华民国维新政府，梁鸿志任行政院长。后由汪精卫出面，将梁鸿志的维新政府与王克敏在北平建立的伪中华民国临时政府合并组成统一的汪伪南京政府。梁鸿志任“南京政府”的监察院长。1945年8月日本投降后，10月19日，梁鸿志被军统逮捕，上海高等法院受理梁鸿志案第一审。1946年6月25日，法庭宣告判处梁鸿志死刑。7月初，梁向南京最高法院上诉被驳。1946年11月9日，梁鸿志被执行死刑。梁鸿志是上海方面被处死刑的第一个汪伪汉奸。

（《中华法案大辞典》）

6. 汉口“双钉血案”

1947年11月3日下午，在湖北汉口二道栅子附近，两个农民发现有两个可疑的人从黄包车上将一具尸体抛到路边的水田里，于是急忙追赶上去，将其中一人抓住，另一人乘机逃掉。农民见被害人左右太阳穴各钉入一个约三寸长的铁钉，断定这是一桩谋杀案，便把抓到的人送往当地警察十二分局。经初步审讯得悉，此人名叫刘佑方，是杀人主犯。逃掉的人叫杜国正，是杀人共犯。第二天上午，杜国正也被缉捕归案。主犯刘佑方，年27岁，武昌人，是湖南巨富的后代，因狂嫖滥赌，所欠甚多，父遂停止对其经济上的接济。1947年4月间，刘佑方自筹小量资金开设万兴企业公司，请杜国正管账。受害者名叫汪绍伯，是荣丰祥纱号经理，因生意关系与刘佑方结识。刘佑方因赌博亏空，蓄谋抢劫汪绍伯钱财。11月3日上午，刘与杜借口找汪谈生意，汪到刘办公室之后，刘突然拿出手枪威吓，杜将汪捆绑，用蘸过柯罗方（麻醉药品）的纱布和棉花蒙上汪的口鼻，待汪昏迷之后，刘从汪的口袋中搜出两张钱庄支票，接着将两个三寸长的铁钉钉入汪的左右太阳穴。案发后汪的家属不仅向警方报案，而且向政府和社会各界呼吁，要求严惩凶手。与此同时，刘的家属也积极疏通汉口市地方法院，意欲将此案提到法院审判，以求解脱死刑。疏通成功后，由汉口地方法院发出公函，要汉口市警察局提审此案，遭到民众的抗议。在强大舆论压力下，最终由武汉警察司令部军法处临时法庭作出宣判，依照惩治盗匪条例，判处盗匪杀人主犯刘佑方死刑，立即执行；杜国正共同犯罪，判处无期徒刑。

（《中华法案大辞典》）

7. 袁雨山、刘道彬贪污腐化案

1933年4月，在反贪污反腐化反官僚主义斗争中，中华苏维埃共和国国家

银行发觉本行出纳职员袁雨山、刘道彬有贪污腐化问题，遂于4月14日晚把他们扣留在中央警卫营，同时向司法部提起了控告。中央工农检察部查明袁、刘二人问题属实，为了教育广大群众，于4月16日召集中央政府各机关工作人员及各工厂工人组织审判会对二人进行了审判。会上首先由到会群众公推了周月林等五人为审判委员。接着，国家银行代行长李六如报告了袁、刘两人贪污腐化的事实及侦查破案的经过。然后，审判委员会开始向袁、刘二人分别进行审问。袁、刘二人始则百般狡辩，变更口供，后在群众对证揭发下，理屈词穷，无可抵赖。最后审判委员会一致通过决定：刘道彬生活腐化，工作不负责任，有贪污行为，判决开除职务，送法庭依法查办。袁雨山贪污腐化，且屡次变更口供，判决开除职务，并送法庭依法查办。第二天，这两个贪污腐化分子被送往瑞金裁判部看管，受到法律制裁。

这是苏维埃政府第一次成立的群众法庭，它对教育和发动群众，肃清贪污腐化分子，巩固红色政权，起了一定的作用。

（《红色中华》，1933-05-02）

8. 苏发云兄弟涉嫌谋财杀人案

曲子县发生了一件孙某人被杀案。最初县司法处认定苏发云兄弟为杀人嫌疑犯。其根据是：(1) 被害人孙某被杀前，曾和苏发云同路行走过。(2) 从苏发云家的炕上、地下和斧头上，发现了几处血迹。于是，县司法处就把苏发云三弟兄关押起来达一年之久。因证据不足，既不能定案，但又不敢果断地加以排除。

马锡五同志得知后，多次深入当地进行调查研究。查明：(1) 苏发云与被害人孙某同路行走以及后来分手，都有他人证明。说明苏发云并未将孙某带到自己家里。(2) 苏发云家离杀人现场二十多里，如果在苏家把孙某杀害，然后再将尸体移至二十多里外的现场，从时间上计算，是不可能的。(3) 苏家的几处血迹，经仔细调查核实，炕上是产妇的血迹；地下的血是苏家有人患伤寒病流的鼻血；斧头上是宰羊的血迹。这样，便排除了苏氏弟兄的杀人嫌疑，宣布无罪释放。后来查明，杀害孙某是拐骗犯杜老五干的。真相大白之后，召开了群众大会，进行正确处理。群众纷纷议论说：“这个案子如果放在旧社会，封建衙门的官僚们高高在上，又有那么多的‘证据’，苏氏兄弟早被枪毙了。只有人民司法机关的负责人，才能深入调查，不冤枉好人。”从此，群众便称马锡五同志为“马青天”。

（《马锡五审判方式》）

本章小结

1911 年 10 月 10 日，爆发辛亥革命，推翻了清王朝，结束了延续两千多年的君主专制制度，它首次在中华大地上升起了民主共和国的旗帜，创建了中华民国。以孙中山为领导的资产阶级民主革命派主导的南京临时政府制定了《中华民国临时政府组织大纲》、《中华民国临时约法》等一系列荡涤封建旧法制，创立民主共和新法制的法律法规。为新生民国的法制建设奠定了基础。

民国北京政府是篡夺辛亥革命胜利果实，在帝国主义国家扶持和操纵下的地主买办阶级的政权。面对当时军阀混战连年，人民反抗斗争不断高涨，社会情况复杂多变的局面，历届民国北京政府的立法思想主要体现在三个方面：一是主张沿袭清末法制和尊崇孔教，力主恢复传统社会的伦理纲常。二是毁弃孙中山先生主持制定的《中华民国临时约法》，实施军阀专制独裁统治。三是为了镇压国内民主运动和人民的反抗斗争，维护其反动统治，实行特别法优于普通法的原则。

民国北京政府宪政活动的主要内容有：制定《中华民国约法》（“袁记约法”）、《参政院组织法》、《大总统选举法》、《中华民国宪法》（“贿选宪法”）等。民国北京政府所制定和颁布的有关宪法性法律文件，主要是地主买办阶级意志和利益的反映，但也有一部分反映了资产阶级革命的成果。此外，还进行了大规模的民刑事等部门立法，其内容的主要特点是：维护军阀独裁统治，镇压人民革命活动；严格保护地主买办阶级的利益；维护帝国主义在中国的特权；刑罚制度上恢复了部分传统刑罚制度等。民国北京政府建立之初，沿袭清末司法机构的设置，其特点是：机构繁多，体系不一，军事审判机构在司法审判中地位特殊，县知事兼理司法，行使审判权和检察权。

综观南京国民政府的法制，它是随着西方近现代法律文化的进一步冲击与渗透，逐步在形式上建立起较为完备的法律体系，几乎完全搬用和照抄了近现代西方法律规范和条文，在法律理论上也似乎接受和继承了孙中山及西方国家的民主内容，但是在法制实践及价值系统上，南京国民政府实行的独裁统治，使法制显现出浓烈的传统封建主义糟粕乃至残酷的法西斯主义专制。加之国民党整个“三民主义法制”均以社会本位主义为基调，诚如胡汉民所分析的：“中国向来的立法是家庭的；欧美向来的立法是个人的，而我们现在三民主义的立法乃是社会的。”而其真谛即是否定个人本位的法律观念，高扬社会本位的法律

精神，这里的“社会本位”实际上是蒋氏一党独裁本位。所有这些，都鲜明地反映出南京国民政府法制在价值形态上背离了现代法律精神，而向中国传统法律文化的回归和复辟。

新民主主义革命时期的法制历程可分为以下三个阶段：

（一）新民主主义革命法制的初创和奠基阶段（1927—1937 年）

1927—1930 年中国共产党创建了多个农村根据地。1931 年 11 月 7 日宣告中华苏维埃共和国的成立，陆续制定了各种法律决议。使新民主主义法制进入了奠基阶段。

《中华苏维埃共和国宪法大纲》是第一部确保人民民主制度的根本大法，为以后的民主宪政立法提供了经验。这一时期的土地立法主要规定了没收土地财产的对象和范围，土地财产分配的标准和方法，以及土地所有权等方面的内容，为探索土地立法积累了经验。此时期的刑事法规在同反革命和刑事犯罪的斗争中起过重大作用，积累了丰富经验，但也发生过扩大化错误。在劳动立法方面，后期，对某些过高的福利要求作了适当限制，增加了调整农村劳动条文，废除对工人的各种封建性剥削，规定了工人的各种权利，但有些“左”的政策规定，并未得到根本纠正。新的婚姻立法实现了男女婚姻自由，建立了新民主主义婚姻制度，是中国家庭婚姻史上的重大变革。

在总结各地司法经验的基础上，颁布了裁判条例、司法程序训令，形成了初具规模的司法机关。新的司法体制否定了资产阶级三权分立的原则，实行适于战争需要的政审合一的体制，利于政府政策法令的执行及对司法的领导。实行“审检合一”，检察机关附设于审判机关内。审判权和司法行政权在中央采分立制，在地方采“合一制”。但是，由于当时出现“左”倾路线的干扰，在许多法律制度与司法实践中存在极左的错误。

（二）新民主主义革命法制日益完善和全面发展阶段（1937—1945 年）

1937 年“七七事变”使全国进入了全面的抗日战争时期。中国共产党根据抗日民族统一战线的总方针，同国民党实现了第二次国共合作。先后开辟的敌后抗日根据地，建立了各级抗日民主政权。在法制建设方面，继承苏区的优良传统，纠正了苏区的“左”倾错误，使抗日民主政权的人民民主法制建设日益完善，并进入全面发展阶段。

作为边区宪法性文件的《施政纲领》，全面系统反映了抗日民族统一战线的要求和抗战时期的宪政主张。在劳动立法中提出劳资两利的原则；土地立法中提出不但照顾农民的利益，也要兼顾地主富农的利益，既减租减息又交租交息，保障地权、债权等；在婚姻立法中明确地提出了“男女平等”的立法原则等。在刑事立法方面，运用刑罚手段，惩治汉奸反动派，是保卫边区和抗战的重要任务。为保证各项实体法的顺利实施，各根据地制定颁布了许多诉讼审判方面的法律法规。这些法规成为抗日民主政权司法组织建立和进行活动的法律依据。

（三）新民主主义革命法制向全国胜利推进阶段（1945—1949年）

解放战争后期形成的大解放区，在政权和法制建设方面产生了许多新的制度。如大解放区人民政府的成立；大城市实行军事管制制度；各界人民代表会议相继召开，是正式的人民代表大会制度实施以前的一种过渡形式；内蒙古自治政府的成立，证明实行民族区域自治是解决民族问题的基本政策。在土地立法、劳动立法、刑事立法和司法制度方面，都有新的建树。如《中国土地法大纲》确定了新的土地政策；劳动立法规定了工会制度、劳动保险制度、处理劳资关系及争议等方面的法规；婚姻继承立法进一步强调保护妇女的权益；刑事立法方面丰富和发展了新民主主义的刑事立法原则。在司法方面，废除了国民政府的《六法全书》，确立了解放区司法原则。为中华人民共和国成立后的政权和法制建设，创造了极为有利的条件。这些丰富的经验教训，对建设加强社会主义法制，均有重大意义。

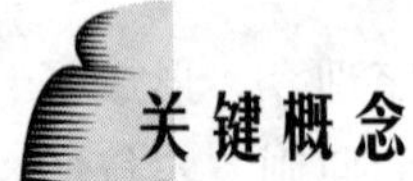

关键概念

《中华民国临时政府组织大纲》　　《中华民国临时约法》

“天坛宪草”　　“袁记约法”

“贿选宪法”　　特别法优于普通法原则

立法院　　《暂行新刑律》

《徒刑改遣条例》　　《易笞条例》

《民法典草案》　　大理院

平政院　　四级三审制

《监狱规则》　　《中华苏维埃共和国宪法大纲》

褫夺公权　　《陕甘宁边区施政纲领》

《陕甘宁边区保障人权财权条例》　　减租减息

离婚　　“犹豫期”

马锡五审判方式　　《陕甘宁边区宪法原则》

《中国土地法大纲》　　人民法庭

思考题

1. 简述民国时期的宪政历程。

2. 简述《中华民国临时约法》的内容、性质和历史意义。

3. 简述《中华民国临时约法》和"袁记约法"的主要区别。

4. 简述南京临时政府的主要立法改革。

5. 简述民国北京政府"特别法优于普通法"原则的主要特点。

6. 简述民国北京政府的司法机构。

7. 简述南京国民政府"六法全书"立法体例的主要特点。

8. 简述南京国民政府刑法的发展及其特点。

9. 论述南京国民政府民法及其关系法规的发展变化。

10. 论述南京国民政府司法制度的特点。

11. 论述《中华苏维埃共和国宪法大纲》的内容、特点及意义。

12. 论述《陕甘宁边区施政纲领》与《陕甘宁边区保障人权财权条例》的主要内容。

13. 论述《陕甘宁边区宪法原则》的主要内容。

14. 论述根据地时期婚姻、继承立法的主要内容及其特点、意义。

15. 论述根据地时期刑事立法的主要内容及其特点、意义。

16. 论述"五四指示"和《中国土地法大纲》的主要内容。

17. 论述根据地时期司法机构的发展变化与调解制度的主要内容。

参考书目

1. （唐）孔颖达．尚书正义．《十三经注》疏本．北京：中华书局，1980年点校本

2. （清）孙星衍．尚书今古文注疏．北京：中华书局，1986年点校本

3. 论语．《十三经注疏》本．北京：中华书局，1980年点校本

4. 孟子．《十三经注疏》本．北京：中华书局，1980年点校本

5. 荀子．《诸子集成》本．北京：中华书局，1954

6. 商君书．《诸子集成》本．北京：中华书局，1954

7. 韩非子．《二十二子》本．上海：上海古籍出版社，1986

8. 吕氏春秋．《二十二子》本．上海：上海古籍出版社，1986

9. 战国策．上海：上海古籍出版社，1978

10. 史记．北京：中华书局，1959

11. 汉书．北京：中华书局，1962

12. 西汉会要．北京：中华书局，1965

13. 后汉书．北京：中华书局，1965

14. （汉）桓宽．盐铁论．《诸子集成》本．北京：中华书局，1954

15. （汉）陆贾．新语．《诸子集成》本．北京：中华书局，1954

16. （汉）贾谊．新书，上海：商务印书馆，民国18年本。

17. （汉）董仲舒．春秋繁露．《二十二子》本．上海：上海古籍出版社，1989

18. （汉）崔寔．政论．上海：上海人民出版社，1976

19. 汉魏丛书．长春：吉林大学出版社，1992

20. （晋）陈寿撰，（宋）裴松之注．三国志．北京：中华书局，2000
21. （唐）房玄龄等．晋书．北京：中华书局，1983
22. （晋）傅玄．傅子，《四库全书》本
23. （北齐）魏收．魏书．北京：中华书局，1983
24. （梁）沈约．宋书．北京：中华书局，1983
25. （唐）李百药．北齐书．北京：中华书局，2000
26. 全上古三代秦汉三国六朝文．北京：中华书局，1965
27. （唐）魏徵．隋书．北京：中华书局，2000
28. （明）袁于令，刘文忠点校．隋史遗文．北京：人民文学出版社，1989
29. （后晋）刘昫等．旧唐书．北京：中华书局，2000
30. （宋）欧阳修，宋祁．新唐书．北京：中华书局，2000
31. 唐律疏议．北京：中华书局，1983
32. 册府元龟．北京：中华书局，1960 年影印本
33. 旧五代史．《二十五史》本．上海：上海古籍出版社，1986
34. 宋史·本纪，宋史·食货志，宋史·列传，宋史·兵志．北京：中华书局，1985
35. 宋会要辑稿·选举，宋会要辑稿·职官，宋会要辑稿·食货．北京：中华书局，1957 年缩印本
36. （宋）李焘．续资治通鉴长编．北京：中华书局，1985
37. （明）陈邦瞻．宋史记事本末．北京：中华书局，1974
38. （宋）李心传．建炎以来系年要录．北京：中华书局，1956
39. （宋）李昉．太平御览．北京：中华书局，1960
40. （宋）窦仪．宋刑统．北京：中华书局，1984
41. （宋）宋绶．宋大诏令集．北京：中华书局，1962
42. 名公书判清明集．北京：中华书局，1987
43. 庆元条法事类．海王村古籍丛刊本．北京：中国书店，1990 年影印本
44. （宋）黎靖德．朱子语类．北京：中华书局，1986
45. （宋）袁采．袁氏世范．《永乐大典》本
46. （宋）朱熹．朱文公文集．《四部备要》本
47. （宋）刘克庄．后村先生大全集．《四部丛刊》本
48. （宋）李觏．李觏集．北京：中华书局，1981
49. （宋）叶适．叶适集．北京：中华书局，1961
50. （宋）陈亮．龙川文集．北京：中华书局，1974
51. （宋）孟元老．东京梦华录．北京：中华书局，1982

52. （宋）吴自牧．梦梁录．杭州：浙江人民出版社，1980
53. 通制条格．杭州：浙江古籍出版社，1986
54. 元典章．北京：中华书局，1957
55. （元）马端临．文献通考．北京：中华书局，1986 年影印本
56. 大明律．沈阳：辽沈书社，1990
57. （明）申时行等修．明会典．万历朝重修本．北京：中华书局，1989
58. （明）黄淮等．历代名臣奏疏．上海：上海古籍出版社，1989 年影印本
59. （清）薛永升．唐明律合编．北京：中国书店，1980
60. （清）张廷玉等．明史．北京：中华书局，2000
61. （清）龙文彬．明会要．北京：中华书局，1956
62. （清）谷应泰．明史纪事本末（附补遗、补编）．上海：上海古籍出版社，1994
63. （清）夏燮．明通鉴．上海：上海古籍出版社，1990
64. （清）黄宗羲．明儒学案．北京：中国书店，1990
65. （明）顾炎武．日知录．上海：上海古籍出版社，1985
66. （明）李贽．藏书．北京：中华书局，1961
67. 大清律例．乾隆五年武英殿本．北京：法律出版社，1999
68. （清）吴乘权．纲鉴易知录．北京：中华书局，1960
69. （清）赵翼．陔余丛考．北京：商务印书馆，1957
70. （清）贺长龄．清经世文编．光绪二十七年石印本
71. （清）沈家本．寄簃文存．台北：商务印书馆，1976
72. （清）沈家本．历代刑法考．北京：中华书局，1985
73. 钱穆．中国近三百年学术史．北京：中华书局，1984
74. 钱穆．先秦诸子系年．北京：中华书局，1985
75. 程树德．九朝律考．上海：商务印书馆，1925
76. 杨鸿烈．中国法律发达史．上海：商务印书馆，1930
77. 陈寅恪文集．上海：上海古籍出版社，1980
78. 马克斯·韦伯文选．英国：牛津大学出版社，1964
79. 冯卓慧，胡留元．西周法制史．西安：陕西人民出版社，1992
80. 茅彭年．吕刑今释．北京：群众出版社，1984
81. 杨伯竣．春秋左传注．北京：中华书局，1981
82. 杨宽．战国史．上海：上海人民出版社，1980
83. 郭沫若．中国史稿，第 1 册，北京：人民出版社，1976
84. 金景芳．中国奴隶社会史．上海：上海人民出版社，1983

85. 程树德．中国法制史．上海：商务印书馆，1928

86. 云梦秦简研究（论文集）．北京：中华书局，1981

87. 栗劲．秦律试析．长春：吉林大学出版社，1981

88. 安作璋，陈乃华．秦汉官吏法研究．济南：齐鲁书社，1993

89. ［日］大庭修著，林剑鸣译．秦汉法制史研究．上海：上海人民出版社，1991

90. ［日］堀毅．秦汉法制史论．北京：法律出版社，1988

91. 高恒．秦汉法制论考．厦门：厦门大学出版社，1994

92. 陶希圣，沈臣尘．秦汉政治制度．上海：商务印书馆，1936

93. 马空群．秦汉监察制度．台北：商务印书馆，1976

94. 祝总斌．两汉魏晋南北朝宰相制度研究．北京：中国社会科学出版社，1991

95. 杨鹤皋．两汉法律思想史．北京：中国政法大学出版社，1990

96. 唐长孺．魏晋南北朝史论拾遗．北京：中华书局，1983

97. 韩国磐．魏晋南北朝史纲．北京：人民出版社，1983

98. 王仲荦．北周六典．北京：中华书局，1979

99. 张建国．帝制时代的中国法．北京：法律出版社，1999

100. 陈寅恪．隋唐制度渊源略论稿．唐代政治史述论稿．北京：三联书店，2001

101. 谢和耐．蒙元入侵前夜的中国日常生活．南京：江苏人民出版社，1995

102. 姚瀛艇主编．宋代文化史．开封：河南大学出版社，1992

103. 赵晓耕．宋代法制研究．北京：中国政法大学出版社，1994

104. 薛梅卿．宋刑统研究．北京：法律出版社，1997

105. 张希清．宋朝典制．长春：吉林文史出版社，1997

106. 郭东旭．宋代法制研究．保定：河北大学出版社，1997

107. 龚延明．宋代官制辞典．北京：中华书局，1997

108. 戴建国．宋代法制初探．哈尔滨：黑龙江人民出版社，2000

109. 杨鹤皋．宋元明清法律思想研究．北京：北京大学出版社，2001

110. 赵晓耕．宋代官商及其法律调整．北京：中国人民大学出版社，2001

111. 杨一凡．明初重典考．长沙：湖南人民出版社，1984

112. 杨一凡．明大诰研究．南京：江苏人民出版社，1988

113. 杨国桢．明清土地契约文书研究．北京：人民出版社，1988

114. 傅衣凌．明清封建土地所有制论纲．上海：上海人民出版社，1992

115. 滋贺秀三等．明清时期的民事审判与民间契约．北京：法律出版社，1998

116. 怀效锋．明清法制初探．北京：法律出版社，1998

117. 苏亦工．明清律典与条例．北京：中国政法大学出版社，2000

118. 那思陆．清代州县衙门审判制度．台北：文史哲出版社，1982

119. 故宫博物院明清档案部编．清末筹备立宪档案史料．北京：中华书局，1979

120. 杨鸿烈．中国法律发达史．上海：商务印书馆，1930

121. 陈顾远．中国法制史．上海：商务印书馆，1934

122. 张晋藩，张希坡，曾宪义．中国法制史，第1卷．北京：中国人民大学出版社，1981

123. 王侃．中国法律制度史．长春：吉林大学出版社，1985

124. 曾宪义．新编中国法制史．济南：山东人民出版社，1987

125. 蒲坚．中国法制史．北京：光明日报出版社，1987

126. 钱大群．中国法制史教程．南京：南京大学出版社，1987

127. 薛梅卿．中国法制史教程．北京：中国政法大学出版社，1988

128. 曾宪义．中国法制史．北京：北京大学出版社，2000

129. 蔡枢衡．中国刑法史．南宁：广西人民出版社，1983

130. 薛梅卿．中国监狱史．北京：群众出版社，1986

131. 高潮，马建石．中国古代法学辞典．天津：南开大学出版社，1989

132. 刘海年，杨一凡总主编．中国珍稀法律典籍集成．北京：科学出版社，1994

133. 赵晓耕．中国法制史教学案例．北京：北京大学出版社，2006

后　记

中国有文字的历史有五千多年，传统法律的历史从有文字起就开始了。从初时的只言片语，到以后的煌煌长篇巨典，这其间的发展历程，所承载的思想与制度，都是很值得我们深刻体味与思考的。现实生活中的种种表现，都不免受到传统文化的影响，其中，尤以传统法律文化对今日法制的影响最为明显。从法的观念到法律制度，从法典的制定到具体法律条文的司法运用，这当中的政治取舍，利害权衡，均无时无刻不在影响着我们的法制建设。

了解中国历史上的法律思想与法律制度的变化，对一个关注现实中国法制的人来说是不无裨益的。

当我们谈论当今法制建设应当如何如何的时候，我们是否已清楚自己的国家能够承受什么样的法律文化？当我们不厌其烦地解说别人成功的法律制度的时候，我们是否已了解其成功背后的社会结构与文化传统？“他山之石，可以攻玉”，但首先你必须是一个识玉之人。

每一个关心自己民族命运的人，每一个关注国家法制建设的人，应该了解一下自己民族的法律文化的历史。有此同感者，愿引以为知己。

作者

于中国人民大学

图书在版编目（CIP）数据

中国法制史（第二版）/赵晓耕编著.
北京：中国人民大学出版社，2010
21世纪远程教育精品教材·法学系列
ISBN 978-7-300-11899-4

Ⅰ.①中…
Ⅱ.①赵…
Ⅲ.①法制史－中国－远距离教育－教材
Ⅳ.①D929

中国版本图书馆CIP数据核字（2010）第047918号

21世纪远程教育精品教材·法学系列
中国法制史（第二版）
赵晓耕　编著

出版发行	中国人民大学出版社		
社　　址	北京中关村大街31号	**邮政编码**	100080
电　　话	010－62511242（总编室）		010－62511398（质管部）
	010－82501766（邮购部）		010－62514148（门市部）
	010－62515195（发行公司）		010－62515275（盗版举报）
网　　址	http://www.crup.com.cn		
	http://www.ttrnet.com（人大教研网）		
经　　销	新华书店		
印　　刷	北京东方圣雅印刷有限公司	**版　　次**	2004年5月第1版
规　　格	170 mm×228 mm　16开本		2010年5月第2版
印　　张	27	**印　　次**	2014年7月第3次印刷
字　　数	494 000	**定　　价**	45.00元